Coleção
Direito Penal e Criminologia

Direção
Íñigo Ortiz de Urbina
Ramon Ragués
Luís Greco

LIVRE ARBÍTRIO E DIREITO PENAL

Revisão frente aos aportes da neurociência
e à evolução dogmática

Víctor Gabriel Rodríguez

LIVRE ARBÍTRIO E DIREITO PENAL

Revisão frente aos aportes da neurociência e à evolução dogmática

Marcial Pons

MADRI | BARCELONA | BUENOS AIRES | SÃO PAULO

Livre arbítrio e direito penal. Revisão frente aos aportes da neurociência e à evolução dogmática
Víctor Gabriel Rodríguez

Capa
Nacho Pons

Produção
Ida Gouveia / HBLYZ / Oficina das Letras®

CIP-Brasil. Catalogação na Publicação
Sindicato Nacional dos Editores de Livros, RJ

R619L
Rodríguez, Víctor Gabriel
Livre arbítrio e direito penal : revisão frente aos aportes da neurociência e à evolução dogmática / Víctor Gabriel Rodríguez. - 1. ed. - São Paulo: Marcial Pons, 2018.

Inclui bibliografia
ISBN 9788566722567

1. Direito penal. 2. Criminologia. I. Título. II. Série.

18-47506 CDU: 343.2

Av. Brig. Faria Lima, 1461, Torre Sul, 17/8 Jardim Paulistano CEP 01452-002 São Paulo-SP
☎ +55 (11) 3192.3733 www.marcialpons.com.br

Impresso no Brasil

Con mi gratitud a la Universidad de Valladolid,
que hace años me acoge, como uno de los suyos,
para mis estudios filosóficos;
y al Programa Integración de América Latina
(Prolam-USP), por hacerme un
investigador americano.

PRÓLOGO

EDUARDO DEMETRIO CRESPO[1]

Constituye para mí un gran honor redactar un prólogo para la magnífica monografía *Livre Arbítrio e Direito Penal: Revisão frente aos aportes da neurociência e à evolução dogmática*, que a buen seguro se convertirá en referencia imprescindible.

El enunciado mismo del título revela la ambición (en el mejor sentido de la palabra) de quien se atreve a escribir sobre uno de los eternos temas filosóficos con repercusión directa para la configuración misma del concepto de responsabilidad penal y todas las consecuencias sistemáticas de ahí resultan. Afrontar semejante tarea requiere una enorme capacidad y, al mismo tiempo, una gran humildad. De ambas cualidades hace gala su autor, mi querido colega brasileño, el profesor Víctor Gabriel Rodríguez, a quien tuve oportunidad de conocer hace ya algún tiempo, puesto que tempranamente se puso en contacto conmigo y se desplazó a Toledo para conversar sobre el tema de su investigación. Aunque por motivos de salud no pude viajar a Brasil para formar parte del tribunal que habría de juzgar su trabajo, me alegró mucho saber que este le valió una plaza como Profesor Titular en el Campus Ribeirão Preto de la Universidad de São Paulo. Más tarde llegó su propuesta de prologar el libro que resulta de aquel ejercicio y una ulterior visita académica en enero de este mismo año, todo lo cual me ha alegrado mucho y le agradezco de corazón. De hecho, pocas cosas hay en la vida académica más satisfactorias que esta.

1. Catedrático de Direito Penal da Universidad de Castilla-La Mancha, Toledo, Espanha.

La obra trata de dar respuesta, en primer lugar, al desafío que viene dado por lo que él llama "tecnología neurocientífica" en el capítulo primero, al tiempo que analiza con especial cuidado las propuestas que provienen del normativismo funcionalista en perspectiva metodológica. Al mismo tiempo aclara que su trabajo no pretende ser un tratado sobre Neurociencias y Derecho penal, como tampoco una revisión metódica sobre la culpabilidad. En el capítulo segundo el Prof. Rodríguez aborda una profunda revisión filosófica desde la perspectiva del Derecho penal, teniendo en cuenta la obra de autores como Hartmann y Maturana, pero también Ginés de Sepúlveda o Bartolomé de las Casas, así como la diatriba entre Lutero y Erasmo de Rotterdam. Por su parte, el capítulo tercero se propone hacer un recorrido por la evolución de la dogmática penal tomando como pretexto la idea del libre arbitrio, lo que en efecto se puede considerar, como él expone, "punto nodal" de la polémica entre las distintas escuelas, como la escuela clásica y el positivismo. El capítulo cuarto, por su parte, prosigue con esa tarea y se centra en la evolución que parte con la obra de Hans Welzel y los desarrollos del llamado "post-finalismo". Por último, el capítulo quinto cierra con la posición personal y algunas conclusiones.

La pregunta "rectora" que se plantea, a saber, si el futuro del Derecho penal depende directamente del posicionamiento metafísico sobre el libre arbitrio, se responde, como no podía ser de otro modo, de manera negativa. Las demás conclusiones parciales, que se ordenan en coherencia lógica con el recorrido argumentativo seguido, tienen como objetivo sustentar esta tesis.

Así, en primer lugar, los estudios neurocientíficos que mapean el cerebro vendrían a constituir una prueba negativa sobre la capacidad del ser humano de dar lugar a una nueva cadena causal, una decisión, distinta a aquella que resulta de los procesos físicos observables. Me atrevo a matizar en este punto que, en realidad y aunque resulte paradójico, siendo cierta esta afirmación, tampoco sería descartable lo contrario, esto es, que los avances científicos terminen por aportar elementos para una explicación psico-física de la consciencia que contemple retrospectivamente al propio sujeto -en palabras de Habermas- como participante *in foro interno*.

En segundo lugar, resulta clave en su análisis la adopción de algunas distinciones conceptuales de Eugenio Trías (el gran filósofo español conocido sobre todo por su concepción del "ser del límite"), en particular, su diferenciación entre pensamiento científico, filosófico y mágico. Desde ahí alcanza la conclusión de que el Derecho penal como discurso, salvo que quiera establecer criterios de responsabilidad absolutamente normativos, debe saber constituir un discurso metafísico incluso para comunicarse con las ciencias naturales.

Este es tal vez uno de los elementos clave para la comprensión última del "problema penal", que, en realidad, conduce a la pregunta acerca de si los esfuerzos por configurar una comprensión post-metafísica del Derecho penal y sus principales conceptos estructurales, como el de la culpabilidad, no han chocado de modo inevitable con los límites del propio lenguaje. Y, a pesar de todo, ignorarlos sería un gran error.

No menos retadoras son sus reflexiones acerca de que la "ilusión de libertad" ni siquiera es real y difiere en esencia de lo sea la consciencia, sin que sea posible encontrar, por otra parte, diferencia ontológica alguna entre "ilusión de libertad" e "ilusión de consciencia". O la afirmación de que la gran fisura del pensamiento determinista radica en su moralismo oculto a partir de una silente condición de superioridad. De todo ello resultaría una gran aporía según la cual un ser humano juzgaría racionalmente que el (libre) arbitrio de un tercero es necesariamente esclavo, al mismo tiempo que lo trata como semejante.

En mi opinión, quien, como es mi caso, tiene ante sí la difícil tarea de presentar una obra de esta envergadura no debería desvelar "el final", sino tan solo invitar al lector a adentrarse en ella con la garantía de que no le defraudará. Espero haber cumplido con este cometido. Por lo demás, me permito felicitar con efusividad al autor.

SUMÁRIO

Capítulo 3

Capítulo 5

INTRODUÇÃO GERAL E MÉTODO

O presente trabalho busca da resposta à seguinte questão reitora: é possível à dogmática penal desenvolver-se independentemente de um posicionamento sobre o *livre arbítrio?* Pergunta análoga já foi, ainda que de modo implícito, levantada em muitas monografias de Direito penal, mas cremos que isso não diminui a necessidade de, nas condições atuais da dogmática e do desenvolvimento social como um todo, retomá-la de modo, se não mais apurado, ao menos contemporâneo.

Dois são os problemas principais que demandam essa atualização da resposta. Primeiro, a evolução tecnológica das neurociências, cujos estudos hoje possibilitam mapear o cérebro e os demais órgãos em que se processem as tomadas de decisão do indivíduo, de maneira detalhada ao extremo. Desse mapeamento, substancialmente muito diverso das técnicas de décadas anteriores, derivam dúvidas como a existência ou extensão da liberdade de querer, ou mesmo a possibilidade de "cura" real de comportamentos criminosos por intervenção cirúrgica ou medicamentosa. Por isso, dedicamos parte do Capítulo 1 da monografia a descrever algo do estado atual dessa tecnologia neurocientífica, que funciona como um dos agentes provocadores do presente estudo.

Segundo problema que demanda atualizar a reflexão sobre o livre arbítrio é o próprio encaminhamento da dogmática penal. As propostas funcionalistas e, especialmente, o normativismo ao qual se direciona a dogmática mais influente no meio nacional procura desconsiderar a liberdade de querer, com argumentos bastante persuasivos. Entretanto, a nós incomoda que a problemática da *Willensfreiheit*, tão nuclear da metafísica, seja adrede dispensada da atribuição de responsabilidade, ausente um debate mais amplo. Nossa posição, antes mesmo de iniciar a pesquisa, foi a de que o tema, ainda que por pura questão metodológica, mereceria atenção dos penalistas, em grau, no mínimo, equivalente a outros problemas tão reiteradamente revisitados.

Por essa apresentação se pode esclarecer, *contrario sensu*, o que este trabalho *não* é: não nos propusemos a um tratado acerca das *neurociências* e o direito penal, e menos ainda a uma revisão metódica da *culpabilidade*, até porque essa releitura é realizada com alguma periodicidade por penalistas muito mais competentes que este autor. Propomo-nos a investigar a liberdade de querer e suas consequências, e a partir de então definir se discussão é mesmo dispensável à dogmática penal.

Ao se iniciar a pesquisa, já há alguns anos, confirmou-se que o acalorado debate, sobre ser o homem ou não, na relação de causalidade, um elo independente das demais leis da natureza havia sido, pouco a pouco, alijado pelo Direito penal. Por conta dessa constatação, fez-se imprescindível um trabalho em dupla vertente: descrever o embate argumentativo sobre a liberdade de querer na evolução da dogmática penal e, a partir dela, colher parâmetros para a revisão do tema da liberdade na Filosofia.

Desse modo, o *Capítulo 2* do presente trabalho é uma revisão filosófica construída sob a perspectiva do Direito penal. É impossível – e disso tínhamos ciência desde os primórdios da pesquisa – tracejar a evolução de toda a Filosofia, em especial quando se tem como norte um de seus pontos mais controversos: a liberdade do homem. Buscou-se então, ao menos de início, adentrar às correntes filosóficas que mais eram referidas pelos penalistas, supondo-se que seriam na dogmática as mais influentes. Isso justifica, por exemplo, a inserção de pensadores como Hartmann e até mesmo Maturana, cujas concepções foram pelos penalistas importadas – conquanto com várias transfigurações – ao discurso dogmático e ali se fizeram determinantes. Essa, por assim dizer, "abordagem penalista" que se imprimiu ao capítulo mais extenso da presente obra reflete-se no método da escrita, em termos intertextuais: algumas informações que seriam pueris a um estudioso da Filosofia são aqui registradas, a exemplo de referências históricas que situam no tempo cada filósofo, alusões à sua eventual pertinência a correntes de pensamento ou até mesmo algum detalhe biográfico. Como parâmetro de seleção dessas informações está este próprio pesquisador, motivo pelo qual ao leitor podem sobrar fragmentos que lhe sejam de evidente conhecimento. Frente a tal evidente risco, apenas tomamos o cuidado de que o óbvio não ocupe lugar central do texto.

Mas a aludida "abordagem penalista" que se faz no capítulo 02 não significou a inexistência, ao menos para este leitor, de muitas revelações no campo filosófico mais ortodoxo. Por isso, outros pensadores tão pouco referidos no Direito penal garantiram seu lugar em nossa análise, dada sua relevância para a metafísica em si: Spinoza, Leibniz e até Nietzsche são exemplos disso. A mais significativa descoberta, entretanto, nasceu da leitura das obras de Ginés de Sepúlveda e Bartolomé de las Casas. O primeiro construiu monografias densas sobre livre arbítrio e guerra justa, enquanto o segundo desenvolveu, sob o ponto de vista teológico, um tratado sobre o direito do infiel de não ser "convertido" ao Bem senão por sua própria vontade, assim como sobre o desvalor moral dessa emenda forçada ao cristianismo. Um debate, portanto, muito diretamente transponível aos dias atuais, a partir do correcionalismo que as novas tecnologias neurológicas sugerem. Como encontramos esse debate mais importante e original no nosso texto, tomou-se o cuidado e a liberdade de redigir um entorno histórico mais detalhado, cujo objetivo é juntar elementos para permitir ao leitor julgar sobre a analogia de situações ao se transportarem os argumentos aos dias atuais. Também a diatribe entre Lutero e Erasmo de Rotterdam, que contemporaneamente ocorria no centro europeu, teve de ser descrita com algum pormenor, por conta também da modernidade dos argumentos. Dali se retiraram vocábulos e expressões como a recém utilizada "diatribe" e "arbítrio escravo", que foram incorporados como imprescindíveis recursos linguísticos em nosso texto, bem como a inspiração de orientar o estudo a partir de uma pergunta reitora, porque foi esse o método que pautara as importantes monografias de ninguém menos que Schopenhauer e Pedro Lessa. O capítulo se encerra com a exposição pela vertente de biólogos que, embora tenham expressamente recusado que suas teorias fossem, antes de intensa adaptação, importadas ao debate filosófico-sociológico, vieram a ocupar, à sua revelia, lugar de destaque na doutrina penal. A analogia entre a antiga apropriação da teoria de Darwin e a atual de Maturana e Varela construiu-se, então, por si mesma.

O *Capítulo 3* traça um percurso pela evolução da dogmática penal, porém assumindo como eixo o estudo do livre arbítrio. Não foi, nesse texto, tarefa de todo difícil, porque a divergência entre determinismo e indeterminismo era ponto nodal da cizânia entre as Escolas, bem como das eventuais propostas de conciliação entre elas. Ali deu-se destaque à colheita de textos originais sobre os posicionamentos mais extremos, como a escola clássica e, principalmente, o positivismo. Há a consciência de que muitos penalistas de relevo deixaram de ser analisados, porém cremos que, quando se estabelece a liberdade de querer como ponto de atração, nossa seleção foi suficientemente criteriosa. O capítulo se encerra com o estudo dos correcionalistas espanhóis, porque seu ponto de vista, como já dito, assume relevo em nosso tema. Deixa-se, assim, o surgimento do finalismo welzeliano para o capítulo seguinte, consagrado aos "penalistas contemporâneos".

Embora Hans Welzel não seja exatamente um autor a nós "contemporâneo", a análise de seus escritos inaugura o *Capítulo 4* porque o finalismo é ainda atual. As propostas pós-finalistas, ainda que muito desenvolvidas, têm como ponto de partida a teoria de welzeliana: mesmo que para dela fugir, assumem-na como referência constante. O capítulo ocupa-se então de demonstrar como uma provocação acerca da eventual não-demonstração sobre a liberdade de querer no finalismo incomodou o criador da teoria, a ponto de motivá-lo a redigir vários textos na tentativa de estancar o debate. No contraponto, ninguém menos que Karl Engisch, defendendo um determinismo que, no limite, poderia minar as bases das então inovadoras propostas do professor de Bonn. A partir dessas definições, as críticas pós-finalistas vêm analisadas, cremos, com algum detalhe, no finalismo e normativismo que, já tradicionalmente, se polarizam nas figuras de Roxin e Jakobs. Os textos deste último nos impuseram pesquisa mais detida, que houve de ter como premissa uma leitura pormenorizada de Luhmann, mesmo para rever se realmente houve no penalista de Bonn um "giro de Luhmann a Hegel", que importa como influência e como tendência, pois o extremo normativismo de Jakobs é um atualíssimo norte a dispensar a diatribe. O capítulo encerra com a análise de penalistas de relevo que se dedicam especificamente ao tema da nova controvérsia sobre o determinismo, a fim de que a pesquisa documente e discuta propostas atuais. Demetrio Crespo, Mercedes Alonso Álamo e Reinhart Merkel são alguns dos apresentados ali.

É no *Capítulo 5* que fixamos nossas opiniões e conclusões. Ele difere dos demais, sobretudo em método. Trata-se de uma toma de posição sobre o já escrito, portanto, em termos de informação, nada mais é que uma retomada do quanto antes elaborado. Isso significa dizer que, de acordo com a proposta, as citações de novas obras, documentando assertivas, devem ser compreendidas mais como deslize do nosso percurso do que propriamente como acréscimo de pesquisa – e isso dizemos em prejuízo de nossa própria construção. As exceções ficam por conta de alguns textos consultados que apenas insinuam questões derivadas que não cabem na pesquisa. Para compensar esses eventuais ruídos metodológicos, tentou-se cuidar ao máximo das remissões aos capítulos anteriores, nos quais estariam discutidos os pontos retomados para construir a conclusão. Também somente nesse capítulo o nome dos autores referidos aparece em realce no corpo do texto, porque ali não figuram como argumento de autoridade, mas como referências internas do trabalho. Esse último capítulo assume, exclusivamente, também as feições do *ensaio*, para que suas conclusões sejam mais sinceras, não impositivas porém seguras, sob um ponto de vista assumido, o do pesquisador que logrou, como máximo esforço, a demonstração do estudo inscrito nas linhas anteriores. Ali se desenham os posicionamentos principais, suficientes para o que aparecerá ao fim: a resposta a nossa pergunta reitora e as conclusões derivadas, que fixam ponto de vista sobre as controvérsias periféricas que surgiram ao longo da pesquisa, bem como apontam a necessidade de que outros estudos, futuros, revisitem autores cujos trabalhos têm muito a contribuir com o direito penal da atualidade. São *33 conclusões derivadas*, além da resposta à pergunta reitora.

É nesse sentido que entendemos original nossa monografia. Ela retoma a discussão da liberdade de querer no Direito penal diante dos problemas da atualidade, e busca identificar, ao fim, quais são as propostas teóricas penais que realmente dispensariam a querela do homem livre. Acreditamos haver elucidado a proposta com alguma solvência.

CAPÍTULO 1

LIVRE ARBÍTRIO REVISITADO: O ESTADO DA ARTE NAS NEUROCIÊNCIAS

1.1 Introdução: cabe a análise do livre arbítrio?

A questão do livre arbítrio, ou da liberdade da vontade, é central tanto na Filosofia quanto no Direito penal. Neste, em especial dentro da culpabilidade, mas também quando se comenta a função da pena, jamais foi raro que viesse o tema à tona, ainda que fora para afirmar simplesmente que a discussão acerca dele deva restringir-se a bizantinos debates filosóficos.

Propor-se a um novo estudo sobre o livre arbítrio exclusivamente merece, ao menos, alguma nova motivação. E ela se encontra, em grande parte, no recente avanço científico, em especial no aprofundado conhecimento das funções do cérebro, o que desperta outra vez novas questões que já foram objeto de análise penal, porém sobre razões bastante mais fundadas: são contundentes os estudos que demonstram que as funções do cérebro estão agora mapeadas pelos cientistas, e que, consequentemente, a possibilidade de manipulação do querer ou, ainda, da – com todas as ressalvas que haverá que fazer à expressão – "correção de desvios" é algo hoje bastante concreto.

Para nosso propósito, entretanto, esses avanços científicos não são o único móvel do estudo, porque, independentemente do estado tecnológico da medicina, o resgate do tema da liberdade de querer permite, cremos, contribuir para algo da interpretação do Direito penal contemporâneo: o incrementar de sua tendência normativista ou algum *regresso* (termo que também merece suas ressalvas) naturalista ou psicologizante, passam pelo grau de importância que se conceda à capacidade livre de agir do ser humano.

Com isso, estabelecer a investigação do livre arbítrio como eixo central do trabalho permite observar sob uma segura perspectiva a dogmática penal atual e sobre ela algo opinar. Para persegui-lo, há entretanto que resistir à tentação de desviar a outros caminhos próximos porém já trilhados: o relato da evolução do conceito de culpabilidade não pertence a nossos objetivos, embora evidentemente seja um assunto circundante, e o mesmo se diz da função da pena. Sobre esta, haverá realce – porque as inovações e possibilidades técnicas o exigem – à ideia de *correção*, que levanta problemas específicos concernentes à prevenção especial, os quais, acreditamos, merecem aprofundamento porque pouco tratados pelo Direito penal. Mesmo assim, repita-se, não é um estudo que procure definir a função da pena, o que mereceria uma mais ampla investigação, fora de nosso eixo definido.

Menos ainda, claro, espera-se colocar fim ao que até o momento se encara como um dos mais intermináveis debates filosóficos: a questão da liberdade humana. O que se pode tangenciar, porque o estado atual das ciências naturais impõe como pauta, é se existe prova concreta da ausência da liberdade de querer,[1] a partir da previsão causal do funcionamento orgânico, o que será logo adiante exposto, porém isso não é o tema filosófico em si.

Este primeiro capítulo tem, então, a pretensão de ser introdutório, fixando algumas bases atuais – e portanto com tremendo potencial de desatualização – da questão que adiante vai se discutir, em uma tríplice vertente: a descrição do estado da arte nas neurociências, porque, como dito, é um dos elementos que fermenta a discussão do tema a que nos propomos; depois, como elemento meramente expositivo também, os posicionamentos principais de filósofos contemporâneos acerca dessas novas descobertas, analisando seu impacto nas antigas questões em debate; por último, uma mínima definição conceitual sobre o livre arbítrio, para os limites de o que será discutido, seguido de algumas perguntas que devem nortear nosso estudo a partir do capítulo seguinte.

1.2 Estado da Arte nas neurociências

É precipitado afirmar que o estado atual da técnica de investigação do cérebro impõe uma alteração substantiva da estrutura da responsabilidade criminal. Talvez ao revés, possa ser concluído que as reflexões já realizadas acerca do tema do livre arbítrio, com algumas necessárias correções de rota, apenas se fortalecem mediante as descobertas que, a ritmo exponencial, se perfazem no campo médico-biológico. Mas é real afirmar que as descobertas da neurociência têm feito ressurgir mais intensamente as discussões sobre a liberdade de querer e de agir, a forma de responsabilização criminal, a possível intervenção curativa no indivíduo

1. Vide, como conclusão, adiante, o item 5.7.

que apresenta comportamento criminoso, ou, ainda, características que permitam identificar o *indivíduo* infrator.

Por isso, começar uma discussão sobre livre arbítrio pressupõe, ao menos como função narrativa, uma exposição sobre o estado da arte neurocientífico. Assumir a necessidade revisão por conta dessa notável evolução da tecnologia e da ciência implica, em nossa opinião, reconhecer também que tal tecnologia é relevante e útil para uma série de áreas do conhecimento, inclusive para o direito penal, ainda que através de outras interpretações menos dogmáticas, como a psicologia social. De aí que a descrição que aqui se fará não vem direcionada a desacreditar a conclusão de qualquer experimento, senão ao revés: procurará mostrar as mais recentes descobertas que, no momento em que se opera a presente pesquisa, estão em publicação, o que fatalmente dará conta de que, em escala *muito* diferenciada daquela de poucos anos atrás, o avanço científico traz instrumentos de explicação do processo cognitivo e decisório que merecem consideração imediata do Direito penal, desde que devidamente compreendidos.

Tratando-se, aliás, de compreensão, deve-se também ressalvar que maior parte dos estudos que aqui referimos advém das citações existentes no trabalho dos próprios penalistas que se dedicam ao tema, para que então recorramos às revistas de divulgação científica e, finalmente, em alguns casos, às publicações originais dos periódicos especializados. Estes, com sua linguagem hermética, tornam mais evidente a incapacidade desta pequena apresentação de julgar métodos e conclusões, ressaltando seu escopo de simples retrato instantâneo do estado tecnológico. Entretanto, como o objetivo não é o de contestação, tal tarefa se torna mais simples: relatam-se os principais experimentos que, sem dúvida, demonstrarão ao penalista que o *caminho* da ciência médica e biológica é o de negar a liberdade humana e de propor tratamentos eficazes aos desvios comportamentais.

Em busca de alguma precisão, entende-se que se possam descrever esses experimentos por três vertentes distintas: aqueles que demonstram que o cérebro se antecipa à consciência da decisão, aqueles que pugnam que é impossível existir mente dissociada do corpo, e os que já propõem formas de intervenção neuronal para direcionamento do comportamento humano. Todas elas tangenciam a questão principal que é nossa matéria de fundo: a liberdade de querer e de agir do ser humano, elemento para a intervenção penal.

1.2.1 O tempo: os já históricos experimentos de Benjamin Libet e os estudos que o sucederam, pela tomada anterior da decisão

Talvez os experimentos mais referidos[2] pelos penalistas atuais sejam os desenvolvidos por Benjamin Libet, quem teve a ideia de monitorar as ondas

2. Veja-se: Jäger, Christian, Willensfreiheit, Kausalität und Determination: Stirbt das moderne Schuldstrafrecht durch die moderne Gehirnforschung? in: *Goltdammer's Archiv für Strafrecht*, 01-2013,

eletromagnéticas do cérebro do indivíduo, no momento em que este deveria tomar uma decisão. Grosso modo, sua experiência consistia em serem os participantes da pesquisa postos sob eletroencefalograma, enquanto observavam um cronômetro bastante preciso.[3] Quando estimulados em momentos distintos e incertos, propunham-se a (no seu controverso *urge to move*) a um movimento do pulso e logo anotavam o tempo exato em que tiveram consciência dessa vontade. O próprio sujeito da pesquisa, então, apontava, para depois reportá-lo, o instante em que tivera consciência de sua decisão, a decisão de mover-se.

Via o encefalograma, o médico californiano comprovou – ou ao menos propôs a comprovação via esse experimento – que o cérebro humano entra em atividade, para exercer um movimento, *centésimos* de segundos antes de que o indivíduo se dê conta de sua decisão por movimentar-se. Isso significa que o processo consciente de escolha é posterior a uma decisão inconsciente já tomada; portanto, a consciência de decisão é ilusória. Um dos primeiros estudos de Libet publicados nesse sentido, em 1983, conclui, após a análise de dados de dois grupos de três pessoas cada, que "a iniciativa cerebral de um ato livre e espontâneo pode começar inconscientemente, antes de qualquer consciência de que a decisão já se iniciou no cérebro".[4]

Mesmo naquele estudo, já se criavam diversas hipóteses sobre o que realmente comprovam as ondas eletromagnéticas, em comparação com o que referem os sujeitos investigados, assentando que alguns décimos de segundo (medidos em centésimos de milésimos de segundo, em verdade[5]) antes da tomada de consciência do ato inicia-se um movimento cerebral. Delas, a mais imediata contesta o livre arbítrio, na medida em que a decisão existiria no cérebro, mas não de maneira consciente (porque em momento anterior ao da consciência), o que de fato elimina a liberdade de decisão e, portanto, de ação. Mas também já restava a hipótese de que houvesse uma fase de consciência irrecuperável pelo próprio indivíduo [*an earlier nonrecallable phase of the conscious urge exists, that is*

p. 8 e ss, (adiante comentados). Também Rubia, Francisco J., El controvertido tema de la libertad, in: *Revista de Occidente* n. 356, Enero 2011, p. 7.

3. O cronômetro, batizado de "Oscilloscope clock", é reproduzido de modo esquematizado em artigo mais recente de Libet. Trata-se de um ponto de luz que se move ao redor de um círculo, marcado com pontos de 00 a 60, como se se tratasse de um relógio que marcasse os sessenta segundos de um minuto. Entretanto, como descreve a figura, o ponto de luz envolve a periferia do relógio em 2.56 segundos, em lugar dos 60 segundos do relógio, com o que "each maked off 'second' (in the total of 60 markings), representes 43msecs of actual time here". Libet, Benjamin, Do we have free will?, in: *Journal of Consciousness Studies*, 6, ns. 8-9, 1999, p. 48 (Figure 1).

4. "It is concluded that cerebral initiation of a spontaneous, freely voluntary act can begin unconsciously, that is, before there is any (at least recallable) subjective awareness that a 'decision' to act has already been initiated cerebrally. This introduces certain constraints on the potentiality for conscious initiation and control of voluntary acts". Libet, Benjamin, Gleason, Curtis, Wright, Elwood, e Pearl, Dennis, *Time of conscious intention to act in relation to onset of cerebral activity* (*readiness-potential*): *the unconscious initiation of a voluntary act*, in: Brain (1983), n. 106, p. 623.

5. Em detalhes: idem, p. 635-636.

non historable as a short term memory[6]], o que foi considerado, no experimento, pouco provável, porém alternativa não de todo afastada. Também foi construída a hipótese da ocorrência de um "veto" mental consciente no processo inconsciente antes iniciado, possibilidade da qual naquele momento não foram encontrados indícios, mas que tampouco se descartou.[7]

Mas, passados mais de quinze anos desse primeiro experimento – mais exatamente em 1999 –, Libet o retoma e o refaz, a fim de revisar conclusões. Então já reproduziu suas experiências com técnicas mais avançadas, e volta a confirmar que as livres decisões são precedidas de uma alteração elétrica específica no cérebro, 550 microssegundos antes da ação,[8] e cerca de 200 microssegundos antes da própria tomada de consciência de que se deseja agir. Tempo mais do que bastante, portanto, para seguir afirmando que o processo de decisão pelo movimento é anterior à consciência – ou seja, é inconsciente. Porém, nesse novo estudo, que aparece mais de década e meia depois de sua primeira versão, Libet concede maior ênfase à conjectura do *veto* da ação: o cérebro realmente prepara-se para *agir* antes portanto da tomada de consciência, porém existe a possibilidade de o indivíduo *posteriormente* recusar, de modo consciente, aquela ação anterior e inconscientemente iniciada. Se isso acontece, sustenta o pesquisador, permanece a comprovação do livre arbítrio, já que a tomada de consciência da ação concede a oportunidade de o indivíduo vetar o processo já em curso. Essa hipótese de veto foi relatada, diz, pelos sujeitos da pesquisa, o que permite Libet, nessa releitura, direcionar-se a outras conclusões: afirma que *nós*, não-sujeitos da pesquisa, sempre vivenciamos experiências de veto, especialmente quando somos lançados a uma ação de 'consequências sociais inaceitáveis'.[9] Evidentemente essa ressalva

6. A hipótese é afastada, entre outros argumentos, por ser "a hypothetical construct which, like some other potential uncertainties in timing an endogenous mental event, is at present not testable". Mas adverte que, apesar de alijada, não é hipótese excluída. Libet, Benjamin, Gleason, Curtis, Wright, Elwood, e Pearl, Dennis, *Time of conscious intention to act in relation to onset of cerebral activity (readiness-potential): the unconscious initiation of a voluntary act*, in: Brain (1983), n. 106, p. 639.

7. Desde esse experimento de 1983, então, as conclusões de Libet já são pelos próprios pesquisadores controvertidas, o que se apresenta sem menosprezar a relevância do estudo. Assume-se, como dito, a conclusão a que chega Rubia, dissertando sobre os experimentos de Libet: "Éstos son los experimentos que han llevado a pensar que la impresión subjetiva de la voluntad libre es una ficción. (...) La hipótesis construida sobre estos datos sí puede discutirse y de hecho así se ha hecho. Pero hoy por hoy estos datos apuntan a que la libertad, tal y como la entendemos, es decir de acción y de decisión, parece una ficción". Rubia, Francisco J., *El controvertido tema de la libertad*, cit., p. 9.

8. "Freely voluntary acts are preceded by a specific electrical change in the brain (the 'readiness potential', RP) that begins 550 ms before the act. Human subjects became aware in intention to act 350-400ms after RP starts, but 200ms before the motor act." Libet, Benjamin, Do we have free will?, in: *Journal of Consciousness Studies*, 6, ns. 8-9, 1999, p. 24.

9. "All of us, not just experimental subjects, have experienced our vetoing a spontaneous urge to perform some act. This often occurs when the urge to act involves some socially unacceptable consequence, like an urge to shout some obscenity at the professor". Libet, Benjamin, Do we have free will?, in: *Journal of Consciousness Studies*, 6, ns. 8-9, 1999, p. 52.

recupera toda a capacidade de o indivíduo decidir seus próprios atos.[10] Ao menos, inverte o sentido da equação, para alcançar o mesmo resultado, pois, em lugar de o indivíduo querer sua ação, decide apenas por interromper ou não um processo de agir para o qual o cérebro se prepara, quando sua livre-decisão se transforma em um ato de censura: negativo, diferido no tempo, porém igualmente livre. Por esse motivo, a reinterpretação de Libet é utilizada como baluarte daqueles que defendem a liberdade de ação,[11] os não-deterministas, os quais invocam essa revisita do próprio cientista como a sua redenção à lógica de o ser humano senhor de seus atos. Lido o artigo com alguma atenção, não se pode deixar de entender que ele realmente tenha uma forte carga de inclinação subjetiva[12] pela liberdade de agir, não cientificamente justificada.

Como se era de esperar, novas técnicas foram e estão sendo utilizadas para aprofundar os estudos de Libet, que sempre suscitaram novas questões,[13] especialmente naqueles pesquisadores, ao contrário de Benjamin Libet, não tão dispostos a rever conclusões para confirmarem o "free will", o livre querer. No ano de 2008, Haynes reproduz análogo experimento, convicto de que existiam ainda muitas dúvidas a serem transpostas, dentre elas o intervalo de tempo por demais exíguo entre as ondas cerebrais e o movimento desejado (em centenas de milissegundos),

10. Herzberg constrói interessantes considerações a respeito dessa mudança de pensamento no estudo de Libet. Atribui à tradição da separação alma-corpo a volta atrás do pesquisador da atividade cerebral, algo como, em palavras nossas, uma pressão da cultura ocidental difícil de transpor, acerca da existência de uma "imaterielle Kraft", uma força imaterial no momento da decisão. Arrisca, inclusive, dizer que Libet esperava resultado contrário, uma reação cerebral logo após a consciência. Assim, explica: "Die Dualismen Leib/Seele, Körper/Geist haben eine lange abendländische Tradition. Benjamin Libet selbst war fon den Resultaten seiner Experimente überrascht. Er hatte erwartet, dass das Gehirn erst kurz nach der bewussten Entschlussfassung Wirkung zeige. Noch ehe das Gehirn mit einer Bewegung sich einmische, habe das Ich sein Werk, die Fassung des Entschlusses, schon vollbracht. Aber auch, als er sich darin entäuscht fand, hat er den Glauben an Geist und Seele, an ein über dem Gehirn waltendes und ihm befehlendes Ich nicht aufgegeben." HERZBERG, Rolf Dietrich, Ist unser Schuldstrafrecht noch zeitgemäß? in: *Grundlagen und Dogmatik des gesamten Strafrechtssystems: FS für Wolfgang Frisch zum 70 Gbstg*, Berlin: Duncker & Humblot, 2013, p. 98.

11. É, por exemplo, no *Vetorecht* que se apega Jäger, dentre outros argumentos, construindo um "freier Unwillen": "Selbst wenn es daher keinen 'freien Willen' gibt, könnte man insoweit immerhin von einem 'freien Unwillen' sprechen, durch den es ermöglicht wird, das Schlimmste noch zu verhüten. Gerade diese Erkenntnis Libets ist furch die moderne Gehirnforschung nicht widerlegt worden". JÄGER, Chrisitian, *Willensfreiheit, Kausalität und Determination...*, cit., p. 8.

12. Diz-se isso porque o texto mostra que o cientista não refaz experiências e tampouco nega frontalmente o que já houvera concluído. Seu trabalho é unicamente, como dissemos, dar maior ênfase a uma hipótese que já havia sido levantada ao tempo do estudo original (a possibilidade de veto). E o texto sintomaticamente finaliza com a citação de uma entrevista concedida por Isaac B. Singer, o escritor, afirmando que o livre arbítrio é o grande presente recebido pela humanidade. Com isso apenas mostramos o subjetivismo da interpretação, que resulta apenas da convicção pessoal da liberdade. Sobre os efeitos dessa convicção comentaremos algo no capítulo 4.

13. Assim, Smith: "Libet's result was controversial. Critics said that the clock was distracting, and the report of a conscious decision was too subjective." SMITH, Kerri, *Taking aim at free will*, in: Nature, Macmillan Publishers, vol. 477, set. 2011, p. 24.

o que poderia revelar imperfeição no estudo empírico[14] e, daí, lançar em descrédito as conclusões. E também inovou no método para fazer com que o pesquisado decidisse entre *duas* opções de movimento, porque a escolha por um comportamento único positivo (um omitir ou um agir) não seria suficiente a comprovar uma verdadeira decisão.[15] Assim, monitorou o cérebro de sujeitos que eram colocados diante de processos de escolha como apertar o botão direito ou esquerdo. Agora, em lugar do eletroencefalograma utilizava o fMRI,[16] a ressonância magnética, que permite rastrear, mesmo que superficialmente, não apenas uma região do cérebro, mas sua totalidade. Conforme a descrição dos autores, aos sujeitos se pedia que relaxassem enquanto divisavam uma tela em que eram exibidas uma série de letras. Olhando a tela, quando se sentiam motivados a mover-se, escolhiam se o faziam pressionando o botão colocado ao seu indicador direito ou ao indicador esquerdo, enquanto memorizavam a letra que passava diante de si no momento da (consciência da) decisão. Logo que pressionavam o botão, na tela aparecia um novo "response mapping", com quatro letras, sendo uma delas a que o sujeito vira quando se dava consciência de sua primeira decisão, e então confirmava essa letra com um segundo apertar do botão. Nesse intervalo, todo seu cérebro era rastreado por fMRI, o que permitia não apenas contrastar o tempo, mas saber quanta informação cada região cerebral detinha sobre a saída de uma intenção motora. Com esse método, – conforme descrito em revista científica de credibilidade – não apenas se concluiu que a decisão inconsciente se dava antes em outras regiões cerebrais (frontal e parietal córtex), distintas das que apontavam estudos anteriores (SMA[17]), como também que, nessa decisão mais complexa, o cérebro é acionado segundos antes da decisão consciente. Com esse tempo muito mais avançado, dizem Haynes e sua equipe, afastou-se a possibilidade de imprecisa conclusão[18] dos outros estudos, e assim se confirma que os neurônios decidem muito antes de o sujeito ter consciência de seu processo de escolha. O estudo não se manifesta em específico sobre o livre arbítrio, mas indiretamente se refere ao

14. "Second, the time delay between the onset of the readiness potential and the decision is only a few hundred milliseconds. It has been repeatedly argued that potential inaccuracies in the behavioral measurement of the decision time at such short delays could lead one to misjudge the relative timing of brain activity and intention". Haynes, John Dylan, Soon, Chun Siong, Brass, Marcel & Heinze, Hans Jochen, Unconscious determinants of free decision in the human brain, in: *Nature Neuroscience*, vol. 11, n. 5, may 2008, p. 543.

15. "To rule out the idea that any leading activity merely reflects unspecific preparatory activation, it is necessary to study free decisions between more than one behavioral options". Haynes, John Dylan, Soon, Chun Siong, Brass, Marcel & Heinze, Hans Jochen, *Unconscious...*, cit., p. 543.

16. Functional Magnetic Resonance Imaging (fMRI).

17. Supplementary Motor Area (SMA).

18. "Also, in contrast with most previous studies, the preparatory time period reveals that the prior activity is not an unspecific preparation of response. Instead, it specially encodes how a subject is going to decide. (...) Notably, the lead times are too long to be explained by any timing inaccuracies in reporting the onset of awareness, which was a major criticism of previous studies". Haynes, John Dylan, Soon, Chun Siong, Brass, Marcel & Heinze, Hans Jochen, *Unconscious determinants...* cit., p. 545.

tema, seja porque retoma os experimentos que o discutiam, com o propósito de confirmar e aumentar suas conclusões em sentido determinista, seja por referir-se a uma "entrada na consciência" da decisão, onde ocorreria, conforme enunciam, a "livre" decisão, com essas aspas assim no texto original.

Ainda tantos outros experimentos seguem no mesmo sentido e, claro, irão aprofundar conclusões parelhas. Mais recentemente, o pesquisador Ithzak Fried e sua equipe refizeram[19] o experimento de Libet, porém desta vez monitorando pacientes com eletrodos insertos no cérebro. Eram doze sujeitos da pesquisa, que somente puderam ser submetidos à introdução desses eletrodos para monitoramento de neurônios (1019 neurônios, para ser preciso) por conta de um tratamento para epilepsia[20] que lhes era aplicado. Concluíram os cientistas que aproximadamente a quarta parte dos sujeitos começava a incrementar sua atividade cerebral antes do momento da decisão, o que permitiu prever, com 80 por cento de precisão, o momento em que o paciente *tomaria* sua *decisão* por mover. Consideram a principal conclusão do estudo esse último aspecto, o poder de alcance da *previsão do momento* de decidir, pelo devido monitoramento neuronal. E os frutos desse fato científico são ainda promissores, pois os pesquisadores reconhecem que muitas outras áreas do cérebro – que eles ainda não monitoram com os tais eletrodos – podem também sofrer alterações importantes, antes do momento da consciência[21] da decisão. Sua contribuição para o tema segue então no mesmo sentido, de que existe uma ativação do cérebro anterior ao momento de decidir-se conscientemente e, em especial, que se pode *prever o momento da consciência* da decisão.

Estudos continuarão, embora sempre sob críticas.

Alguns desses críticos levantarão a questão de que os sujeitos são nele sempre submetidos a caricaturas de decisões, que não envolvem opções acerca da situação real da vida, evidentemente mais complexa. A noção de responsabilidade e reprovação, dirão, de que emana o valor do decidir não pode ser exemplificada por um simples movimento de dedos. É possível que os planejamentos complexos – imprescindíveis, adiantamos, para qualquer reprovação criminal – sejam opções

19. "We adopted a paradigm originally described by Libet and colleagues (Libet et alii, 1983). Subjects were presented with an analogue clock depicted in a laptop and were instructed to fixate at the center. A clock dial rotated on the screen with a period of 2,568 ms. Subjects were instructed to place their right index finger on a key on the laptop keyboard, to wait for at least one complete revolution of the dial, and then press the key whenever 'they felt the urge to do so'. (...) We note that this 'urge to move' can be interpreted as a decision for self-initiated movement". FRIED, Ithzak, MUKAMEL, Roy, KREIMAN, Gabriel, *Internally generated preactivation of single neurons in human medial frontal cortex predicts volition*, in: Neuron, 2011, feb. 10; 69 (3), p. 551.

20. Por questões éticas, então, todos os sujeitos do experimento tinham algum tipo de enfermidade cerebral já diagnosticada, mas isso não parece ser tão relevante para o método em si mesmo.

21. "Our sample of recordings is far from exhaustive. Other brains areas for which we did not record in the current study could contribute to volition". FRIED, Ithzak, MUKAMEL, Roy, KREIMAN, Gabriel, *Internally generated...*, cit., p. 556.

que obriguem a uma *concatenação*, em que as frações de segundo que existem para a decisão desses atos menos complexos já importa pouco ou nada.[22] Nesse sentido, o "urge to move"[23] que o experimento de Libet era capaz de detectar[24] pouco poderia ajudar em definir o que é uma real decisão. Em laboratório somente teria sido montado um experimento "no qual o sujeito tem como única preocupação a de satisfazer os pedidos formulados pelo pesquisador",[25] que são bastante simples, resumidos na vontade de movimento da mão. Seria, então, até mesmo possível cogitar que os impulsos cerebrais captados por Libet (ou pelos que refizeram seus estudos com novas técnicas) não fossem mais do que uma demonstração de ansiedade[26] ao momento da decisão: ela seria então, *porque* ansiedade, necessariamente anterior e inconsciente, e nem por isso anteciparia a decisão por

22. E então surge a possibilidade, nada irreal, de a própria neurociência comprovar que o cérebro age de modo naturalístico determinado para pequenas decisões, e de modo livre (na mente ou espírito) para decisões mais complexas, o que seria muito próximo ao conceito de ação final de Hartmann (vide, adiante, 2.4.2) retomado por Welzel (vide 4.1). Não se dará grande realce a essa hipótese porque, como se verá, preferimos aceitar o fato de que as conclusões no sentido de o cérebro estar determinado, à luz de o que se pode comprovar pelos exames empíricos, seja real.

23. Nesse sentido é que concluem Pocket & Purdy, após detalhada revisão dos estudos neurocientíficos: "If that initiation [início de um agir criminoso] is the result of spontaneous urge, Libet's result may be important. Acts predicated on spontaneous urge may well be preconsciously initiated. But if the act is initiated as the result of a definitive decision, Libet's results may not be relevant at all. Our present data are less than conclusive, but they tend to show that a conscious decision to act may not occur after the start of brain activity is causal for brain activity". Pockett, Susan, and Purdy, Suzanne C., Are voluntary movements initiated preconsciously?: The Relationships between readiness potentials, urges and decision, in: *Conscious will and responsibility*, Sinott-Amstrong an Nadell (org.), Oxford: Oxford University Press, 2011, p. 44.

24. Frith, que fez uma experiência parecida, mas que concedia a possibilidade de o sujeito "escolher qual dos dedos mover", reconhece no mesmo sentido: "To study truly willed behavior the participants must decide for themselves what to do rather than simply follow structions. (...) For example, Libet and colleagues instructed participants to lift the index finger of their right hand, but gave them the freedom to make this response 'whenever they felt the urge". They could choose when to make the response, but not which response to make." Frith, Chris D., Free Will and Top-Down Control in the Brain, in: Murphy, N., O'Connor, T. and Ellis, G. (org.), *Downward Causation and The Neurobiology of Free Will*, Berlin: Springer Verlag, 2009, p. 203.

25. "Freedom matters because it is thought to ground moral responsibility, and the notion of holding someone morally responsible for an action that has no real consequences seems for the most part pointless. However, when we generate actions spontaneously in the context of such an experiment, we do not act for reasons at all, save the reason of complying with experiment's demand". Roskies, L. Adina, Why Libet's studies don't pose a threat to free will, in: *Conscious will and responsibility*, Sinott-Amstrong an Nadell (org.), Oxford: Oxford University Press, 2011, p. 17.

26. É a tese levantada por Alexander, que chega a propor um novo experimento a fim de desfazer a dúvida: "It would be interesting to know what kind of brain activity would precede a moment of choice if, unlike in Libet's experiment, the time for the choice were not at issue but were prescribed, and the subject were told either to act or refrain from acting at that time. (...) That result would be consistent with the brain's activity indicating not a prior unconscious willing but rather a prewilling state of anticipatory tension". Alexander, Larry, Criminal and moral responsibility and the Libet experiments, in: *Conscious will and responsibility*, Sinott-Amstrong and Nadell (org.), Oxford: Oxford University Press, 2011, p. 204.

si mesma. Tanto assim é que, se bem interpretamos todas as conclusões recentes de Fried, este consegue mapear o *momento* da decisão e não *qual* será ela exatamente, o que pode indicar que o cérebro simplesmente se prepara porque sabe que terá de decidir, mas isso não atingiria o processo decisório (seu resultado) em si mesmo. A possibilidade de que um *veto*, como um estágio censor da mente, se possa desencadear, revertendo o processo de decisão consciente para um não-querer é também, com Libet, hipótese a ser considerada, entre outras.

Aqui, porém, não se deve emitir juízo sobre o experimento em si, sobre seus métodos, até porque há que se reconhecer que a tendência é a de que as novas experiências confirmem, cada vez mais, essa atividade do cérebro anterior à consciência. Esses primeiros experimentos, que, por suas características, remetem por antonomásia a Libet, são, em nossa opinião, os que de modo mais incisivo demandam uma revisão sobre a liberdade humana, diante do Direito penal. Entretanto, a conclusão de que não exista uma decisão livre do homem, diante do quanto explicado nesse material científico que hoje se publica, tampouco é possível assumir sem questionamentos.

1.2.2 O local: confrontando Descartes

A evolução da neurociência vai, pouco a pouco, demonstrando que *realmente,* e não pela mera suposição advinda da observação anatômica do passado, pode-se atribuir a cada região cerebral uma função. O progresso dessas investigações, a mapear e encontrar cada uma das regiões em que se processam as percepções e os pensamentos – vimos que já é possível acompanhar *cada* neurônio, se monitorado por eletrodo – desmistifica a possível *separação entre mente e corpo*, que se costuma identificar como uma ideia central de Descartes.[27]

O problema é que novos experimentos progridem ainda mais essa função, para mostrar que não apenas a separação entre cérebro e mente[28] não existe em si mesma, como um ser incorpóreo que se sobrepusera ao físico, mas também que não é apenas no labirinto de neurônios que se processam as ideias. A concepção de que os órgãos sejam um centro de percepção enquanto o cérebro é um centro de decisão também tende a ser superada.

27. Vide, adiante, 2.3.1.

28. Há que se definir, como questão terminológica inicial, que o termo *mente* terá de ser utilizado no mesmo sentido de *espírito*, ambas correspondendo ao *Geist* alemão. A relutância por identificar o termo *mente* e *espírito* como equivalentes é um problema talvez ligado à tradição religiosa, que recusa falar-se em *espírito* quando se trate apenas de um ente de liberdade fora do corpo. Isso, talvez, por conta de alguma aproximação entre *espírito* e *alma*. Essa dicotomia conduz a que o termo *mente* seja na linguagem comum associada à racionalidade, ao cérebro apenas. Note-se que o idioma inglês concede ao vocábulo *mind* o significado bem mais próximo ao *Geist* alemão que ao nosso significado português (em senso comum), do vocábulo 'mente' como "capacidade de raciocínio". *Mente* ou *Espírito* serão aqui um elemento metafísico exterior ao cérebro fisicamente determinado.

Estudos revelam a falsidade, em primeiro lugar, de se conceber a existência de um *local cerebral integrativo*, uma área no cérebro em que se juntariam as informações advindas do corpo, para então *projetar* a realidade, com a mescla de imagem, som, olfato, tato, como em um grande palco ou tela de cinema, que Dennett, para negar sua existência, denominou *Cartesian Theater*, o teatro cartesiano.[29] O sistema cerebral processa várias informações distintas, e não há qualquer local em que elas se recomponham todas, onde se possa projetar esse *Eu* decisor, senão como mera ilusão.[30] Os estudos do cérebro já permitem mapear áreas do córtex responsáveis cada uma por um comportamento específico,[31] e nenhuma delas que concentre todas as demais, o que, para alguns, é um mistério que ainda permanece: a, como diz Singer, intrincada pergunta de como todos os processos de assimilação que se produzem simultaneamente nas distintas áreas do córtex cerebral podem coordenar-se.[32]

Mas há pesquisas que indicam, se não um *teatro cartesiano*, um centro coordenador da vontade. É o caso dos experimentos de Henrik Walter, que, a partir de estudos com pessoas com lesão no córtex cerebral,[33] comprovaram que

29. Esse filósofo expõe longamente acerca da inexistência do dualismo cartesiano em seu *Consciousness Explained*. Para ele, "The Cartesian Theater is a metaphorical picture of how consciouss experience sit in the brain". E, ainda depois de opor-se ferozmente a esse dualismo – originário, como se exporá (2.3.1), na ideia cartesiana da glândula pineal – Dennet alerta, referindo-se aos neurocientistas: "But as we shall see, the persuasive imagery of the Cartesian Theater keeps coming back to haunt us – laypeople and cientists alike – even after its ghostly dualism has been denounced and even exorcized". Dennett, Daniel, *Consciousness Explained*, London: Penguin Books, 1991 (Kindle Version, pos. 1896).

30. Como explica Damásio, "Talvez seja mais proveitoso pensar que nosso forte sentido de integração mental é criado a partir da ação concertada dos sistemas de grande escala, pela sincronização de conjuntos de atividade neural em regiões cerebrais separadas – na verdade, em truque de sincronização". Damásio, António, *O Erro de Descartes: emoção, razão e cérebro humano*, São Paulo: Cia das Letras, 2006, p. 123.

31. Esse mapeamento aparece bastante desenvolvido por Roth em seu artigo *The Evolution and Ontogeny of Consciousness*. Evidentemente haverá muitos outros estudos que o fazem, porque ser objeto de pesquisa de um sem-número de cientistas, porém as demais intervenções desse neurocientista na área de responsabilidade transformam Roth em um dos mais referidos. Ele é um daqueles que defende que a responsabilidade é a interação entre amígdala (região do sistema cerebral), hipocampo e nó central e dorsal. Cf. Roth, Gerhard, The Evolution and Ontogeny of Consciousness, in: *Neural Correlates of Consciousness,* MIT Press, pp. 81-82.

32. Em suas palavras: "Los diagramas de distribución de interconexión de las areas de la corteza cerebral no dejan intuir referencia alguna a la existencia de un centro de convergencia de carácter singular (...) Esto suscita la complicada pregunta de como todos los procesos de asimilación que simultáneamente se producen en las distintas áreas de la corteza cerebral pueden coordinarse de modo que sea posible realizar interpretaciones coherentes de las múltiples señales sensoriales, que además se den claras determinaciones respecto a determinadas opciones de acción y que puedan llevarse a cabo reacciones motoras coordinadas". Singer, Wolf, Experiencia propia y descripción neurobiológica ajena: dos fuentes de conocimiento cargadas de conflicto, Trad. M. Ángel Cano Paños, *Revista Electrónica de Ciencia Penal y Criminología*, 2010, num 12-r5, p. 16.

33. "Patients with larger lesions (damage) of the cortex show a typical clinical syndrome. Their strategic thinking skills are strongly impaired, once they have made plans they cannot be persuaded to alter them, and they have difficulty adapting their behavior to altered circumstances (Kolb and Wishaw

esta parte do órgão, especialmente o denominado córtex prefrontal, é responsável pelas decisões. Ele mesmo retrata um estudo (de Damásio), em que se descreve um caso paradigmático: Após um acidente, uma mulher sofre lesão no córtex cerebral; em seu leito, conquanto presenciasse diálogos de seus visitantes, não pronunciava palavra; quando recuperada da lesão, narrou que compreendia àquele tempo todos aqueles diálogos, porém não respondia porque "nada tinha a dizer". Cientistas, então, observaram que ela "havia perdido sua vontade (Will)",[34] sua determinação, por isso dominava a linguagem mas não tinha capacidade de *motivar*-se a intervir em qualquer assunto. É apenas uma das evidências de que, para Walter, o córtex prefrontal é o responsável pela vontade. É ele quem gera a imagem das hipóteses que, depois, se consagram na possibilidade de agir diversamente, criando alternativas para decisão, enquanto outras partes[35] do cérebro transmitem ao corpo as consequências delas.

Mas há mais do que isso: outras análises têm proposto que os processos de decisão são uma *interação* entre cérebro e corpo, e não simplesmente um processo cerebral baseado em informações corporais.[36] António Dámasio, a partir de suas próprias experiências, não chega a ser categórico ao afirmar que a mente não se encontra nos circuitos neurais, mas "muitos desses circuitos são configurados durante a evolução por requisitos funcionais do organismo".[37] A ideia de que todo

1996: 305-33). It is as if some ordering mechanism that controls the coordination and harmonizing of diverse activities were missing." WALTER, Henry, Neurophilosophy of free will, in: *The Oxford Handbook of Freewill*, Robert Kane (org.), Oxford Press, 2002, p. 566.

34. A frase é atribuída a Francis Crick, o cientista que descobriu o DNA helicoidal, e está narrada em WALTER, Henry, *Neurophilosophy of free will...* cit., p. 568.

35. The prefrontal cortex generates these scenarios of future events (see the discussion that follows). Simultaneously the amygdala and hypothalamus (hormone control center) also affect one's body, particularly the visceral functions (heart, intestines, blood pressure, and so on). The body reacts as it has in similar past situations and, via feedback loops, it reports its state back to the brain. WALTER, Henrik, *Neurophilosophy of free will*, cit., p. 571.

36. Aqui comprovaremos que existe alguma injustiça ao fazer de Descartes a antonomásia do dualismo, mas isso tem efeitos apenas em legitimação do resgate histórico. O fato é que existe um ideal de divisão entre mente e corpo que traz efeitos muito mais extensos que a discussão da liberdade. De fato, como comprova Porciúncula, o pensamento dualista como ideia de racionalismo e *externalização* dos comportamentos a partir da mente está plasmado na estrutura do injusto. Por isso, apoia-se em Wittgenstein para negar o subjetivo como fator causal do objetivo, o processo psicológico interno como elemento existente, causalmente vinculado ao comportamento. Nós não cuidaremos dessa estrutura como um todo, que extrapola as consequências da liberdade, mas sim podemos ressaltar a acertada observação do autor, que o dualismo é herança do pensamento eclesiástico e, depois, do racionalismo iluminista, e até hoje se preserva na estrutura do delito. Negar essa ontologia – no seu caso, a partir do argumento da construção do filósofo austríaco – do elemento psíquico como causa do comportamento externo deve alterar a estrutura do injusto. E tal alteração não ocorre, observe-se, como propõe o funcionalismo atual, ou seja, tentando fugir do processo subjetivo, mas negando a existência do processo psíquico interno por ele próprio. Cf. PORCIÚNCULA, José Carlos, *Lo objetivo y lo subjetivo em el tipo penal: hacia la exteriorización del interno*, Barcelona: Atelier, 2014, especialmente pp. 75-80.

37. E acrescenta: "Só poderá haver uma mente normal se esses circuitos contiverem representações básicas do organismo e se continuarem a monitorar os estados do organismo em ação. Em suma, os

o corpo parece envolvido no processo físico de percepção do cérebro é outro passo na neurociência, que tende a fazer ainda mais complexo o estudo das decisões.

Dessa realidade, como explica Singer, pode surgir uma dupla interpretação: a primeira delas, a de que exista um *eu* volitivo no indivíduo, de caráter absolutamente imaterial, que somente se utiliza dos neurônios para "informar-se sobre o mundo" e então retirar dessas informações suas decisões independentes. Outra corrente parte da ideia de que as decisões livres são tomadas pelo cérebro, porém, por razões misteriosas, os processos em que são baseadas estariam acima daqueles que deterministicamente se encontram nos neurônios. Estes, mesmo se mapeados como um todo, não desvendariam a antiga questão de existir algum princípio que logre, por si, escapar à física comum, para poder dirigir os processos de decisão. Seria essa a mente, que Descartes a seu tempo julgava independente dos processos físicos.

Os estudos que registram o cérebro e tentam encontrar funções específicas para cada parte – ou mesmo aqueles que, com Damásio, encontram interação entre cérebro e corpo no processo decisório – afastam a possibilidade de a existência de um controle externo, não físico e, por assim dizer, impossível de se mapear e rastrear, de um processo de decisão. Sem necessariamente conduzir à conclusão de inexistência de liberdade, a explicação da máquina de decisão tende a afastar esse "vazio", o *vacuum* causal que tem de haver para que o corpo seja dominado pela personalidade. Nesse sentido, em nossa opinião, todos os estudos neurocientíficos que procurem mapear o cérebro e seu entorno, e que aqui não podem ser sequer de longe reproduzidos, serão interpretados como um avanço determinista: ganham terreno para constituir a prova negativa de um ente capaz de produzir uma nova cadeia causal (a decisão) diversa dos processos físicos observáveis no sistema registrado.

1.2.3 O objetivo: o enhancement

A finalidade de conhecer o cérebro e sua função será conseguir manipulá-la. Conquanto possa haver quem discorde,[38] parece bastante evidente que os estudos médicos visam sempre à possibilidade de interferência no objeto estudado. Se essa interferência ocorre para uma saudável cura de casos gritantemente patológicos ou se podem impor uma normalização de comportamento humano, a tangenciar a eugenia, trata-se de problema a ser solucionado no campo ético.

Esse potencial de intervenção médica no cérebro há tempos alcança o controle da própria vontade e, daí, também suscita questões acerca do livre

circuitos neurais representam o organismo continuamente, à medida que é perturbado pelos estímulos do meio ambiente físico e sociocultural e à medida que atua sobre esse organismo". Damásio, António, *O Erro de Descartes...*, cit., p. 123.

38. Vide 4.3.3.

arbítrio. Especificamente se pode tratar da melhoria das condições cerebrais no chamado *Enhancement*. Estudos têm mostrado a possibilidade de o cérebro ser incrementado, a fim de alcançar capacidades de que ele ainda não dispõe. É o caso da experiência de optogenética de Karl Deisseroth, descrito também por Reinhard Merkel. A optogenética foi de fato inaugurada no ano de 2005, quando Deisseroth e seu aluno de pós-doutorado Ed Boyden inseriram um condutor fotossensível de alga verde, chamada ChR2, em neurônios em proveta. Expostos a um *flash* de luz azul, os canais da alga se abriam e uma onda de íons positivos inundava os neurônios, iluminando-os. Essa tecnologia avançou bastante, até o ponto em que se injetou o ChR2 em um vírus, que atinge os neurônios específicos, os quais então podem ser dirigidos, em suas funções, mediante sua reação diante de raios de luz, no caso proporcionados pelo *optrode*, um cabo de fibra ótica com eletrodos. Em um experimento, cujo registro em vídeo pode ser facilmente encontrado na internet,[39] discípulos de Deisseroth fazem um rato alterar seus passos de acordo com a luz que lhe é jogada no cérebro:[40] ora, quando o *optrode* está aceso, movendo-se a cobaia rapidamente em círculos, ora, quando o aparelho se apaga, regressando ao movimento aparentemente normal, sem direção específica e em velocidade mais lenta.

Como observa Merkel, assistir ao vídeo com a imagem do animal de laboratório tendo seu movimento comandado pelo estímulo luminoso faz inferir que o cérebro humano também poderá ser *direcionado* pelos impulsos luminosos, evidentemente com maior precisão. E isso não é mera suposição, porque nos poucos anos em que se desenvolveu a técnica, sua evolução tem sido exponencial.[41] Em artigo novo, Deisseroth afirma que a descoberta demonstrava que se poderia manipular com alguma precisão o cérebro de mamíferos, superando as técnicas anteriores, que já indicavam essa possibilidade em invertebrados,[42] mas

39. Merkel descreve o vídeo: "El investigador comenta lo sucedido con dos frases: '¿Da un poco de miedo, no? Pero desde el punto de vista clínico es una maravilla. Demuestra que estamos en condiciones de modificar el comportamiento de personas mediante luz", MERKEL, Reinhard, *Novedosas intervenciones del cerebro: mejora de la condición humana mental y límites del derecho penal*, p. 51.

40. O experimento patenteou seis etapas da *optogenetic*, que foram amplamente, a partir de 2005, requisitadas por vários laboratórios em todo o mundo. A expectativa é que muitos resultados práticos de manipulação de comportamentos se consiga através da técnica que apenas se inicia. Segundo artigo de notícias *Nature*, "Deisseroth and Boyden have discovered or engineered many other opsin [tipo de proteína] that allow neurons to be manipulated in different ways, including neural silencers". BUCHEN, Lizzie, *Illuminating the brain,* in: Nature, vol. 456, 6 may 2010, p. 27.

41. (...) "'The number of tangible results are still of the order of half a dozen or so. But we're on the rising phase of the exponential', says Karen Svoboda (...)". BUCHEN, Lizzie, Illuminating the brain, in: *Nature*, vol. 456, 6 may 2010, p. 27.

42. "Already, research in some invertebrate nervous systems (within which defined cells can be selectively controlled by microelectrodes) has demonstrated the importance of knowing the wiring patterns of the cells targeted for control, to achieve predictable influence over the complex and sensitive dynamical properties of even small networks of neurons. However, in mammalian systems, until very recently it was not possible to control the high-speed dynamics of cells defined by wiring, because even when directed to fiber bundles or white matter, electrodes cannot select as the initial direct target a

que, agregado a suas mais recentes aplicações, já é plausível mapear e tentar direcionar o comportamento humano relativo a recompensa, motivação, depressão e interação social,[43] ainda que de modo, por enquanto, incipiente.

Experiências como a optogenética conduzem à plausibilidade de o que Merkel denomina o *Enhancement*, o artificial desenvolvimento do cérebro. Como bem lembra o autor, o tratamento se aproxima de ser uma realidade, quando se toma como exemplo o projeto norte-americano de desenvolvimento se supersoldados, que longe está de constituir uma ficção. Sem ter de chegar a tanto, basta a possibilidade de que existam tratamentos para *melhora* de capacidades mentais do indivíduo para que afirmemos, sem medo de erro, que esse tipo de tratamento tem o potencial de ser utilizado para *consertar* personalidades voltadas ao crime, conceito que, como adiante se comentará,[44] reaparece quando se assume a não-liberdade do indivíduo. Algo como uma ideia que reúne prevenção e correcionalismo, que neste trabalho haverá a oportunidade de comentar mais detidamente.

1.3 Consequências filosóficas dessas descobertas

A filosofia contemporânea, como é natural, não deixa de cuidar do tema. Apenas, por seu contorno mais abrangente, lembra que os experimentos neurocientíficos são apenas um entre tantos outros fatores que fazem com que a problemática do livre arbítrio seja sempre uma questão a enfrentar-se. Alguns desses filósofos colocam de modo bastante claro que a discussão do livre arbítrio que as neurociências ora impulsionam não é, na raiz, diversa daquela desde sempre provocada pela teologia.[45]

Esse relativismo da neurociência não como corte epistemológico da Filosofia, mas como elemento a ser tomado em conta na solução dos problemas de responsabilidade social é tema que se pode discutir mais adiante, quando já se o cuidar sob o ponto de vista penal. Mais premente é, no momento, questionar em que medida esses avanços tem influenciado pensadores pela inexistência do querer livre, à vista da comprovação dos métodos inconscientes de decisão e a atribuição exata de funções para cada parte do cérebro, bem como o acompanhamento do

particular projection defined by cell-body origin and trajectory". DEISSEROTH, Karl, Circuit dynamics of adaptive and maladaptive behavior, *Nature*, 505, 16 jan. 2014, p. 312.

43. "Shortly after, optogenetic control of specific trajectory-defined projections in behaviour was achieved, unexpectedly revealing endogenous inhibition of anxiety-related states in the amygdala, in a study using gain- and loss-of-function interventions to targeted amygdala projections. Optogenetic approaches have since allowed projection-defined activity control in behaviors related to reward, motivation, depression, social interaction, compulsions, cognition and other domains of normal and maladaptive brain function". DEISSEROTH, Karl, *Circuit dynamics of adaptive and maladaptive behavior*, Nature, 505, 16 jan. 2014, p. 312.

44. Vide, adiante, 3.7 e 5.8.

45. Vide, em 5.2, a diferenciação que faremos, aproveitando-nos de Eugenio Trías, entre Filosofia, Metafísica e Teologia.

efetivo trabalho dos componentes neuronais, que indiciam a inexistência de qualquer força não sujeita às leis comuns da física.

Primeira questão que se observa é a de que a maioria dos neurocientistas, atentos a seu objeto de estudo, não se atreve a tirar conclusões específicas sobre a *liberdade da vontade*, o que não significa dizer que as publicações que aqui selecionamos não sejam de todo direcionadas a explicar os processos neuronais a ela relacionados. É o caso, ao menos, de todos os que buscam refazer e aperfeiçoar os experimentos de Benjamin Libet, que de modo inequívoco segue em busca da comprovação de uma *ilusão de consciência*. Entretanto, a conclusão de que o ser humano tenha ou não *livre arbítrio*, liberdade de vontade, não aparece nesses bons estudos empíricos, porque tal tarefa cabe ao filósofo que o interpreta. Como, porém, o argumento filosófico é livre a todos os indivíduos, e com razão se concede maior autoridade para propô-lo àquele que direcionou esforços reconhecidos em busca de aclarar as grandes aporias, alguns neurocientistas pronunciam-se diretamente sobre o tema. É curioso, porém, que, ao fazê-lo, não necessariamente apontem suas conclusões ao determinismo fatalista: ao contrário, muitos deles são expressos ao enunciar posições compatibilistas, quer dizer, que fazem conviver a física determinada dos processos neuronais com a liberdade de ação. Foi esse o caso, como exposto, de Libet, em relação a seu próprio experimento, retomando a possibilidade do *veto* como atitude livre.

É também a posição de Henrik Walter, já mencionado, que, em busca da compreensão filosófica dos experimentos neurocientíficos que ele mesmo promove, desenvolve o que ele próprio denomina "autonomia natural". Para o cientista, se cogitamos que um mesmo ser humano, colocado em *situações absolutamente idênticas*, poderia decidir de maneira diversa (a nossa questão central da culpabilidade[46]), estamos enganados. Nesse sentido, o livre arbítrio é uma ilusão.[47] O conceito de culpa em sentido amplo, tal como está formulado, é então um grande equívoco, mas isso não significa que sejamos, para Walter, marionetes à mercê de todas as intempéries do *caos* determinista. A combinação

46. Com razão, Schünemman dirá que a evitabilidade é um "problema puramente empírico" que, todavia, encontra na prática "considerables problemas de aplicación". E o primeiro deles, ainda para o autor alemão, é a liberdade da vontade. Cf. Schünemman, Bernd, La relación entre ontologismo y normativismo en la dogmática jurídico-penal, in: *Revista Brasileira de Ciencias Criminais*, São Paulo, vol. 11, n 44, jul.-set. 2003, p. 27. Também, como problema central da reprovação, há que se citar o acerto da perspectiva que empresta Torío Lopez ao tema. Em texto que ainda voltaremos a referir, o autor diz que o *Andershandelkönnen* tem um "pressuposto antropológico", que "equivale a la capacidade humana para orientar libremente la conducta conforme a valores". Torío López, Ángel, El sustrato antropológico de las teorías penales, in: *Revista de la Facultad de Derecho de la Universidad Complutense* – Estudios en Homenaje a Jiménez de Asúa, Madrid, jun. 1986, p. 667.

47. Textualmente: "Freedom of will is an illusion, if by it we mean that under *identical* conditions we would be able to do or decide otherwise, while simultaneously actin only for reasons and considering ourselves the true *originators* of our actions". Walter, Henrik, Neurophilosophy of free will, in: *The Oxford Handbook of Free Will*, Robert Kane (org.), Oxford Press, 2002, p. 574.

de elementos diversos e dispostos ao mesmo tempo em vários lugares do cérebro recria um campo de responsabilidade, pois reforça a hipótese de que uma pessoa, em circunstâncias *semelhantes*, decida de maneira diferente. Ademais, as decisões são determinadas por condições físicas mas também remetem a situações emocionais, a elementos de linguagem e nos colocam diante de flexibilidade de ações, de cogitações de hipóteses diversas. Em outras palavras, as ações não vêm predeterminadas, mas são tomadas de acordo com a razão, a intelecção do mundo, o que de algum modo é o estabelecimento de um reino de razão no caos cerebral. E essas ações são autênticas do próprio indivíduo, que as reconhece como suas quando, via sua reflexão, reconstrói emoções que as fazem suas. A complexidade da ordem física, a começar pelo próprio caos que é a superposição cerebral,[48] somado ao campo das emoções, em que está o autorreconhecimento como livre, permite conceber uma ideia de homem naturalmente responsável.[49]

Claro que mesmo entre os filósofos atuais, muitos se convencerão sobre o determinismo absoluto, o que realmente não é difícil diante de tamanhas evidências de que as regras físicas que se conhecem direcionam o ser humano integralmente. Neste caso não há que se falar em compatibilismo ou incompatibilismo, mas simplesmente em determinismo[50] claro, que pode até conduzir ao extremo

48. Um dos pontos essenciais para a teoria de Walter é o de que o cérebro funciona com o caos. Como neurocientista, faz essa afirmação de modo criterioso: O cérebro é não linear, recursivo, e apresenta descontinuidade e fatores de atração de caos. O neurocientista chega a ressaltar que "in recent years, the electric activity of the human brain has also been researched using mathematically developed tools, and there have been findings". Os achados não são ainda de todo conclusivos, mas mostram as características do sistema caótico: "The electric sum activity of the brain (EEG) can be viewed as a deterministic chaotic system brought about by a nonlinear system with four to six variables". Cf. WALTER, Henrik, *Neurophilosophy of free will: from Libertarian Illusions to a Concept of Natural Autonomy*, Massachusetts: MIT Press, 2009, p. 173-175.

49. Embora a Psicologia não seja em si objeto de nossa análise, parece-nos que ela é baseada em fundamento bastante próximo a um compatibilismo as reações previsíveis e a liberdade de alterá-las. Sabendo-se que, evidentemente, tal complexa disciplina comporta várias correntes distintas, veja-se como exemplo a clara colocação de Alvino Sá, na perspectiva criminológica: "A vida do homem é uma sequência de conflitos e conquistas. A adequação das respostas aos conflitos posteriores vai depender de como foram solucionados os anteriores, sem que isto signifique nenhum predeterminismo, pois o homem, mediante novas experiências positivas e significativas, tem a capacidade de reformular seus padrões de respostas". SÁ, Alvino Augusto de, Concepção de crime como expressão de uma história de conflitos: implicações na reintegração social dos condenados à pena privativa de liberdade, in: *Revista da Esmesc*, Santa Catarina, ano 7, vol. II, 2001, p. 177.

50. É o caso de Honderich, que desenvolve um longo ensaio para desconstituir as ideias compatibilistas e comprovar a plausibilidade do determinismo. Dentre tantos argumentos, assenta: "Whatever is to be drawn from the premiss that we have a single belief to the effect that both voluntariness and origination are required for something – just moral responsibility, or that a great deal more – is drawn from a false premiss" (p. 113). E assim aponta a falta de razão justa, senão de uma crença de responsabilidade não justificada: "If it can be called a belief, it is not a belief with a truth-value. Believing that certain facts are the sufficient condition of moral disapproval precisely like, to take a random example or two, believes that the existence of distress is a reason for a plan to end it, or believing that the length of time it takes to become a doctor is a reason for higher pay. To have such a belief is not to have something

da ausência de responsabilidade moral. Essa é a senda comumente trilhada por aqueles que adotam a visão mais restrita da ciência, não desprovidos de robustos argumentos.

É hoje raríssimo haver quem sustente que a força da liberdade humana é tamanha que supere todas as circunstâncias, a desaguar em um indeterminismo absoluto. O que pode haver são tons mais fortes de contraste com o determinismo, crendo em uma alma livre de substrato teológico, ou investindo em observação da liberdade dos atos de razão e comunicação.[51] Em geral, esses compatibilistas radicais tendem a cobrar, dos deterministas,[52] definições mais abrangentes e completas de seus conceitos restritos.

Uma das versões compatibilistas que ora mais se tem invocado é a do norte-americano Harry Frankfurt, e que aqui pode ser exposta com alguma brevidade. Frankfurt acredita que se podem definir no ser humano desejos de *primeira* ou de *segunda* ordem, e até de ordens superiores. Os primeiros são os desejos de agir de determinada maneira, enquanto desejos de segunda ordem são desejos de ter desejos, ou seja, vontade de controlar os desejos. O *Free-Will* existiria, então, porque o homem controla os desejos de primeira ordem, em face de seus desejos de segunda ordem. Mas não lhe é possível escolher seus desejos de segunda ordem, que lhe vêm determinados. Então o ser humano está preso às condições da natureza, mas ainda assim exerce sua vontade, porque, em face da essa volição de segunda ordem, diante da qual não é livre, escolhe suas ações, decidindo sobre desejos de primeira ordem. O exercício da liberdade estaria nesse momento de consciência de se escolher o desejo inferior, para que satisfaça o desejo de ordem superior,[53] que é necessariamente volitivo. O homem escolhe

which is true or false, but to have something which itself is properly described, as it has been, as an attitude or feeling". HONDERICH, Ted, *The consequences of determinism*, vol. 2, Oxford: Clarendon Press, 1990, p. 111.

51. É o caso, entre tantos, de Searle. O conhecido filósofo americano, discípulo de Austin, ensaia sobre a existência de um *eu* ontologicamente responsável dentro da esfera da comunicação. Destaco apenas um argumento de seus escritos, que não serão objeto de nossa análise mais aprofundada, para documentar: "Si suponemos la existencia de un yo consciente substancial que actúa sobre la base de razones bajo las constricciones de la racionalidad y de acuerdo con la presuposición de libertad, podemos ahora das sentido de la responsabilidad y de todas sus nociones anejas (...) Para que podamos asignar responsabilidad, tiene que haber una entidad capaz de asumir, ejercer y aceptar responsabilidades". SEARLE, John R. *Razones para actuar: una teoría del libre albedrío*, Barcelona: Círculo de Lectores, 2000, p. 119.

52. A observação é de Honderich: "There is also the enterprise, taken as very necessary, of leading Incompatibilists to take higher standards of clarity and contentfulness with respect to conceptions. These higher standards exclude indeterminist theories of the mind", HONDERICH, Ted, *The consequences...* cit., p. 106.

53. Para ele, em muito coincidindo com Schopenhauer, o homem se frustra quando não consegue levar adiante essa volitiva determinação de segunda ordem, transformando-a em um desejo mais imediato. "The satisfaction at stake are those which accrue to a person of whom it may be said that his will is his own. The corresponding frustrations are those suffered by a person of whom it may be said that he is estranged from himself, or that he finds himself a helpless or a passive bystander to the forces

suas ações, portanto, mesmo sem poder agir de outro modo, porque seus desejos de segunda ordem determinam os de primeira, mas ele não se apercebe disso e é livre porque decidiu o que quer sem conseguir controlar o que queria.[54] O resultado é o de que o homem alcança exercer seu livre arbítrio e, portanto, ter responsabilidade moral, sem que necessariamente se comprove que poderia agir de outra maneira,[55] já que era determinado em seus desejos mais profundos;[56] assim também se explica a ilusão de liberdade, porque a própria liberdade aparece nesse intervalo primeira-segunda ordem como se liberdade absoluta fora. Trata-se da tendência compatibilista mais em voga, pois seu efeito é relativizar os avanços da neurociência em termos de liberdade.

Se bem observadas as vertentes que se colocam diante das descobertas neurocientíficas, elas não muito diferem daquelas que já construíam os filósofos ainda antes de qualquer grande avanço de mapeamento cerebral. Tanto assim é que reiteradamente se resgatam postulados, deterministas ou indeterministas, construídos ao longo dos séculos – mas especialmente nos séculos XVIII e XIX – para ilustrar os novos percursos argumentativos da filosofia da mente, sem necessidade de adaptações severas. Adiantando aqui alguma conclusão, mesmo os postulados mais indeterministas do presente estão vinculados aos primeiros filósofos escolásticos, que impunham o reconhecimento da liberdade como razão de ser do homem e, mais, em momento algum deixaram de reconhecer que condições físicas eram circunstâncias limitadoras da liberdade.

Há entretanto um ponto diferencial para a filosofia da mente contemporânea. É que, mesmo que para refutar o determinismo, ela tem as evoluções atuais da neurociência como, sem duplo sentido, ponto nevrálgico. E não poderia ser diferente, porque as inovações, que aqui resumimos como tempo, lugar e objetivo, impõem consideração direta para quem se aventura a enfrentar o tema. Não são, ao menos assim o imaginamos, um mero desenvolver gradual da tecnologia, natural

that move him". FRANKFURT, Harry G., Freedom of the will and the concept of a person, in: *The Journal of Philosophy*, Vol. 68, n. 1, 1971, p. 17.

54. "A person who is free to do what he wants to do may yet not be in a position to have the will he wants". FRANKFURT, Harry G., Freedom of the will and the concept of a person, in: *The Journal of Philosophy*, Vol. 68, n. 1, 1971, p. 17.

55. "They deny that free will requires alternative possibilities (AP); and so they deny that determinism rules out free will. Moreover, the reason they reject AP is because they believe AP rests upon PAP *and PAP is false*. In other words, these new compatibilists argue that people tend to believe that free will requires alternative possibilities *because* they assume that moral responsibility requires alternative possibilities. But if moral responsibility does not require alternative possibilities, then free will does not require alternative possibilities either". KANE, Robert, *A Contemporary Introduction to Free Will*, Oxford: Oxford University Press, 2005, p. 82.

56. Nas exatas palavras de Merkel, para Frankfurt o fato de ser verdadeiramente *autor* da decisão é mais importante que necessariamente ter a possibilidade de agir de outro modo ("die autonome Urheberschaft an einem Willensentschluss ist wichtiger als das Prinzip alternativer Möglichkeiten"). MERKEL, Reinhard, *Willensfreiheit und rechtliche Schuld: eine strafrechtphilosophische Untersuchung*, Baden-Baden: Nomos Verlag, 2008, p. 102.

de qualquer área do conhecimento e da prática na sociedade humana, senão um ponto de conhecimento que tem de conduzir a mudanças na interpretação da realidade do indivíduo. Subsiste sempre a esperança de que possa haver chegado o momento do desvendar da "arca sagrada", a que alguma vez se referiu alguém da ilustração de Ramón y Cajal,[57] que transformaria o homem em "verdadeiro rei da criação". As descobertas ou as promessas de descobertas da neurociência de fato impõem enfrentamento objetivo, e nisso reside, para nós, a diferença principal da filosofia da mente e do conhecimento atuais: reconhecer o avanço médico.

Esse avanço médico se pode de alguma maneira bifurcar, para a influência que exerça no presente trabalho. É que, como corolário da liberdade da vontade – e só nesse sentido – a possibilidade de correção, que o *enhancement* levanta, é tema contíguo que merece análise. Porque, caso admitamos que as neurociências assumem compreensão dos comportamentos que advém da condição do cérebro – o que este capítulo demonstra inequivocamente – sobram duas alternativas relacionadas à liberdade da vontade: ou a pensamos como em absoluto inexistente, em uma tese super-determinista, ou a cremos *relativa*. Esta última hipótese importa em compreender que a configuração ou o estado do cérebro interfere no processo de decisão humana, e isso implica assumir que ele pode e será manipulado no futuro (na verdade já o é), a fim de direcionar comportamentos. A possibilidade jurídica da correção do comportamento livre surge, então, a partir da neurociência como tema vivo e indissociável do livre arbítrio, que aqui aparecerá como obrigatório segundo plano. Retirar a possibilidade de correção de nosso eixo de análise implicaria suprimir fração muito significativa do alcance prático da discussão.

Para nosso trabalho, temos desde logo que endossar o mesmo posicionamento: se os experimentos não trazem uma prova em absoluto convincente acerca da inexistência de liberdade da vontade – o que não é o mesmo que dizer que há provas contundentes do funcionamento cerebral, que *caminham* na direção do determinismo -, eles em si mesmos não impõem novidade extrema sobre o debate antigo. O mesmo não se pode dizer, entretanto, acerca da capacidade de direcionamento do comportamento, pois a ciência evidencia a capacidade de inibir em grande medida alguns tipos de ações, ou de impor mudanças radicais de humor,

57. Retiro a expressão de Ramón y Cajal, que, em 1904, apostando nas células do "axon corto", embora com umas série de conscientes ressalvas, como contingente de reservas de energias e ditadoras de caminhos que poderiam ser a alma, pensa em um futuro distante (porque "alborea este lejano ideal") em que se desvendaria todo o cérebro, e "entonces el encéfalo, en vez de ser veleidoso globo cernido entre brumas y juguete de una meteorología ignorada, se convertirá en aerostato perfecto y dirigible capaz de seguir impertérrito su destino, insensible a las embestidas del viento y a las amenzas del rayo... Entonces, el hombre será verdaderamente rey de la creación, porque habrá alcanzado el triunfo más glorioso y trascendental de la vida: la conquista de su propio cerebro; es decir, el esclarecimiento del formidable misterio; la solemne toma de posesión de la arca sagrada, resumen y síntesis del cosmos, en cuyo seno duermen inviolados los gérmenes de las verdades eternas". Ramon y Cajal, Santiago, *Prologo*, in: *Introducción al Estudio de la Psicología Positiva,* de Tomás Maestre, Madrid: Bailly-Bailliere, 1904, p. 21.

dentre outras. Nesse sentido, sobre a capacidade de manipulação da decisão do indivíduo pela ciência, as inovações suscitam novas perspectivas de aproximação do tema.

1.3.1 Ressalva: Bioética e prática forense

Questão diversa seria analisar como, na prática, é ou serão utilizadas as neurociências no ambiente forense. Claro que não nos passa totalmente ao largo, porque as provas neurocientíficas serão incorporadas ao caso concreto, a depender das necessidades e legítimos interesses de defesa e acusação.

Há, por dizer de algum modo, países em que esse tipo de preocupação se suscita com mais intensidade. É o exemplo de Estados Unidos ou Austrália, em que já se alerta para o fato de que as neurociências podem ser mal-interpretadas no contexto forense. A diferença para o que aqui investigamos é sutil: partimos do pressuposto de que a prática neurocientífica chega a conclusões que não se podem trasladar diretamente às figuras teóricas do direito penal; mas pesquisadores mais práticos alertam para o interesse de operadores do direito em introduzir as neurociências em seu cotidiano, e o problema de seu pouco responsável e assistemático. Mais, alertam para que, se nada se alterar, essa falta de critério se pode agravar.[58]

Alguns estudiosos médicos,[59] geralmente ligados de algum modo ao Direito, têm o cuidado de observar a neurociência e alertar para que ela não determina *responsabilidade*, apenas questões biológico-comportamentais. Eles, entretanto – aqui nos permitirmos uma observação muito própria – são reducionistas em analisar as situações práticas que levam a decisões, mas isso se trata do corte espistemológico próprio. Essa não apropriação dos resultados neurocientíficos[60]

58. Assim o interessante documento da *MacArthur Foundation Research Network of Law and Neurosciences*, enviada para a Comissão de Bioética do então governo Obama. Após observar que "lawyers are ever more frequently bringing neuroscientific evidence into the courtoom", adverte, entre outras conclusões, que "The current engagement of the criminal justice system with now arrringiv neurosciensce is messy, unsystematized, underheorized, underinvestigated, and – if left uatttended – likely to get worse". Jones, Owen D.; Bonnie, Richard J., Casey, B.J. et alii, Law and neuroscience: recommendatios submitted to the President's Bioethics Comission, in: *Journal of Law and Biosciences*, 0-2014, p. 225-226.

59. É o caso de Stephen Morse, do "Psychiatry Department and Center for Neuroscience and Society" da Univ. of. Pennylvania, que traz afirmações claras como (no campo genético): "Now let us be a bit more specific about the criteria for criminal liability, which are normative and not scientific facts. These criteria justify state blame and punishment because ofender who meet them deserve such treatment, and desert is at least a necessary condition for just punishment in Usa". Ou, com a mesma contundência: "Genetics concerns mechanistic causation. Genes do not have mental states nad do not commit crimes; people do". Morse, Stephen J., Genetics and Criminal responsibility, *Trends in Cognitive Sciences*, 982, Research Paper n. 11-34, p. 2-3, 2015.

60. Apenas para citar um exemplo. Um estudo publicado em 2012, bastante fundamentado, comparou o cérebro de 87 sujeitos, separando um grupo de 21 que haviam cometido *white-collar* crimes. Ainda que haja ressalvas sobre critérios sociais, foi concluído que a superfície do córtex cerebral daqueles que cometerem delitos de tal natureza tinha maior espessura. No original: "It can be seen that in all cases

para a prática imediata forense tem de ser advertido tanto pelos operadores do Direito quanto pelos profissionais neurocientistas, que se podem unir em decisões mais próprias da Bioética.

1.4 Definição terminológica: a liberdade

Muitas das expressões e vocábulos aqui utilizados assumem por si equívoco significado, de modo que a função da dissertação acaba, naturalmente, por ser a de preenchê-los de sentido. Tentar neste definir *liberdade* implicaria tarefa de tamanha densidade filosófica que nós não nos atreveríamos, ainda menos em um objetivo introdutório. Mais bem se poderia, com alguma pretensão literária,[61] identificar a liberdade pelo negativo, por aquilo que *não* é livre. Isso, porém, não satisfaria nossos objetivos.

Cabe, entretanto, algum posicionamento a respeito de o que é o livre arbítrio, apenas para que não se o restrinja a uma *liberdade de ação* que pode deixar de lado a liberdade de escolha. Assim, utilizamos a clara advertência de Schopenhauer,[62] lembrada por vários autores, dentre eles, Schünemann, segundo a qual não se deve perguntar se um ser humano é capaz de fazer o que quer, mas se é capaz de *querer* o que *quer.*[63] Isso significaria algo mais próximo da liberdade moral que se busca, do direcionamento do querer a um ente capaz de, no limite, decidir valorativamente. Em momento posterior se pode cuidar de forma mais incisiva das perguntas de poder ser o homem *causa primeira* do universo, mas isso será adiante.

O livre arbítrio, nesta primeira abordagem, então, não é a liberdade de agir, mas de determinar o próprio querer, e, a partir disso, sua ação. Nesse sentido, a

white collar criminals have increased cortical thickness in multiple areas, with no evidence of reduced thickness" (p. 5-6). Ainda que as discussões advirtam para as limitações (oito apontadas) do estudo, é de se questionar se o estudo poderia ser usado para *incrementar provas de autoria*, mais até que apontar *futuros* autores desse delito. É questão Bioética, até, a continuidade desse tipo de estudo, com comparação de sujeitos criminosos. Mas não é nosso tema diretamente aqui. Cf. Raine, Adrian, Laufer, William S. et alii, *Increased executive functioning, attention, and cortical thickness in White-Collar Criminal*, Human Brain Mapp, Dec. 20123, 33(12), p. 2932-2940.

61. Refiro-me ao que lança Cecília Meireles em seu "Romanceiro da Inconfidência: "Liberdade – essa palavra que o sonho humano alimenta: que não há ninguém que explique, e ninguém que não entenda" (Romance XXIV). E, mesmo em contexto bastante diverso daquele que pretendemos defender, é necessário reconhecer que Ferri já o expunha: "E che co'sè la libertà? Tutto il mondo contemporaneo – ai rivoluzionari ai reazionari – dice di parlare in nome della libertà. Ma in realtà queste son parole di *caoutchouc,* che si gonfiano e si restringono come meglio piace alle vonvenienze teoriche o pratiche, aperte o larvate di chi le invoca". Ferri, Enrico, Giustizia penale e giustizia sociale, in: *La Scuola Positiva*, Milano, Anno XXI, Serie III, vol. II, 1911, p. 31.

62. Vide 2.3.7.

63. "Según el concepto empírico de libertad, se dice 'Yo soy libre cuando puedo hacer lo que quiero', y mediante ese 'hacer lo que quiero' se ha resuelto ya lo de la libertad. Pero ahora que preguntamos por la libertad del querer mismo, la cuestión tendría que rezar así: "Puedes *querer* lo que quieres?" Schopenhauer, A., *Sobre la libertad de la voluntad*, Madrid: Alianza, 2012, p. 53.

liberdade de querer, que encontra no alemão significado literal (*Willensfreiheit*, muito próximo da substantivação saxônica do Free Will) o que melhor se aproxima da ideia de livre arbítrio, sem menosprezo dos demais conteúdos que possa assumir a partir de outras concepções que aqui se agreguem.

1.5 Objeto do presente trabalho: a pergunta reitora

A exposição geral do estado da técnica médica assume um tom introdutório, porque nos serve somente para fixar algumas premissas à discussão que se travará. E elas podem ser enunciadas em três: primeira, que o estado da técnica neurocientífica realmente coloca em questão o tema da liberdade da vontade e da manipulação do querer; depois, que tal como está, não se comprovou cientificamente a inexistência do livre arbítrio, embora sobre isso mais haverá que considerar; terceiro, que a capacidade de intervenção curativa (termo, já dito, com as devidas ressalvas) no cérebro é uma realidade, o que significa não apenas a comprovação de uma visão ao menos compatibilista, como também suscita questões agudas sobre a possibilidade de imposição de penas curativo-corretivas. Isso, entretanto, como aproximação secundária.

Dessas premissas partimos para, agora sim, poder enunciar as questões que realmente direcionam nosso trabalho e seu tema primordial, ou seja, a relevância do livre arbítrio no Direito penal.

Nosso objetivo principal será averiguar se, na concepção dogmática atual, é possível abrir mão da discussão sobre a liberdade da vontade. Em outras palavras,[64] o objetivo do trabalho é responder à seguinte questão: É possível que a dogmática penal desenvolva-se *independentemente de um posicionamento acerca do livre arbítrio?* Trata-se realmente de uma hipótese, porque um estudo que concluísse que a controvérsia acerca da liberdade de vontade não é mais tema da dogmática penal não ocorreria em vão: sobreviveria a possibilidade de que a evolução dogmática chegasse a encontrar um lugar definitivo e imutável para o tema, de modo que descrevê-lo, a comprovar a hipótese, já demandaria um metódico trabalho. Em não sendo, todavia, aceita essa resposta, caberá então definir qual o papel de tal controvérsia dentro da dogmática penal.

Nesse percurso, surgem outras perguntas, que adiante devem, no quanto possível, encontrar solução ainda que parcial. Se tem lugar a metafísica ou a teologia no campo penal, se houve erros ou acertos na adoção de um posicionamento extremado (determinista ou indeterminista), ou por que – pois que o posicionamento neste capítulo já não permite outro direcionamento – não se pode

64. A enunciação em discurso direto da pergunta reitora que rege o trabalho é inspirada em trabalhos como o de Schopenhauer (vide 2.12) e de Pedro Lessa (vide 3.3.4.2). Sem termo de comparação quanto à qualidade ou relevância desses autores, a composição como resposta à pergunta parece-nos um correto norte ao texto como um todo.

delegar a investigação da responsabilidade apenas às descobertas neurocientíficas.[65]

São essas questões que aparecem naturalmente, e algumas vezes também naturalmente se dissolvem, quando se enfrentam os problemas penais a partir do livre arbítrio. É o quanto adiante se pretende desenvolver.

65. Vide, como conclusão, 5.5.

CAPÍTULO 2

A VISÃO FILOSÓFICA

2.1 Introdução: o filósofo como questionador da situação humana

Como se viu, os estudos neurocientíficos, ao menos como publicados, não são suficientes para, por si próprios, anularem a existência da livre vontade. Concedem indícios seriíssimos de que esteja o cérebro condicionado pelas mesmas leis físicas que regem todos os demais fenômenos no Universo e que, portanto, seriam desvendadas ou previstas. Restringindo-se a mente ao cérebro e seu entorno, ou seja, repousando nas operações neuronais a capacidade de decisão, esta não guarda qualquer transcendência metafísica que justifique a liberdade, a causa primeira independente das mencionadas operações. Assertivas deste tipo, ainda que partidas da análise dos estudos médicos, são porém de natureza filosófica. Com ou sem essas novas evidências científicas, a Filosofia já se colocava a questão da liberdade da vontade como elemento principal do indivíduo, então para ela o debate atual apresenta novidades muito restritas.

Nas linhas adiante, existe um tracejar da evolução filosófica a partir da seguinte questão: saber o quanto o pensamento mais elaborado sobre a condição humana considera a liberdade da vontade. Problema maior é que esse significa talvez o ponto mais controverso de toda a Filosofia,[1] o que faz com que dedicar poucas páginas a uma exposição sobre as construções acerca do tema seja já temerário de início, porque importa em retirar de concepções complexas, detalhadas

1. "Posiblemente ninguna cuestión moral o metafísica se haya discutido tanto ni haya apasionado de modo tal a los pensadores, filósofos y teólogos como el problema del libre albedrío o del determinismo". ALCALÁ ZAMORA, Luís, CABANELLAS, Guillermo: *Diccionario Enciclopédico de Derecho Usual*, Tomo V, Buenos Aires, Eliasta, 1981, p. 188.

e condicionadas a várias premissas e ressalvas, bem como a evoluções e idas e vindas de posicionamento de um mesmo pensador, uma orientação única, que fatalmente acaba por perder algo de sua fidelidade.

Entretanto, não é impossível sorver, de cada autor analisado, um direcionamento único acerca da liberdade da vontade, partindo de suas considerações essenciais. Isso porque a relevância do tema exige de cada filósofo que – de um modo menos ou mais veemente – especifique em que medida o homem forma a sua consciência e se sente capaz de decidir dentro do mundo. O modo como cada qual opta por lidar com o tema depende, entretanto, muito também do seu momento histórico, o que nos comentários adiante pode vir a esclarecer-se: a liberdade de agir, que em um primeiro momento se confronta especialmente com a possibilidade de predestinação e o conhecimento de Deus, aos poucos se faz complexa para aproximar-se de o que define hoje a Filosofia do Conhecimento. Nela, a principal pergunta se pode enunciar como "o quanto o indivíduo é capaz de interpretar o mundo e como reage diante dele". Uma terceira fase de discussão, naturalística, coloca a questão em termos mais próximos de o que atualmente se debate diante das neurociências, ou seja, *se o homem guarda em si mesmo um núcleo independente de decisão, ou se ele é apenas mais um ente físico no sistema causal.*

Questão diversa é a tentativa de estabelecer um critério seguro para a seleção dos filósofos que aqui devem figurar como mais relevantes para aportar ao estudo contribuições decisivas. Nesse sentido, existe um duplo ponto de partida: primeiro, as considerações principais das próprias obras genéricas da Filosofia, que apontam obras basilares à compreensão do tema, e a partir das quais surgem outras influências que são dignas de configurar neste estudo, a despeito de que essas mesmas obras genéricas – que não são feitas tendo em vista nosso tema central – não abordam; de outro lado, mesmo assumindo a inversão de nossa proposta, são os próprios estudos de Direito penal que indicam os filósofos imprescindíveis à análise, por haverem sido marcadamente influentes em autores do Direito penal, a exemplo, aqui, de Hartmann, Maturana e até mesmo de Hegel, reinterpretado em várias épocas distintas. Em um terceiro momento, acrescentamos algum autor que aparece pouco referido no debate filosófico atual, mas que se pode tomar por paradigma para eleger um momento de pensamento que, diante de temas polêmicos do Direito penal atual, acaba transcendendo: é o que ocorre com Bartolomé de Las Casas, que eleva o debate da liberdade ao *direito* de não ser corrigido em sua vontade. Feita a seleção por essas características de representatividade, os filósofos são expostos em ordem cronológica, o que permitirá ao leitor uma noção de *processo* e alguma divisão de escolas, acrescentando algo mais a essa árdua tarefa de impor método a uma questão tão difusa.

Tangencialmente pode aparecer o que alguns desses filósofos entendem sobre a função da pena, mas esse não é o trilho do presente escrito. Já há mais do que o possível com a investigação da liberdade, que vem inconscientemente incompleta: tentar um escrito que abarque o que toda a Filosofia já pensou sobre o tema supera a possibilidade do texto que segue. Entretanto, seguindo os critérios metodológicos estabelecidos, será possível demonstrar três aspectos principais: que os questionamentos são relevantes para a atribuição de reprovação, que eles não estão solucionados ainda, e que tal solução passa *apenas parcialmente* por evidências do cérebro. As grandes questões sobre culpa e reprovação são apenas incidentalmente permeadas por evidências médicas, a depender da concepção adotada.

Ademais, a revisão adiante dá um lembrete que cremos urgente à dogmática penal: que as questões de liberdade foram largamente trabalhadas por todo o pensamento filosófico, não sendo novidade de poucos pensadores contemporâneos, que renascem argumentos sem lhes conceder o crédito devido.

2.2 Patrística e Escolástica: da primeira Idade Média ao século XVI

2.2.1 Santo Agostinho contra o maniqueísmo

A obra *De libero arbítrio* de Santo Agostinho é talvez a dissertação mais conhecida sobre o tema do livre arbítrio, e, mesmo condicionada a dogmas de fé, extrapola bastante o âmbito teológico. Melhor dito, o essencial do aporte do chamado "doutor da Igreja"[2] está em, no máximo quanto possível, esclarecer a liberdade com argumentos *exteriores* a esses mesmos dogmas. Tanto assim é que um dos mais cultuados trechos desse ensaio agostiniano está no longo fragmento em que o autor se propõe a explicar *racionalmente* a existência de Deus, que denota a valorização da racionalidade (guiada ou não por suas crenças) em seu teor argumentativo.

Mas Santo Agostinho, com um inequívoco dom literário, relata em obra anterior o momento em que se demonstra inquieto pelo assunto. Como escreve em seu *Confissões*,[3] o doutor da igreja fomentou-se a redigir sobre o tema para

2. A posição de Santo Agostinho e Santo Tomás de Aquino como "Doutores da Igreja" importa aqui sua denominação. Conquanto se saiba que a denominação "Agostinho de Hipona" tem hoje alcançado maior ênfase, sob uma invocada neutralidade acerca de sua condição de santidade, que importa apenas à Igreja Católica, o certo é que sua titulação advém de uma circunstância histórica, daí que seu uso não implica um ponto de vista confessional de quem o utiliza.

3. Em suas "Confissões", Agostinho narra em detalhes seu desencanto com os Maniqueus, desde quando conhece sua doutrina até o momento que dela diverge. Como exemplo: "Durante esos nueve años bien corridos en que con inmenso deseo de verdad pero con ánimo vagabundo escuché a los maniqueos, estuve esperando la llegada del dicho Fausto. Porque los otros maniqueos con que dada la ocasión me encontraba y no eran capaces de responder a mis objeciones, me prometían siempre que cuando él llegara, con su sola conversación les daría el mate a mis objeciones y aun a otras más serias que yo pudiera tener. Cuando Fausto por fin llegó me encontré con un hombre muy agradable y de fácil palabra; pero decía lo que todos los demás, sólo que con mayor elegancia. Mas no era lo que mi sed pedía a aquel mero, aunque magnífico escanciador de copas preciosas". Agostinho de Hipona, Santo, *Confesiones*, Livro V, Cap. 6.1, Madrid: Akal, 1986, p. 286.

oferecer resposta aos maniqueus,[4] quem a seu tempo defendiam uma forma particular de determinismo: a permanência, no homem, de *duas almas*, uma com a essência do bem e outra com o germe do mal. Cada atuação humana não seria fruto de sua própria decisão, senão da vitória do desejo de uma das duas individualidades: a boa ou a má.

Embora não exista dúvida de que a obra de Santo Agostinho seja, por sua objetividade e talvez – fora da Teologia – por sua real abstração dos dogmas, influente em quase todos os filósofos do Ocidente que se ocuparam do tema, a leitura atual da obra revela o enfrentamento da problemática que permanece candente.

O *De Libero Arbitrio* traz como eixo central a controvérsia que ocupará em grande medida a crítica ao pensamento eclesiástico, tanto que será identificada como ponto elementar de quebra de coerência no pensamento católico:[5] se existe uma vontade divina, que é presciente de tudo o que ocorre, como pode o homem escolher livremente o mal? Significa então que o mal estaria nos planos de Deus? Ou, sob outra perspectiva: se Deus criou o todo o Universo, e criou o mal, como pode reprovar o homem (apontando-o como pecador), por usar do mundo como Ele o concebera?

Para responder a essas questões, a obra *De libero arbítrio* estrutura-se como um diálogo socrático com o aprendiz Evódio, e divide-se em três livros. No primeiro, dedica-se a comprovar a existência do livre arbítrio mesmo, como um ato de bondade de Deus, e então contestar a evidente (e, a partir de então, recorrente) observação de que, se a vontade de Deus é um bem em si, dela não pode provir um ato mau. É nesse ponto que Santo Agostinho confessa a sedução primeira do pensamento maniqueísta, mas tenta contrastá-lo. Para tanto, parte em busca da noção e origem do mal, e daí faz uma observação, quase em caráter introdutório, que aqui merece destaque, como genuíno de seu pensamento: a necessidade de distinção entre lei divina e lei humana.

A concepção de que as leis humanas têm de se aproximar a um Direito Natural, perfeito, mas que por vezes falham nesse alcance não é algo novo, em especial por tratar-se de um teólogo católico. O que aqui existe digno de nota é

4. Esclarecendo sobre o maniqueísmo, estas breves palavras: "Il manicheísmo o religione di Mani, dal nome del fondatore, sorse in Persia nel III sec d. C. (...). Il núcleo originale della dottrina dovette essere morale: nell'animo dell'uomo si scontrano le forze dele bene e del male, senza che l'uomo riesca mai a far prevalere in modo definitivo le prime. Successivamente el dualismo ético Bene-Male, deve esseri allargato sul piano cosmológico-metafisico per influsso del pensiero orientale, aquello luce-tenebre, onde il dramma dela coscienza s'allargo al dramma cosmico, svilupandose però anche in senso naturalistico. I due principî Bene-Luce e Male Tenebre risultano increati ed eterni entrambi". CARDIN, Aldo, verbete "Manicheismo", in: *Enciclopedia Filosofica del Centro di Studi Filosofici di Gallarte*, Venezia: Ed. Istituto per la Collaborazione Culturale, 1957, p. 291.

5. Retomarão essa crítica, ao menos, Lutero (vide, adiante, 2.2.3.1), Leibniz (2.3.3) e, mais recentemente, Pedro Lessa (3.3.4.3).

a intencionalidade em utilizá-la na investigação do livre arbítrio. Define assim a lei divina como a eterna, imutável,[6] aquela "em virtude da qual é justo que todas as coisas estejam perfeitamente ordenadas",[7] e daí explica, com grande grau de condescendência, por que a lei humana, mutável, não coincide necessariamente com a lei eterna.[8] Em síntese, há dois motivos pelos quais existiria uma radical disjuntiva entre ambas as formas de lei. Primeiro, a lei divina está liberta de uma condição essencial da humana: as alterações circunstanciais do tempo;[9] depois, nesta está presente um fator diverso, sintomaticamente denominado pelo filósofo como a vontade de "defesa do povo",[10] a qual impõe distância da lei divina, sem que com isso deixe de ser justa. Isso porque, para o autor, está claro que uma lei não justa não é lei.[11] E tal indagação que serve de conclusão ao primeiro livro do Livre Arbítrio não está ali por simples introdução metodológica:[12] o autor quer deixar claro que cuidará de algo bastante diverso de o que é a lei humana.

6. A ideia de uma lei divina é, para Welzel, o que o Crisitianismo mais contribui frente ao Direito, ao menos em comparação com o pensamento grego: "Los nuevos y decisivos impulsos, sin embargo, los aporta, por primera vez, el cristianismo, junto con el mundo de ideas judaico del Antiguo testamento. El Dios de la Biblia es creador del mundo y legislador de los hombres; pero no como el Dios de Platón, solo un demiurgo, ni tampoco como el Dios délfico, solo el consejero moral de los hombres. Dios ha creado, más bien, el mundo de la nada, estableciendo las normas que separan lo justo de lo injusto. Ante Dios son otras fuerzas que las de la inteligencia y el conocimiento las que se hacen valer". WELZEL, Hans, *Introducción a la filosofía del derecho,* Madrid: Aguilar, 1971, p. 47.

7. AGOSTINHO de Hipona, Santo, *Livre Arbítrio*, São Paulo: Paulus, 1995, p. 41.

8. Truyol, entretanto, faz lembrar que Santo Agostinho varias vezes nota que "el hombre, en efecto, aprehende la ley eterna en la intimidad de su *conscientia*, gracias a una iluminación moral semejante a la que en el orden intelectual le permite aprehender las verdades teoréticas". TRUYOL SERRA, Antonio, *El Derecho y el Estado en San Agustín*, Madrid: Editorial Revista de Derecho Privado, 1944, p. 89.

9. Para comprová-lo, Santo Agostinho traz, em seu diálogo, o exemplo do povo de "costumes moderados", que pode eleger seus magistrados, daquele povo "depravado", que "vende seu sufrágio livre", a quem então seria justo que um só "justo" homem "tirasse do povo a faculdade de poder distribuir as honras, para depositar a decisão nas mãos de alguns poucos cidadãos honestos ou mesmo de um só que fosse". Como, a seu tempo, entende justa essa quebra democrática, diz então que as leis não são contraditórias entre si, mas apenas adaptadas às circunstancias de seu tempo. AGOSTINHO de Hipona, Santo, *Livre Arbítrio,* cit., p. 40.

10. S. Agostinho mostra que o pecado, condenável pela lei divina, é sempre aquele movido pelas paixões. Daí o trecho a que nos referimos: "Quanto ao soldado matar o inimigo, ele é mesmo o ministro da lei. Razao pela qual é fácil cumprir seu dever, sem qualquer paixão. Além do mais, a própria lei que foi promulgada para a defesa do povo não merece acusação alguma de ser portadora de qualquer paixão" AGOSTINHO de Hipona, Santo, *Livre Arbítrio,* cit., p. 36-37.

11. AGOSTINHO de Hipona, Santo, *Livre Arbítrio,* cit., p. 36.

12. O autor usa, para comprovar a disjuntiva, a existência de delitos justificáveis pela lei humana, mas culpáveis (original em latim) pela lei Divina, como bem o contrário, embora conote serem as hipóteses destes muito raras. Concorda então com o interlocutor no sentido de duvidar muito da justificativa, pela lei humana, da legítima defesa, porque "aquele que mata um homem levado pelo medo, deseja, sem dúvida, viver sem medo" (*Livre Arbítrio,* cit., p. 33), e admite que um escravo que mata seu senhor pode, apesar de não justificado na lei humana, ser perdoado pela lei imutável, embora possa o escravo "libertar-se do temor de seu senhor, unicamente para satisfazer suas paixões.

O Segundo Livro propõe-se a solucionar dois problemas que, talvez ainda hoje, são as que mais dão mote aos críticos do indeterminismo cristão: primeiro, como Deus pode permitir ao homem a vontade de fazer o mal e, segundo, a contradição (aparente, para o autor) entre a presciência de Deus e o livre arbítrio.[13] Para solucionar o paradoxo, o filósofo tece uma longa dissertação em que tenta alcançar a razão da própria existência de Deus.[14] Agostinho o faz para dar conta de que o livre arbítrio é *um* dos bens que procedem da graça divina, para que o homem tenha condições de atingir a razão. Para poder crer em Deus é necessário compreender,[15] e então a razão é um bem do Criador em nível mais elevado, enquanto aquela liberdade representa um bem intermediário, que realiza o dom do discernimento. Daí desfazer-se a contradição, em uma forma que assim se pode resumir do quanto ali exposto: a razão, bem maior (em que estão as virtudes cardeais), é aquela que o homem tenta alcançar. Acima da razão, apenas Deus,[16] assertiva que aparece insistentemente no texto da obra analisada. Abaixo dela, o livre arbítrio, que tanto permite o pecado quanto possibilita alcançar a razão imutável, a qual evidentemente é boa em si própria. Por isso, não é equivocado dizer que é via essa estratificação que se consegue dissolver a aparente contradição que enuncia que, com o pecado, Deus viria a desejar o mal, o que, nas palavras de Welzel,[17] quase coloca a perder toda a concepção pela liberdade do homem: Deus quer o bem, mas o pecado original faz o homem livre apenas para o mal. A graça de Deus, por vontade dele, inclina novamente ao bem, concluirá o doutor da Igreja.

O terceiro livro cuida razões pontuais no livre arbítrio. Revigora a discussão sobre a inexistência de contradição entre conhecer o futuro e forçar a cumpri-lo,[18] o que reforça a ideia de que a liberdade está no ser humano, conquanto Deus

13. Embora não seja hipótese nossa trabalhar com tal transcendência, é certo que a teoria da relatividade de Einstein, ao relativizar o tempo, desfez tal contradição tão criticada. Não cabe dúvida, entretanto, que o autor do século IV intuía essa possibilidade, quando dizia que a lei imutável estava inscrita nos números. Decerto que em números de muito maior complexidade, mas sim estava presente.

14. A crítica de que buscar compreender o livre arbítrio deságua na decisão metafísico-teológica da existência ou não de Deus persiste até hoje.

15. "Com efeito, se crer não fosse uma coisa e compreender outra, e se não devêssemos, primeiramente, crer nas sublimes e divinas verdades que desejamos compreender, seria em vão que o profeta teria dito 'Se não o credes, não o entendereis'". Agostinho de Hipona, Santo, *Livre Arbítrio,* cit., p. 79.

16. "Pergunto-te, porém: se não encontrasses nada acima da nossa razão a não ser o que é eterno e imutável, hesitarias chamá-lo de Deus?" Agostinho de Hipona, Santo, *Livre Arbítrio,* cit. p. 93.

17. Welzel, Hans, *Introducción a la filosofía del derecho,* Madrid: Aguilar, 1971, p. 51.

18. Agostinho dirá que *prever não é forçar*: "Se não me engano, não se segue da tua previsão que tu forçarias a pecar aquele de quem previste que haveria de pecar; nem a tua presciência mesmo o forçaria a pecar. Ainda que, sem dúvida, ele houvesse de pecar, pois de outra forma não terias tido a presciência desse acontecimento futuro. Assim também, não há contradição a que saibas, por tua presciência, o que outro realizará por sua própria vontade. Assim Deus, sem forçar ninguém a pecar, prevê, contudo, os que hão de pecar por sua própria vontade". Santo Agostinho, *Livre Arbítrio*, São Paulo: Paulus, 1995, p. 160.

predetermine aqueles que pretende salvar.[19] Segundo o autor, o homem nasce em um estado intermédio entre a sabedoria e a insensatez, e, à medida que vai adquirindo formação e experiência, começa a fazer uso do livre arbítrio. Se não adquire a maturidade, decerto segue nesse estado intermédio em que uma e outra não se discernem.[20]

A obra agostiniana foi relevante em grande medida para *recolocar* o tema do livre arbítrio diante dos dogmas católicos. Não é, entretanto, um pensamento entregue absolutamente a uma razão que direciona o Universo como um mistério incompreensível, e que de forma ainda mais misteriosa preserva no indivíduo sua liberdade. O doutor da Igreja intui, por exemplo, a relevância da matemática,[21] porque acredita ser ela a chave da compreensão das regras imutáveis que comandam o universo físico que habitamos. Nesse sentido, mesmo a problemática da causalidade física já era vislumbrada em seu trabalho.

Sua final e mais importante consideração é a de que, diante da lei divina, a livre prática do bem conduz à felicidade. A punição divina pela má escolha é a infelicidade, que vem cedo ou tarde. A culpa é a grande punição pela desobediência da norma, a não ser que o homem não tenha recebido de Deus o poder de ser mais perfeito de o que foi.[22]

O "De libero arbítrio" agostiniano foi então essencial a determinar um dos principais ou ao menos mais conhecidos marcos do indeterminismo pré-escolás-

19. Para Fouillée, essa será a grande limitação à liberdade do homem em Santo Agostinho: A graça de Deus determina antes da criação do homem um número certo de almas a serem salvas. Cf. Foilée, Alfred, *Historia General de la Filosofía: Parte II (Filosofía Cristiana, Edad Media y Renacimiento)*, Santiago de Chile: Editorial Zigzag, 1943, p. 29.

20. Em nossa visão, nesse ponto único Santo Agostinho se despoja do indeterminismo absoluto, o que nos permitirá concluir por sua quase inexistência em termos filosóficos, ou seja, que jamais foi defendida uma liberdade da mente absolutamente dissociada das condições do corpo, no caso porque não pode deixar de reconhecer que há adultos que não conseguem fazer uso da razão. ("Assim também, se alguém estivesse alienado por um estado de espírito em sua constituição natural, semelhante ao das pessoas que carecem de sabedoria, e não por negligencia em adquiri-la, ninguém teria razão de o chamar de insensato, visto estar nesse estado por natureza, e não por consequência de sua culpa". Agostinho de Hipona, Santo, *Livre Arbítrio,* cit., p. 233). Note-se, entretanto, que, para não romper a coerência de que nenhum corpo pode romper o livre arbítrio, Santo Agostinho alude à incapacidade de compreensão a partir da revelação de um "estado de espírito em sua constituição natural", o que realmente parece uma expressão um tanto dúbia. Vide a conclusão parcial n. 2, em 5.9.2.

21. Para o autor, os números representam a lei eterna e imutável. Não chegaria a dizer que o homem está determinado por eles, mas é certo que vê nesse sentido regras que permanecem. Por várias vezes insiste em que a verdade é completa e imutável, até afirmar que: "Por essas provas e muitas outras semelhantes, todos aqueles que raciocinam e a quem Deus concedeu o Espírito, mas igualmente a quem a teimosia não envolveu nas trevas, são forcados a reconhecer que a lei e a verdade dos números escapam ao domínio dos sentidos corporais, e que essas leis são invariáveis e puras, oferecendo-se universalmente aos olhos de todos aqueles que são capazes de raciocínio" (Agostinho de Hipona, Santo, *Livre Arbítrio,* cit., p. 104).

22. Agostinho de Hipona, Santo, *Livre Arbítrio,* cit., p. 201. Não há como deixar de reconhecer que existe aí uma válvula ao arbítrio escravo, que será posteriormente explorada por Lutero.

tico, este que se digladiava com a vontade de Deus de querer o mal. Porém, sob o prisma penal, há que se pontuar que o núcleo teológico do livro, em que se cuida expressamente também da divisão entre lei divina e lei humana, como dito – não permite transportar de imediato alguma conclusão acerca da função da pena, na lei humana, para o ato mau: o livre arbítrio se dá no plano do alcance da felicidade quando se cumprem os preceitos divinos, e não se identifica com a aplicação da lei humana, que mira também a assim denominada *defesa do povo*. Até que ponto o estabelecimento desse estado defensivo pode suplantar essa retribuição do bem e do mal estabelecido por justiça divina é algo de que Santo Agostinho até se pode ocupar, mas que desborda o núcleo aqui estudado. Um Deus Criador de tudo, capaz de direcionar o mundo, mas que por si *decide* atribuir à sua criatura a plena liberdade, inclusive de ofendê-lo, é uma concepção de tal magnitude que, nos traços simples de Agostinho, deixa hoje rastro em grande parte da filosofia.

Como momento histórico, as palavras de Agostinho trazem o marco para a Igreja Católica desse seu fundamento, que então necessitava maior arrazoado. Como se verá especialmente nas obras da reforma luterana, o estudo puro das palavras da Escritura, a exemplo das epístolas do Apóstolo São Paulo, poderiam conduzir a conclusões bastante diversas.

2.2.2 Organização do livre arbítrio em Tomás de Aquino

É reconhecido o esforço de Santo Tomás de Aquino para abordar todos os temas-chave da filosofia, conciliando-os com a ortodoxia religiosa.[23] Nesse sentido, na *Summa Theologica* não poderia faltar um posicionamento acerca da liberdade humana que, se reconhecida, teria de conciliar-se com a onipotência divina, o que implica sua presciência, para a solução do já enunciado dilema que perpetuou grande parte da filosofia teológica.

Porque a *Summa* é obra bastante ampla em seu objeto de análise, três temas se selecionam, que bem retratam sua opinião. Primeiro deles, a vontade de Deus, que o autor indica como absolutamente imutável. Deus tem uma vontade que não se altera e, se em algum momento das Escrituras se relata alguma transformação nela, trata-se de metáfora ao enunciar.[24] A vontade de Deus é causa primeira

23. A afirmação é de Foilée: "El objeto de la Summa fue construir una ciencia inmóvil y definitiva, responder con antelación a todas las preguntas, fijar en todos los puntos la ortodoxia religiosa y la ortodoxia filosófica. Foilée, Alfred, *Historia General de la Filosofía: Parte II (Filosofía Cristiana, Edad Media y Renacimiento)*, Santiago de Chile: Editorial Zigzag, 1943, p. 60.

24. Santo Tomás retoma a elocução de Deus no Gênesis "Arrependo-me de ter feito o homem", para sustentar ser esse apenas um modo de dizer que Deus se propunha a fazer o homem e destruí-lo depois: "Assim, se diz que Deus se arrependeu, por semelhança da ação, já que, pelo dilúvio, riscou da face da terra o homem que antes fizera". Summa, Q. 19, a. 7. [A edição utilizada é a bilingue latim-português, Tomás de Aquino, Santo, *Suma Teológica*, vários tradutores – Loyola, São Paulo: Ed. Loyola, 2001]. Por isso, seguindo a tradição da citação de Santo Tomás por suas questões, artigos e objeções, já se sabendo que a consulta foi realizada à citada edição apenas.

e universal de todas as coisas, mas isso "não exclui causas intermediárias que em si possuem o poder de produzir certos efeitos";[25] trata-se de o que posteriormente denominará *causas secundárias*, que são aquelas não ligadas diretamente à vontade de Deus. Isso porque a vontade divina impõe necessidades a *certas coisas*,[26] não a todas, pois é verdade que tudo o que dela faz parte ocorre, mas Deus, embora queira que algumas coisas funcionem com *necessidade absoluta*, permite que outras funcionem sob *necessidade condicional*.[27] Por isso, em algum momento se pode ter a impressão de que Deus quer o mal, mas tal impressão é ilusória: Deus somente deseja o mal quando este se encontra ligado indissoluvelmente a um bem. Na ilustração do próprio Santo Tomás, Deus "ao querer a justiça, quer a pena; e ao querer que seja guardada a ordem da natureza, quer que algo naturalmente seja destruído".[28]

Antes de alcançar propriamente o livre arbítrio, há que vencer-se outra questão: se o ser humano é predestinado, ao que Santo Tomás responde os homens sim são predestinados, porém apenas no sentido de que a predestinação é a ordem de Deus para que todos sejam salvos, já que a integralidade do universo está sujeita à providência divina, "e é próprio à providência ordenar as coisas para seu fim".[29] De outro lado, mesmo tendo como vontade divina a criação do homem para a salvação, o próprio Criador pode também *reprovar*, porque a predestinação é da providência e é "próprio à providência permitir alguma deficiência nas coisas que lhe estão sujeitas".[30] Sustentando que o número de predestinados já é conhecido por Deus,[31] porque este tem formada sua vontade na construção do Universo, o doutor da Igreja evidencia a presciência dos destinos.[32] Sob o ponto de vista do homem, entretanto, e aí concorda com Santo Agostinho, o destino é mutável, porque existe contingência nas coisas que não são fruto da vontade direta de Deus,

25. Summa Theologica, Q. 19, a. 7.

26. "Respondeo dicendum quod divina voluntas quibusdam volitis necessitatem imponit, non autem omnibus". Q. 19, a. 8.

27. Q. 19, a. 8.

28. Q. 19, a. 9.

29. Q. 23. a. 1.

30. E segue: "Por isso, sendo os homens destinados à vida eterna pela providencia divina, cabe igualmente à providência permitir que alguns não alcancem esse fim. É o que chamamos reprovar. Assim como a predestinação é parte da providência para aqueles que por Deus estão ordenados à salvação eterna, a reprovação, por sua vez, é parte da providência para os que não alcançam este fim." Q. 23. a. 3.

31. Q. 23, a. 8.

32. Santo Tomás revela, já a seu tempo, a assertiva de que o destino era reduzido a uma causa superior "identificada com os corpos celestes [*idest in caelestia corpora*]. Entretanto, lembra que os Santos Doutores recusaram o uso do termo destino "por causa dos que o empregavam de modo abusivo, para designar a força atribuída à posição dos astros". Por isso Agostinho a seu tempo teria dito "Se alguém atribui ao destino as coisas humanas, porque com esse nome entende a vontade e o Poder de Deus, mantenha o conceito mas corrija a expressão". Q. 116, a. 01.

ou melhor, que estão na vontade das "causas segundas"[33] (as coisas em si), que o indivíduo pode alterar.

Tudo isso é possível porque as ações particulares do homem são contingentes – são causas segundas – e é isso que autoriza o filósofo a defender o livre arbítrio, conjugado com a presciência de Deus. As decisões humanas são derivadas de sua liberdade, e a predeterminação não subsiste no intelecto, pois este é causa segunda, ou, em outras palavras, o fato de a ação ser livre não significa que ela seja causa de si mesma.[34] O homem raciocina e exercita livremente a sua vontade, e daí "é necessário que o homem seja dotado de livre arbítrio, pelo fato mesmo de ser racional".[35] A vontade humana é livre e mesmo assim, para que exista, é impulsionada por Deus.

Para que se compreenda Tomás de Aquino, então, há que diferenciar – como já fazia Santo Agostinho – o que é a graça de Deus para predestinar o homem, escolhendo aqueles a serem salvos, e a capacidade de conduzir a própria vida, que somente poucos não detém: "a maior parte dos homens tem um conhecimento suficiente para a conduta da própria vida",[36] então existe a responsabilidade, independentemente da eleição de Deus, causa primeira. Em termos morais, a reprovação justificada por Tomás de Aquino não difere daquela que hoje inspira o indeterminismo mesmo em matérias penais: a presunção de que aqueles que não se encontram dificuldades intelectuais patentes conseguem decidir suas próprias ações, por ela tendo de responsabilizar-se. O conhecimento e determinação do futuro por um ente Criador, de vontade vinculante, não impede essa capacidade.

A *Summa* faz questão de fixar, em dissenso a Agostinho mas, uma vez mais,[37] acompanhando a Aristóteles, que o corpo e a alma do ser humano têm uma *união substancial*: alma e corpo formam uma substância completa e única que é o homem. Isso, aliás, foi posteriormente reconhecido pela Igreja Católica, no concílio de Vienne,[38] do ano de 1311. Essa integração é bem expressa na resposta

33. "O destino é a disposição das causas segundas em relação aos efeitos previstos por Deus. Portanto, tudo o que está sob as causas segundas está também sob o destino". Q. 116, a. 04.

34. "Pelo livre-arbítrio, o homem se move a si mesmo para a ação. Não é, entretanto, necessário à liberdade que o que é livre seja a causa primeira de si mesmo; nem, tampouco, é requerido para ser causa de alguma coisa, ser sua causa primeira. É Deus que é a causa primeira, movendo as causas naturais e as causas voluntárias". Q. 83, a. 01.

35. "Et pro tanto necesse est quod homeo sit liberi arbitrii, ex hoc ipso quod rationalis est". Q. 83, a. 01.

36. Segue: "E os que chamamos idiotas ou insensatos [qui moriones vel stulti dicuntur], porque dispõem de pouco conhecimento, são pouco numerosos. Por outro lado, entre os homens, são pouquíssimos os que chegam a ter um conhecimento profundo das coisas inteligíveis" Q. 23, a. 8.

37. Vide a querela da divisão entre mente e corpo em 1.2.2, 2.3.1 e, conclusivamente, em 5.4.

38. Cf. MARÍAS, Julián, *Historia de la Filosofía,* p. 166. A recomendação do Concílio é esta: "*Del alma como forma del cuerpo.* Además, con aprobación del predicho sagrado Concilio, reprobamos como errónea y enemiga de la verdad de la fe católica toda doctrina o proposición que temerariamente afirme o ponga en duda que la sustancia del alma racional o intelectiva no es verdaderamente y por sí forma del cuerpo humano; definiendo, para que a todos sea conocida la verdad de la fe sincera y se cierre la entrada

à questão 75 da Summa, ao se afirmar que, para que a alma mova o corpo,[39] ela deve ser corpo também. Tal assertiva, note-se, não é então uma conclusão nova da Filosofia contemporânea.

Bem é certo então que Santo Tomás não inovou[40] particularmente o que Agostinho já tratara acerca do tema específico, porém sua sistematização e, talvez daí, a grande repercussão de suas proposições até os dias atuais concedem a seu texto merecido destaque. A influência do pensamento tomista é até hoje de se notar na doutrina jurídica nacional, e daí sua posição sobre a liberdade permeia, mesmo sem citação direta, alguns de nossos clássicos jurídicos.

2.2.3 *O século XVI e suas controvérsias: o arbítrio escravo e a condição de pessoa*

O século XVI guarda interessantes debates sobre o tema do Livre Arbítrio no campo filosófico-eclesiástico. No mundo anglo-saxão, o debate de Erasmo de Rotterdam e Lutero, tendo por mote especificamente o livre arbítrio; no mundo ibérico, digladiam-se, dentre outros, Ginés de Sepúlveda e Bartolomé de las Casas, para saber a quem se estende essa liberdade de querer: se apenas aos cristãos ou também aos infiéis, o que implica retirar o tema do livre arbítrio do jugo teológico e estendê-lo para a seara do reconhecimento dos direitos, em especial o direito de não aceitar a conversão ao "bem". Nesse sentido, o período se torna nuclear para nosso tema: são os anos em que se discutem, de um lado, as bases da Igreja diante do abalo da Reforma e, de outro, a própria condição do reconhecimento do infiel como pessoa, dando-lhe ou não o direito de permanecer em sua fé. A história de Bartolomé de Las Casas é a história de colocar a liberdade de escolha como característica para reconhecimento da condição humana,[41] o que nos dias atuais significará, como diremos adiante,[42] um dos pontos principais a serem discutidos: o *se* e o *como* aquele que forme sua personalidade de modo diverso de o que

a todos los errores, no sea que se infiltren, que quienquiera en adelante pretendiere afirmar, defender o mantener pertinazmente que el alma racional o intelectiva no es por sí misma y esencialmente forma del cuerpo humano, ha de ser considerado como hereje".

39. E acrescenta: "Além disso, todo conhecimento se faz por alguma semelhança. Ora, não pode haver semelhança entre corpo e uma coisa incorpórea. Logo, se a alma não fosse corpo, não poderia conhecer uma coisa corpórea".

40. "En el fondo, no contiene una idea verdaderamente original en metafísica; más bien es una obra artificial donde brilla nuevamente el poder de coordinación lógica". FOILÉE, Alfred, *Historia General de la Filosofía: Parte II (Filosofía Cristiana, Edad Media y Renacimiento)*, Santiago de Chile: Editorial Zigzag, 1943, p. 60.

41. Talvez essa condição de liberdade pudesse ter sido ilusória, mas não é o fundamento de que parte Las Casas. Ao provar que o verdadeiro modo de induzir à religião é o conhecimento racional, mostra que acredita que o homem é livre para decidir. Forçá-lo à fé e uma intervenção em sua liberdade, isso é claro no discurso lascasiano.

42. Vide, adiante, especialmente 5.8.2.

manda o Estado pode ser compelido a remoldá-la. Em tempos atuais, em que se sugere um novo correcionalismo, o resgate desses argumentos recobra força.

Portanto, optar por começar o tema pela grande divergência de Lutero não é apenas uma escolha cronológica (porque neste subtema as diferenças temporais são muito tênues), mas uma divisão lógica a princípio: do vértice da discussão da liberdade teológica até sua abertura para os sujeitos a que ela pode atingir.

2.2.3.1 O debate entre Lutero e Erasmo de Rotterdam

Dentro da temática teológica, enquanto o texto de Santo Agostinho sobre o livre arbítrio é a mais alardeada obra de sua defesa, sem dúvida é o livro de Martinho Lutero a mais reconhecida e influente apologia da supremacia da vontade divina sobre a humana. A defesa de Lutero, baseada em instrumento teológico e, sobretudo, nos escritos do apóstolo Paulo, incorporou-se a partir da controvérsia travada com Erasmo de Rotterdam. Se bem é verdade que os textos de Erasmo não tiveram a relevância de seu opositor – até porque defendiam o posicionamento que não ia além do reforço do *status* ideológico vigente – contribuíram de modo dialético para acalentar o arrazoado do reformista. Daí que a exposição do debate, contextualizado historicamente, guarda a clareza de retratar os argumentos luteranos com seu contraponto.

Já em 1516, Erasmo[43] recebe uma carta que lhe informa que um monge agostiniano de Wittenberg lhe questiona uma tradução latina do Novo Testamento. Refere-se às críticas de Lutero, em que já se delineia o tema, central da Reforma, da justificação pela fé. Erasmo não responde a tais provocações, mas ali se trava um ponto inicial da relação entre ambos, que se intensificaria, grosso modo porque Lutero, em especial após a publicação do *Elogio da Loucura*,[44] vê no autor desta obra alguém que pode especialmente apoiar sua causa antipapista. Erasmo rechaça esse apoio, como também recusa as várias propostas dos reinos[45]

43. Os elementos principais desta narrativa encontram-se na introdução à edição bilingue (latim/castelhano) da "Discussão sobre o livre arbítrio" que utilizamos. A partir dela, buscaram-se outros textos que a confirmassem Cf. ROTTERDAM, Erasmo de, *Discusión sobre el Libre Albedrío*. Prólogo de Ezequiel Rivas. Buenos Aires: El Cuenco de Plata, 2012.

44. A obra do Elogio da Loucura é um marco do pensamento livre de Erasmo. Não será aqui objeto de nossa análise, mas não se pode deixar de, via sua leitura, explicar por que Lutero insistia em que Erasmo fora seu grande aliado nas causas protestantes.

45. Carlos V, diz-se, acalentava o sonho de encarregar a Erasmo a guerra contra as teorias de Lutero. Erasmo teria então proposto um *Concílio*, entre monarcas para discutir o assunto. Assim comenta Tubau, negando a transcendência da relação entre Erasmo e Alfonso de Valdés para que ocorresse tal concílio: "Cuando ambos se pongan en contacto años después, lo harán movidos por sus propios intereses particulares: Erasmo se procurará – con la ayuda de Valdés – la protección del Emperador; Gattinara tratará de servirse de Erasmo – apoyándose también en Valdés – para su propia campaña propagandística en contra del Papado. La complicidad en el modo de percibir la política contemporánea era inexistente. En este sentido, las propuestas de Erasmo en su *consilium* no podían suscitar demasiado interés en Gattinara. Un tribunal de arbitraje convocado por Carlos V, Enrique VIII y Luis II de Hungría, según

e da Igreja, inclusive dos sumos pontífices de seu tempo, de utilizar seu intelecto e já fama de grande humanista para contrapor as teses da Reforma, o que lhe põe na linha de reprovações veementes também por parte dos católicos mais conservadores, que encontravam, em sua fala, fortes lampejos em prol de revisão dos posicionamentos teológicos predominantes.[46] Talvez, opinamos nós, a proximidade de ideias entre ambos os personagens aqui tratados – Erasmo e Lutero – acerca dos destinos da Igreja, na recusa do holandês de assumir uma quebra com as autoridades postas é que acirre tanto o debate do livre arbítrio, que se coloca como linha de frente de um pano de fundo mais intenso: a autoridade eclesiástica.

A cronologia do debate específico nos textos que se levaram ao público[47] fica assim resumida: Lutero, que já se posicionava de modo epistolar em crítica aberta ao livre arbítrio, escreve seu *Assertio omnium articulorum M. Lutheri per bullam Leonis X*, em 1520, que chega a mãos de Erasmo. É com esse escrito luterano que Erasmo dialoga abertamente para a publicação, em 1524, na Basileia, do *De Libero Arbitrio Diatribé* Sive Collatio (Discussão sobre o livre arbítrio), em que estão os maiores argumentos erasmianos sobre o tema. Em resposta a ele, Lutero publica, no ano seguinte, o *De Servo arbítrio*, que se faz um diálogo concreto, uma resposta pontual e individualizada à *Diatribé*. Portanto o *De servo arbítrio,* conquanto assuma inequívoco protagonismo, foi um discurso com destino específico: hostilizar os argumentos da obra lançada no ano anterior, do autor do *Elogio da Loucura*. Essa característica de confronto ou, melhor dito, de desafio argumentativo imprime à redação de Lutero algo de hipérbole e contradição, sem que se lhe retire o mérito principal de delinear argumentos para sua desafiante posição, naquele momento histórico. Claro que dele nasce a consequência da compreensão do homem como um ser conduzido em todas as suas ações, e isso nos interessa mais especialmente.

proponía Erasmo en su *consilium*, tuvo que parecerle una propuesta extravagante por ser, sin duda, jurídicamente complicada, pero sobre todo políticamente inapropiada, teniendo en cuenta que el crédito político de la solución del problema iba a repartirse entre tres monarcas; la propuesta del concilio pudo interesarle, pero es obvio que de este concilio Erasmo y Gattinara esperaban cosas muy diferentes, aceptando incluso que ambos estaban de acuerdo en reducir el poder temporal de la Iglesia". TUBAU, Xavier, Alfonso de Valdés y la política imperial del canciller Gattinara, in: *Studia Aurea: Revista de Literatura Española y Teoría Literaria del Renacimiento y Siglo de Oro*, n. 4, 2010, p. 27.

46. Assim explica Rivas: "Los católicos, a quienes la aparición del Elogio había irritado sobremanera y mal predispuesto, arremeten contra él. Hezios dice, por ejemplo, que 'habría sido mejor para la cristiandad que Erasmo no hubiese escrito o tocado temas teológicos'. El príncipe de Carpi, Alberto Pío, sospecha de toda teología que provenga del autor del Elogio. Los protestantes, si bien en constante actitud de beligerancia contra la Iglesia Romana, tampoco ven con buenos ojos el texto de la *Diatribé:* Bullinger considera que el libro es blasfemo y Capito lo juzga un libro carnal. Según éste último, Erasmo 'prefiere la paz bajo el Anticristo que la guerra bajo Cristo'. Sólo el papa Clemente VII parece aprobar vivamente el escrito". RIVAS, Ezequiel, *Introducción* à edição bilíngue latim-castellano do *Diatribé* (Buenos Aires, Cuenco de Plata, 2012), p. 13.

47. E aqui excluo as controvérsias epistolares, trazendo-as somente como introdução.

Como o *Servo Arbitrio*, que vê a luz no ano de 1530, tem como estrutura a contraposição passo a passo do quanto escrito e exemplificado no *Diatribé*, preferimos aqui seguir algo da argumentação principal da obra luterana para expor os pontos que nos interessam, remetendo quando conveniente aos termos originais da obra contestada, de Erasmo. Isso se faz em grande medida porque, em termos de processo histórico, as ideias luteranas são mais originais e marcantes, ou seja, rompem de modo mais agressivo com a doutrina católica de seu tempo, conquanto a origem agostiniana de Lutero lhe coloque de algum modo em ponto de aperfeiçoamento do Doutor da Igreja. Na verdade, aliás, trata-se de uma disputa intelectual entre dois agostinianos.

2.2.3.2 O De Servo Arbitrio *como contraponto à Diatribé*

No texto se pode encontrar refratado todo o ponto de vista que é conhecido da proposta da reforma protestante: a luta contra os dogmas religiosos que se afastam da interpretação original de o que autorizam as escrituras.[48] Portanto, o autor segue a estratégia argumentativa de apoiar-se nos textos bíblicos – seja no Velho Testamento, seja nos Evangelhos e, principalmente, nas Epístolas de São Paulo, para alcançar a conclusão de que o homem não tem capacidade de decidir por si próprio sobre sua salvação. Ao fazê-lo, Lutero elenca argumentos que merecem alguma consideração, não apenas por valor histórico, mas porque virão a constituir, ainda que de modo velado, o pensamento de outros deterministas posteriores.

Porque a estratégia argumentativa é a de estabelecer a dialética entre (ou a resposta a) as colocações de Erasmo, Lutero inicia o *De Servo Arbitrio*, ao mesmo tempo em que ressalta a relevância do tema como um dos fundamentos da fé cristã, atribuindo a Erasmo o dom da oratória, que faria com que este se desviasse da verdade e ocultasse seu conservadorismo, seu medo à mudança, ao desprestigiar a importância da discussão. Daí os contundentes termos de Lutero a seu interlocutor, ao assertar que as palavras do *Diatribe* soam como se nada lhe importasse "que coisa crê qualquer um em qualquer lugar,[49] conquanto não

48. É prova desse elemento o texto que segue: "¿Qué dices, Erasmo? ¿No basta con haber sometido la propia opinión a las Escrituras? ¿La sometes también a los decretos de la iglesia? ¿Qué puede decretar la iglesia fuera de lo que está decretado en las Escrituras? Además, ¿dónde queda la libertad y potestad a juzgar a aquellos legisladores [lat. *decretores*], como lo enseña Pablo en 1ª Corintios 14: "los demás juzguen"? ¿No te place ser juez sobre los decretos de la iglesia? ¿Qué puede decretar la iglesia fuera de que Pablo lo ordena? ¿Qué nueva religión y humildad en que con tu ejemplo quieres quitarnos la potestad de juzgar decretos de hombres, y nos quieres someter sin juicio a los hombres? ¿Dónde nos mandan esto las Escrituras de Dios? Además ¿qué cristiano despreciaría los preceptos de las Escrituras y de la iglesia hasta el punto de decir «sea que los comprenda, o sea que no los comprenda»?" De "Parte I, II: Que a certeza provém da fé, in: Lutero, Martin, *De Servo Arbitrio: La Voluntad Determinada* (Obras Completas vol. 4), Buenos Aires: Paidós, 1976, Trad. Erich Sexauer, p. 41.

49. Aquí se nota, como ocorrerá em grande parte do texto, a insistência de Lutero pela interpretação real do homem.

se alterem a paz no mundo, os bens ou a fama”,[50] de que se colhem importantes considerações acerca do comportamento do intelectual holandês, ao mesmo tempo em que obrigam, em nossa opinião, o leitor criterioso que deseja alcançar a essência de seus argumentos a filtrar os longos trechos que existem ali em contraposição pessoal, a desviar de seu eixo a discussão.

Seu primeiro grande argumento é questionar-se acerca do papel da presciência de Deus. Suas palavras são nisso elementares para o tema que nos ocupamos: “a outra parte do conjunto da formação cristã é se a presciência de Deus é tal que deixa espaço livre à contingência, e saber se nós fazemos tudo por necessidade”.[51] Para desvendar tal questão, que não mais seria que a tarefa de balizar os limites que separam o contingente do determinado pela força divina, será primeiro obrigatório desvendar *de que o homem é capaz*, depois saber como, diante dessa capacidade, age o próprio Deus.[52] Uma definição das forças e das obras do livre arbítrio, segundo o autor, deveria ter sido o ponto de partida da obra de Erasmo.

Para Lutero, no entanto, há que se fixar o posicionamento de que a presciência de Deus evidentemente não deixa margem à liberdade humana, e portanto qualquer um que nesta acredite teria que expressamente negar essa “vontade imutável, eterna e infalível”. E assim coloca a questão que será retomada por outros filósofos, mesmo que sem o devido crédito: Deus consentiria com algo em que não estivesse implicado seu conhecimento prévio? Nessa ambivalência de conhecimento e vontade se mantém aquela que já se faz a mais contundente assertiva em todos os deterministas teológicos: tanto é impossível que Deus saiba algo por antecipação sem que esteja implicada sua vontade quanto é impossível

50. “En resumen: estas palabras tuyas suenan como si nada te importara qué cosa cree cualquiera en cualquier lugar, con tal que no se altere la paz del mundo, y como si en vista del peligro para la vida, fama, haberes y buena posición, estuviera permitido imitar a aquel que dijo: “Si dicen si, yo también digo si; si dicen no, yo también digo no, y a considerar los dogmas cristianos en nada mejores que las opiniones de los filósofos y demás hombres, en favor de las cuales sólo un perfecto tonto se metería en disputas, riñas y aserciones, ya que de ello no resulta otra cosa que luchas y turbación de la paz exterior. “Lo que está por encima de nosotros, nada nos importa”. Así te vienes como neutral con intención de dirimir nuestras controversias, de detener a ambos bandos, y de hacernos creer que nos estamos peleando por estupideces y cosas inútiles”. LUTERO, Martin, *De Servo Arbitrio: La Voluntad Determinada,* cit., p. 42.

51. “La otra parte principal del conjunto de la enseñanza cristiana es si la presciencia de Dios es tal que deja libre juego a la contingencia, y saber si nosotros lo hacemos todo por necesidad. Y también de esta parte dices que es una falta de respeto hacia Dios, una id ad indiscreta y cosa superflua. Lo mismo dicen todos los Y no sólo ellos: también los diablos y los condenados la declaran odiosa en extremo y execrable”. LUTERO, Martin, *De Servo Arbitrio: La Voluntad Determinada*, cit., p. 51.

52. Pues de ninguna manera puedes saber qué es el libre albedrío, si no sabes de qué es capaz la voluntad humana, ni qué hace Dios, ni sí él tiene de las cosas una presciencia de índole tal que implica un necesario acontecer de lo pre-sabido [an – necessario praesciat]. LUTERO, Martin, *De Servo Arbitrio: La Voluntad Determinada*, cit., p. 55.

que Deus queira algo sem que nisso esteja implicada sua presciência.[53] Portanto, completa o sacerdote, os fatos *a nós parecem*[54] ocorrer de modo mutável, de modo que poderiam passar-se de outra maneira (*mutabiliter et contingente fieri*), mas ocorrem *necessariamente*, sem alternativa, sem que pudessem construir-se de modo distinto. A vontade de Deus é eterna e constante, por isso não é possível conceber que Ele a interrompa em momento determinado, quando note que sua obra já esteja acabada. Apenas ao homem é dado finalizar seu querer com a morte mas com Deus sucede o contrário: sua vontade se materializa de modo necessário, sem lugar a, utilizando própria expressão de Lutero, um recesso, uma pausa.

Os argumentos que revelam a obrigatoriedade (*omnia necesario fieri*) da vontade divina se elencam a partir das características lógicas Fé, antes de passar-se à análise das Escrituras: por que os homens creriam em Deus, pergunta-se, se não o entendessem capaz de realizar suas promessas? Só a partir dessa questão é que Lutero passa a recorrer às Escrituras, que entende repletas de mensagens que asseguram que Deus "recompensará aos que nele esperam",[55] para acusar a seu interlocutor de "arremeter contra as obras e escrituras de Deus para comprazer a outros".[56] Mais que isso, entende que é essencial para a salvação do homem que ele se rebaixe diante de Deus, porque este prometeu sua graça somente aos humildes. Em assim sendo, a maior forma de humilhação seria a de reconhecer[57]

53. "¿O crees tú que Dios preconoce algo sin que esté implicada su voluntad, o que quiere algo sin que esté implicado su conocimiento [*lat.... quod nolens praesciat, aut ignarus velit*]? Si él pre-sabe queriendo, su voluntad (por ser así su naturaleza) es eterna e inmutable; si él quiere pre-sabiendo, su saber (por ser así su naturaleza) es eterno e inmutable". LUTERO, Martin, *De Servo Arbitrio: La Voluntad Determinada*, cit., p. 56.

54. Veja-se, então, que Lutero já dá voltas à ideia de ilusão de liberdade, motivo pelo qual não será, como dizem alguns, Spinoza o primeiro que o enunciará. Também é no mesmo sentido a sutil afirmação de Hegel, § 35 do Filosofia do Direito, de que o homem *se reconhece* como infinito, universal e livre. Vide, como conclusão, 5.4.

55. Essa específica citação, como indica Lutero, é de Hebreus, 11, mas o texto original cita outros livros como Romanos, 3.

56. P. 15. Nessa passagem, o pai do protestantismo lembra a Erasmo que admoestar à paz com os papas é desrespeitar a palavra de Deus, que incita à guerra. "Querer aplacar estos tumultos no es otra cosa que querer abolir la palabra de Dios y prohibir su predicación (...) Pero aun los escritores paganos atestiguan que no puede haber ninguna transformación de un estado de cosas sin que se produzca conmoción y tumulto, y más aún, sin que corra sangre". LUTERO, Martin, *De Servo Arbitrio: La Voluntad Determinada*, cit., p. 68. Nesse sentido, a grande tergiversação que faz com que Lutero fuja do tema por páginas e páginas para trazer uma admoestação pessoal a Erasmo existe também para, de modo subliminar, convencê-lo à causa protestante e à busca do rompimento com a Igreja. Isso poderia então significar, de algum modo, em minha opinião, que sequer Lutero está de todo convicto com sua tese, mas talvez use o tema de discussão para retorcer o tema do grande cisma. Por isso a questão histórica entre os dois se faz relevante, porque é bastante possível que exista apenas uma oportunidade de manter um diálogo acerca do futuro da igreja, menos que propriamente discutir o livre arbítrio. Em outras palavras, quero dizer que Lutero não conseguiu de todo comprovar a inexistência do livre arbítrio, nem de perto com a contundência de suas outras teses. A negação do livre arbítrio teria de ficar para outro momento filosófico.

57. LUTERO, Martin, *De Servo Arbitrio: La Voluntad Determinada*, cit., p. 74.

que a criatura não é capaz de galgar sua própria salvação, senão que esta depende do livre arbítrio de alguém superior, do livre querer divino. "Enquanto um homem abre a convicção de que ele pode fazer um aporte, por menor que seja", diz Lutero, "no caminho de sua salvação, permanece confiante de si próprio, não se desespera de si de todo e, portanto, não se humilha diante de Deus".[58] Sustenta também que seria impossível que a vontade do homem se opusesse à de Deus, o que significaria que aqueles que seguem os mandamentos divinos não o fariam por inspiração sagrada, mas por uma ação própria, livre na escolha entre bem e mal. A hipótese contrastaria com as Escrituras, que revelariam vários momentos em que aqueles que estão confiados nas Palavras de Deus se fazem invencíveis na salvação.[59]

Também dessa interpretação literal das Escrituras nasce o postulado luterano de que Deus e "o reino de Satanás" *disputam a ação humana* sem deixar margem de liberdade ao indivíduo, o que resulta – opinamos, sem fundamentação mais aprofundada a tanto – em uma das mais contundentes assertivas da obra: a de que a vontade humana se encontra entre Deus e o Diabo como se fora uma besta de carga, porque "se Deus nela se monta, [o homem] quer o que Deus quer e vai em direção ao que Ele indica (...); se se monta Satanás, quer o que Satanás quer (...)". A realidade terrena é então uma corrida entre Deus e Diabo pelo controle do mundo, como quem conta para si o controle das almas, porque, nas palavras do reformista, ambas essas forças "disputam a aquisição e a posse" do homem.[60] Por isso propõe que os teólogos deixem de utilizar a locução 'livre arbítrio', a qual induz a confusão, tendo em vista que não consegue se referir a o que o homem é de fato capaz de fazer (*de humana virtute*). Aventa que talvez os teólogos tenham razão em discutir acerca do tema do livre arbítrio, porém assumindo que este é absolutamente dirigido por Deus, a discussão se amplifica em um equívoco para os fiéis, para o povo,[61] que quer entendê-lo como a capacidade humana plena de decidir-se entre o bem e o mal. Para Lutero, haveria que se esclarecer sua tese principal nesse sentido (e aqui existe sim um arrefecimento em sua posição teórica), ou seja, de que o homem é livre apenas nas questões *inferiores* a Deus,

58. LUTERO, Martin, *De Servo Arbitrio: La Voluntad Determinada*, cit., p. 75.

59. Usa, para tanto, as palavras de Pablo a Timóteo: "Estamos cativos à vontade de Deus" LUTERO, Martin, *De Servo Arbitrio: La Voluntad Determinada*, cit., p. 86.

60. Transcrevo o trecho, que resume a totalidade das palavras do autor: "Así la voluntad humana es puesta en medio cual bestia de carga: si se sienta encima Dios, quiere lo que Dios quiere y va en la dirección que Dios le indica, como dice el Salmo: "He sido hecho como una bestia de carga, y siempre estoy contigo"; sí se sienta encima Satanás, quiere lo que Satanás quiere y va en la dirección que Satanás le indica. Y no está en su libre elección correr hacia un jinete u otro y buscarlo, sino que los jinetes mismos se disputan su adquisición y posesión". LUTERO, Martin, *De Servo Arbitrio: La Voluntad Determinada*, cit., p. 91.

61. Aqui repousa uma vez mais a preocupação – em certa medida comum em Erasmo e Lutero – de que o povo participe da compreensão teológica. Pergunta Lutero: "se nunca possuímos o conceito e a significação de um vocábulo tão sublime, por que retemos de modo tão obstinado esse vocábulo sem conteúdo, enganando e expondo a perigo o povo crente"?

porém não em matérias de salvação.[62] Não se estende em debater como esses limites entre um e outro seriam definidos, porém esse ponto específico será, no presente texto, objeto de pequena observação adiante.

Lutero segue sua estratégia de fixar-se em elementos da Bíblia e não na respectiva interpretação dos doutores da igreja para comprovar a condição humana de, na sua própria expressão, "escravo" da dicotomia entre Bem e Mal nos planos superiores. Dos textos do Evangelho, mostra que Jesus com seu discurso calava a judeus incrédulos, porém estes nunca se *persuadiram*[63] por suas palavras, bem ao contrário: o silêncio dos demais decorria da força da fala de Jesus, um elemento portanto coercitivo e, por assim dizer, compulsório de convicção. A partir de então, preocupa-se em desconstruir a definição do humanista holandês para livre arbítrio, que faz transcrever: "*A força de vontade humana pela qual o indivíduo se pode aplicar àquilo que conduz à salvação eterna, ou dela afastar-se*". São duas as críticas mais relevantes à definição: primeira, de que a liberdade é divina, portanto não humana, de modo que já haveria aí um erro em relação ao sujeito; segundo ponto, a opinião refratada em todo o texto, de que o homem não tem seu poder de decisão preservado. A contradição essencial seria a de que o indivíduo buscaria a Deus para viver sob sua autoridade, então nunca haveria liberdade, podendo-se, no limite, falar em "arbítrio inconstante" ou "arbítrio mutável" (*yertibile arbitrium vel mutablte arbitrium*);[64] ademais, acrescenta Lutero, caso seja admitido que o homem pode desejar e querer, também se terá de assumir que ele pode amar e odiar, ou querer a morte, ou querer a Deus e aquilo que está no próprio Deus, mas em tudo isso estaria Deus e portanto o próprio arbítrio seria de Deus em si. Também quer estabelecer Lutero a diferença entre reconhecer que o homem tem uma capacidade de esforço, e reconhecer que alguma alteração no mundo dos fatos se possa atribuir à força humana. O esforço pode existir no indivíduo, porém seus *resultados*, diz o reformista, dependem da intervenção divina. Também encontra Lutero contradição no pensamento do interlocutor a combinar a Graça Divina com o livre arbítrio, o que não deixa de ser uma questão teologicamente bastante intrincada: a definição eclesiástica, apoiada por Erasmo,

62. "Pero si no queremos prescindir de él, al menos enseñemos con buena fe que se lo debe usar en el sentido siguiente: que al hombre se le concede un libre albedrío no respecto de lo que es superior a él, sino sólo respecto de lo que es inferior. Esto es: el hombre debe saber que en lo referente a sus bienes y posesiones materiales, él tiene el derecho de usar, hacer y no hacer conforme a su libre albedrío, si bien también esto lo guía el libre albedrío del solo Dios en la dirección que a él le place; pero que frente a Dios, o en lo pertinente a la salvación o condenación, el hombre no posee un libre albedrío, sino que es un cautivo, un sometido y siervo ya sea de la voluntad de Dios, o la de Satanás" (p. 28). Evidentemente, essa questão merece outros esclarecimentos. Ter liberdade de escolher o que está abaixo de Deus, no mundo material, e não o fazer em relação ao que está acima demandaria, minimamente, alguma exemplificação mais extensa de onde está esse limite.

63. Não posso deixar de notar aqui, como na nota seguinte, que esse é o discurso que revela a guerra justa (vide 2.2.3.4.2) contra o selvagem, contra a qual Bartolomé de Las Casas se confrontará.

64. Lutero, Martin, *De Servo Arbitrio: La Voluntad Determinada*, cit., p. 125.

defende que sem a graça divina o indivíduo não pode querer o bem, o que significa que ele necessita de uma força de querer, e isso, nota, anula a liberdade. Assim Lutero assenta a ruptura lógica do discurso do interlocutor, cujos exemplos discursivos negariam sua própria definição. Apenas para que se tenha noção de suas contundentes palavras, vale recortar com que força irônica o fundador do protestantismo anuncia a fissura: "Então resulta que Erasmo tem sobre os demais homens a vantagem de ter dois livres-arbítrios, que se opõem reciprocamente".[65]

Mas uma leitura atenta notará que Lutero, em seguida, também impõe uma gradação do livre arbítrio, a partir em especial da leitura do livro do Eclesiástico. Não está expressamente admitido, mas é certo que essa forçosa flexibilização advém da contundência de passagens bíblicas, invocadas por Erasmo, que denotam ter Deus deixado o mundo à decisão do homem.[66] A partir dela, o autor reformista conclui que as Escrituras mostram estar o homem "repartido sobre dois reinos".[67] No primeiro deles, encontra-se sob seu próprio arbítrio, e reina sobre o que é "inferior a ele". Deus não impõe qualquer ingerência sobre essas coisas e, mais, não é o homem dotado da capacidade de livrar-se dessa obrigação de exercer seu arbítrio; em um *segundo reino*, entretanto, o homem é conduzido pela decisão divina.

Trata-se de uma posição conciliatória-compatibilista interessante, evidentemente com alguma quebra de coerência com a imagem anterior de ser o homem a mula conduzida por Deus ou Satanás. Lastimável é que o texto do *Servo Arbitrio* seja furtivo ao apresentar o limite desses reinos, de Deus e do Homem, e sequer estabeleça uma correlação direta com a dicotomia entre leis divinas e humanas de Santo Agostinho. Escapa-se à delimitação dessas fronteiras para passar a um repetido recorte de trecho das Escrituras, que reitera seu desenho de que o indivíduo é parte do campo de batalha divina para a imposição do Bem, batalha de que faz parte a atitude de Deus de informar sua criatura acerca de sua situação de dependência, enquanto Satanás teria a missão de manter o homem na *cegueira* de sua miséria, equivalente à sua situação de escravo.[68] Não deixa então de ser paradigmática a visão de Lutero: a cegueira – ou seja, a incapacidade de dar-se conta dessa condição escrava – é uma manifestação diabólica para não permitir que seja o homem conduzido à graça; o grande trunfo do demônio[69] seria o de

65. "Y resulta así que Erasmo tiene sobre los demás hombres la ventaja de poseer dos libres albedríos, que están en franca oposición el uno al otro". LUTERO, Martin, *De Servo Arbitrio: La Voluntad Determinada*, cit., p. 133.

66. Lutero refere-se às passagens de Gênese 1 e 2, que dá conta de que ao homem teria sido deixado o mundo para que o governasse. Como ele lembra, Moisés reproduziu "Deixemos ao homem, que governe os peixes do mar, as aves do céu, os animais domésticos, todas as feras e todos os répteis que rastejam sobre a terra" (Gen. 1, 26).

67. LUTERO, Martin, *De Servo Arbitrio: La Voluntad Determinada*, cit., p. 143.

68. P. 151.

69. "Pues Satanás sabe que si los hombres tuviesen noción de su miseria, él no podría retener a ninguno de ellos en su reino, porque de la miseria reconocida y suplicante, Dios no puede sino apiadarse

manter o homem no convencimento de que é capaz de fazer o bem, de decidir-se por algo diverso da forma como realmente atua.[70]

Assentando que a cegueira humana sobre sua condição de servidão ao arbítrio divino é também é uma espécie de condenação, a obra enumera uma série de fragmentos das Escrituras – mais do antigo testamento que dos Evangelhos, e algumas delas invocadas a partir da *Diatribe* – em que tenta demonstrar que as tantas passagens bíblicas que referem ao *querer* humano não indicam um *querer livre.*[71] As referências bíblicas ao querer humano seriam conotação da própria impossibilidade de fazê-lo, como uma expressão linguística[72] que na verdade indica o inatingível ao poder terreno, e portanto elementar da vontade de Deus.

É derivado desse *querer* o problema seguinte que Lutero se dispõe a enfrentar, e que mais relevante se faz sob a ótica do Direito penal: a resposta à evidência do *Diatribe*, que aduz que todas as promessas de recompensa (mercês) que aparecem nas escrituras estariam destituídas de qualquer sentido caso o homem agisse por pura necessidade, porque "a necessidade não tem mérito".[73] O *servo arbítrio* responde à questão a partir de duas bases, a diferença entre velho e novo testamento e, em suas palavras, o "mérito" do tema efetivamente. Para o reformista, o *Diatribe* falha ao deixar de construir a seguinte distinção: o Novo Testamento é baseado primordialmente em uma exortação e promessa de graça, enquanto o Velho Testamento está ancorado em leis e ameaças. Nesse sentido, tudo o que seja Novo Testamento é uma exortação aos apóstolos, àqueles que estão "em estado de graça e justiça, ou seja, em um nível superior ao livre arbítrio".[74] Os demais indivíduos, ("nós", como diz o autor), estão ainda se digladiando diante das leis e ameaças – do Velho Testamento – que busca apenas que o homem se conheça

de inmediato y acudir a socorrerla, ya que en toda la Escritura se habla de él con tanta alabanza como del Dios que está cercano a los quebrantados de corazón, y ya que también Cristo testifica en Isaías 61 que él "fue enviado para dar buenas nuevas a los pobres y para sanar a los quebrantados de corazón". Consecuentemente, la obra de Satanás es tener asidos a los hombres a fin de que no se den cuenta de su miseria sino presuman ser capaces de hacer todo lo que se ordena [dicuntur]". LUTERO, Martin, *De Servo Arbitrio: La Voluntad Determinada*, cit., p. 153.

70. Curiosamente, portanto, Lutero atribui ao Diabo o estado humano de ilusão de liberdade.

71. O próprio texto cita a alguma dessas várias. Primeiro, Mateus, 19: "Si queres entrar na vida guarda os mandamentos". E outras: "se queres ser perfeito", "se alguém quiser vir depois de mim", "aquele que queira salvar sua vida". Entenda-se que Lutero, em seu estilo barroco, típico de seu tempo, em especial de seu meio confessional, estabelece figuras retóricas de ataque *ad hominem*, porém não consegue demonstrar que essas passagens bíblicas não se referem a um querer não livre. Claro que essa constatação pessoal não significa conclusão nossa sobre um indeterminismo, mas apenas que *o texto* bíblico, como comprova Erasmo, está realmente repleto de passagens que indicam a livre escolha humana, e portanto ela parece ser um dos fundamentos do cristianismo.

72. "Idéntico es el caso con las escrituras: en pasajes tales como los recién citados, se pone de manifiesto qué puede ser hecho en nosotros por el poder de Dios, y qué no podenos hacer nosotros mismos", LUTERO, Martin, *De Servo Arbitrio: La Voluntad Determinada*, cit., p. 173.

73. O texto original cita a Mateus 5, dentre tantos: "Gozaos y alegraos, porque vuestra recompensa es grande en los cielos".

74. Cit., p. 178.

a si próprio e se dirija à graça do Evangelho. Esse sendo o primeiro ponto, ainda um segundo elementar é levantado por Lutero: que a promessa de recompensa divina não demonstra que sejamos capazes de alterar o mundo por nossa livre vontade, mas apenas que, se agirmos de determinado modo, seremos dignos de receber isso ou aquilo. Dizer a alguém que "se submerges na água, te afogarás; se alcanças a outra margem, te salvarás"[75] não significa que a pessoa seja capaz de, por si própria, nadar e salvar-se. As promessas recheiam as Escrituras, demonstra Lutero,[76] porém "com todos esses textos não se indica mais que a consequência da recompensa, mas de maneira alguma a dignidade do mérito". Em outras palavras, aqueles que fazem as boas obras estariam no caminho correto da salvação, porém não por sua própria livre vontade.[77]

A contradição entre presciência de Deus e liberdade humana volta então à pauta, agora sob ótica um tanto distinta. Questiona-se pontualmente como seria possível *acreditar nas promessas de Deus*, se elas não fossem cumpridas por pura necessidade, se pudessem ser frustradas pela vontade do homem. Nesse trecho Lutero realça a propriedade do tema, em seu hiperbólico estilo, predicando-a de "radiantíssima luz da verdade indubitável [que] faz emudecer por completo a todos, dirime todas as questões e assegura a vitória sobre todas as evasivas argúcias".[78] O texto, que se debate em uma concessão da *Diatribe*, feita a partir da contundente metáfora de Romanos, 9, em que o apóstolo Paulo diz que o Deus, como um oleiro, pode fazer um vaso de barro para a honra e outro para a desonra, e não cabe ao vaso questionar sua forma ao criador. Acusa Lutero que, diante

75. Citado, p. 179.

76. Para tanto, cita Romanos, 2: "ao que buscam a vida eterna será dada a glória" etc.

77. Lutero refere nesse ponto também ao forte argumento de Erasmo, quando este demonstra que Jesus, ao pedir a Deus que perdoem seus assassinos [O conhecido "Pai, perdoai-os, eles não sabem o que fazem", Lucas, 23] comprova o livre arbítrio, porque não seria necessário escusar quem não tem uma vontade livre. O frade agostiniano, entretanto, encontra nessa mesma passagem a interpretação contraposta: Cristo confirma que o povo hebreu era incapaz de querer o bom. Acredita Lutero que a clareza da frase "Não sabem o que fazem" significa que os humanos não têm acesso ao conhecimento necessário para querer, porque "o ignorado não é objeto de desejo" (cf. LUTERO, Martin, *De Servo Arbitrio: La Voluntad Determinada*, cit., p. 183-184).

78. A partir de então o *Servo Arbitrio* resgata um diálogo com um dos pontos mais delicados da *Diatribe*, quando esta cita a questão do apostolo Paulo "Quem resiste a sua vontade de ele tem misericórdia de quem quer e se endurece ao que deve endurecer?" [Trata-se de Romanos, 9: Logo Ele tem misericórdia de quem quer, e ao que quer endurece. Nestes termos dir-me-ás-tu agora. De que se queixa ele ainda? Porquanto, quem é o que resiste à sua vontade? Mas, ó homem, quem és tu, para replicares a Deus? Porventura o vaso de barro diz a quem o fez: Por que me fizeste assim? Acaso não tem poder o oleiro para fazer por certo de uma mesma massa um vaso para honra e outro para ignomínia?] Também a clássica questão de a Bíblia demonstrar à saciedade que Jesus saberia de seu trágico fim, e ainda assim Judas ter feito sua delação porque assim o *desejara* não escapa à análise de Lutero (p. 229), bem verdade que diante da provocação do Diatribe, que afirma expressamente que "Deus havia predeterminado o tempo e, ainda assim, Judas o desejou". Aqui remanesce também a aporia de saber como a ação de Judas pode ser má, se foi essencial para o cumprimento da vontade divina da Redenção. Saber se o apóstolo traíra livremente é um tema já discutido pela escolástica.

dessa passagem, tentar sustentar a capacidade humana de decisão é afirmar ao mesmo tempo a liberdade e a necessidade. Há que se notar, entretanto, que aquilo que o frade agostiniano coloca como absurdo lógico – a convivência da liberdade e da necessidade – seria um dos pontos mais nevrálgicos da discussão sobre o tema do livre arbítrio, quando elementar da religião.

Em um mundo regido por Deus em todos seus detalhes, buscar absoluta justiça divina nas escolhas terrenas implicaria somente a tentativa de acoplamento da razão humana a algo que dela escapa, porque é divino. A razão humana, sustenta, louva a Deus quando Ele salva aos ímpios e através de sua graça, mas contra Ele se revolta (e blasfema) nas tantas vezes em que a vontade divina condena os que não o merecem.[79] A construção argumentativa, aqui, retoma a ideia de que o homem não tem acesso aos desígnios de Deus, sendo portanto um mero objeto de quem tudo quer. É para explorar esse flanco que o *Servo Arbitrio* vem a examinar seu último grande tema, que os críticos denominam de "antropologia bíblica", a partir da qual se tenta demonstrar que o homem, quando nasce como "carne", tem uma "inclinação malvada".[80] Nesse ponto específico nova divergência se estabelece entre os dois agostinianos, porque para Lutero essa origem carnal humana é um grande argumento a favor do servo arbítrio. Em sua concepção, a carne – que representa a prisão aos maus valores – somente significa capacidade para pecar, e então apenas o Espírito de Deus salva o homem dessa inclinação natural;[81] para Erasmo, a origem carnal não importa necessariamente em uma obrigação de pecado e injustiça, porque a livre escolha, mesmo da carne, pode fazer com que o homem busque outros caminhos, que o aproximariam de Deus.

79. Assim diz o texto, após dizer que fazer de Caim um rei seria o mesmo que jogar o inocente Abel no cárcere e matá-lo: "Por lo tanto: visto que la Razón alaba a Dios cuando él salva a los indignos, y en cambio lo acusa cuando condena a los que no lo tienen merecido, se ve obligada a confesar que no lo alaba a Dios como Dios, sino como a uno que sirve a los intereses de ella; vale decir, que la razón busca y alaba en Dios a sí misma y las cosas suyas, y no a Dios o las cosas que son de Dios. Pero si te agrada Dios cuando premia a los indignos, no te debe desagradar tampoco cuando condena a los que no lo tienen merecido." LUTERO, Martin, *De Servo Arbitrio: La Voluntad Determinada*, cit., p. 236.

80. Para tanto se refere a vários elementos do Antigo Testamento, a exemplo de Gênesis, 8 (p. 247), em que diz que "O intento e o pensamento do coração humano estão inclinados ao mal desde sua juventude", ou dos Evangelhos, como de João, 3, em que se registra a frase de Cristo "aquele que nasceu carne, carne é".

81. Recorto um trecho significativo desse ponto, de p. 247: "Ahora bien: como los hombres son carne, según el testimonio del propio Dios, sólo son capaces de conocer (inclinaciones carnales; por lo tanto, el libre albedrío sólo puede tener capacidad) para pecar. Puesto que van de mal en peor aun cuando el espíritu de Dios actúa entre ellos llamando y enseñando, ¿qué harían si estuviesen abandonados a sí mismos, sin el espíritu de Dios? Y tampoco aquí 'tiene nada que ver la circunstancia de que Moisés esté hablando a los hombres de aquellos días: lo mismo se aplica a todos los hombres, pues que todos son Carne, conforme a lo que dice Cristo en Juan 3: 'Lo que es nacido de la carne, carne es'. Allí mismo, Cristo enseña también cuán grave es este mal al decir: 'A menos que uno naciere de nuevo no puede entrar en el reino de Dios'."

Tal acaba sendo o núcleo conclusivo do servo arbítrio, que mais tarde se transformaria um dos pontos teológicos mais discutidos da concepção luterana. A obra faz um passeio final pelos fragmentos bíblicos referidos por Erasmo, que evidenciam a interferência constante de Deus na vida humana, quer do Evangelho, quer, principalmente, das epístolas paulinas. Admite o sacerdote alemão que, da leitura das mesmas passagens, convencem-se ambos os autores de pontos de vista diversos: no que a *Diatribe* vê a presença da *graça* de Deus para que o homem *decida* pelo bem, fazendo-o portanto por seu próprio mérito, o autor do *servo arbítrio* encontra a assertiva de que o homem *nada* pode fazer sem a graça de Deus, portanto não é livre,[82] e nenhuma obra tem em si mérito humano.

2.2.3.3 Breves considerações sobre a teoria luterana

O determinismo teológico defendido por Lutero, conquanto de extrema importância para o tema da liberdade da vontade humana, não rendeu tantos frutos quanto outras de suas teses divergentes da doutrina estabelecida,[83] a exemplo do rompimento com a autoridade da Igreja ou a salvação pelas obras. Talvez porque no discurso do agostiniano alemão falhem alguns pontos essenciais, especialmente quando, em um segundo momento de sua exposição, assume a liberdade humana

82. Esse resumo da controversia é exposto por Lutero: "Léete, pues, cinco o seis páginas de la Disquisición donde tras haber citado ejemplos de este tipo y bellísimos textos y parábolas del Evangelio y de Pablo, no hace otra cosa que demostrarnos que en las Escrituras se hallan textos en cantidad innumerable (como dice ella) que versan sobre la cooperación y el auxilio de Dios. Si yo saco entonces de dichos textos la siguiente conclusión: "El hombre no puede hacer nada sin la gracia auxiliadora de Dios, por lo tanto ninguna obra del hombre es buena", la Disquisición me replica con otra conclusión y dice, recurriendo a una inversión retórica: "Al contrario: no hay cosa que el hombre no pueda hacer si lo auxilia la gracia de Dios, luego todas las obras del hombre pueden ser buenas. Por ende, cuantos textos hay en las Escrituras divinas que mencionan el auxilio, tantos hay que constatan la existencia del libre albedrío; tales textos empero son incontables. En consecuencia: si se evalúa la cuestión según el número de textos probatorios, la victoria será mía". LUTERO, Martin, *De Servo Arbitrio: La Voluntad Determinada*, cit., p. 274.

83. Labrousse explica a divergência sobre o livre arbítrio sob a ótica da Reforma, mesmo advertindo que, nos detalhes, as posições se fazem bem mais complexas: "El catolicismo quiere salvar la libertad desde el comienzo de la vida cristiana porque hará descansar en ella todo el proceso de ascensión hacia la beatitud. En cambio la reforma sacrifica desde el principio una actividad (en sentido teológico, no psicológico) de la que no necesitará en adelante; pues na negación del mério es la llave de toda teología protestante. Y la negación se funda en aquella infinita desigualdad entre Creador y creatura que Santo Tomás había proclamado, pero al que no rectifica aquí ninguna aequalitas proportionis". LABROUSSE, Roger, Libre albedrío tomista y servo arbitrio luterano, in: *Actas del Primer Congreso Nacional de Filosofía*, Mendoza: Argentina, marzo-abril 1949, Tomo III, p. 1972. Para lembrar essa distancia como postulado fundamental do protestantismo, Labrousse lembra o cap. 16.5 da confissão de fé de Westminster (calvinista, de 1643), que diz: "*V. Nosotros no podemos, por nuestras mejores obras, merecer el perdón del pecado o la vida eterna de la mano de Dios; a causa de la gran desproporción que existe entre nuestras obras y la gloria que ha de venir, y por la distancia infinita que hay entre nosotros y Dios, a quien no podemos beneficiar por dichas obras, ni satisfacer la deuda de nuestros pecados anteriores*;" Note-se que o cap. IX dessa confissão é dedicada ao livre arbítrio, mas não assume uma posição de determinismo radical tal qual fazia Lutero.

dentro do *mundo terreno*, das coisas diárias que não estão afetas ao caminho da salvação. Sem estabelecer essa fronteira, é difícil imaginar a concretude de sua imagem de ser um homem uma besta dirigida ora por Deus ora pelo demônio, porém com liberdade de intelecção para todos os demais assuntos que não cuidem do destino final da alma. Como elemento *ad hominem*, também há que se destacar que o fato de Lutero publicar, já ao fim da vida, sua obra "Sobre os judeus e suas mentiras", que não deixa de ser o ápice de um determinismo fatalista imputado especificamente a um povo, alcançando então um ápice *ab absurdum* do determinismo teológico, vem a contribuir bastante com o descrédito dessa específica tese. Há, porém, de se fazer a ressalva de que, aos olhos de passagens do Velho Testamento e, principalmente, na leitura dos textos de Paulo apóstolo, tão festejados também pela doutrina católica, o determinismo teológico encontra suficiente base de sustentação, no que não se está de todo desarrazoado.

Mas do debate com Erasmo se pode retirar também outro elemento pontual, que será mais adiante tangenciado no presente trabalho:[84] não é impossível que o intelectual holandês se inclinara por *mais* essa ideia de Lutero, o arbítrio escravo, dentro de seu pensamento humanista, porém a tenha decidido combater por um segundo motivo,utilitarista. Pode ser que Erasmo realmente se haja convencido de que a discussão desencorajaria o indivíduo de melhorar sua vida, e nesse sentido então a enunciação mesma da controvérsia é, como ele próprio afirmou, perigosa. Afinal, descrente da própria liberdade de ação: *Quis malus studebit corrigere vitam suam?*, pergunta-se.[85] A reflexão acerca da pergunta leva-nos a cogitar se Lutero se dera conta de que nas entrelinhas de Rotterdam estava a tese de que a religião é essencial para fomentar a *crença no homem livre*, antecipando o que um século mais tarde seria discutido sob a ótica utilitarista, dentre outros, de Stuart Mill.[86]

84. Refiro-me à conclusão de um discurso latente na obra de Jakobs, adiante em 5.7.

85. Recorto o trecho, aqui na tradução espanhola: "Ia10: Supongamos, pues, que fuese verdadero en cierto sentido lo que enseñó Wycliff y a lo que Lutero asintió, que cualquier cosa que hacemos no la hacemos por libre albedrío sino por mera necesidad. ¿Qué más inútil que divulgar esa paradoja al mundo? (Quid inutilius, quam hoc paradoxon evulgari mundo?). De la misma manera, supongamos que en cierto sentido fuese verdadero lo que en alguna parte escribió Agustín, que Dios hace en nosotros tanto las cosas buenas como las malas, recompensándonos respecto de sus buenas obras y castigándonos respecto de las malas. Que ventana hacia la impiedad para incontables mortales abriría esta opinión extendida entre el vulgo, particularmente en medio de tanta incapacidad, estupidez, malicia e inclinación hacia todo género de sacrilegios. ¿Qué enfermo sostendrá una lucha perpetua y trabajosa contra su carne? ¿Qué malvado se esforzará en corregir su vida?". E no parágrafo seguinte, lança a conclusão: "Tales matérias deberían tratarse quizás en reuniones de erudictos, o en las escuelas teológicas, auque pienso que ni siquiera allí serían útiles si no se hiciera con prudencia. Pero debatir estas historias ante la mirada de las multitudes de cualquier tipo me parece que no sólo es inútil sino incluso pernicioso (ceterum hoc genus fabulas agere in theatro promiscuae multitudinis mihi videtur non solum inutile, verum etiam perniciosum). ROTTERDAM, Erasmo, *Discusión sobre el Libre Albedrío*. Prólogo de Ezequiel Rivas. Buenos Aires: El cuenco de plata, 2012, p. 34-37.

86. Refiro-me ao ensaio *The Utility of Religion* (orig. 1874), em que Stuart Mill, Cf. MILL, John Stuart, *La utilidad de la religión* (orig. 1874), Madrid: Alianza Editorial, 2009.

Para elucidar essa nossa hipótese, documentos históricos como as cartas de Erasmo são relevantes, mas tanto aprofundamento nos desviaria do tema. Basta lembrar que tinha contida atração pelas ideias luteranas, a ponto de negar sedutoras ou ameaçadoras propostas para combater frontalmente o reformista. Então não podemos nós, agora no foco deste estudo, descartar a possibilidade de que Erasmo tenha sido realmente aquele que pela primeira vez levantara a hipótese que vai além de o que insinuam atualmente alguns penalistas: não é somente pouco útil deixar de investigar o livre arbítrio, mas também perigoso.

2.2.3.4 Segue: entre Ginés de Sepúlveda e Bartolomé de Las Casas: a elevação do debate ao direito de manter a própria liberdade

Pouco depois da diatribe entre os dois agostinianos, o mundo eclesiástico europeu verá outro enfrentamento ideológico, em questão que, em seu contexto histórico, mesclará interesses nacionais e econômicos com o tema que aqui se apresenta. No chamado Debate de Valladolid, travado entre os sacerdotes dominicanos Ginés de Sepúlveda e Bartolomé de Las Casas, um novo e relevante elemento se agregará à discussão: a liberdade do homem de corrigir-se em relação à salvação. Tomando-se a liberdade da vontade do ser humano como ponto pacífico, ao menos em um segundo momento do desenvolvimento ideológico de ambos os personagens, passa-se àquela que, em nossa opinião, será a primeira discussão sobre um ponto que, hoje, dentro do Direito penal, se transformará em primeira grande derivação da liberdade da vontade: o direito do homem de recusar o caminho do bem, a própria salvação. Um debate que, como de algum modo já adiantado, o correcionalismo pode levantar, e que hoje nos traz questões bastante relevantes.

Pela riqueza e quantidade do material produzido sobre o tema àquele tempo, bem como pela direta influência que as condições históricas impuseram ao debate, sobre esses personagens e seu entorno se toma aqui a licença de um desenvolvimento histórico, visando apenas o essencial. Para iniciar, o trabalho de Ginés de Sepúlveda sobre o Livre Arbítrio, marco de referência do tema, pode ser brevemente resenhado.

2.2.3.4.1 Ginés de Sepúlveda e o De Fato et Libero Arbitrio

Juan Ginés de Sepúlveda foi um intelectual de formação aristotélica, que viveu nesse tempo de efervescência de grandes movimentos: o advento do humanismo renascentista, o alastrar das ideias reformistas Luterana, além da consolidação da Monarquia espanhola como reino colonialista, que aqui terá seu papel determinante.[87]

87. Conforme um de seus estudiosos, Sepúlveda "pudo comprobar cómo los ejércitos españoles incorporaban cada vez más territorios al dominio de la Corona, y también como la influencia de España

Em 1526, portanto logo depois da publicação do *Servo Arbitrio* luterano, acompanhando em Roma seu mecenas Alberto Pío, Ginés de Sepúlveda escreve seu *De fato et Libero Arbitrio* (sobre o destino e o livre arbítrio), obra composta em três livros, em cujas primeiras linhas já se afirma que a necessidade do arrazoado acerca do assunto somente surge porque Lutero, "promotor de toda a impiedade e desonra de nosso século",[88] pusera em xeque as certezas sobre o assunto, porém Erasmo de Roterdã, ao respondê-lo, o teria feito de forma demais comedida, "por no decir escueta y tímida".[89] Só por isso o *De Fato et Libero Arbitrio*, já encontra aqui seu lugar: embora não haja alcançado a mesma repercussão que a obra erasmiana, é mais completo em análise.

Sepúlveda, para além dos argumentos do *Diatribe*, prepara também uma resposta aos argumentos estoicos que, conforme se insinua, teriam sido indevidamente referidos por Lutero. Contra os estoicos, o dominicano argumenta sobre o descabimento da ideia de determinismo (utilizado assim esse termo), com considerações mais amplas: sua análise sobre o determinismo cósmico e o trabalho de reflexão da mente são elementos que aqui se deve pontuar como sinônimo de amplitude de objeto de estudo.

O religioso espanhol parte do ponto de vista, confessadamente aristotélico, que existe uma lei da natureza que faz com que os homens tenham conhecimento inato de muitos assuntos, que adquirem "sem ter por maestro e guia qualquer preceptor, qualquer hábito humano, senão a natureza em si própria",[90] dentre os quais se encontra a liberdade de dispor de inteira capacidade de agir, que jamais se haveria estabelecido como norma se o homem viesse a crer em "uma espécie de fatal determinismo".[91] Então, postula que o espírito tem ações voluntárias, portanto sua vontade não está sujeita aos corpos celestes e a seus movimentos,[92]

se impuso en todo el mundo. Reflejó en sus obras el momento de despegue y consolidación del imperio español de la mano del emperador Carlos I, y también, en parte, su declive físico, político e intelectual". Rus Rufino, S. *Aristotelismo y Antropología en Juan Ginés de Sepúlveda*, in: Ginés de Sepúlveda: Obras Completas XV, Pozoblanco, Ed. del Ayuntamiento de Pozoblanco, 2010, p. [viii].

88. Ginés de Sepúlveda, Juan, Sobre el destino y el libre albedrío, in: *Obras Completas XV*, Pozoblanco, Ed. del Ayuntamiento de Pozoblanco, 2010, p. 2.

89. Idem.

90. Ginés de Sepúlveda, Juan, *Sobre el destino...*, cit., p. 17.

91. Idem.

92. "Ahora bien, sobre los movimientos y acciones voluntarios del espíritu se debe pensar de un modo bien distinto. Y es que la voluntad del espíritu no se halla sujeta por vínculo alguno a los cuerpos celestes y a sus movimientos, sino que está libre y exenta de toda propensión", Ginés de Sepúlveda, Juan, *Sobre el destino...*, cit., p. 18. Note-se que existe aqui uma referencia clara ao que hoje significa o determinismo físico, ou seja, a estabilização de todos os corpos, inclusive a mente humana, às leis da física. No contexto, não se pode dizer que Sepúlveda se referia exatamente a isso, embora seja de se notar que é em seu tempo que florescia o humanismo e as descobertas científicas que, por exemplo, haviam propiciado as grandes navegações, então em seu auge. Melhor compreender que Sepúlveda se referia à Astrologia, que não deixa de ser um meio termo entre o determinismo físico e o teológico: o homem influenciado pelo movimento dos astros, mas também nele predestinado. O autor chega a tangenciar o

mas a uma dicotomia que, se sofre alguma influência, é por sua contingência a um corpo material, que tenta impor seus desejos naturais. Essa imposição pode levar a um futuro previsível (a morte por enforcamento de quem se dedica ao roubo, a morte violenta daquele que é irascível e impetuoso), mas isso não significa um destino fatal, senão uma consequência dos próprios atos. Para comprová-lo, recorre à poesia clássica grega, também visitada por Lutero, para lembrar que no livro primeiro da Odisseia, Júpiter, como pai dos demais deuses, a estes se dirige, afirmando que os homens acusam-nos de suas fatalidades, mas é a mente do indivíduo, à margem do destino, a origem de seus sofrimentos.[93]

Contrasta também a convicção estóica de que "o mundo, fora e dentro do globo lunar,[94] está regido por uma certa força celeste",[95] de cujo poder regente há comprovações: o fluxo do mar segue o ciclo da Lua, a aproximação anual do sol faz com que as árvores se cubram de folhas, e "alguns outros casos que haverá e que respondem a uma causa especial e desconhecida, mas sem dúvida celeste",[96] e daí a teoria de que, sendo essas causas necessárias,[97] todos os demais atos, até mesmo os apetites racionais ou não, são partícipes dessa mesma corrente oculta, determinista.

Essa corrente celestial que a tudo conduz seria, então, o que autorizaria os estóicos a acreditar em oráculos – invocando para si o privilégio desse tipo de adivinhação,[98] e se alguma falha existe nessas predições, deve-se simplesmente

tema, quando quer constrastar o determinismo a partir do modelo astronômico, ao afirmar que alguns antigos filósofos "se esfuerzan por convencer, esgrimiendo muchos ejemplos y sus mismas percepciones, de que todo lo que sucede en el mundo fuera y dentro del globo lunar está regido por uma cierta fuerza celeste".

93. O texto está em Hom. Od, I, 32-34. Mas há que se ressaltar que a predestinação parece ser conceito claro no classicismo grego, inclusive na Odisseia. A melhor interpretação do texto, para nós, é a de que o sofrimento é fruto da mente humana, mas seu destino é anteriormente escrito. Aceitar ou não o destino seria decisão humana. Essa é uma questão relevante, parelha à presciência de Deus: a ideia de que ao homem cabe a única e exclusiva decisão de sofrer ou não com as ocorrências que lhe estão traçadas. De todos os modos, diante desse fato pergunta-se "Podría Homero suprimir de forma más evidente el determinismo del destino?". GINÉS DE SEPÚLVEDA, Juan, *Sobre el destino...*, cit., p. 20.

94. Aqui o texto da edição consultada refere que a alusão de Sepúlveda ao "globo lunar" denota sua concepção aristotélica dos cosmos.

95. GINÉS DE SEPÚLVEDA, Juan, *Sobre el destino...*, cit., p. 24.

96. GINÉS DE SEPÚLVEDA, Juan, *Sobre el destino...*, cit., p. 25.

97. Recortamos trechos do original, pela importância que aquí há de se conceder à concepção: "Al ser esto sin lugar a dudas cierto y confirmado por la experiencia, de igual modo, dicen, se debe juzgar sobre las demás realidades cuyas causas nos son desconocidas, a saber, que todo se origina a partir de las causas celestes como si de una cadena se tratase y de ahí, cual de fuente eterna, mana por una corriente oculta. De este modo, al ser las causas primeras necesarias – todas las causas celestes son necesarias – en su opinión sucede que cualquier hecho, cualquier acción que se dé incluso en los asuntos perecederos es resultado de un determinismo inevitable, en una palabra, que incluso el mismo apetito tanto desprovisto como provisto de razón, se ve arrastrado a cualquier cosa que desee por un impulso necesario". GINÉS DE SEPÚLVEDA, Juan, *Sobre el destino...*, cit., p. 25.

98. Em suas palavras, referindo-se aos estóicos: "Aunque aquéllos sean muchos en el encomio de la adivinación, de la que reconocen erigirse como los únicos inventores, y la aduzcan como garantía

ao *desconhecimento da técnica* por parte daqueles que fizeram previsão, ou à comum debilidade humana, "à que não é possível chegar, por grande que seja a dedicação, senão a um conhecimento mínimo dos assuntos celestes".[99] Também seria em virtude dessa corrente celeste que se poderia acreditar nos vaticínios dos deuses gregos, porque se houvesse possibilidade de que o futuro fosse alterado em desconformidade com essa regra, as previsões poderiam ser falsas. Para Sepúlveda, esta crença é a que move Lutero em sua defesa do arbítrio escravo,[100] negando no entanto essa influência filosófica e fingindo encontrar nas Escrituras a razão da predestinação. Mas para Sepúlveda os estoicos criaram ficções envolvendo deuses e oráculos para conservar sua crença na adivinhação. Porém mesmo elas demonstrariam, em uma análise mais detida, que as palavras dos deuses e dos oráculos não representam um fatalismo: sempre a de conselho e exaltação,[101] ou seja, elas são a própria causa do destino, jamais a revelação de algo imutável.

O segundo ponto relevante do texto de Ginés de Sepúlveda[102] está no papel, na condição humana, do pensamento e da reflexão. Seu postulado é singelo: "se tudo ocorresse por necessidade, seria evidente, para os que se perguntam qual é o proveito da deliberação, que a reflexão seja inútil".[103] Disserta sobre todo o sentido que existe em colocar-se uma pessoa a interpretar os fatos, agindo de modo diverso daquele que agiria caso não se houvesse colocado a refletir. Vários de seus argumentos são persuasivos no sentido de que a *atividade* do exercício da mente é uma tentativa de alterar o futuro. Relata que nos ocupamos muito mais de refletir sobre atos concretos que sobre temas etéreos, não refletimos sobre a ação de outros senão da nossa, cingimos nosso pensamento naquilo que está em nosso poder realizar: tudo significa que a função do pensamento é a de por si próprio *conduzir o futuro*. E o arrependimento sobre uma má decisão seria então uma

de la fatalidad del destino, no sólo distan muchísimo de la verdad, sino que también forjan historias portentosas y fuera de propósito acerca de los dioses". GINÉS DE SEPÚLVEDA, Juan, *Sobre el destino...*, cit., p. 39.

99. GINÉS DE SEPÚLVEDA, Juan, *Sobre el destino...*, cit., p. 26.

100. "Y éstos son sin duda los razonamientos que parecen haber inducido a algunos filósofos a defender el determinismo del destino y que estoy seguro de que Lutero siguió. Pero él, para no parecer poco religioso y para, cual logo ferocísimo disfrazado de oveja, invadir las almas cristianas más a salvo, sin hacer mención alguna de los filósofos finge seguir la autoridad y los testimonios de las Sagradas escrituras", GINÉS DE SEPÚLVEDA, Juan, *Sobre el destino...*, cit., p. 26.

101. Sepúlveda, aqui, analisa o conhecido conselho havido em Édipo Rei, quando Laio, ao consultar Apolo, escuta: "Não faças um filho; si chegas a procriar, ele mesmo te degolará e toda tua casa se manchará de sangue". Para Sepúlveda, é equivocado dizer que Apolo adivinhou o futuro, porque na realidade esse deus é "la causa y el responsable de lo que predice, pues lo que había de suceder de la misma manera que si dios así hubiese respondido, mejor dicho, lo que dios respondió que se llevaría a cabo, eso sin duda hay que reconocer que no lo anunció de antemano ni lo predijo el dios, sino que lo realizó y lo llevó a término él mismo". GINÉS DE SEPÚLVEDA, Juan, *Sobre el destino...*, cit., p. 40.

102. Como anteriormente afirmado, os pontos mais relevantes do *De fato et libero arbítrio* que aqui se selecionam são aqueles que se desviam da discussão específica dos pontos das Escrituras, também porque se diferenciam dos argumentos já esgrimidos por Erasmo.

103. GINÉS DE SEPÚLVEDA, Juan, *Sobre el destino...*, cit., p. 46.

"boa prova de que tivemos a capacidade de fazer o contrario de o que fizemos".[104] E desse contexto o autor retira uma hipótese que especialmente nos interessa: qual seria o proveito que existira na lei, se ela não pode impedir a ocorrência dos fatos? Se nossos pensamentos ocorrem fatalmente, diz o autor, como uma pedra fatalmente cai ao solo, *a função de qualquer lei humana seria como a de dizer que a pedra não deve cair.*[105] Seria esforço vão de todos os governantes a tentativa de apartar os homens de seu próprio destino. Toda a reprovação resultaria inútil, porque seria como reprovar o asno por ser asno ou o elefante por ser elefante, quando na verdade o castigo somente teria sentido quando se comprova aos condenados que "Deus e a Natureza lhes deram a opção e proporcionado o meio de entrar por qualquer das duas vias que preferissem, da virtude e dos defeitos, mas antepuseram as comodidades prazerosas ao dever honesto".[106]

E assim Sepúlveda dá outras voltas ao tema do livre arbítrio, revisando as passagens bíblicas, para então ocupar-se do debate intrincado sobre liberdade de querer e a presciência de Deus, entendendo possível ambas as hipóteses porque a natureza divina é diversa: pretender dizer que Deus não pode desconhecer os fatos futuros apesar da decisão humana é atribuir à inteligência divina pouco mais que "a de um grande astrólogo",[107] então finca o dogma teológico de que é da vontade humana que depende sua salvação, e portanto Lutero não teria feito mais que grandes sofismas que tentariam desconstituir a fé[108] católica.

Para nós, são então dois pensamentos dignos de relevo sobre a obra que, contemporaneamente a Erasmo de Rotterdam, também se escreveu com a função de contrastar o pensamento luterano: o resgate e adaptação do pensamento estóico e a consideração sobre a função do pensamento e da autopercepção da realidade.

A releitura que faz Sepúlveda dos estóicos, a partir do contexto de avanço tecnológico de seu tempo,[109] situa, para nós, pela primeira vez o determinismo

104. Idem.

105. Impossível deixar de associar à crítica que, baseado no Ontologismo, séculos depois faria Welzel. Vide, adiante, 4.1.

106. Ginés de Sepúlveda, Juan, *Sobre el destino...*, cit., p. 48.

107. Idem, p. 75.

108. Sempre há que se levar em consideração que o livro, que traz tantas interessantes considerações sobre a liberdade, é escrito em um contexto de reação a um cisma da Igreja, com todos seus fatores socioeconômicos envolvidos. Assim, há contrastes fortes, como quando acusa Lutero de desvirtuar as palavras de Agostinho ou Jerônimo: "Martín Lutero, por el contrario, cuando lee los escritos de Agustín o Jerónimo u otros varones notables en conocimiento y santidad, si se le pregunta que hace, sin embargo responderia, diría de la forma más acertada que recoger estiércol del oro de jerónimo o Agustín [stercus se colligere ex auro Hieronymi vel Augustini]". Ginés de Sepúlveda, Juan, Sobre el destino y el libre albedrío, in: *Obras Completas XV*, Pozoblanco, Ed. del Ayuntamiento de Pozoblanco, 2010, p. 67.

109. "La época histórica en la que Juan Ginés de Sepúlveda vivió y desarrolló su pensamiento se caracteriza por el enfrentamiento cultural en el que interactúan tres elementos. En primer lugar, el conocimiento científico que constituye el modo de aprehensión, de hacerse cargo, de comprender y de representar el mundo. Un ejemplo elocuente es el avance que experimentó la cartografía, las ciencias físicas, matemáticas, la astronomía, etc., que permitieron aventurarse en el mar y dar la vuelta al mundo".

científico tal como está hoje: a convicção de que todo a vontade humana segue as mesmas regras de composição do Universo é enunciada pela primeira vez, para que, como dito, se acuse Lutero de ter como real fundamento de seu postulado determinista essa convicção, por assim dizer, científica, que guardaria, claro, o evidente pressuposto da descrença na existência mesma de Deus; a proposição lógica sobre o pensamento a percepção humana é algo que inova porque distancia a discussão do campo teológico em si mesmo e reinaugura o que outros filósofos discutirão: o modo de autoperceber-se. Nesse sentido, para o contexto histórico de então, o debate de Sepúlveda é avançado e supera seu contemporâneo holandês.

Enigmática será, entretanto, a posição que assume Ginés de Sepúlveda[110] quando se estende esse pensamento para o elemento prático do *direito* de autodeterminar-se: sendo o homem livre para escolher entre o bem e o mal, deve-se dar-lhe o direito de escolher o mau caminho? Tal será o debate que levantará a controvérsia de Valladolid, denotando as posições a que Sepúlveda não ousará avançar, mas que a este estudo serão relevantes.

2.2.3.4.2 A polêmica sobre a guerra justa

O debate sobre o livre arbítrio encontra então contraste entre a exposição de Ginés de Sepúlveda e Bartolomé de las Casas: respectivamente, um livre arbítrio (ao menos aparentemente) incondicionado, exposto a uma relativização: a responsabilidade do cristão de pacificamente conduzir o entendimento, a partir da força concedida pela divina providência. Para o tema do presente estudo, os argumentos dessa primeira disputa seriam já suficientes se, na atualidade, não se reavivasse uma ideia que, no passado, acalentava debates concretos: o conceito de guerra justa. Não por coincidência, no século XVI o debate trazia como antecedente a controvérsia sobre a liberdade da vontade.

Ginés de Sepúlveda, seguindo ensinamento, dentre outros, de Santos Tomás e Agostinho, já houvera escrito o ensaio *Demócrates*, que parcialmente se dedicava ao tema da justiça da guerra, quando atende à lei natural.[111] Segundo seus preceitos, a guerra em si violenta a lei natural caso se empreenda para unicamente

Rus Rufino, S. *Aristotelismo y Antropología en Juan Ginés de Sepúlveda*, in: Ginés de Sepúlveda: Obras Completas XV, Pozoblanco, Ed. del Ayuntamiento de Pozoblanco, 2010, p. [ix].

110. No debate de Valladolid, Sepúlveda incorrerá praticamente no mesmo erro que viemos denunciando, que era típico dos deterministas: a alguém se concede o direito de conhecer bem e mal.

111. O ensaio *Demócrates ou sobre a dignidade do ofício das armas*, aparentemente terminado em 1534, é reconhecidamente heterogêneo em seu conteúdo: "pues el libro primero es, en realidad, ajeno a la cuestión principal debatida: no trata sobre la coherencia de la vida Cristiana y el oficio de las armas, sino sobre el asunto de la licitud de la guerra, que más bien constituye una condición previa para poder plantear el debate principal". Cf. Solana Pujalte, J., Introducción Crítica a Demócrates, in: *Ginés de Sepúlveda: Obras Completas XV*, Pozoblanco, Ed. del Ayuntamiento de Pozoblanco, 2010, p. [cxxi].

para a ofensa, mas será justa quando pretende proteger os inocentes,[112] portanto o governante tem de estar atento porque é seu dever combater com a força das armas "as ofensas dos malvados que não raro se produzem, seja no âmbito interno, pelas ofensas praticadas por particulares ao desprezarem as leis, seja no exterior, por parte dos inimigos estrangeiros",[113] afinal, em palavras contundentes de conteúdo hoje aparentemente retomado, "mientras no hagas desaparecer a los lobos y a las alimañas, no podrás convencer a un pastor para que deje de recurrir a los perros".[114] Ali, então, o autor dispõe as condições da guerra justa: que exista justo motivo,[115] que seja autorizada pelos governantes, que não haja traição ou falsidade[116] etc. Porém é diante do conceito histórico do índio americano que Sepúlveda detalha a concepção da justa causa para a guerra, a fim de nela acrescer explicitamente a manutenção da superioridade cultural. Em sua obra *Sobre las Justas Causas de la Guerra contra los Indios*, o dominicano deixa fixado que a vontade dos pagãos não pode ser forçada,[117] más há que amputar suas maldades, sendo dever da Igreja afastar os infiéis de seus crimes e torpezas,[118] conduzindo-os à verdade e à boa religião. Daí, embora não se deva fazer o batismo à força, *a dominação do povo como um todo levaria à intelecção do verdadeiro valor da religião cristã.*[119] Ademais, a escravidão do índio se justifica porque não se podem conceder direitos iguais a desiguais, então se há que diferenciar entre o governo civil, em que o governante imita o pai na administração do lar, e o governo *heril*, aos incapazes de se manter dentro de um mínimo dever. Porque alguns povos

112. Ginés de Sepúlveda, Juan, Demócrates o Diálogo sobre la dignidad del oficio de las armas, in: *Obras Completas XV*, Pozoblanco, Ed. del Ayuntamiento de Pozoblanco, 2010, p. 94.

113. Sepúlveda faz a afirmação baseando-se na analogia com o bom pastor: a este não cabe apenas apaziguar e conduzir ovelhas, mas mantê-las longe do alcance das feras. Cf. Ginés de Sepúlveda, Juan, *Demócrates,* cit., p. 103.

114. Ginés de Sepúlveda, Juan, *Demócrates,* cit., p. 105.

115. Em resumo, a justa causa "se cumplirá si en la guerra no se busca otra cosa que la paz, la mayor conservadora de las ciudades y de la sociedad humana, y a cuyo mantenimiento atiende principalmente la vida social en su conjunto, especialmente en una sociedad establecida con rectitud y sabiduría", idem, p. 101.

116. Sepúlveda considera o longamente o *jus in belum*, por exemplo: "En consecuencia, es lícito engañar a los enemigos, usar de emboscadas, tenderles trampas mediante ardides... es decir, hablo de la trazas que según tradición y derecho de gentes están permitidas, no de la traición ni de la falsía. Pues la lealtad otorgada debe mantenerse también con los enemigos, y hay que atenerse a los pactos y compromisos". Ginés de Sepúlveda, Juan, *Demócrates,* cit. p. 106.

117. "No pueden los paganos por el solo hecho de su infidelidad ser castigados ni obligados a recibir la fe de Cristo contra su voluntad, porque el creer, como enseña San Agustín, es cosa propia de la voluntad, la cual no puede ser forzada; pero se pueden atajar sus maldades". Ginés de Sepúlveda, Juan, *Tratado sobre las justas causas de la guerra contra los indios*, Ciud. México: Fondo de Cultura Económica, 1941, p. 127.

118. Ginés de Sepúlveda, Juan, *Tratado sobre las justas causas de la guerra contra los indios*, Ciud. México: Fondo de Cultura Económica, 1941, p. 126.

119. Cf. García Pelayo, Manuel, *Juan Ginés de Sepúlveda y los problemas jurídicos de la conquista de América*, in: *Tratado sobre las justas causas de la guerra contra los indios*, Ciud. México: Fondo de Cultura Económica, 1941, p. 34.

ou são servos por natureza, ou por depravação dos costumes não se restringem a seu dever,[120] hipótese que se aplica aos indígenas, a escravização destes estaria justificada.

Nesse sentido, Ginés de Sepúlveda, defensor extremo do livre arbítrio, explica a conversão à força e a submissão ao cristianismo pelas armas, o que, em sua opinião, seria mais proveitoso aos bárbaros que aos espanhóis conquistadores, "porque la virtud, la humanidad y la verdadera religión son más preciosas que el oro y la plata".[121] Questões econômicas à parte, caberia questionar – porque a pergunta é muito atual – como podem conviver livre arbítrio e submissão à religião pela força. A resposta vem pelos próprios estudiosos de Sepúlveda: "Es preciso hacer notar que, para Sepúlveda, religión cristiana y personalidad significan una misma cosa. Es decir, que sólo dentro del cristianismo pueden los indios adquirir y desenvolver su personalidad".[122] O livre arbítrio de Sepúlveda é então uma liberdade *para os que* estão batizados. Dos exteriores ao batismo se desconsidera sua eventual liberdade de escolha e a eles se aplica a lei da guerra.

Essa concepção enfrentará seu forte contraditório com Bartolomé de las Casas, de que se trata adiante.

2.2.3.4.3 Bartolomé de las Casas e seu contexto: o reconhecimento como pessoa

O quanto exposto por Ginés de Sepúlveda coincide com o pensamento tomista e agostiniano, quando defende a vontade racional e afasta o determinismo. Santo Agostinho deixou clara a ideia de que o mundo humano contrasta com o divino, então nem sempre a lei terrena consegue atender aos postulados que indicam a virtude ou, à sua falta, a reprovação que afasta da salvação. Porém, quando tratamos do século XVI, em que a Ilustração começava, não se pôde fugir ao debate das condições históricas: o que se deve fazer com aqueles que não desejem encontrar o bom caminho. Existe o direito de corrigir à força, de direcionar o arbítrio ou, até, de desconsiderar como pessoa àquele que se revelam rebeldes às mínimas condições de aceitação do modo de vida das boas virtudes? É o debate que propôs a seu tempo Bartolomé de Las Casas, de que se pode tirar grande proveito para nosso tempo.

120. Na tradução castelhana: "Y esto se funda en dos razones: ó en que son siervos por naturaleza como los que nacen en ciertas regiones y climas del mundo, o en que por la depravación de las costumbres o por otra causa, no pueden ser contenidos de obro modo dentro de los términos del deber. Una y otra causa concurren en estos bárbaros, todavía no bien pacificados". GINÉS DE SEPÚLVEDA, Juan, *Tratado sobre las justas causas de la guerra contra los indios*, Ciud. México: Fondo de Cultura Económica, 1941, p. 173.

121. Idem, p. 135.

122. GARCÍA PELAYO, Manuel, *Juan Ginés de Sepúlveda y los problemas jurídicos de la conquista de América*, in: *Tratado sobre las justas causas de la guerra contra los indios*, Ciud. México: Fondo de Cultura Económica, 1941, p. 33.

2.2.3.4.3.1 Breve histórico: Las Casas, o debate de Valladolid e a lenda negra

Tanto Ginés de Sepúlveda quanto Bartolomé de Las Casas não encontram um lugar tão destacado para a discussão filosófica do tema a seu tempo como deveriam. O primeiro, talvez, porque sua obra sobre o livre arbítrio não tenha alcançado, diferentemente de Erasmo, a intelectualidade da época, por falta de prominência na Europa central. O mesmo já não se pode dizer de Las Casas: sua obra mais conhecida difundiu-se amplamente em várias edições por todo o mundo. Entretanto, bem por conta dela, há que se fazer alguma consideração sobre seu papel histórico, porque não faltarão hoje muitos que lhe impinjam fama de exagerado e mentiroso, como se dirá. Esses aspectos são tangenciais a nosso estudo, porque seus e aqui analisados não são exatamente o que lhe deram o aspecto polêmico, mas partem dele. O *De Único Vocationis modo*, complementado por sua *Apología o declaración universal de los derechos de los hombres y de los pueblos*, que são tema central de nossa análise, nascem do inconformismo lascasianos com a política de seu tempo. Para pontuá-la, alguns dados histórico-biográficos são relevantes, não apenas no sentido de retomar esse momento histórico em que se ancoram suas declarações, mas principalmente para fixar posição sobre a validade de seus argumentos,[123] que aqui em especial guardam um componente *ad hominem*.

Nascido no fim[124] do século XV, Las Casas viu em 1493 Colombo chegar à sua cidade natal, Sevilha, trazendo índios escravos. Com 18 anos de idade, partiu para a atual ilha de Santo Domingo (então *La Española*), para dedicar-se à extração de ouro, e ali recebeu um índio como escravo, como premio – as chamadas "encomendas", por sua intervenção nas guerras de conquista de colonização. Em 1506 regressa a Sevilha e no ano seguinte se faz sacerdote em Roma, chegando novamente a *La Española* em 1508, a fim de dedicar-se à tarefa de *clérigo encomendero*.[125] Todos seus biógrafos consultados coincidem em dizer que em 21 de dezembro de 1511, após ouvir um sermão do Frei Antonio Montesinos, que denunciava a exploração espanhola do nativo americano, converteu-se definiti-

123. Realmente, não estamos isolados em sentir a singularidade de antecipar ao relevante pensamento teórico de Bartolomé de Las Casas sua condição biográfica. Diz um comentarista de sua mais densa obra: "Con Las Casas ocurre, y ha ocurrido siempre, algo quizá único en la historia de las ideas y de los comportamientos humanos: hay muchos que no le perdonan ni una, ni siquiera tras tantas celebraciones centenarias de su nacimiento en 1484 y de su muerte en 1566". ABRIL CASTELLÓ, Vidal, *Bartolomé de las Casas y la escuela de salamanca en la historia de los derechos humanos: la apología*, in: LAS CASAS, Bartolomé de, *Apología o declaración y defensa universal de los derechos del hombre y de los pueblos,* Salamanca: Ed. Junta de Castilla y León, 2000, p. VIII.

124. Mais exatamente em Sevilha, em 1484. Tal data já foi colocada em dúvida, mas hoje é dada como quase certa, segundo Perez Fernandez. Cf. PÉREZ FERNANDEZ, Isacio, *Fray Bartolomé de las Casas: Brevísima Relación de su vida, diseño de su personalidad, síntesis de su doctrina*, Burgos: Caleruega, 1984.

125. Ou seja, sacerdote que levava a cabo uma *labranza* de índios *encomenderos.*

vamente no chamado "defensor dos índios".[126] Passa a predicar as crueldades de que são vitimados, mas só em 1514 renuncia a todos os seus escravos indígenas, o que é anunciado no dia 15 de agosto, em um famoso sermão chamado *Sancti Spiritus*. No ano seguinte embarca a Espanha e é nominado pelo governador[127] como "defensor de los índios de todas las Índias",[128] regressa à América,[129] faz-se frei dominicano em 1522, e logo depois passa quatro anos retirado, para estudo, quando então teria sido concebido o *De Único Vocationis Modo*. Sua biografia segue repleta de detalhes que fogem ao objeto desta análise, embora reforcem o contexto de batalha pelo direito indígena, que o fez ser nomeado, com alguma estratégia política, bispo em Chiapa[130] (México), regressando a Espanha em 1547, mais exatamente a Valladolid, então capital do Reino. Ali, travou um conhecido desentendimento com Sepúlveda, que buscava autorização para imprimir o livro *Democrates secundus*, em que voltava a defender guerras contra os índios na América. Las Casas logrou impedir a publicação do livro[131] e, depois de muito escrever sobre o tema da conversão indígena, consegue convocar um Congresso (ou Junta) nacional de especialistas para discutir o tema: se é lícito fazer a guerra contra os índios para convertê-los à religião redentora. A Junta se celebra de 15 de agosto a meio de setembro de 1550, e, embora não se tenha chegado a um fim conclusivo, tem como vitoriosa a tese de Las Casas, porque as guerras de conquista, ao menos sob ordem da Coroa Espanhola, foram suspensas.[132] Muitas das ideias ali discutidas se podem resgatar, especialmente pela *Apologia* lascasiana.

126. Cf. Losada, Ángel, *Bartolomé de Las Casas a la luz de la Moderna Crítica Histórica*, Madrid: Tecnos, 1970, p. 64.

127. Trata-se do Cardeal Cisneros, que detinha o posto de governador dada a morte do Rei Fernando, em início de 1916, e a permanência do Rei Carlos em Flandres.

128. Comentando o cargo de "defensor del pueblo" que a nominação de Las Casas inaugurou, comenta o frei Pérez Fernández que "fue el primero que ostentó tal cargo, al que siguieron despues, durante todo el siglo XVI, otros muchos clérigos y laicos. Tenían que pasar tres siglos para que naciera el *Ombudsman* em Suécia". Pérez Fernandez, Isacio, *Fray Bartolomé de las Casas: Brevísima Relación de su vida, diseño de su personalidad, sìntesis de su doctrina*, Burgos: Caleruega, 1984, p. 25.

129. O conselho do Frei Pedro de Córdoba, Cf. Pérez Fernandez, Isacio, *Fray Bartolomé de las Casas...*, cit., p. 26.

130. Como bispo na região de Chiapa, elevada à condição de Cidade Real, esclarece Borges que foram 20 meses tormentosos, pelas reformas que tentou realizar. Dentre outras, "impuso a sus feligreses la odiosa obligación de que en el plazo perentorio de nueve días y bajo excomunión le denunciasen cuantas deficiencias del clero, pecados públicos de seglares o abusos contra los indios conocieran". Borges, Pedro, *Quien era Bartolomé de Las Casas,* Madrid: rialp, 1990, p. 203.

131. Que, como informa Pérez Fernandez, somente veio a ser publicado em 1892, como comemoração do IV centenário do descobrimento. Pérez Fernandes, Isacio, *Fray Bartolomé de las Casas...*, cit., p. 39.

132. Muito embora seja necessário pontuar que, em relação ao debate por si mesmo, não chegou a haver votação, porém "emisión de informes de cada uno de los jueces al Emperador". Dentre esses informes, reconhece-se que "parece, pues, que contra la opinión de Las Casas, hubo un auténtico empate". Losada, Ángel, *Bartolomé...*, cit., p. 287.

Mas é com o *Brevíssima História das Índias Ocidentais* que Las Casas alcançará o auge de sua fama e polêmica. Tal opúsculo não é menos que uma vigorosa denúncia dos crimes perpetrados pelos espanhóis na conquista da América. Essa obra foi o dado culminante que faz bifurcar seus estudiosos como seguidores apaixonados de suas ideias ou detratores convictos, a ponto de que uma conhecida biografia colhesse dados acerca de sua dupla personalidade, patologicamente paranoica.[133] Todavia, se é bastante certo que a *Brevíssima*[134] pode conter alguns exageros,[135] e não seja historicamente tão documentada quanto

133. MENÉNDEZ PIDAL, Ramón. *El Padre Las Casas. Su doble personalidad.* Madrid: Espasa Calpe (Grandes Biografías), 1963. Roberto Mesa assim resume a tese de Menendez Pidal: "Las Casas era un historiador bien intencionado, pero al padecer de una enfermedad mental, sus juicios se hallan deformados por el mal que padecía". O mesmo historiador coloca como o renascimento do novo ataque o mês de outubro do ano de 1927, quando o diário madrilenho ABC publicava um artigo de G. García Aristo y Rivera em que se dizia que "Las Casas no estaba en sus Cabales. No mesmo ano, Juan B. Acevedo publicaria na Revista Hispanoamericana de Ciencias, Letras y Artes um artigo intitulado "La Locura de Fray Bartolomé de las Casas". cf. MESA, Roberto, *La Idea Colonial en España*, Valencia: Fernando Torres Editor, 1936, pp. 33-35. Mas é claro que os motivos que estão por detrás dessa verdadeira tentativa de desconstrução da figura do Arcebispo de Chiapa é outra. Assim comenta Bataillon: "El recurso de la paranoia parece ser que no fue para don Ramón más que un expediente tardíamente imaginado apara atenuar la virulencia de una requisitoria contra un personaje cuyos procederes intelectuales y comportamientos sociales le repugnan. Menéndez Pidal detesta desde hace mucho tiempo a Las Casas por haber tomado partido por los indios contra los conquistadores, por haber cargado a los fundadores de la América española un aplastante número de crímenes". BATAILLON, Marcel, *Estudios sobre Bartolomé de las Casas*, Barcelona: Ediciones Península, 1976, p. 16.

134. O "*Brevisima'* leva esse nome porque Las Casas planejou e conseguiu escrever outra obra, muito mais completa, que se chamou "Historia de Las Indias", e que foi escrita a partir de 1527. Segundo Bataillon, un monumento cuya edificación duró probablemente más de30 años. BATAILLON, Marcel, *Estudios...*, cit, p. 291. Vale ressaltar que o *Historia das Índias*, diversamente do *Brevísima*, não foi publicado a seu tempo por vontade expressa de Las Casas, que deixou o extenso manuscrito no Colégio de San Gregorio de Valladolid, juntamente a uma carta pedindo ao Reitor "que a ningún seglar la den para que ni dentro del colegio, ni mucho menos fuera de él, la lea por tiempo de cuarenta años, desde este de sesenta que entrará, comenzados a contar; sobre lo cual les encargo la conciencia", in: GALMÉS, Lorenzo, *Bartolomé,* cit., p. 209. Menéndez Pidal, detrator convicto de Las Casas, atribui essa proibição apenas ao sensacionalismo (cf. p. 298-299). Ver também p. 177. Antonio Osuna, mais recentemente, oferece opinião ponderada: "Sus denuncia e invectivas contra la cristiandad en la que vivió pueden ayudarnos a evitar situaciones semejantes, pero no pensamos que eso haga de él un corifeo de la teología de la liberación, ni el líder de la emancipación de los pueblos oprimidos y menos el antihéroe de la epopeya española. (...) Lo que sí nos parece que se impone es la propuesta de que ya no deba escribirse la historia de la conquista de América sin incluir las denuncias y relatos presentes en su historia de lo que aquello fue". OSUNA FERNANDEZ- LARGO, Antonio, *Bartolomé de Las Casas en el V Centenario: Revisión de su figura y de su doctrina moral*, in: Ciencia Tomista – Tomo 119, n 389, sep-dic, 1992, Salamanca, p. 497.

135. Muitos são os autores que reconhecem exageros no que disse Las Casas em seu panfleto *Brevisima*, o que não retira sua importância. Apenas como exemplo, veja-se Cassani: "Sin desconocer el devoto altruísmo del benemérito fraile y sus buenas intenciones, es indudable que su obra adolece de exageraciones y aun falsedades tendientes a execrar la codicia y la voluptuosidad de los conquistadores. En realidad, Las Casas consideraba al indio como un ser ingenuo e indefenso; él no participó de ninguna campaña conquistadora y su pura teoría sobre la bondad intrínseca del indio quedó fallida cuando quiso experimentarla en Cumaná (1520). CASSANI, Jorge Luís, *Del Epos a la historia Científica. Una visión*

exigem alguns estudiosos mais detalhistas, o certo é que a antipatia da sua nação existe porque se imputa ao Arcebispo de Chiapa ter sido o causador da chamada "leyenda negra" espanhola, ou seja, a versão de que a conquista da América foi uma matança que contou com a anuência da Coroa e de grande parte da Igreja, o que poucas décadas à frente serviu de anti-propaganda a nações então emergentes, a exemplo da Inglaterra e do império germânico.[136] Nossa opinião, entretanto, é a de que o frei estava convicto de que historicamente fazia o correto, chegando a ser expresso ao afirmar que o Reino de Espanha poderia ser castigado por Deus pelas barbaridades que perpetrava no novo continente.[137]

Nosso posicionamento, colhida essa análise, é o de que a obra de Las Casas tem de ser considerada como um grande alerta, em seu tempo, para o direito alheio de se manter na verdadeira convicção. As hipérboles de suas obras, em especial em relação ao genocídio indígena, podem ser interpretadas como resquícios de sua atuação como advogado-geral das Índias, mas nem assim comprometem o conteúdo, que merece ser resgatado para nosso tema. Que a seu tempo suas

historiográfica a través del método, Buenos Aires: Ed. Nova, 1966, p. 122. Bem ao contrário, no entanto, logo após recortar trecho da Brevíssima, em que Las Casas demonstra como se colocavam cães bravios para comer índios "como se fossem porcos", Baitallón acresce: "Sin duda Las Casas conocía este antiguo testimonio; pero él también, de todas las maneras, había visto cometer esos crímenes". BAITALLON, Marcel; SAINT-LU, André, *El padre Las Casas en defensa de los indios*, Barcelona: Ariel, 1976, p. 198.

136. Vários historiadores fazem referência à utilização do *Brevísima Relación* como propaganda anti-espanhola, principalmente a partir de uma edição ilustrada, publicada em latim, na cidade de Frankfurt, com gravuras cruéis de Teodoro de Bry. Apenas para documentar, veja-se Gamés: "A pesar de todas las cautelas, la *Brevísima Relación* causó sensación en muchos ambientes y, por desgracia, llegó a manos de los enemigos de España. Doce años después de la muerte de Las Casas, se iniciaba la traducción de algunos escritos polémicos lascasianos al francés, inglés, alemán, holandés y otros idiomas. Espectacular y sonada resonancia tuvo la edición de la Brevísima en latín, idioma entonces universal entre la gente culta, publicada en Frankfurt en 1594, ilustrada por los repelentes grabados de Teodoro de Bry, que, a lomos de una desenfrenada y incontrolada imaginación, atribuye a los españoles hechos horrendos, tan inverosímiles como faltos de la más elemental base histórica. (...) Que de una manera u otra ha influido en la 'leyenda negra' es cosa sabida. Atribuirlo todo a las casas carece de sentido histórico". GALMÉS, Lorenzo, *Bartolomé...*, cit., p. 232-233. Um esclarecimento bastante lúcido sobre "suponerle autor o causante de la 'leyenda negra' mediante la publicación del opúsculo" encontra-se na obra de Frei Manuel M. Martínez. Ele levanta dois argumentos principais: primeiro, que o fim específicos de Las Casas como opúsculo era alertar o príncipe Don Felipe e outras personalidades sobre males que deveriam ser evitados, portanto "no estaba obligado a considerar las consecuencias ajenas a su intención que de tal escrito pudieran seguirse". Por outro, está a questão de, dez anos mais tarde, Las Casas haver dado seu opúsculo para que fosse impresso. Em que medida seria culpado por isso? Explica o Frei Martínez que Las Casas pediu a publicação apenas para que chegasse ao Principe e poucos outros ilustrados, tanto assim é que "durante todo el siglo XVI pasó desapercibido este opúsculo en España, sin la menor alusión a él de ningún escritor de la época". Cf.: MARTÍNEZ, Manuel María, *Fray Bartolomé de las Casas: el gran calumniado*, Madrid: Imprenta La Rafa, 1955, p. 88 e 91.

137. É a parte final do "Octavo remedio". Explica Martínez que foram dezesseis os remédios expostos por Las Casas nas Juntas de então, "no habiéndose conservado más que el octavo, que como se ha visto, se refiere únicamente a la supresión de las encomiendas". MARTÍNEZ, Manuel María, *Fray Bartolomé de las Casas: padre de América*, Madrid: Imprenta La Rafa, 1958, p. 227.

colocações parecessem antipáticas[138] a todos não é de se estranhar, mas perpetrar essa hostilidade é descabido. Em nosso tema, sua proeminência é evidente, em especial no que se refere, como já observado, ao direito à correção.

2.2.3.4.3.2 De único *vocationis* modo e a Apología: o direito à não correção

Centrados na contradição da figura de Las Casas como cronista das barbáries dos colonizadores, a obra *De único vocationis modo*,[139] bem como a *Apología*, escrita em resposta[140] a Sepúlveda para as controvérsias de Valladolid – passa de alguma maneira despercebida como fundamento filosófico de toda a condição humana do indígena, em que a questão da liberdade de escolha é colocada diante da concreta indagação: quando o homem recebe sua capacidade de decisão? E mais: o que é justo fazer com aquele que se recusa para o bom caminho?

Como no *De Unico Vocationis Modo* se nota um estilo bastante menos agressivo que o existente na *Destrucción de las Indias* e do próprio *Apología*, há que se concordar com a opinião[141] de que o frei dominicano quis pôr em prática, na forma, o que o conteúdo da obra predica: a razão calma e serena que chama ao entendimento. Mas há também que se pontuar que a intenção do texto era, muito claramente, apresentar-se como tratado teológico que confirmara o direito ao uso

138. Apenas para que se demonstre, em tempos de guerras de conquista nas Américas, afirmações em tom reiterado como a que se transcreve adiante não soariam, claro, simpáticas: "Por tanto, aunque todo el mundo diera culato a los ídolos, Dios no mandó destruir con una guerra a los idumeos o a los egipcios, que superaron a todos los demás pueblos del mundo por su horrible culto a los ídolos y otros pecados: por el contrario, dijo Dios: *no abomines del idumeo, porque es tu hermano, ni del egipcio, porque fuiste extranjero en su tierra*". LAS CASAS, Bartolomé de, *Apología o declaración y defensa universal de los derechos del hombre y de los pueblos,* Salamanca: Ed. Junta de Castilla y León, 2000, p. 97.

139. A maioria dos autores converge em dizer que o *De unico vocationis* foi redigido entre 1536 e 1537, na Guatemala. Entretanto, alguns autores contestam a data, pelo fato de Las Casas fazer referência à relevante bula *Sublimis Deus*, do Papa Paulo III, que data de 1537, pois este texto eclesiástico dificilmente alcançaria a América no mesmo ano. Cf. HANKE, Lewis, *Introdução*, redigida para a primeira edição impressa do *De único vocationis*, que ocorreu em 1942, a partir do texto mais confiável e completo, o manuscrito de Oaxaca, in: LAS CASAS, Bartolomé, *Del único modo de atraer a todos los pueblos a la verdadera religión*, México: Fondo de Cultura Econômica, 1975, p. 22.

140. Assim, "la mayoría de los capítulos [da Apología] están condicionados por la oportunidad de oponer una réplica a los argumentos aducidos por Sepúlveda. El método que sirve de instrumento básico de la exposición es el escolástico, aceptado en el uso habitual en los tribunales" SÁNCHEZ MANZANO, M. Asunción, *La Apología de Bartolomé de las casas: estilo y composición*, in LAS CASAS, Bartolomé de, *Apología o declaración y defensa universal de los derechos del hombre y de los pueblos,* Salamanca: Ed. Junta de Castilla y León, 2000, p. LXXI.

141. Refiro-me a Hanke, que escreve: "Para quienes hayan leído las vigorosas fulminaciones y los tremendos epítetos de Las Casas en su *Relación de la Destrucción de las Índias* o en la *Historia de las Índias,* el moderado lenguaje y las exhortaciones elocuentes del presente tratado serán una sorpresa agradable. Podría parecer que aquí se está haciendo un esfuerzo especial para practicar lo que ha predicado". HANKE, Lewis, *Introdução,* cit, p. 28 Vale lembrar, como faz Galmés, que em um Auto de fé de 3 de junho de 1660, o *Brevísima* foi proibido pela Inquisição.

da liberdade de convencimento, mesmo na grave questão da fé, o que se reiterou nos textos preparados para o debate com Sepúlveda.

Ainda que o texto remanescente da obra seja parcial – e que as referencias nele existentes façam reconhecer que as partes faltantes possam aludir também ao tema de que aqui se cuida – sua introdução (na verdade, o início do capítulo V) é clara no posicionamento: "de ningún modo es posible que toda y sola raza o nación, o que los hombres todos de alguna región, província o reino, sean tan del todo estúpidos, imbéciles e idiotas, que no tengan absolutamente ninguna capacidad para recibir la doctrina evangélica".[142] E logo insiste, como repetirá varias vezes no decorrer da obra, que "la Providencia divina estableció, para todo el mundo y todos los tiempos, un solo, mismo y único modo de enseñarles a los hombres la verdadera religión, a saber: la persuasión del entendimiento por medio de razones y la invitación y suave moción de la voluntad". Daí que é a inteligência que concede ao ser humano sua condição de humano, antes que dizer de pessoa.

Bartolomé de las Casas enuncia claramente que o homem tem uma vontade *libérrima*,[143] embora conte com a Divina Providência que o *encaminha* ao Bem;[144] mas é do homem, índio ou não, *aceitar esse encaminhamento*. Ressalva é feita aos estados de perturbação, em que "el sentimiento del temor, de la tristeza, del dolor, de la ira o de cualquiera outra pasión" pode "escurecer a mente",[145] e então retirar o homem de sua capacidade para exercer o livre arbítrio.[146] Las Casas realmente direciona essa tranquilidade para a compreensão de o que predica ser a verdade da fé, porém é expresso em afirmar que "se necesita que la razón raciocine libremente, libertad que consiste en la exención de las inquietudes o perturbaciones producidas por las cuatro pasiones mencionadas[147] y que pueden

142. Las Casas, Bartolomé, *Del único modo de atraer a todos los pueblos a la verdadera religión*, México: Fondo de Cultura Económica, 1975, p. 63.

143. "Como la voluntad, por ser libérrima, tiene una disposición natural para ser llevada al bien de un manera suave, como se ha probado ya; y sobre todo, como no es posible obligarla a creer, por impedirlo la libertad de libre albedrío de que está dotada, se infiere claramente que es necesario exhortarla, excitarla o atraerla con halagos, para que se incline al objeto al cual se pretende inclinarla, y tienda y se encamine a él de su propio motivo y de una manera suave, como queda también dicho", Las Casas, Bartolomé, *Del único modo de atraer a todos los pueblos a la verdadera religión*, México: Fondo de Cultura Económica, 1975, p. 77.

144. "Luego la Sabiduría divina mueve a las criaturas racionales, o sea a los hombres, para que realicen sus propios actos u operaciones, delicada, dulce y suavemente. Pero, según las enseñanzas de la Fe, los hombres se mueven y encaminan a la verdadera religión únicamente en virtud de una ley común". Las Casas, Bartolomé, *Del único modo...*, cit., p. 66.

145. Las Casas, Bartolomé, *Del único modo...*, cit., p. 83. Ali também: "Se ve, pues, que la raíz de la libertad toda se encuentra cimentada en la razón humana".

146. Note-se, uma vez mais, a dependência da saúde corporal para o exercício da "vontade libérrima", que, como se dirá a seguir, na verdade está relativizada.

147. As paixões que o autor diz 'mencionadas' não se encontram no texto que se conhece, portanto se presume que foram objeto dos capítulos anteriores (cap. 1 a 4 do primeiro livro) cujos originais até hoje se encontram desaparecidos.

confundir la razón quitándole la posibilidad de investigar, de dudar y de discurrir libremente".[148]

Diz Las Casas que existem dois modos distintos de obter o conhecimento, que *precede* à vontade: o modo natural e o modo *voluntario*. O primeiro não depende de qualquer conhecimento prévio; o segundo não se manifesta imediatamente como verdadeiro, então não se compreende uma proposição sem que "assim se queira, e que se haja raciocinado suficientemente sobre ela, movido pela vontade e agindo intencionalmente (de propósito)". E logo, após isso que comentaremos ser um aparente deslocamento do lugar da vontade, utiliza-se Las Casas novamente de Santo Agostinho e São Dionísio para uma nova distinção digna de nota. Que a compreensão, o entendimento, contém a raiz da liberdade. Portanto, o que não é compreendido não pode ser entendido como fruto de um ato de liberdade, o que até aqui parece decorrência lógica de tudo o que expõe. Porém, inserta aí mesmo o conceito de *objeto* do entendimento. Segundo ele, o homem só quer aquilo que compreende, e, portanto, somente quererá para si mesmo *algo bom*. Então, quando alguém decide por cometer ato aparentemente mau, não se trata de dirigir-se ao mal em si, mas ao que de momento lhe parece bom, ainda que, conforme o conhecimento mais universal não seja assim interpretado. Isso significa dizer que o homem que raciocina sempre se dirigirá àquilo que entende o bem, de acordo com o objeto que leva em consideração, "porque es verdad, como dice San Dionísio, que nadie puede obrar entendiendo a un objeto malo".[149] E a exemplificação[150] que contém o texto original não deixa dúvida de aquilo a que se refere Las Casas.

Cabe perguntar se esse posicionamento traria duas contradições que se poderiam assim enunciar. Primeira, de se postular a vontade livre como sendo aquela que motiva ao raciocínio, ao mesmo tempo em que se sustenta que é o raciocínio que permite o livre arbítrio. Segunda, acreditar em uma vontade livre, porém fazê-la depender tanto da compreensão, ao ponto de quase se afirmar que qualquer tipo de inclinação que não seja para o bem é fruto de um erro de entendimento. Esse erro de entendimento, portanto [dizemos nós] ao independer da vontade, seria logo independente da liberdade. E, assim, estaria Las Casa voltando-se à

148. Las Casas, Bartolomé, *Del único modo...*, cit., p. 85.

149. Las Casas, Bartolomé, *Del único modo...*, cit., p. 83.

150. "Si alguno, por ejemplo, quiere fornicar, aunque sepa por un conocimiento universal que es malo hacer tal cosa, sin embargo, en aquel caso particular juzga que le es bueno el acto de fornicación, y lo acepta, en consecuencia, bajo la especie de un bien. Porque es verdad, como dice san Dionisio, que nadie puede obrar tendiendo a un objeto malo". Las Casas, Bartolomé, *Del único modo...*, cit., p. 82-83. O texto deve construir uma velada referência, no que toca à formicação, ao costume indígena, mas nesta obra, como afirmado, Las Casas intencionalmente prefere colocar sua teoria em um plano mais geral, objetando o "entendimento humano".

ideia de que o homem busca por si mesmo sempre algo bom, porém a falta de conhecimento é quem o *direciona.*[151]

Da leitura desses fragmentos se pode retirar do pensamento de Las Casas um posicionamento intermédio acerca do livre arbítrio: ainda que enuncie a vontade livre, sua obra aos poucos impõe condicionantes graves à liberdade, a exemplo da providência, das paixões que turbam o entendimento (até aí, com Santo Agostinho), e finalmente o *amplo conhecimento da realidade*, a partir do momento em que o homem sempre busca o bem, porém diante daquilo que efetivamente conhece.[152] Daí o autor, com alguma ousadia, logra, a partir da leitura dos doutores da igreja, defender uma liberdade relativa, advinda da reflexão e do conhecimento gradual. Ao fazê-lo, rompe diretamente o dogma do pecado original,[153] o que alguns entendem como a antecipação mito do bom selvagem de Rousseau, neste por certo anticlerical. A interpretação, porém, deve ir um tanto mais além: o que faz o dominicano, a partir de seu contexto histórico, é defender o direito à persuasão racional daquele que erra, mas julga fazê-lo pelo maior bem: antes de punido, exterminado ou escravizado (portanto isolado em sua vontade), aquele que não alcança o livre entendimento deve aprender até ser ilustrado da Verdade, quando então deixará de errar, porque terá o suficiente conhecimento para agir, e isso nos parece uma leve concessão ao início de uma ideia correcionalista, porém com duas gigantescas condicionantes: de que a correção não se dá pela via coercitiva e que o chamado ao saber depende da vontade de Deus, que no entanto é generosa ao atingir aos que o queiram. Em suas palavras, todos os

151. "Esta idea de libertad dentro de la ley, ¿no recordaría el pensamento rousseauniano de la libertad como expresión de la voluntad general? Nosotros creemos que ambos pareceres son extraordinariamente paralelos. En este sentido (del estado de la naturaleza), fray Bartolomé anticipa las ideas dieciochescas sobre el 'buen salvaje de Juan Jacobo Rousseau". QUERALTÓ MORENO, Ramón Jesús, *El pensamiento filosófico-político de Bartolomé de las Casas*: Sevilla: Escuela de Estudios Hispano Americanos, 1976, p. 313-360.

152. Nesse sentido é que, já em questão mais pontual da Apología, o autor defenderá que existe uma inversão ao se castigar o infiel por não aceitar a fé: não apenas porque a igreja não teria jurisdição sobre o não batizado, mas principalmente porque sua o infiel, ao não haver aceito a fé, desconhece seus preceitos. Para eles, "no se ha de comenzar por el castigo de sus pecados sino por la oferta de la indulgencia y del perdón, y la exhortación a la penitencia". LAS CASAS, Bartolomé de, *Apología o declaración y defensa universal de los derechos del hombre y de los pueblos,* Salamanca: Ed. Junta de Castilla y León, 2000, p. 82.

153. Na já comentada coletânea "Las Casas, visto de costado", Díaz Araújo, apenas em nota de fim de texto coloca clara sua opinião acerca da personagem-objeto de seu estudo. Ao resumir a biografia feita por Rômulo Carbia, faz dez observações a título de resenha, das quais aqui nos cabe realçar a nona: "9. En su obra 'apologética Historia', justificó con los sacrificios humanos de los indígenas a sus dioses demoníacos, por un principio de relativismo religioso (además de cultural). En ella y en la 'Historia de las Indias' sostuvo la noción de la bondad natural de los salvajes, contrariando el dogma bíblico de pecado original de la humanidad", p. 217. Logo adiante, o próprio intérprete finaliza: "Si estas diez notas son exactas, no pareciera que ellas pudieran contribuir a la santificación de fray Bartolomé de Las Casas. En todo caso, la Iglesia tendrá la última palabra". DÍAZ ARAÚJO, Enrique, *Las Casas, visto de costado: Crítica Bibliográfica sobre la Leyenda Negra*, Madri: Fundación Elias de Tejada y Erasmo Percopo, 1995, p. 218.

terrores humanos não podem mudar a vontade humana se Cristo não age desde dentro.[154]

Daí que há que se apontar a obra de Fray Bartolomé de Las Casas, em especial sua primeira obra, o *De único vocationis modo*, como um efetivo marco na filosofia sobre o livre arbítrio, porque retira a condição da responsabilidade para algo restrito à ideia de uma justiça divina e atemporal, a fim de fixar a origem de um sujeito de direitos, o que se aperfeiçoará em suas obras posteriores, em especial a *Apología*. A capacidade de decidir – que só é válida quando efetivamente liberta da intranquilidade que induz ao erro – é o que concede ao homem o status de sujeito racional, agora ao mesmo tempo livre e responsável diante de todo o Estado. Não é sem razão então que se aponta o personagem como figura ímpar do Direito internacional, ao lado dos contemporâneos samaltinos como Francisco de Vitória, mas para este trabalho há que se ir além: Bartolomé de Las Casas, com as deficiências que possa ter no que concerne à redação das crônicas de seu tempo,[155] sustenta com propriedade um par de pontos importantes que não apareciam nos teólogos anteriores: primeiro, a liberdade é bastante condicionada pelas formas de entendimento; segundo, que *a liberdade de decidir implica um comportamento positivo, em seu caso, do Estado; e a correção depende de um assentimento positivo do indivíduo*. Daí se infere que, ainda que as ideias lascasistas não se direcionem unicamente ao direito penal, depreende-se sobradamente que a condição livre do ser humano, a que alude, traz consequências no mundo temporal, e não apenas no sempiterno.

Quase ao mesmo tempo, obras consagradas como a de Francisco de Vitória[156] vieram a defender a mesma posição, mas Las Casas, por sua veemência e vivencia

154. Na *Apología*, Las Casas já deixava clara sua rejeição sobre a eficácia do castigo: "Por tanto, quien llega a la fe y cambia su ánimo, lo recibe de Dios. Pues todos los terrores humanos no pueden cambiar la voluntad humana si Cristo no actúa por dentro". LAS CASAS, Bartolomé de, *Apología o declaración y defensa universal de los derechos del hombre y de los pueblos,* Salamanca: Ed. Junta de Castilla y León, 2000, p. 276.

155. Veja-se como Mata y Martín narra que, logo ao início da colonização espanhola, já se preocupavam os colonizadores com a implementação da justiça, muitas vezes administrada por autoridades locais, como os próprios caciques, caso em que se reconhece "a los caciques como señores de sus propios indios, dejando subsistentes los antiguos vínculos pero limitada su jurisdición" (p. 73). Implementada pela colônia a nova administração da justiça, diz, a aplicação da pena de morte "fue verdaderamente excepcional, según distintos estudios, llegándose a carecer de verdugo y ocasionando grandes dificultades el encontrarlo". MATA Y MARTÍN, Ricardo, *Delitos y penas en el nuevo mundo*, in: Revista de Estudios Colombinos, junio de 2010, n. 6, p. 75.

156. Como se sabe, o sacerdote castelhano tem suas contribuições sobre o Direito de Guerra e o Direito aos índios muito avançado. Com sua obra *Sobre los Indios*, que apontam tratar-se do ano de 1939, ou seja, dois anos depois do Único Vocationis Modo, Vitoria utiliza amplamente o diálogo tomista para defender ideias do mesmo quilate. Aqui recortamos apenas exemplo: "No estoy muy persuadido de que la fe Cristiana hasta el presente haya sido propuesta a los bárbaros de tal manera que estén obligados a creer bajo pena de un nuevo pecado'. Digo eso porque, como queda claro por la segunda proposición, no están obligados a creer si no les propone una fe con motivos problables de pesuasión. Pero milagros y otros signos yo ne he oído que allí se den, ni tampoco ejemplos de vida tan religiosa como para

nas Índias, jogou mais foco ao tema: somente pode ser corrigido o individuo que, persuadido pela racionalidade, deseje a correção.

2.3 Os filósofos a partir do Renascimento

Deixar o pensamento do séc. XVI, fundado na teologia, e passar à revisão racionalista dos séculos XVII e XVIII contém um risco grave de reducionismo. Entretanto, para os fins da evolução tão breve que aqui se traceja, o debate dos tempos da Reforma já permite, cremos, o salto ao racionalismo iluminista sem que se sacrifique a noção de processo histórico que, como bem conhece o leitor, sempre é oscilante, lento e repleto de matizes. O próprio racionalismo cartesiano não é tão desprendido da teologia quanto em senso comum se pode supor. É o que se cuida adiante.

2.3.1 Racionalismo cartesiano

Saber o que opina Descartes sobre a liberdade humana de querer é fundamental deste trabalho, ainda que fora apenas por curiosidade e informação: captar a concepção daquele que colocou o racionalismo e a evidência como marco de qualquer forma de convicção, a romper grande parte de o que era a antiga escolástica. Mas o René Descartes especulou sobre a liberdade e a condição da mente de modo especial, para algo bem mais aprofundado que sua simples defesa de cisão entre corpo e mente, a qual, como já dito,[157] transformou-se em referência aos neurocientistas atuais. A partir de Descartes, ademais, outros dois pensadores, a serem aqui referidos, seguiram aprofundando seu trabalho no que se refere à metafísica, embora com disparidade de posicionamento: Leibniz e Spinoza.

Jogar luz ao que Descartes podia aclarar sobre a liberdade de eleição humana significa compreender seu ponto de vista mesmo, pois suas obras sempre giram em torno à afirmação de que o homem tem a capacidade de convencer-se. Ainda que seja nas meditações metafísicas e na "Paixões da Alma" que o pensador alcançará um pronunciamento mais incisivo sobre o livre arbítrio, seu escrito mais clássico e conhecido já concede fundamentos de sua visão do tema. Desse modo, ainda que se possa entender algum traço de ironia, o pensador inaugura o rompimento com a escolástica nessa obra, o que para nós é extremamente relevante: diz ali que, ainda que acredite em Deus[158] (o que será reiterado pela própria estrutura de

moverlos a creer. Por el contrario, tento noticias de muchos escándalos, crueles delitos, y muchos actos de impiedad. Por el cual no parece que la religión cristiana les haya sido predicada con la suficiente piedad y de manera conveniente como para que ellos estén obligados a asentir". Vitoria, Francisco de, *Sobre los Indios*, Madrid: Tecnos, 2007, p. 117. A alusão à data de 1539 como de autoria do libro estáno estudo preliminar, na mesma obra, de L. Fraile Delgado.

157. Vide 1.2.1.

158. Koyré, que constrói importante análise sobre o Discurso do Método cartesiano, nota que somente Deus e a Matemática se mantiveram como pilares do raciocínio de Descartes. "Todas as ciências, com

suas meditações), não é com sua investigação e sua ciência que tentará buscar o céu.[159]

A clave da compreensão da metafísica cartesiana[160] está no próprio discurso do método, dos quais cremos que se podem realçar dois elementos principais: não admitir qualquer afirmação ou fenômeno como verdadeiros *a priori*[161] e conseguir demonstrar todos os elementos dos mais simples até os mais complexos, como em uma evolução geométrica. Ou seja, que qualquer elemento como a própria metafísica segue a mesma ideia de decomposição e recomposição que existe na geometria. Da leitura do sucinto e clássico texto, duas são as lições que tiramos, para nosso objetivo, do Discurso do Método: primeira, que Descartes não se prenderá à crença para examinar seu trabalho; e, segunda, que homem domina seus próprios pensamentos, o que para o tema aqui abordado reveste-se de relevância extrema.[162]

Mas é nas "Meditações Metafísicas" que Descartes, afirmando sempre sua liberdade de espírito,[163] propõe-se desde o início a por em dúvida qualquer tipo de postulado, até mesmo a existência de Deus, e a tal introdução consagra a primeira meditação, a reservar à segunda as considerações sobre a natureza do ser humano, em que, embora não se acuda necessariamente ao tema da liberdade, ele aparece implícito nos discursos acerca da célebre afirmação de que o ser humano existe

efeito, vão buscar os seus princípios à filosofia. Ora, é esta que, primeiramente, é confusa, incerta e duvidosa. Assim, do desmoronamento das suas primeiras certezas, Descartes apenas salvará as que não dependem da filosófica: a crença em Deus e a Matemática". KOYRÉ, Alexandre, *Considerações sobre Descartes*, Lisboa: Presença, 1963, p. 40.

159. "Profesaba una gran reverencia por nuestra teología y, como cualquier otro, pretendía ya ganar el cielo. Pero habiendo aprendido, como cosa muy cierta, que el camino de la salvación está abierto para los ignorantes como para los doctos, y que las verdades reveladas, que allá conducen, están muy por encima de nuestra inteligencia nunca me hubiera atrevido a someterlas a la flaqueza de mis razonamientos, pensando que, para acometer la empresa de examinarlas y salir con bien de ella, era preciso alguna extraordinaria ayuda del cielo, y ser, por tanto, algo más que hombre". DESCARTES, René, *Discurso del Método*, Madrid: Espasa-Calpe, 1943, p. 33.

160. RUBIA diz que apenas a superação da divisão corpo-alma que propunha Descartes é que dá azo à investigação da neurociência. Cf. RUBIA, Francisco J., *El controvertido tema de la libertad*, cit., p. 7.

161."Fue el primero, no admitir como verdadera cosa alguna, como no supiese con evidencia lo que es". DESCARTES, René, *Discurso del Método*, cit., p. 41.

162. Na terceira parte do *Discurso do Método*, seu autor afirma: "Mi tercera máxima fue procurar siempre vencerme a mi mismo antes que a la fortuna, y alterar mis deseos antes que el orden del mundo, y generalmente acostumbrarme a creer que nada hay que esté enteramente en nuestro poder sino nuestros propios pensamientos, se suerte que después de haber obrado lo mejor que hemos podido, en lo tocante a las cosas exteriores, todo lo que falla en el éxito es para nosotros absolutamente imposible". DESCARTES, René, *Discurso del Método*, cit., p. 46.

163. É logo o segundo parágrafo da primeira meditação: "Así, pues, ahora que mi espíritu está libre de todo cuidado, habiéndome procurado reposo seguro en uma apacible soledad, me aplicaré seriamente y *con libertad* a destruir en general todas mis antiguas opiniones". DESCARTES, René, *Meditaciones Metafísicas*, Madrid: Alfaguara, 1977, p. 17. Afirmações desse estilo, que no *Discurso do Método* encontram-se espraiadas, já dão por formada a ideia de liberdade de espírito, cuja comprovação posterior entao, como explicaremos, parece-nos carecer de sinceridade.

enquanto ser pensante;[164] quando, na terceira meditação, o filósofo propõe-se a "examinar se existe Deus", descreve, em resumo, a partir das coisas palpáveis e sensíveis, uma relação causa-consequência que tem o mesmo pressuposto de complexidade que seu método apregoa, que o autor bem expressa: "disso segue que apenas que do nada não podia produzir-se coisa alguma, senão que do mais perfeito, ou seja, do que contém mais realidade, não pode provir o menos perfeito".[165] Logo, surge uma causa absolutamente perfeita.

Na quarta meditação metafísica, Descartes propõe-se a dissertar sobre "o verdadeiro e o falso", e considera primeiramente sobre o *erro* humano, definindo-o não como uma simples falta de uma perfeição, mas a "privação de um conhecimento".[166] Expõe, então, que Deus, como ser perfeito, dá ao homem uma série de limitações *perceptíveis* de compreensão, a exemplo das imperfeições ao entender ou as dificuldades ao criar, ao mesmo tempo em que concede uma *dádiva ilimitada, o livre arbítrio.* A liberdade é tão ampla, que por ela se pode convencer ser o homem feito à imagem e semelhança de Deus.[167]

Definindo então a liberdade como a inexistência de qualquer constrangimento anterior, Descartes relata uma série de experiências que o fazem crer cada vez mais que ele, como indivíduo pensante, é livre. E a seguinte pergunta vem naturalmente: se somos livres para decidir, por que erramos? Por conta da falta de conhecimento claro, das limitações em compreender o mundo. O erro humano, portanto, é fruto direto desse *contraste entre extrema liberdade e pouco conhecimento:* quando a vontade ultrapassa os limites da compreensão, há o risco de erro.[168] Sendo a finita compreensão própria da natureza, os erros são inevitáveis.

Em outras obras, o filósofo voltará ao tema, de modo ainda mais específico. Em seus *Princípios de Filosofia*, declarará que Deus preordenou todas as coisas,[169] e então encontrará seu próprio modo de conciliar a presciência divina com o livre arbítrio. Sua explicação é objetiva: nossa razão é insuficiente para

164. "Yo soy, yo existo; eso es cierto, pero ¿cuánto tempo? Todo el tiempo que estoy pensando: pues quizá ocurriese que, si yo cesara de pensar, cesaría al mismo tiempo de existir". DESCARTES, René, *Meditaciones Metafísicas*, Madrid: Alfaguara, 1977, p. 25-26. Aqui traz o filósofo novamente implícita a ideia de autoconsciência.

165. DESCARTES, René, *Meditaciones Metafísicas*, cit., p. 36.

166. Idem, p. 46.

167. Textualmente: "De igual modo, si examino la memoria o la imaginación o alguna otra facultad que este en mí, ninguna encuentro que no sea pequeñísima y limitadísima, mientras que en Dios es inmensa e infinita. Sólo la voluntad de libertad del albedrío la siento en mí tan grande, que no concibo idea de otra más amplia y extensa: de suerte que es ella principalmente la que me hace saber que estoy hecho a imagen y semejanza de Dios". DESCARTES, René, *Meditaciones Metafísicas*, cit., p. 48.

168. ¿De dónde nacen mis errores? Nacen de que la voluntad, siendo mucho más amplia y extensa que el entendimiento, no se contiene dentro de los mismos limites, sino que se extiende también a cosas que no comprendo." DESCARTES, René, *Meditaciones Metafísicas*, cit., p. 49.

169. Sobre as diferentes teorias acerca de eventual mudança de opinião de Descartes entre o escrito das *Meditações Metafísicas* até os *Princípios de Filosofia*, analisando, de um lado, os autores Ferdinand Alquié e Michelle Beyssade e, de outro, Jean Laporte e Anthony Kenny, vide o criterioso artigo de

compreendê-lo,[170] o que então nos desobriga de desfazer a aporia, embora não nos liberte de querer a própria vontade. Em outros trabalhos, mais especialmente em seu "Paixões da Alma", o filósofo avançará na tentativa de explicação do papel da *mente*, na assertiva hoje tão explorada, da divisão entre aquela e o corpo.

Mas, antes que se cuide de suas afirmações principais nesse sentido, é necessária uma ressalva: o autor escreve textualmente que a *alma* está ligada a todo o corpo conjuntamente,[171] sendo ambos indissociáveis, o que por si mesmo já nos indica algum desvirtuamento da interpretação atual que se lhe concede. Entretanto, é fato o filósofo afirmar que, embora no coração se possam sentir as paixões, é dentro do cérebro, na glândula *pineal* (em forma de pinha), em que corpo e mente se comunicam ou se *unem*. Como essa glândula se encontra como que suspensa no cérebro, seus movimentos influenciam muito nas decisões,[172] dando-se ali as passagens, as comunicações entre corpo e alma. É ali também que ocorrem as representações que, como comentado, levaram na atualidade a que se alcunhasse a expressão "Teatro Cartesiano":[173] um lugar onde todas as percepções sensoriais se unam para formar um todo de sentido. Para ele, já que temos um "pensamento único", deve haver "algum lugar onde as duas imagens que chegam pelos olhos, ou as outras duas impressões que chegam de um só objeto pelos órgãos duplos dos outros sentidos possam juntar-se em uma antes de alcançar a alma, para que não se representem dois objetos em lugar de um".[174] Como se nota, Descartes não cuidou exatamente de uma representação no estilo *teatral* que contemporaneamente retoma Dennett,[175] mas nela existe essa operação de

CAMPOS, Mariana de Almeida, A concepção cartesiana de liberdade no "Principios da Filosofia", in: *Caderno de Estudos Espinosanos XXIII*, São Paulo, 2010, p. 73-93.

170. Trata-se do § XLI de seu "Principios de filosofia: "Lo cual implica que nuestra inteligencia es suficiente para conocer claramente y distintamente que este poder está en Dios, pero es insuficiente para comprender – es decir, abarcar y como limitar nuestro entendimiento – toda la extensión de nuestro libre arbitrio y el orden de la Providencia eterna". DESCARTES, René, *Los principios de la Filosofía*, México: Universidad Autónoma, 1987, p. 53. Vale ressaltar que, na obra, os parágrafos XXXI a XLIV, cuidam da relação entre conhecimento, livre arbítrio e erro.

171. No original: "Mas, para entender mejor todas estas cosas, es preciso saber que el alma está realmente unida a todo el cuerpo y que no se puede decir con propiedad que esté en alguna de sus partes con exclusión de las otras, porque él es uno, y de alguna manera indivisible, en razón de la disposición de sus órganos, los cuales se relacionan de tal modo uno con el otro que, cuando se suprime alguno de ellos, todo el cuerpo se torna defectuoso". DESCARTES, René, *Las pasiones del Alma* (orig. 1649), Madrid: Tecnos, 1997, (art. XXX), p. 102.

172. Não se pode deixar de considerar que a afirmação cartesiana de que os movimentos da glândula pineal influenciam o pensamento tem algo de determinista, mas assim está no original: "es cierta glándula muy pequeña, situada en el centro de su sustancia y suspendida de tal manera por encima de conducto por donde los espíritus de sus cavidades anteriores se comunican con los de la posterior, que los menores movimientos que se producen en ella influyen mucho para cambiar el curso de esos espíritus". DESCARTES, René, *Las pasiones del Alma* (orig. 1649), Madrid: Tecnos, 1997, (art. XXXI), p. 103.

173. Vide 1.2.2.

174. DESCARTES, René, *Las pasiones del Alma* (orig. 1649), Madrid: Tecnos, 1997, (art. XXXII), p. 105.

175. Vide 1.2.2.

amálgama, "porque no hay ningún outro lugar en el cuerpo donde puedan unirse así como, en efecto, lo hacen en esa glândula".[176] Nesse sentido, houve sim uma especulação do filósofo francês sobre o *funcionamento biológico do cérebro*, de algum modo sobrevalorizada pelos atuais intérpretes da neurociência.

Ousamos aqui tecer algumas considerações sobre a concepção cartesiana de liberdade. Ela é de todo coerente com seu método questionador, porque o filósofo vai deixar claro que é a capacidade de duvidar das próprias razões e, de duvidar e então de "julgar o contrário"[177] que permite o ceticismo que inaugura, em seus escritos, uma nova parte da filosofia. Também a superação da escolástica é um traço que tem repercussão no presente tema, porque, ao menos em teoria, deixa o autor muito mais disposto ao questionamento da vontade do ser humano. Sua distinção ao trazer o homem como ser capacitado não a conhecer absolutamente tudo, mas a tudo poder questionar denota um potencial gigantesco para reflexões sobre o querer, o agir, e suas formas de determinação.

Na prática, entretanto, o filósofo acaba por não adiantar muito o conceito. Uma apurada análise do seu discurso revelará que quanto ao espírito humano Descartes falha. Uma das duas afirmações se pode fazer, conquanto escolher entre uma delas não deva, acredito, ser tarefa do presente estudo: ou o método cartesiano – o método de seu "discurso" – é inservível para as questões mais profundas da metafísica, de onde estão afastadas as percepções elementares, ou o filósofo não fez uso de seus conselhos metodológicos ao considerar especificamente o livre arbítrio. Explico-me: Descartes fundamenta o livre arbítrio na evidência do experimental. Isso é expresso diversas vezes na sua obra. Mas a partir de uma sensação, elege-a como ponto inicial de todas suas reflexões, inclusive a existência de Deus, sem levantar a hipótese de que sua premissa pode ser falsa, ou seja, de que a liberdade de decidir pode ser apenas uma *impressão* de liberdade. Basta ver que um de seus principais postulados foi a distinção entre alma e corpo, alocando-se *naquela* o pensamento. A alma é o ser pensante e o corpo é o ser extenso, havendo em cada uma delas uma relação de exclusão: onde está uma não está a outra. Alcança conclusão, que depois será bastante controvertida por outros autores, simplesmente por perceber que se podem conceber pensamentos sobre coisas independentemente delas, o que significa dizer que a alma (o pensamento),[178] tem de estar totalmente desvinculado da matéria, que é mera extensão.

Em outras palavras, acreditamos que Descartes fez em seu método uma perigosa mescla: a sensação e o indemonstrável. Porque, talvez sem se dar conta nesse ponto específico, deixou de considerar que seu método racional, baseado na matemática, tem como premissa a mesma que a matemática utiliza, artificial-

176. DESCARTES, René, *Las pasiones*, cit., p. 105.

177. "Basta el conocimiento que tengo de que solo son conjeturas y no ciertas e indudables razones, para darme ocasión de juzgar lo contrario".

178. Cf. FOILÉE, Alfredo, *Historia...* cit., p. 138.

mente: os *axiomas*. Indemonstráveis por sua própria natureza, os axiomas são base da geometria, são transportados à metafísica, a partir de uma premissa que o autor põe como evidente em si mesma: a possibilidade de, ainda que com erro, decidir e duvidar. Pensar, repensar, sempre com automotivação. E o faz com base na experiência evidente, que em tese não seria dado questionar: sentimos que pensamos, sentimos que decidimos. Colocar a metafísica como algo que escapa à realidade física mas não à experiência foi o maior risco que, cremos, o filósofo assumiu, por motivos nos quais não nos cabe decidir: talvez porque intimamente não conseguisse libertar-se de uma crença religiosa, talvez porque quisesse que suas *Meditações* encontrassem repercussão positiva nos fiéis,[179] ou talvez outras hipóteses que não atingimos.

Nesse sentido, por mais que discorra sobre o tema, parece-nos que em sua composição – desde o Discurso do Método, sua primeira grande obra – o livre arbítrio é um ponto de partida do qual o autor não pretende abrir mão. Claro que isso enfrenta sua própria afirmação de que se colocou a duvidar de absolutamente tudo, mas não exatamente desmerece seu método, apenas demonstra que duvidar de tudo leva ao infinito. Ouso dizer, então, que o método filosófico cartesiano, no que se refere ao tema que aqui exploramos, simplesmente trocou o dogma da escolástica pela afirmação evidente e indemonstrável da matemática, em uma mescla entre abstração e experiência que de fato não quadrou, pois se forçou a ter de admitir o que, em suas palavras, são "as sementes de verdade que estão naturalmente em nossas almas".[180] Essa "semente de verdade" significaria que Descartes não era tão absoluto em seu conhecimento como queria ser, porém há que se destacar que ele mesmo, mais de uma vez, notou que da intuição nasce o ponto de reflexão do qual deve partir a análise metódica.[181] Trata-se, para nosso estudo, então de um ponto transitório, em que a dúvida científica encontra limites na cultura e no convencimento pessoal.

2.3.2 Spinoza: determinismo e ilusão de liberdade

179. Essa possibilidade é analisada em: de CAMPOS, Mariana de Almeida, *A concepção cartesiana de liberdade...*, cit., p. 77 e ss.

180. Refiro-me ao quanto vem afirmado na sexta parte do *Discurso do Método*: "Pero el orden que he llevado en esto ha sido el siguiente: primero he procurado hallar, en general, los principios o primeras causas de todo lo que en el mundo es o puede ser, sin considerar para este efecto nada más que Dios solo, que lo ha creado, ni sacarlas de otro origen (...)".

181. Faço a observação unindo duas das regras para a direção do espírito cartesianas, que se explicam (e bem) por si próprias: "Regla VI: "Para distinguir las cosas más simples de las complicadas e investigarlas con orden, conviene en cada serie de cosas, en que hemos deducido directamente algunas verdades de otras, observar cuál es la más simple y cómo todas las demás están más o menos o igualmente alejadas de ella" e "Regla VII: Si en la serie de cosas que se han de investigar se presenta algo que nuestro entendimiento no puede intuir suficientemente bien, allí es preciso detenerse". Então é de se crer que a liberdade de pensar e agir era, para Descartes, algo suficientemente intuído. DESCARTES, René, *Reglas para la dirección del espíritu* (Regulae ad Directionen Ingenii), Trad. M. Navarro, Madrid, Alianza, 1994, p. 88 e p. 98.

Retome-se a imagem singela da pedra em movimento: uma pedra recebe um impulso, uma causa externa que a impulsiona a adquirir velocidade; o impulso cessa, mas ela segue movendo-se necessariamente. Agora se amplia o conceito de essa pedra a qualquer elemento da natureza, por mais complexo que seja. Por complexo que seja, estará determinado a existir e atuar de modo já circunscrito por alguma causa externa. Agora, regresse-se ao exemplo singelo, da pedra: ela continua em movimento, pela força primeira, mas pensa que se está dedicando para seguir adiante, porque tem consciência de seu esforço. Essa pedra acreditará que é absolutamente livre, e que se move apenas porque assim o deseja.

Trata-se de uma paráfrase de uma carta redigida por Spinoza ao filósofo Schuler, e datada de 1674, em que se explica mais pontualmente a analogia: "E essa é a famosa liberdade humana, que todos se gabam de ter, e que consiste apenas nisto: que os homens têm consciência de seu desejo, mas ignoram as causas que os determinam".[182] Em grande parte foi tal posicionamento determinista que transformou o filósofo em um dos mais comentados de seu tempo, de modo que Arendt, analisando as relevantes construções de pensamento do Século XVII (em que cita especialmente Hobbes e Spinoza como críticos da Vontade), afirma que se sedimenta a suspeita de que ela seja "uma mera ilusão, um fantasma da consciência, uma espécie de engano inerente à própria estrutura dela".[183]

A filosofia de Spinoza é uma das mais complexas estruturas a se estudar. Cabe, para esta singela monografia, expor brevemente como o filósofo de Amsterdan[184] fundamenta essa negação incisiva da vontade livre, que não aparece de todo naquele texto epistolar, porque ele supõe domínio da sólida concepção do autor, conhecida já a seu tempo, a partir principalmente de sua obra *Etica,* em que

182. Such a stone, being conscious merely of its own endeavor and not at all indifferent, would believe itself to be completely free, and would think that it continued in motion solely because of its own wish. This is that human freedom, which all boast that they possess, and which consists solely in the fact, that men are conscious of their own desire, but are ignorant of the causes whereby that desire has been determined. Thus, an infant believes that it desires milk freely; an angry child thinks he wishes freely for vengeance, a timid child thinks he wishes freely to run away. Again, a drunken man thinks, that from the free decision of his mind he speaks words, which afterwards, when sober, he would like to have left unsaid. So the delirious, the garrulous, and others of the same sort think that they act from the free decision of their mind, not that they are carried away by impulse. *The Chief Works of Benedict de Spinoza* translated from the Latin, with an Introduction by R.H.M. Elwes, vol. 2 De Intellectus Emendatione – Ethica. (Select Letters). Revised edition (London: George Bell and Sons, 1901), Ed. Facsimilar na online Library of Liberty.

183. Arendt, Hannah, *The life of the mind II – Willing*, San Diego: Harcourt Publishing, 1981, p. 24.

184. Grande parte dos intérpretes de Spinoza encontrarão em sua origem judia, na conhecida comunidade holandesa originária do êxodo espanhol, e seu posterior abandono da religiosidade a razão de seu relevante afastamento dos dogmas teológicos. Méchoulan realça como o radicalismo do séc. XVII, tanto cristão como, a título de reação, judaico, é que impulsionam o filósofo a romper "por voluntad propia los nexos con el judaísmo y todos los dogmas de las religiones reveladas". Méchoulan, Henry, *Los Judíos de Amsterdam y Spinoza*, in: Spinoza en España, Cuenca: Ed. Univ. Castilla La Mancha, 1993, p. 66.

sistematicamente explica sua visão sobre Deus e sobre o Indivíduo, em especial consagrando um capítulo à origem da *mente* (Ética, capítulo 2), que lhe permitirá desenvolver, no último fragmento dessa sua obra maestra, toda uma arrazoada discussão sobre a potência do intelecto e da liberdade humana.

Talvez o mais representativo da construção de Spinoza tenha sido sua diferenciação de corpo e mente, de modo muito mais elaborado que seus antecessores ou contemporâneos. É bastante sintomática a retomada que o filósofo holandês faz sobre a concepção cartesiana da dicotomia (o já comentado dualismo cartesiano), não deixando de inocular certa ironia. Ele relembra as assertivas de Descartes sobre a importância da "glândula pineal"[185]), que estaria suspensa no meio do cérebro, "de maneiras tão diferentes quanto são diferentes as maneiras pelas quais os espíritos animais se chocam contra ela". Ou seja, Spinoza resgata a assertiva cartesiana de que cada vontade humana está ligada ao movimento de tal glândula, para comentar que "essa é a opinião desse ilustríssimo autor... tratando-se de um filósofo que havia firmemente se proposto a nada deduzir que não fosse de princípios evidentes por si mesmos (...) e que tantas vezes censurara os escolásticos por terem querido explicar coisas obscuras por meio de qualidades ocultas".[186]

A preocupação de Spinoza com os processos mentais e com a separação entre corpo e espírito (ou mente) é muito mais elaborada e suas consequências bastante mais agudas. O questionamento sobre o que significa o *cérebro* e qual sua relação com os processos mentais que se vivenciam durante uma atividade de introspecção[187] pode ser considerado precursor no filósofo, em conta de uma percepção mais apurada de que o processo físico conduz a resultados obrigatórios.[188] Fazendo parte de um mesmo plano físico, esse determinismo tem de começar por fundamentar o que seja o mundo e a vontade. É aí que se encontra a grande novidade, para seu tempo.

Spinoza parte da ideia cartesiana de substância, como sendo algo que se concebe absolutamente por si, o que importa em reconhecer que o mundo é uma substância única. E essa substância única é Deus. Então os elementos do mundo não são substância, mas *atributos,* ou seja, aquilo que se percebe desta. O atributo é aquilo que notamos, captamos de cada substância, mas o intelecto não conhece dele mais do que dois: *cogitatio* e *extensio.*[189]

185. Spinoza, Benedictus de, Ética (edição bilíngüe), Belo Horizonte: Autêntica, 2007, p. 364. A obra Ética, de Spinoza, foi originalmente escrita em latim. Aqui utilizamos edição bilíngüe, a partir do fac-similar do autor.

186. Spinoza, Benedictus de, *Etica* (edição bilíngüe), Belo Horizonte: Autêntica, 2007, p. 367.

187. O questionamento é assim colocado em Damasio, Antonio, *En busca de Spinoza: Neurobiología de la emoción y los sentimientos*, Barcelona: Ed. Crítica, 2010, p. 175.

188. Encontramos comentários já nesse sentido, como dito, em Ginés de Sepúlveda.

189. Nas palavras de Marías, elas nada mais são que a *res cogitans* e a *res extensia* cartesianas, rebaixadas de categoria ontológica. Cf. Marías, Javier, História da Filosofia, Porto: Edições Souza e Almeida, 7ª ed. portuguesa, a partir da 13ª ed. espanhola (não consta o ano) p. 233.

Essa unidade de substância é, como já dito, o próprio Deus e daí surge a consequência determinista. Porque Deus, ao ser causa de si e de todas as coisas, não se separa delas. Em outras palavras, ele é, como explica Chauí, *causa eficiente imanente* de todos os efeitos e, em sendo assim, o mundo exprime a "causalidade eterna de Deus".[190] A filósofa brasileira objetiva demonstrar como Spinoza rompe a tradição filosófica da *metafísica do possível* para inaugurar a *ontologia do necessário*: o pensamento tradicional concebe Deus como o criador de todas as coisas, porém capaz de "suspender as leis naturais por atos extraordinários de sua vontade (os milagres) e que pune ou recompensa o homem",[191] mas que em regra exige o cumprimento das leis naturais, que são decretos divinos. Existe então, uma separação entre Deus e Natureza, em que esta é um "artefato divino" para suprimir as necessidades do homem. A lógica de Spinoza vai adiante, e quando parte do princípio de que a própria natureza é Deus, a consequente inexistência dessa separação faz com que não haja na natureza nada contingente,[192] ou seja, nada que não siga algum efeito. Assim ocorre na mente: o homem não é uma substância independente e a mente é a causa das ideias, e o próprio homem por sua mente tem a ideia da ideia, até o infinito,[193] e tudo isso se encontra unida a Deus em uma única substância, com as mesmas regras. Como aparece na proposição 21 do Ética, ela é adequada. Estamos portanto diante de uma consciência das ideias, a ideia que é a mente em si. Porém, porque afastada a contingência,[194] tratando-se de uma mesma substância entendida pelas mesmas regras, a mente é também uma *cadeia causal*, incapaz efetivamente de uma ideia livre.

Em relação ao tema aqui estudado, é então contundente a proposição 48 da Segunda Parte da Ética, em que o filósofo assegura que: "Não há, na mente, nenhuma vontade absoluta ou livre: a mente é determinada a querer isto ou aquilo, por uma causa que é, também ela, determinada por outra, e esta última, por sua

190. Chauí, Marilena, *Desejo, paixão e ação na Ética de Espinosa,* São Paulo: Companhia das Letras, 2001, p. 124.

191. Chauí, Marilena, Spinoza: da impotência à potência ou da imagem do livre arbítrio à ideia da liberdade, in: *O mais potente dos afetos: Spinoza e Nietzsche,* André Martins (org.), São Paulo: Martins Fontes, 2009.

192. É sua proposição 44: "De natura rationis non est res ut contingenes, sed ut necessárias contemplari" (É da natureza da razão considerar as coisas não como contingentes, mas como necessárias)". Spinoza, Benedictus de, Ética, Belo Horizonte: Autêntica, 2007, p. 139.

193. Veja-se, também, a proposição 32 (Ética, 1, p. 32). "A vontade, tal como o intelecto, é apenas um modo definido de pensar. Por isso, nenhuma volição pode existir nem ser determinada senão por outra causa, e essa, por sua vez, por outra, e assim por diante até o infinito". É o mesmo fundamento de o que aparecerá na proposição 48, transcrita no corpo do texto.

194. Vale ressaltar como Chauí escolhe para introdução da análise sobre as mudanças de Spinoza no livre arbítrio a origem aristotélica de o que seja a contingência. Ela se pode definir como um "encontro fortuito". Encontro, porque ela é um cruzamento de várias causas independentes entre si e *fortuito* porque "a marca da contingência é a indeterminação, pois tanto as causas que produziram o acontecimento poderiam não ter atuado como também nada assegura que o fim será realizado". Chauí, Marilena, *Spinoza: da impotência à potencia ou da imagem*, cit, p. 59.

vez, por outra, e assim até o infinito.[195] Restaria, como analisa o próprio filósofo no corolário à referida proposição, explicar por que o homem, dentro dessa relação causal, julga-se livre, e então sugere que se regresse a suas concepções sobre a essência de Deus.[196] Mais exatamente no apêndice da primeira parte da *Etica*, fragmento esse intitulado "De Deo", Spinoza esclarece a natureza do Criador,[197] que existe, é livre e age pela necessidade de sua natureza[198] e não pela liberdade de sua vontade.[199] Para aceitar o determinismo espinosiano, é necessário portanto abandonar – para usar o termo do próprio autor – o preconceito (*praeiudicio*) de que Deus dirige todas as coisas tendo em vista um fim preciso, já que Ele teria feito todas as *coisas em função do homem*, "e fez o homem, por sua vez, para que este lhe prestasse culto".[200] É, portanto, da concepção – equivocada, para o filósofo – de que as coisas são feitas para a utilidade dos homens que estes em geral se convencem de ser livres, "mas nem em sonho pensam nas causas que os dispõem a ter essa vontade e esses apetites, porque a ignoram".[201]

195. "In mente nulla est absoluta sive libera volunts, sed mens ad hoc vel illud volendum determinatur a causa, quae etiam ab alia."

196. A remissão está na demonstração dessa proposição 48: "Causam autem, cur homines se liberus esse putent, expliciumus". SPINOZA, Benedictus de, Ética, cit., 2007, p. 144.

197. Martínez sustenta, com razão, que foi o fato de Spinoza "prescindir de la hipótesis de um Dios personal, creador y providente" que o livra de ter de enfrentar a grande questão sobre sua presciência e a liberdade. Segundo o autor, a falta de "submissão teológica" é que possibilita a evolução spinoziana. Essa submissão "hace que autores como Descartes y Leibniz (para no hablar de Malebranche, Arnauld o Messene) permanezcan enredados en las mismas dificultades que la escolástica tardía de la que beben directamente, mientras que autores de talante inmanentista y materialista como Hobbes o Espinosa cortan el nudo gordiano, librándose de algunas condicionas que hacen imposible la resolución del problema". MARTÍNEZ, Francisco José, *Necesidad y Libertad en Espinosa,* in: Spinoza en España, Cuenca: Ed. Univ. Castilla La Mancha, 1993, p. 151. Aliás, a posição materialista de Spinoza é que conduziu que sua teoria fosse interpretada como puro ateísmo, havendo notícia de um processo episcopal "por spinozismo, instituído en Roma bajo el pontificado de Alejandro VIII (1689-1691) en contra de un clérigo de la Cámara apostólica". Cf. SANTINELLI, *Apuntes sobre la fortuna del Spinozismo en Italia, in.* Spinoza en España, Cuenca: Ed. Univ. Castilla La Mancha, 1993, p. 60. Com uma narrativa muito detalhada, Chauí revela como o filósofo passou a ser, nos séculos XVII e XVIII, alvo de uma enorme controvérsia, pois de então "todo texto filosófico, teológico ou literário sente-se na obrigação de tomar partido", ainda que com essa carga de reducionismo, porque "ateísmo, fatalismo, deísmo, entusiasmo, panteísmo são vocábulos que passam a emprego correntio por leitores e comentadores como se possuíssem sentido unívoco e perene". CHAUÍ, Marilena, *A nervura do real: Imanência e Liberdade em Espinosa* – Vol I: Imanência, São Paulo, Companhia das Letras, 1999, p. 115.

198. Veja-se os corolários 1 e 2 da Proposição 17 da Primeira Parte da Ética: "Corolário 1:Segue-se disso, em primeiro lugar, que, além da perfeição de sua própria natureza, não existe nenhuma causa que, extrínseca ou intrinsecamente, leve Deus a agir. Corolário 2: Segue-se, em segundo lugar, que só Deus é causa livre. Pois só Deus existe exclusivamente pela necessidade de sua natureza e age exclusivamente pela necessidade de sua natureza. Logo, só ele é causa livre". SPINOZA, Benedictus de, Ética, cit., Cap. I, prop. 17, p. 39.

199. SPINOZA, Benedictus de, Ética, cit., p. 63 (Cap. I, *Appendix*).

200. SPINOZA, Benedictus de, Ética, cit., p. 63 (Cap. I, *Appendix*).

201."quod homines se liberos esse opinentur, quando quidem suarum volitionum sui que appetitus sunt conscii, et de causis, a quibus disponuntur ed appetendum et volendum, quia earum sunt ignari, nec per somnium cogitant" SPINOZA, Benedictus de, Ética, cit., p. 63 (Cap. I, *Appendix*).

Para o livre arbítrio, sob a perspectiva penal que aqui buscamos, é relevante perceber proposição de Spinoza de fato inova: a vontade existe porém a causa delas não é livre, porque mente, homem, natureza e Deus são substância, e portanto o Criador não está apartado de suas regras naturais, que são as mesmas eternas que regem corpo e mente humanos. Assim compreendido, não fica difícil saber por que Nietzsche[202] – a quem se atribui a famosa frase de que Deus está morto – afirmou que Spinoza era seu único precursor: em Spinoza Deus se mantém em suas leis eternas.

Há assim algo mais essencial no pensamento de Spinoza que vai além da mera hipótese de propor o livre arbítrio, por dizer deste modo, como um axioma necessário de toda a estrutura moral. A pergunta principal de Spinoza é a de entender de onde nasce o convencimento humano dessa liberdade. Essa questão assume um duplo viés, sendo sua primeira faceta a proposição do filósofo holandês de que somos os indivíduos livres e sempre acreditaremos nessa liberdade. Comparando a concepção de Spinoza à proposta de mera suposição de liberdade, que vige na dogmática penal contemporânea, podemos aí encontrar uma concepção paradoxal, para não dizer contraditória: dizer que um homem se acredita necessariamente livre já implica em si mesmo afirmar que tal falso convencimento não é necessário, senão jamais seria questionado. Esse paradoxo é, creio, parcialmente solvido por Spinoza ao dizer, como aqui revisamos, que compreender sua concepção implica deixar de lado esses primeiros preconceitos. O segundo viés é por nós estendido adiante: se o homem necessariamente se convence de que é livre, essa ilusão poderia estender-se para além da ideia de que há no homem uma existência livre. Não é difícil imaginar que não só a existência livre é uma ilusão, como assim também a própria existência; ou seja, que o homem não se imagina livre, mas se imagina homem. É uma questão que se tratará mais livremente em momento posterior,[203] mas que talvez outro filósofo, Leibniz, tangencie quando imagina seus "mundos possíveis".

2.3.3 Leibniz: fatalismo, presciência de Deus e os mundos possíveis

Influenciado por Spinoza,[204] porém rejeitando sua posição determinista, Gottfried Leibniz e seu compatibilismo são referidos por vários outros pensadores que se debruçaram sobre o tema, em especial porque se ocupou de desfazer a contradição entre o livre arbítrio e a presciência de Deus, criando para tanto uma hipótese mais complexa, da qual não faltaram detratores.

O estudo das hipóteses leibnizianas nos permite desde logo dizer que a pouca compreensão e as – aparentes ou não – contradições conceituais surgem

202. Vide, adiante, 2.4.1.

203. Vide, adiante, 5.4.

204. Chauí, Marilena, *Desejo, paixão e ação na Ética de Espinosa,* São Paulo: Companhia das Letras, 2001, p. 124.

em parte do modo fragmentado pelo qual os enunciou. É de muitas cartas, ensaios curtos e resenhas a outras obras, evidentemente espraiadas no tempo, que se deve depreender um eixo de pensamento sedimentado. Nesse sentido, as recopilações e os estudos contemporâneos são bastante úteis para formar um entendimento indispensável a quem trate a matéria.

O filósofo por várias vezes reluta na demonstração de o que muitos, mesmo a seu tempo, consideravam pouco congruente: que exista um necessário fatalismo, que por sua vez *não* compromete o livre arbítrio humano. Para Leibniz, há uma lei natural, que está determinada por Deus e que fatalmente se cumprirá. As razões para que cada pessoa consiga agir estão determinadas por *todas* as partes, nas condições e circunstâncias do mundo,[205] portanto alguém sempre agirá de uma maneira pré-determinada por Deus, quem, logo, é ciente de todos os fatos futuros. Bem por isso é que, em momento posterior, afirmará com veemência que todas as coisas (e também as pessoas) trazem em si próprias, inscritas, o que ocorrerá no futuro, em uma hipótese que a seu tempo escandalizou autores.

Mas se o fatalismo chega a tal ponto de insculpir-se no próprio indivíduo, como é possível (concomitantemente) sustentar ser o homem livre em seu processo decisório? Para explicá-lo, Leibniz retoma sua diferenciação entre necessidade, não-necessidade e liberdade. Para o autor – que também, ao que consta, não leva muito adiante a quadripartição a seguir – existem *quatro tipos de necessidade* diversos: a necessidade *absoluta*, que é aquela que existe por si mesma, incontestável, que se nota de imediato; a segunda, a necessidade *hipotética*, que corresponde ao encadeamento de fatores a partir de um primeiro; a terceira, a necessidade *lógica* (que se também pode denominar *física* ou *matemática*, a qual aqui se entende ser seu conceito mais importante): a necessidade lógica é aquela que se configura quando a ocorrência do fato contrário implica contradição; por último, a *necessidade moral* (que é uma liberdade), específica do indivíduo e da racionalidade, que deriva da intenção do sujeito de eleger sempre o melhor, o maior bem. Leve-se aqui em conta que quem pode eleger sempre perfeitamente o melhor, conforme a concepção Leibniziana, é Deus.

No seu *quinto escrito a Clarke*, Leibniz mostra então que *existe deliberação do homem – a eleição livre e inteligente – toda a vez que a ocorrência do fato contrário não for logicamente impossível, não for logicamente contraditória.*

205. "Por mi parte, había observado que nada sucede por casualidad o por accidente, excepto si consideramos algunas sustancias particulares, así como la fortuna separada del destino es una palabra vana y que nada existe a no ser que se cumplan los requisitos particulares – si bien del conjunto de los mismos se sigue, a su vez, el mismo resultado – para que la cosa exista. En esto me aproximaba un poco a la opinión de aquellos que consideran todas las cosas absolutamente necesarias y que juzgan suficiente, para que exista libertad, que todo esté exento de coacción, aunque quede sometido a la necesidad, y que no distinguen el conocimiento verdadero con certeza, infalible o necesario". "Sobre la Libertad, la Contingência y la Providencia (1689)", in: Roldán Panadero, Concha, *Escrito en torno a la libertad, el azar y el destino*, Madri: Tecnos, 1990, p. 97.

Em outras palavras, quando não houver uma *necessidade lógica*, porque, se esta existir, o contrário *logicamente* não ocorrerá. Então o indivíduo é livre para decidir, ainda que fatalmente esteja predestinado à ação pela qual decidira, mas isso ainda assim é liberdade. O homem pensa e age e está portanto determinado, nessa ação desprovida de necessidade lógica, apenas de uma *necessidade moral*.[206] O que nos parece que o autor alemão pretendia expor, embora essas não sejam suas palavras originais, é que estamos todos presos a uma necessidade moral, porque nossas decisões são necessárias e previstas por Deus. Entretanto, são por ele, por Deus, escolhidas, ainda com anterioridade, mas não conforme a regras lógicas, e sim à busca de um bem, embora outros poderiam ser eleitos, como se dirá adiante, em outros mundos possíveis. Se assim se pode dizer, existe uma lógica imutável, que determina um primeiro tipo de necessidade. Uma lógica física ou matemática, em que condutas opostas ao que por ela se deduzem são impossíveis. Daí esse patamar de necessidade lógico, o qual o indivíduo não cogita alterar, porque algo diverso daquilo não lhe é atingível. E um segundo nível de necessidade é aquele que traspassa essa lógica física ou matemática e alcança a decisão racional, de seleção entre bem e mal, que não é logicamente necessária (porque o contrário *pode* ocorrer), mas que *ocorrerá* porque está inscrita no próprio indivíduo sua sina, por ser assim a vontade de Deus.[207] É necessário, mas ainda assim o homem faz a sua opção moral em seu momento. Leibniz então jamais permite que se ponha em dúvida que Deus prevê todas as ações,[208] porque elas são objetivamente corretas.

206. Referindo-se a Clarke, Leibniz esclarece: "He seems also to play with equivocal terms. There are necessities, which ought to be admitted. For we must distinguish between an absolute and an hypothetical necessity. We must distinguish between a necessity, which takes place because the opposite implies a contradiction (which is called logical, metaphysical, or mathematical); and a necessity which is moral, whereby, a wise being choses the best, and every mind follows the strongest inclination". LEIBNIZ, G. W., *Mr. Leibniz's fifth paper being an answer to Dr. Clarke's fourth reply* (1716), in: The Leibniz-Clarke Correspondence, H. G. Alexander (org.), Manchester: Manchester University Press, 1965, p. 56. Interpreta Roldán que Leibniz introduz esse conceito de *necessidade moral* para deixar bem claro que nada é arbitrário. Transcrevo trecho: "¿Por qué habla Leibniz de 'necesidad' moral o hipotética? Para subrayar que nada es arbitrario. Todo lo que sucede ha de tener *buenas razones* para ser así. La indiferencia o indeterminación es inadmisible porque es irracional. Pero, si todo se realiza por una especie de deducción geométrica, se suprime el acto creador de Dios, y la contingencia y la libertad desaparecen sepultadas bajo una fatalidad ineludible. Por eso, la necesidad por la que todo sucede en este mundo ha de ser mediatizada por un acto libre que garantice que, aunque esto sea así, podría haber sido de otra manera". ROLDÁN PANADERO, cit., p. 22.

207. "In a word, the motive inclines without necessity. For when God (for instance) chooses the best; what he does not choose, and is inferior in perfection, is nevertheless possible. But if what he chooses, is absolutely necessary; any other way would be impossible: which is against the hypothesis. For God chooses among possible, that is, among many ways, none of which implies a contradiction. LEIBNIZ, G. W., *Mr. Leibniz's fifth paper being an answer to Dr. Clarke's fourth reply* (1716), in: The Leibniz-Clarke Correspondence, H. G. Alexander (org.), Manchester: Manchester University Press, 1965, p. 57.

208. Está em Teodicea, § 52. "LEIBNIZ, G. W., *Ensayos de Teodicea*, Granada: Comares, 2012. De modo semelhante, na quinta carta a Clarke: "God can produce everything that is possible, or whatever does not imply a contradiction; but he wills only to produce what is the best among things possible".

As demais considerações de Leibniz sobre o tema tentam significar um detalhamento dessa mesma lógica, e para isso a conceituação de necessidade, a que antes nos referimos. Para o autor, a *liberdade* é composta de três fatores distintos: a contingência, a espontaneidade e a inteligência. O primeiro fator seria, portanto, esse elemento de libertação da necessidade lógica, ou seja, o *contingente* é o oposto ao [logicamente] *necessário*, o que significa dizer que o contingente é aquilo cujo contrário não implica contradição lógica. Notará o autor, entretanto, que existe a contingência (a não contradição pelo oposto) em várias situações da natureza, mas isso não implica necessariamente liberdade, porque para esta é necessário haver inteligência e deliberação.[209] Já o *espontâneo* é aquilo que guarda em si próprio o objeto e a fonte de sua atividade. Então, existe contingência não espontânea, como também existe espontaneidade não refletida, que não é então livre. Isso importa no reconhecimento de que os seres da natureza, os animais, são dotados de contingência e espontaneidade, porque eles têm em si mesmas talhadas suas vontades, ainda que, como assenta o filósofo, neles inscritas previamente, como em qualquer indivíduo ou objeto.

O último componente da liberdade é a razão. Aqui Leibniz introduz a inteligência humana como pressuposto para a conduta livre, e assim abre alguma possibilidade de gradação: mais livre a conduta quanto mais racional, mais refletida. Daí se possibilita sua assertiva[210] que *o homem terá mais liberdade quando, em primeiro lugar, não for delimitado por forças externas e, depois, quanto mais conhecimento acumulado tiver*. Com esse conhecimento, diz Leibniz, não temos motivo qualquer para duvidar da nossa liberdade, "tendo em conta que Deus nos dotou de razão para examinar o bem e o mal, optar entre ambos e, em seguida, o poder de agir conforme essa eleição".[211] Também conforme já diziam autores mais antigos como Santo Agostinho ou Las Casas, pressuposto natural dessa liberdade, além da falta de coação externa, é a condição sana da razão, pois o homem tem,

Leibniz, G. W., *Mr. Leibniz's fifth paper being an answer to Dr. Clarke's fourth reply* (1716), in: The Leibniz-Clarke Correspondence, H. G. Alexander (org.), Manchester: Manchester University Press, 1965, p. 80.

209. Teodicea § 34. "Reconozco que no es muy fácil que un padre, un tutor o un amigo puedan tener tales razones en el caso de que se trata. Sin embargo, la cosa no es absolutamente imposible, y un novelista de ingenio podría quizás encontrar un caso extraordinario, en que quedaría hasta justificado un hombre en las circunstancias que acabo de expresar; pero, respecto de Dios, no hay necesidad de imaginarse o valerse de razones particulares, que pudieran inclinarle a permitir el mal, pues bastan las razones generales. Es sabido que Dios cuida de todo el universo, cuyas partes están perfectamente enlazadas, y de esto debe inferirse que ha tenido una infinidad de consideraciones, cuyo resultado le ha hecho estimar conveniente no impedir ciertos males". Leibniz, G. W., *Ensayos de Teodicea*, Granada: Comares, 2012, p. 261.

210. Essas são assertivas nessa mesma ordem constantes em seu ensaio "Del libre albedrío", de 1682, publicado na coletânea de textos de Leibniz montada por Roldán Panadero. Cfr. Leibniz, *Del libre albedrío*, in: Roldán Panadero, *Escritos...*, cit., p. 109-113.

211. Idem, p. 111.

"fortemente arraigado no cérebro",[212] preconceitos, costumes, grandes paixões e enfermidades, que o podem fazer agir antes de racionalizar.

Conceituada a necessidade e liberdade, a chamada necessidade moral melhor se esclarece: o ser humano traz em si marcado, por assim dizer, seu futuro, mas decide a cada momento porque não está condicionado pela necessidade lógica. Resta, no plano metafísico, apartadas as questões teológicas mais clássicas,[213] avançar para a compreensão da vontade de Deus dentro da contingência e necessidade. É claro o autor a explicar que Deus determina sem exceção todas as coisas, aquelas "absolutamente necessárias através da mera compreensão ou contemplação das ideias de seu entendimento, enquanto parece exercitar constantemente sua vontade sobre os contingentes".[214] Porém, esse mesmo exercício de vontade é complexo, porque cada indivíduo já vem com a marca de sua predeterminação, e para entender mais esse patamar do pensamento leibniziano é necessário adentrar a outro conceito-chave que elabora o pensador: o dos diversos "*mundos possíveis*". Se Deus decide por uma alteração no mundo, *este mundo não seria este mundo*, então[215] o que Deus faz é buscar eleger um mundo entre os infinitos possíveis. Se cada ato causaria um novo mundo, existiria uma infinidade deles, mas a lógica Divina opta por concretizar apenas um, o melhor de todos,[216] de acordo com Sua própria sabedoria. Nessa conceituação nota-se um vínculo de causalidade[217] bastante intenso, que – já colhemos elementos para afirmá-lo seja talvez um dos grandes conflitos do autor: em seu tempo, diante das ciências com tanta intensidade explicando o funcionamento físico do Universo, as relações

212. Idem, p. 113.

213. Refiro-me aos dois elementos, já objeto de reflexão e definição por Santo Tomás e Santo Agostinho, que Leibniz, aqui sim, coloca com clareza a título, por assim dizer, de premissa de seu discurso: que Deus não é a causa do mal ou do pecado e que quer a salvação de todos. Nesse sentido, explica Leibniz que "Esto debe entenderse de tal manera que el mal no pueda imputarse de ningún modo a la voluntad divina, aunque la realidad física del mal no pueda dejar de depender de Dios, tal y como depende la de todo en general". Leibniz, *Acerca de la Libertad, el Destino y la Gracia de Dios*, em Roldán Panadero, *Escritos...*, cit., p. 78.

214. Leibniz, *Acerca de la Libertad, el Destino y la Gracia de Dios*, em Roldán Panadero, *Escritos...*, cit., p. 87.

215. Cf. Roldán Panadero, Concha, *Escritos...*, cit., p. XL.

216. Tal a interpretação de Sparvoli: "Assim sendo, podemos enfim verificar que as forças concedidas por Deus ao melhor conjunto de possíveis nada mais são do que a própria mônada leibniziana. Pode parecer um tanto óbvio dizer isso, mas a criação transforma os possíveis em substâncias no sentido leibniziano, isto é, em mônadas. Esse é o lugar ocupado pelas forças na ontologia leibniziana, elas são a matéria e a forma das substâncias criadas". Sparvoli, Wilson Alves, *Possíveis e Existentes em Leibniz*, in: Caderno de Estudos Espinosanos XXIII, São Paulo, 2010, p. 69.

217. "En resumen, hay que saber que todas las creaturas llevan impreso un cierto carácter de la infinitud divina, y que este es la fuente de muchas cosas milagrosas que producen estupor en la mente humana. Ciertamente, no existe ninguna porción de materia tan pequeña que no contenga un mundo lleno de un número infinito de creaturas, ni ninguna sustancia individual tan imperfecta que no actúe en todas las demás cosas o padezca el influjo de estas, o cuya noción completa (tal cual está en la mente divina) no envuelva el universo en su conjunto con todo lo que es, fue y será." Leibniz, *Sobre la libertad, la contingencia y la providencia* (1689), in Roldan Panadero, cit., p. 100.

necessárias impunham-se como influência. O filósofo tentou então inscrever, em cada elemento físico, a predestinação pela vontade divina, em uma força única da coisa, a que denominou *mônada*. Essa era a força da natureza que, com Spinoza, Leibniz defendia ser o princípio[218] que permite que Deus crie uma lei para não ter de interferir a todo momento em uma engrenagem imperfeita que seria o Universo, norteando, em Leibniz, o melhor desses mundos possíveis. No indivíduo livre, Deus inscreveria a lei que determina que o homem escolherá sempre o que lhe parecer melhor,[219] o que em regra condiciona ao melhor mundo possível.

Se, mesmo em síntese apertada, são esses os conceitos principais de Leibniz em relação à liberdade, então não é difícil compreender por que foi alvo de tantas críticas, grosso modo no sentido de jogar com palavras para chegar a uma conciliação impossível,[220] no que hoje poderia ser o paradigma da maior crítica que se fazem aos compatibilistas contemporâneos. Pode ser. Mas de qualquer modo o autor, para o que se aproveita em termos de reprovação penal, consegue sustentar a responsabilidade do homem por seus atos, conquanto já esteja inscrito no indivíduo cada uma dessas ações, em termos de necessidade moral.[221] O fato de Deus saber que Pedro o negaria três vezes não lhe retira a (responsabilidade da) decisão pelo ato.[222]

Para os limites de nossa tese, são necessárias algumas considerações mais elementares. A primeira delas é que a obra de Leibniz parece deixar, propositadamente ou não, poucas lacunas sobre pontos que seriam bastante relevantes para desvendar em especial as questões que nos interessam, sobre juízo e responsabi-

218. "Muito pelo contrário, o mandato divino dotou o mundo de eficácia e autonomia para se desenvolver por si próprio, não lhe sendo necessária a constante manutenção de uma máquina defeituosa. Deus cria o mundo segundo certos desígnios e o conjunto da obra vai seguir infalivelmente esses desígnios por si mesmo". Sparvoli, Wilson Alves, Possíveis e Existentes em Leibniz, in: *Caderno de Estudos Espinosanos XXIII*, São Paulo, 2010, p. 66.

219. Os desejos, por sua vez, estão submetidos a uma lei natural instaurada por Deus23, a Lei da Vontade, formulada como instância do Princípio da Perfeição, segundo a qual os homens farão sempre o que lhes parece ser o melhor. Dessa forma, as duas proposições seguintes não são, ao contrário do que aparentam à primeira vista, contraditórias: I - "a mente não escolhe nunca o que no momento [*imprœsentiarum*] lhe parece ser o pior" e II - "a mente não escolhe sempre o que no momento lhe parece ser o melhor". Pinheiro, Ulysses, Leibniz: 1678, Anotações sobre o estudo da 'Ética' de Espinosa, in: *Caderno de Estudos Espinosanos XXIII*, São Paulo, 2010, p. 23.

220. Vide a crítica de Pedro Lessa em 3.3.4.3.

221. Assim reitera, em escrito a Clarke: "This true, that, according to me, the soul does not disturb the laws of the body, nor the body those of the soul; (...) but this does not derogate from the liberty our souls; For, every agent which acts according to final causes, is free, though it happens to agree with an agent acting without knowledge, or mechanically; because God, foreseeing what the free cause would do, did from the beginning regulate the machine in such manner, that it cannot fail to agree with that freecause". Leibniz, G. W., *Mr. Leibniz's fifth paper being an answer to Dr. Clarke's fourth reply* (1716), in: The Leibniz-Clarke Correspondence, H. G. Alexander (org.), Manchester: Manchester University Press, 1965, p. 85-86.

222 A ilustração é de Leibniz, em *Acerca de la Libertad, el destino...*, p. 77.

lidade[223] diante do ato de fatalismo. Nesse sentido, deixa de apresentar conclusão sobre os valores morais desse ato humano que combina fatalismo e decisão livre; definir se o homem é responsável por sua decisão, quando na verdade Deus escolhe um único mundo possível, o melhor deles.

Segunda consideração que se deve fazer é que talvez a não-consolidação do tema em uma obra específica tenha permitido de fato interpretar alguns trechos de sua teoria como contraditórios, e é isso que abre flanco a muitas críticas, podendo-se notar que pouco ou nenhum é o autor que se proponha a seguir ou explicar o pensamento leibniziano que não lhe coloque de imediato muitas ressalvas. Nesse sentido, perde um pouco a explicação do livre arbítrio, que ganha um marco importante, na indispensabilidade clara da referência a tal filósofo, mas que terá nessa fraqueza expositiva a melhor oportunidade de defender a impossibilidade de conciliação entre livre arbítrio e determinação. Ou seja, a aporia segue irresoluta.

Mas não resistimos a tentar mostrar uma nova interpretação, ou ao menos alerta a alguma prudência antes de se apontar referidas incongruência, e isso encontramos em duas construções atrás expostas. A primeira, dos *mundos possíveis*: os infinitos mundos possíveis são uma construção bastante abstrata, inspiradas em um conto italiano, que tem por assim dizer uma lógica matemática de possibilidade diversa de combinação de fatores que necessariamente levam a resultados diversos, outros mundos possíveis. Algo como uma equação de elementos quase infinitos, em que a alteração de uma variável modifica todo o resultado, criando um único mundo, dentre os tantos possíveis (os que resultariam fatalmente se a variável fosse outra). Não deixa de ser uma explicação bastante lógica do mundo, a combinar o homem como causa de suas ações, porém não como causa mesma do mundo, senão da *escolha* da efetivação de um deles, já previstos por Deus. A aporia se resolve, mas dependeria da aceitação da coexistência de infinitos mundos, e, mais, da indiferença de Deus a qual deles se efetiva pela escolha humana.

Algo bastante parecido se pode afirmar sobre sua tese de que as coisas trazem em si mesmo a determinação de seu futuro. Essa discussão será retomada, sob outro prisma, muitos anos depois, quando se tratar acerca de uma própria lei de arbitrariedade dentro do próprio átomo. Isso não significa confirmar a tese leib-

223. Como já expusemos em nosso método, é realmente muito difícil dizer que um filósofo *deixa de tratar* um tema. Poder-se-ia dizer que essa afirmação tem em si própria uma falha material, porque em filosofia, ao cuidar-se do tema, indiretamente cuida-se de todos os demais. Também, e isso é mais particularmente uma questão pessoal, em autores de obra pulverizada ao largo do tempo, do espaço e dos diversos idiomas, aos quais se pode acceder, na prática, apenas por compilações, não se pode com honestidade afirmar que se haja lido *toda* a obra do autor, senão o suficiente – que nos esforçamos a chegar a uma completitude o maior possível – para buscar a medula das suas considerações sobre o tema tratado. Mas a partir dessa leitura, pode-se sim identificar o momento em que os autores deixaram de abordar com clareza, ou com a devida importância, pontos essenciais da questão abordada, tido como essenciais em comparação com outros filósofos que cuidaram de assunto análogo.

niziana de determinação de Deus do futuro de cada coisa, senão o contrário porém dentro da mesma função: cada coisa pode trazer dentro de si uma determinação de contingência e liberdade. Isso não deixaria de ser um determinante, inscrito e prevendo um futuro, que por si próprio é uma lei natural de cada elemento. Em outras palavras, é verdade que sem grande unidade, Leibniz inaugura temas que merecem ser revistados, senão com suas conclusões, com reflexões novas mas que já não se podem dizer jamais trilhadas.

2.3.4 Locke e o liberalismo pré-kantiano

John Locke trouxe, em seu *Ensaio sobre o entendimento humano,* posicionamento conhecido, embora de algum modo vacilante, acerca do tema aqui tratado. Mas há que se pontuar que, conquanto ele enuncie o livre arbítrio como tema de que depende todo seu ensaio, este não parece, em sua extensa obra, ser-lhe o foco de análise mais evidente. Fosse realmente o alicerce de suas considerações, não poderia haver feito, como fez, uma mudança elementar no capítulo concernente à liberdade, sem que isso implicasse necessariamente outras alterações no corpo de seu longo texto.[224] Possivelmente porque o autor inglês se tenha mais ocupado em descrever detalhadamente o *processo de pensamento*, o modo como se adquire conhecimento, como se sopesam razões, como se comparam motivos ou se expressa o indivíduo, o que lhe alçou, a juízo de alguns, à condição de criador ou ao menos primeiro explorador de o que é a *filosofia da mente*. Porém, a leitura global da obra deixa transparecer um motivo mais profundo: a liberdade de decisão parecia premissa do pensamento ali colocado, que o filósofo não desejou questionar tal qual diz, o que resultou, em nosso juízo, em algumas construções incomodamente vacilantes. Tal realidade não implica, entretanto, que a obra de Locke não tenha lugar nesta análise, bem ao contrário: seu ensaio, amplamente divulgado mesmo a seu tempo,[225] é ponto de partida de várias reflexões filosóficas sobre o assunto de que nos ocupamos, e, se não inaugura, reforça a visão liberal da filosofia no que tange ao tema de responsabilidade.

224. Locke, na "Carta ao leitor" que publica na sexta edição de seu livro, deixa muito claro que a única alteração substancial que faz na obra, a partir da *segunda edição*, está relacionada estritamente com o livre arbítrio. E assim explica: "Cuando escribí allí tocante a La *Libertad* y a la *Voluntad*, me pareció necesitado de una revisión de lo más minuciosa que fuera posible, porque son asuntos que han ocupado en todas las Edades a los hombres sabios del mundo con muchas cuestiones y dificultades (...) he encontrado motivo para alterar un tanto el pensamiento que me había formado acerca de aquello que causa la definitiva determinación de la voluntad en todo el acto voluntario. De esta mudanza en mis opiniones quiero hacer confesión (...)". Locke, John, Epístola al Lector, in: *Ensayo sobre el entendimiento humano*, Mexico: Fondo de Cultura Económica, 1999, p. 11. No corpo do texto procurarei demonstrar que, embora tenha sido objeto de atenção e de própria reanálise do autor, este não se aprofunda nas questões que seus homólogos enfrentaram de modo mais preciso.

225. A obra foi publicada em 1690 e, como informam García e Rovira, teve diversas edições inglesas durante a vida do autor, foi traduzido ao francês dez anos depois e, em 1701, contava com uma edição latina. Cf. García Norro, Juan José e Rovira, Rogelio, Estudio Preliminar, in: *Compendio del Ensayo sobre el entendimiento humano*, Madrid: Tecnos, 2009, p. X.

A tese central da obra, que aparece logo de início, consiste em talvez aquela que seja a mais conhecida proposição do autor, ao menos se considerados seus postulados filosóficos: a mente é uma *tabula rasa.* Esse pressuposto permite a Locke anunciar que seu ensaio visa a demonstrar a origem de *todo* o pensamento que recebemos e o modo como nos chegam todas as ideias à nossa compreensão.

É em busca dessa primeira comprovação que o filósofo inglês assenta ser o modo pelo qual adquirimos *qualquer* conhecimento suficiente para comprovar que nossa mente carece de ideia inata, e o consenso da maioria dos homens em torno a diversas ideias não convence, segundo o autor, que qualquer uma delas esteja previamente gravada no espírito. É, portanto, rotundo ao negar o pensamento grego de que haja algum conhecimento subjacente ao indivíduo: dizer que existe uma impressão na mente, que ela própria desconheça, significa reconhecer que essa impressão de nada importa.[226]

Segundo Locke, é pelos sentidos que primariamente se originam todas as ideias, ainda aquelas que não advenham diretamente das sensações, senão de reflexões. Os objetos, exteriores portanto ao indivíduo, afetam os sentidos, e esse afetar de sentidos "causa", nas palavras do filósofo, uma série de ideias na mente do indivíduo, o que importa em reconhecer que alguém que careça dos sentidos também delas careceria, quer as chamadas *ideias de sensação*, quer as delas consequentes, as *ideias de reflexão.*[227] À ausência de prova de que haja um sentido no ser humano diverso dos cinco conhecidos, será através destes que se criam originariamente todos os pensamentos, e tal convicta consideração conduz ao autor a dissertar longamente acerca da impossibilidade de se assentir que a mente seja capaz, por si unicamente, da formulação de qualquer espécie de sensação ou reflexão. Apenas se poderia identificar, diz, um processo de aperfeiçoamento da faculdade, da própria alma, graças ao exercício constante; depois, combinando ideias de sensação com a reflexão sobre suas próprias operações, amplia-se o repertório de ideias a partir de habilidade para "recordar, imaginar, arrazoar e outros modos de pensar".[228] Desse postulado é que o *Ensaio sobre o Entendimento Humano* propõe-se a uma longa descrição acerca de o que sejam essas ideias simples, desde a delas mais básicas, como as que "penetram e nossa mente por apenas um sentido", como aquelas mais complexas, e ainda primárias, que provêm de diversos sentidos; ainda, as ideias advindas de *reflexão*, portanto alçadas a uma segunda categoria daquelas simples, aquelas originada da mente

226. "Decir que una noción está impresa en la mente, y al mismo tiempo decir que la mente la ignora y que aún no la advierte, es tanto como reducir a nada esa impresión". Locke, John: *Ensayo sobre el entendimiento humano*, Mexico: Fondo de Cultura Económica, 1999, p. 23.

227. As sensações seriam a "grande fonte" de todas nossas ideias, que dependem totalmente de nossos sentidos, e deles são transmitidos ao entendimento (p. 84). Reflexão é, nas palavras de Locke, a advertência que a mente faz de suas próprias operações, e que cria ideias a partir dessas mesmas operações. Locke, John: *Ensayo*...cit., Liv. Segundo, Cap. I, § 4.º, p. 84.

228. Locke, John: *Ensayo*... cit., Livro Segundo, Cap. I, § 20, p. 38.

a partir de suas outras ideias.[229] É ao explicar essas diversas formas de *reflexão* que o autor enuncia sua primeira formulação sobre o livre arbítrio. Para Locke, há que se considerar que Deus nos dotou do poder (*power*) não apenas de mover nosso próprio corpo, mas também deu à nossa mente "*em certos casos,* o poder de eleger entre suas ideias, sobre qual delas efetivamente pensará, a fim de realizar, atenta e consideradamente, a investigação sobre tal ou qual assunto".[230] Entretanto, acrescenta, nossos pensamentos estariam absolutamente à deriva se Deus não os houvesse associado aos objetos e às sensações, e ainda a todos estes uma relação de concomitante prazer, para que busquemos incessantemente o exercício do raciocínio. Assim entendido – e reproduzindo a metáfora do próprio autor – *as sensações exteriores e interiores são as únicas janelas pela quais entra luz no "quarto escuro"* (darkroom)[231] *da mente, mas esta pode a partir delas criar novos pensamentos, a que denominou ideias complexas*, que se formariam, principalmente, segundo três processos diversos: a combinação de várias ideias simples; a junção de duas ou mais delas (simples ou complexas), que se denominaria relação; e, por último, a separação de ideias combinadas, a chamada *abstração*. Também a partir dessa ordem de observação é que o autor diferencia[232] *modos*, *substâncias* e *relações*, em busca de uma nova classificação de como a mente compreende o mundo e com este se relaciona.

A descrição dessa gênese do pensamento humano em Locke é o bastante para que se possa já adentrar ao fragmento de seu *Ensaio* em que efetivamente se discute o tema aqui perseguido. É dentro do "poder" ou "potência" (*power*), a princípio tachado como uma ideia primária de reflexão, que aparece sua construção teórica sobre o pensamento,[233] autodeterminado. Porque o homem, pela experiência, passa a ser consciente de seu *poder*. Ela, a experiência, revela ao indivíduo que a mudança no mundo exterior causa alterações em suas próprias ideias, e que o indivíduo, ao conseguir eleger alguns de seus pensamentos, dá-se conta de que tem o poder (*power*[234]) de determinar suas construções mais complexas. Tal poder, assim descrito, adquire sua faceta passiva (o poder de sofrer alterações) e sua faceta ativa, o poder de alterar ideias.

Existindo tal poder ambivalente, a *vontade* seria um (tipo de) poder do intelecto de "mandar que uma ideia seja motivo de consideração", ou que se faça ou

229. O autor as inscreve no texto por meio de um rol aparentemente exemplificativo, mas que depois, ao se proceder à análise desse rol, pode-se deduzir como, à falta de solução de continuidade, taxativo: o prazer ou o deleite, e seu contrário; a dor ou a inquietação; o poder; a existência e a unidade.

230. Locke, John: *Ensayo...* cit., Livro Segundo, Cap. VII, § 3.º, p. 107.

231. Locke, John: *Ensayo...* cit., Livro Segundo, Cap. XI, § 17, p. 65.

232. Cf. Livro Segundo, Cap. XII, § 3.º e seguintes.

233. Trata-se do capítulo mais longo de seu *Ensaio*, o cap. XXI do Livro II.

234. A preferência por traduzir o termo por *poder* é nossa, tendo em vista que, por exemplo, no espanhol a edição do Fundo de Cultura do México preferiu utilizar o vocábulo 'potência'.

não determinado movimento corporal.[235] A *volição* significaria o uso *efetivo* da vontade, quando se produz ou deixa de produzir uma específica ação.[236] A partir disso, o filósofo revela seu posicionamento pessoal acerca de dirigir a vontade: "Eu creio[237] que todos encontramos em nós mesmos o poder de iniciar ou de reprimir, de continuar ou finalizar diversas ações próprias".[238] A liberdade, assim, é a *faculdade de direcionar esse pensamento ou ação.*

Nem todos os atos e pensamentos humanos estão revestidos de liberdade, na dependência, novamente, de condições externas e internas: um homem sob tortura não está livre para não sentir dor, assim como haverá paixões que se intrometem na corrente de pensamento do indivíduo sem que ele as possa evitar. Até aí, a definição sobre o determinismo – permita-se dizer – dá voltas sob si própria, na medida em que a afirmação do autor seria, em outras palavras a de que a liberdade está presente quando o homem é livre.

Inovação relativa aparece a partir do uso dos conceitos de poder, vontade, e volição, a fim de explicar a liberdade. Segundo Locke, diante de sua classificação faz-se equivocado perguntar se a vontade é livre, porque implicaria colocar a liberdade como pertencente à vontade, quando não existe uma relação de contingência entre uma e outra: todas são diferentes poderes ou capacidades, "de tal sorte que questionar se a vontade é livre significa perguntar se um poder tem outro poder".[239] O correto seria questionar se o *homem* é ou não livre, quando tem o poder de agir conforme sua vontade, ou seja, quando detém a volição. Porém, observa o autor que o homem não será portanto livre se a ação que está em seu poder se tenha colocado diante de sua mente como algo que se *deva* realizar, senão como algo possível,[240] e ainda mais: o homem não é livre, primeiramente, frente à sua própria volição, vez que está diante sempre da necessidade – obrigatória, portanto – de *preferir* fazer ou não fazer algo que se coloque frente a seu pensamento. Tem, compulsoriamente, de decidir. Isso para chegar a afirmar que a questão principal que leva à compreensão do ato humano, embora se possa dizer que posteriormente se matize esse discurso, seria investigar o que pode determinar a *vontade* do ser humano, e não sua liberdade. E oferta sua resposta: a vontade do ser humano é determinada por um mal-estar inicial, que causa a procura por um bem-estar. Então, a tentativa contínua de supressão desse mal-estar significaria,

235. É bem marcante, na concepção do filósofo, a constante diferenciação que faz entre a determinação de um pensamento, que permanece na mente, e de um movimento (*thinking and motion*), que se transfere ao corpo humano. Cf. Locke, John: *Ensayo...*, cit., Livro Segundo, Cap. XXI, § 4.º, p. 94.

236. Cap. XXI, 5.º (Will and understanding, two powers), p. 218.

237. Como elemento de análise de discurso, é interessante como, nesse específico ponto, Locke utiliza da primeira pessoa e do verbo *crer*, não apenas concedendo uma aura de incerteza ao tema como um todo, cambiando as assertivas de certeza anteriores, como também pintando-o com um tom de transcendentalidade, bem diverso do empirismo que sustenta a linguagem integral do texto.

238. Cap. XXI, 7.º, p. 219.

239. Cap. XXI, § 16.º, p. 223.

240. § 23, 227.

no limite, a busca pela felicidade.[241] No processo de decisão, o maior mal-estar, dentre os tantos que nos rodeiam e que causam os desejos, é o que acaba por determinar nossa vontade, em regra. Diz-se "em regra" porque Locke exclui desses incômodos que determinam a vontade aqueles que o homem inteligente julga como de impossível satisfação,[242] de o que se infere, embora de imediato não apareça expresso, que o indivíduo é capaz de racionalizar os desejos que pretende satisfazer.

Mas o autor se preocupa em demonstrar que isso não importa em ter o homem como um animal hedonista (conquanto não utilize exatamente essa expressão), porque tem consciência de que existe um "bem maior" a que pode perseguir, e pode ser feliz com uma quantidade menor de prazeres satisfeitos. O *livre arbítrio* propriamente dito seria então o poder que há no homem de conseguir refrear seus desejos,[243] em busca de algo mais transcendente, que seria a verdadeira felicidade. Nesse sentido, é o filósofo rotundo ao afirmar que *Deus nos exige o livre controle das paixões*, desculpando pela má eleição sua criatura apenas se tal eleição houvera em caso de extrema perturbação mental, "como o amor, a ira ou qualquer outra paixão violenta, [que] nos arrasta, privando-nos da liberdade de pensamento".[244]

Em resumo, Locke coloca a liberdade como essencial ao ser humano, como um decidir atuar ou não conforme a mente o determine. Portanto ela, a liberdade, é posterior à vontade, e está guiada pelo desejo e pelo juízo. Na capacidade de refrear os desejos, com razão e em vista de um bem maior reside o livre arbítrio humano.

Tal leitura permite-nos dizer que John Locke tem o homem como *relativamente* livre: determinado a pensar e a ter ideias, porém dono de um juízo de escolher atender ou não a tais determinações, quando em busca de um bem maior. Algo como, agora livremente parafraseando a Libet, um verdadeiro poder de veto.[245] Essa concepção se faz decerto coerente a seu liberalismo político, mas não se pode evitar identificar alguma falta de aprofundamento em sua concepção, que talvez sejam a causa de, apesar da difusão e dos comentários que outros filósofos lhe renderam nos dois séculos seguintes, a contribuição do autor inglês não haver alcançado nível da relevância da kantiana, ou mesmo da tomista.

Locke não se preocupa em explicar a origem primeira da determinação da vontade, apesar de o quanto se esforce para, como já descrito, conceber a mente

241. § 36, p 235.
242. § 40, p. 238.
243. 47, p. 277.
244. § 53.
245. Vide, retro, 1.2.1.

como *tabula rasa*. Seria de se perguntar de onde nascem os diversos *gostos*,[246] que fazem com que "os homens sigam diferentes caminhos" diante dos mesmos estímulos. A aparente contradição entre haver um aprendizado integral do indivíduo a partir de seu nascimento e uma formação de gostos e vontades que não encontra origem explicada traslada a discussão às faculdades do espírito e à vontade de Deus, em uma metafísica que também põe à prova o discurso do empirismo. O conhecimento pela experiência contrasta com afirmações relevantes sobre papel da fé e das revelações divinas, a cuja interpretação o filósofo não faz mais que recomendar cuidado para que se evite a queda no fanatismo.[247] Não que, tendo a presente análise o ponto de vista contemporâneo, se possa exigir que o pensamento iluminista esteja calcado no ateísmo, mas bem é certo que se pode identificar um conflito não expresso entre uma concepção do mundo através do empirismo e a intervenção de Deus e de Sua vontade no cotidiano, de certo modo um embate comum, mas especialmente aos filósofos de então. O detalhe não é pequeno para o tema que nos ocupa, porque a premissa da tabula rasa é fixação da independência do homem dessa intervenção metafísica, que no entanto adentra ao discurso de Locke sem um lugar bem delimitado: gostos e vontades humanas ou revelações e apreciações divinas obrigariam, em nossa opinião, que o filósofo enfrentasse a metafísica, sob pena de causar-lhe uma fissura na unidade expositiva. Embora esse conflito do liberalismo incipiente pareça não se restringir à questão da liberdade individual, o tema potencializa a contradição, e deixa sem resposta a pergunta central da combinação entre determinação/intervenção divina e responsabilidade pessoal, que a primeira escolástica, à sua maneira, vislumbrou, e em que Leibniz ousou enfrentar.

2.3.5 Kant: liberdade no pensamento

Com origem no pensamento cartesiano e também sob forte influência de Leibniz, Immanuel Kant cuidou profundamente da liberdade do indivíduo, sua relação com o determinismo e, até, as consequências a elementos que tão de cerca interessam ao direito penal, como a reprovação pessoal e social, a culpa e o fundamento da punição.

Para buscar a coerência a nosso método, há que se esclarecer que as diversas releituras e aproveitamentos de Kant para as teorias penais, por paradoxal que pareça, não se relacionam estreitamente com o objeto de nossa análise, pois se podem estabelecer diferenças entre o posicionamento original que faz Kant sobre

246. "La mente tiene gustos diversos, del mismo modo que el paladar, y tan inútilmente se intentaría agradar a todos los hombres con la riqueza y la fama (cosas en las que algunos hombres ponen su felicidad), como inútil sería tratar de satisfacer el apetito de todos los hombre con queso o langosta (...), § 55, p. 249. Depois, passa a analisar a questão "how men can often to prefer the worse to the better; and to choose that, wich, by their own confession, has made them miserable". LOCKE, John, An Essay Concerning Human Understanding, Indianapolis: Hackett Publishing, 1996, p. 111.

247. Livro Quarto, cap. XVI, § 14, p. 672.

a capacidade do homem de decidir por si mesmo, ainda que direcionado pelas circunstâncias de tempo e espaço, e as novas leituras que surgem a partir de outros movimentos filosóficos que emprestam às palavras do filósofo outros significados, em uma revisão que talvez encontre-se de algum modo fora de foco. Por isso, acertam renomados intérpretes do filósofo[248] em impor, ao falar-se de Kant, a distinção em três momentos diversos, relevantes para este estudo: Kant como iniciador do idealismo alemão, Kant revisitado pelo chamado Neokantismo, e Kant atualmente.[249] Como premissa para entender[250] como o autor pode ser reinventado por seus próprios sucessores próximos, do idealismo alemão (Fichte, Schelling e Hegel), há que se observar que confessadamente o cidadão de Könisberg não chegou a organizar um corpo teórico fechado,[251] porém foi o grande sistematizador e ordenador de toda a Filosofia que lhe antecedeu. Já os títulos de suas obras mais proeminentes dão conta de suas pretensões: são *críticas*, ou seja, estabelecem uma ruptura com parâmetros filosóficos estabelecidos, sem necessariamente impor um corpo único a seguir. Ele, portanto, destrói o pensamento ontológico anterior a seu tempo, com a promessa[252] da construção de sua nova lógica, que acaba por não ser completamente escrita para impor novos caminhos, conquanto seja notório que sua metafísica aparece suficientemente composta em suas obras, por assim dizer, "desconstrutivas". Ainda assim, é essa falta de conclusão positiva de sua obra que permitira que sua primeira fase de releitura, o próprio idealismo alemão, seja uma escola que se confessa como interpretação e criação do pensamento kantiano, a ponto de Fichte afirmar que compreendeu Kant melhor que ele próprio. O pensamento de Hegel, que adiante analisaremos com algum detalhe no que concerne à ideia de liberdade humana, é maior exemplo dessa tentativa de conclusão e fechamento sistemático do pensamento idealista alemão, embora em caminhos divergentes.

De forma semelhante, anos depois as teorias de Kant são revisitadas, para que delas se aproveite apenas o positivismo. Aqui portanto o objetivo desta intro-

248. Refiro-me tanto a Ortega y Gasset quanto a Javier Marías, cujas obras aparecem citadas neste fragmento.

249. Entenda-se esse "atualmente" à contemporaneidade dos autores ibéricos Ortega y Gasset e seu discípulo Marías, de quem colhemos tais afirmações.

250. Seguimos aqui nosso método: a explicação não é didática, de manual, em se tratando de um texto monográfico. Apenas se fixam elementos que serviram para o próprio pesquisador como base para a compreensão, aqui, do fenômeno do kantismo em suas diversas fases.

251. Soler prefere afirmar que Kant "no se proponía, como ocorre con otros pensadores, a descubrir cosas nuevas, sino fundar los conocimientos existentes" e, em relação ao direito, "muestra algo que nadie se había parado a mirar con suficiente detención", referindo-se à diferença entre o ser e o dever ser, "al mundo natural o fenoménico y al mundo de la ética". SOLER, Sebastian, *Fe en el Derecho*, Buenos Aires: Topográfica Editora Argentina, 1956, p. 77.

252. A observação é de Marías: "Pero ocurre además que Kant no llega a hacer un sistema, a poseer plenamente su sistema; basta con los títulos de sus obras fundamentales: son *Críticas*, algo mediante lo cual pone ciertos límites a la razón y delimita sus objetos; pero parece que tras esas críticas había de venir su doctrina positiva, y esta no viene". MARÍAS, Javier, *Historia...*, cit., p. 288.

dução que se faz mais premente, porque em grande medida as ideias metafísicas kantianas serão por nós aproveitadas nas páginas posteriores: o positivismo do neokantismo que tanto se critica não é o kantismo em si, daí não faltarem autores que identificaram no neokantismo uma equivocada interpretação sob a ótica positivista da construção filosófica idealista alemã, que incorreu em erros evidentes como o desprezo total da metafísica, a tendência às ciências positivas, o que passava longe do contexto do autor de Könisberg. Filósofos como Hermann Cohen e, principalmente, Paul Natorp são apontados como os principais artífices desse ponto de vista comprometido, que tanta influência teve em nossa seara do Direito. O descompasso entre Kant e neokantismo, este último identificando-se mais com teorias positivistas que outras, é aliás ponto de partida do pensamento finalista de Welzel,[253] como bem se sabe.

E Welzel bem serve então para demonstrar o que significa a reinterpretação de Kant quando desmascarado o neokantismo como prolongamento positivista. A teoria kantiana passa a ser revista não como um apego extremo ao empirismo, talvez até o reverso: a sistemática de seu pensamento, sua razão *pura* é encarada como exemplo de elemento *independente* do empirismo, ou seja, não comprovável empiricamente. É o conhecimento *a priori*. Essa, aliás, é a leitura que aqui se quer reiterar, porque entendemos que o texto literal de Kant esclarece repetidamente que as ciências dependem de elementos não dispostos à razão empírica, apriorísticos, que podem ser apenas supostos.

Nessa breve aproximação ao universo kantiano, identifica-se desde já que a liberdade do homem é um de seus imperativos categóricos, o que significa dizer que o sujeito tem de ser presumido como livre, que deve agir "como se fosse livre". Mas cremos que essa afirmação deve ser observada com alguma cautela, especificamente para que se note que não se cuida de uma mera renúncia a conhecer acerca da liberdade (a exemplo de o que parece fazer Roxin[254]), porém justo o contrário: Kant assume ter de partir de elementos indemonstráveis porém *evidentes*, a exemplo dos princípios matemáticos.

253. "La razón más profunda del fracaso de la filosofía del derecho neokantiana no se encuentra en el formalismo, en el relativismo o en el historicismo de su 'medida' ideal, sino en el mantenimiento y consolidación del concepto positivista del Derecho". WELZEL, *Introducción a la filosofía del derecho,* Trad. Felipe González Vincen, Madri: Aguilar, 1974, p. 199.

254. "Pero la libertad no es demostrable teóricamente; desde el punto de vista especulativo, no es más que una *idea regulativa*: debo obrar *como si fuese libre*. Ahora, en cambio, la libertad aparece como algo absolutamente cierto, exigido por la conciencia del deber, aun cuando no sepamos teóricamente cómo es posible". MARÍAS, Julián, *Historia...*, cit., p. 285. Assim também Roxin, no trecho a ser novamente analisado neste trabalho (vide, adiante, 4.2.1), quando afirma que duvida da existência do livre arbítrio, mas que ele deve ser tratado como uma regra do jogo (Spielregel) social. ("Die Freiheitsannahme ist insoweit eine 'normative Setzung', ene soziale Spielregel, deren gesellschaftlicher Wert vom enkenntnistheoretischen und naturwissenschaftlichen Problem der Willensfreiheit *unabhängig* ist.") ROXIN, Claus, *Strafrecht: Allgemeiner Teil*, Band I, 4ª edição, Munique, C. H. Beck, 2006, p. 868.

O chamado *giro copernicano* de Kant encontra-se na percepção de que o pensamento, que põe fim ao caos das sensações, faz as coisas, em lugar de apenas percebê-las, de interpretar a *coisa em si*, que não se pode conhecer efetivamente. Por isso, em resumo, é o *conhecimento* a chave dessa filosofia que rejeita o ontologismo (a coisa em si) e passa a apreender a realidade como fenômenos, situados no tempo e no espaço, da qual transcendem qualidades do próprio ser. A apreensão, o conhecimento desse ser transcendental, que aparece pelas coisas situado no tempo e espaço, é a proposta principal de Kant, em relação a uma teoria do conhecimento, esta sim que se esboça e completa em suas *críticas*.

É então bastante reconhecida a construção kantiana sobre a existência de uma razão pura, ou seja, apriorística e independente da experiência. E também sua distinção entre os juízos analíticos (em que se contém todas as determinações do sujeito em sua própria noção) e os juízos sintéticos, que acrescentam, unem-se e complementam o conceito de sujeito. Daí Kant constrói a possibilidade da existência de *juízos sintéticos a priori*,[255] que independem da experiência, porque são apriorísticos, porém devem, para existirem, somar-se a um conceito principal em si, que repousa no próprio sujeito. A partir desse tipo de juízo, sintético-apriorístico, constroem-se conhecimentos seguros como a Física e a Matemática. E a Metafísica. Pela Metafísica apriorística Kant assume a existência de um homem determinado pelo mundo da natureza – um *eu empírico* – e de outro lado determinado por sua racionalidade, a chamada razão pura prática (*reine praktische Vernunft*), em que se encontra a moralidade e a reprovação. Talvez por isso é que Arendt, com sua influência existencialista, estabeleça que é na razão prática que repousa o centro do entendimento kantiano acerca da liberdade do homem[256] e de sua concepção moral.

Superadas essas premissas, a explicação para a convivência entre homem condicionado por elementos naturais e, ao mesmo tempo, obrigatoriamente livre é bastante objetiva. Para expô-la, opta-se, nas linhas adiante, apresentar algo que

255. Assim, Kant: "A analítica da razão pura prática (*die Analytik der reinen theoretischen Vernunft*) tratava da compreensão-conhecimento de objetos que poderiam ser dados ao entendimento (Gegenstände, die dem Verstande gegeben werden mögen), e assim teriam que começar com o conceito (*Anschauung*), e daí com a sensação (*Sinnlichkeit*) (...) Ao contrário, porque a razão prática não trata dos objetos para os conhecer, senão de sua capacidade (*Vermögen*) para os realizar de fato, mais se aproximam de uma Vontade, que é uma causalidade, enquanto a razão contém seu fundamento (so fern Vernunft den Bestimmungsgrund derselber enthalt)". Kant, Immanuel, *Kritik der praktischen Vernunft*, Stuttgart: Reclam, 1961, p. 133.

256. Cuidando do filósofo, assenta a autora que "the statement that 'pure reason can be practical is the chief thesis of the Kantian moral philosophy is perfectly right. Kant's Will is neither freedom of choice (liberum arbitrium) nor its own cause; for Kant, sheer spontaneity, which he often called 'absolute spontaneity', exists only in thinking. Kant's Will is delegated by reason to be its executive organ in all matters of conduct". Arendt, Hannah, *The Life of Mind*, one-volume edition, Nova Iorque: Harcourt Brace & Company, 1978, p. 149. Para Kant, a espontaneidade autêntica, a qual ele frequentemente chamava de "espontaneidade absoluta" subsiste apenas no pensamento. A Vontade (Will) de Kant é delegada pela razão, para ser seu órgão executivo em todos os temas da conduta (tradução livre).

não ultrapassa muito a leitura do *Kritik der praktischen Vernunft*,[257] que, se interpretadas sob as premissas da *Crítica* anterior, bem explana o tema. O fato de que qualquer dissertação sucinta sobre Kant seja reducionista, dada a completitude de sua análise desconstrutiva, é um risco que aqui se há de correr.

Na segunda metade de tal Crítica, explica o filósofo que a razão pura prática deve estar baseada em princípios fundamentais, que são morais, e poderiam ser estabelecidos com suficiente certeza a partir de um entendimento comum da humanidade[258] (*gemeine Menschverstand*), e se dá a conhecer mediante um sentimento de alegria ou de dor (*Gefühl des Vergnügens oder Schmerzens*). Entretanto, não se pode exigir, diz o filósofo, a obediência a esses princípios pelo puro sentimento, mas pela *razão*, que os aponta. É assim que de modo incisivo Kant demonstra, ou ao menos propõe, que não há obediência a qualquer outra lei que não seja uma lei da razão. Por consequência, apresentar a lei moral racionalmente afasta o homem de qualquer pensamento meramente utilitário (*Vorteil*) para encontrar a veracidade (*Wahrkraftigkeit*). Isso representa, a final, não necessariamente que o homem renuncie a qualquer pretensão de felicidade, mas que, quando diante do dever racional, *não* tenha como objetivo, como consideração principal, a felicidade.[259]

Dada a compreensão racional da lei moral (a razão pura prática), o filósofo não se recusa a enfrentar a questão que logo se impõe, e que nos interessa mais proximamente: o homem é livre para respeitar essa lei? Por outras perspectivas, isso implica saber se o ele é capaz de fato de *exercer sua racionalidade*, *guiando sua vontade pela lei moral*. Nesse ponto é que cabe compreender, ainda pela mera leitura da obra kantiana, que ao filósofo não escapam as contingências das determinações naturais do ser humano, mas há que diferenciá-las. A princípio, Kant admite as regras psicológicas, mas rejeita aqueles que, acreditando no livre arbítrio, creem poder demonstrar empiricamente a liberdade humana. Essa liberdade não se pode explicar pelas regras exclusivas das ciências empíricas, o que significaria, para ele, uma redução, uma simplicidade,[260] que acabaria por afastar a ideia mesma de lei moral, que se trata de um postulado racional porém não necessariamente empírico.

257. Utilizamos, aqui, para consulta algumas traduções do texto alemão que se encontram na internet, porém sempre contrastando com o original alemão, que aparecerá citado.

258. "(...) mit genügsamer Sicherheit, durch bloße Befurung auf das Urteil des gemeinen Menschenverstandes geführt werden". KANT, Immanuel, *Kritik der praktischen Vernunft*, Stuttgart: Reclam, 1961, p. 135.

259. "(...) und die reine praktische Vernunft will nicht, man solle die Ansprüche auf Glückseligkeit aufgeben, sondern nur, so bald von Pflicht die Rede ist, darauf gar nicht Rücksicht nehmen". KANT, Immanuel, *Kritik der praktischen Vernunft*, cit., p. 138.

260. Por exemplo: "so wird es nötig sein, hier noch etwas zur Verwahrung wider dieses Blendwerk, und der Darstellung des Empirismus in der ganzen Blöße seiner Seichtigkeit anzuführen". KANT, Immanuel, *Kritik der praktischen Vernunft*, cit., p. 139.

Para cuidar da causalidade natural, evidente contraponto à liberdade, Kant estabelece o determinismo como premissa, dentro do tempo e do espaço, dos fenômenos. Ou seja, há que se diferenciar entre a causalidade das coisas dentro do espaço e do tempo (*die Existenz der Dinge, so fern sie in der Zeit bestimmbar sind*[261]), e a das coisas em si mesmas; as primeiras, os fenômenos situados no tempo, são, em palavras dele, contraditoriamente enfrentadas à liberdade.[262] Afinal, todo evento (*Begebenheit*) está situado no tempo e portanto *está necessariamente condicionado pelo que ocorreu no tempo anterior*. Não há como fugir, no espaço e no tempo, desse encadeamento natural (*Naturkette*), que faz com que a causalidade jamais seja liberdade. Para se chegar a compreender a liberdade é então necessário abandonar essa primeira ideia de cadeia causal, de coisa-fenômeno (*Erscheinung*) para alcançar a coisa em si mesma (*Dinge an sich selbst*).[263] Questiona, bem próximo a conceitos ainda em discussão sobre a culpabilidade, como se pode então reprovar alguém que cometia um furto, se e quando se assume que existe uma relação necessária, pelos fundamentos, determinantes, que o precedem no tempo. Kant não oculta que o homem não domina o momento presente porque ele está vinculado às condicionantes do tempo imediatamente passado, mas ainda assim não quer assumir ser o sujeito uma *materielle Maschine*[264] ou *automaton materiale*. E tampouco, como visto, pretende postular que o indivíduo chegue a ser um *automaton spirituale*, o que assevera referindo-se expressamente a Leibniz.

A fim de solver essa proposição, o filósofo retoma a divisão entre coisa e fenômeno para remeter ao sujeito que, apesar de fenômeno temporal, tem consciência de si próprio como coisa em si, e que, como ser racional, percebe-se a si mesmo como não submetido às leis temporais, mas como determinável apenas por leis que ele se concede a si mesmo mediante a razão.[265] Por essa percepção de si próprio fora das determinantes temporais, "o ser racional pode dizer justamente de toda ação realizada contra a lei que ele poderia não a haver cometido, ainda quando esta ação, como fenômeno,[266] esteja determinada pelo passado" e, como tal, seja inevitavelmente necessária.

Agora sim entra a consciência (*Gewissen*) do ser homem: como derivada de sua racionalidade. Ciente de poder decidir como alijado do fenômeno temporal, ou seja, de fazer uso de sua liberdade, a razão-consciência aponta ao homem que,

261. Idem, p. 140.

262. Idem, p. 140.

263. Evidentemente essa divisão tem influência leibniziana, que Kant linhas adiante não negará, mas exporá suas diferenças.

264. P. 116.

265. "(...) durch Gesetze, die es sich durch Vernunft selbst gibt", KANT, Immanuel, *Kritik der praktischen Vernunft,* cit., p. 147.

266. "(...) als Erscheinung, in dem Vergangenen hinreichen bestimmt, und so fern unausbleiblich notwendig ist, mit Recht sagen, daß er sie hätte unterlassen können". KANT, Immanuel, *Kritik der praktischen Vernunft,* cit., p. 148.

conquanto ele tenha sido levado pela corrente de circunstâncias que se sobrepõem no tempo, sempre se autoacusará como pessoa livre no momento de decidir.

Então é assim que Kant resolve a antiga dualidade presente desde Tomás de Aquino, na convivência da liberdade com as causas naturais.[267] Nessa dicotomia subsistem, parece-nos relevante notar, na integridade tanto o fenômeno temporal, que é causal-fatalista, quanto o homem como coisa em si (transcendente, como a início considerado), o qual se rege por sua absoluta liberdade. Tanto insiste Kant nesse princípio, que chega a considerar as versões mais radicais do fatalismo[268] e, com lucidez extrema para seu tempo, assevera que, caso nos fosse possível compreender todos os elementos, internos e externos, que motivam a ação humana, se poderia calcular a conduta futura do indivíduo "com a mesma segurança de um eclipse solar e lunar". E, ainda assim, diz textualmente o filósofo, segue-se afirmando que o homem é livre. Sem querermos assumir uma posição de todo kantiana, é necessário frisar que essa assunção da realidade determinista talvez não tenha sido lida por alguns dos detratores[269] do filósofo.

Agora sim, a existência do homem como ideia, porque, em suas palavras, a idealidade do tempo é mera forma de intuição sensível,[270] e portanto é *representação* do sujeito (fenômeno) enquanto parte do mundo dos sentidos. Enquanto *coisa em si*, segue sendo livre, e somente essa suposição faz com que não se caia

267. García Morente, grande especialista na obra do filósofo alemão, explica que nossa personalidade total é a confluência de dois focos: um deles o sujeito cognoscente, que se expande sobre a natureza com suas leis, "mas ao mesmo tempo esse mesmo eu, que quando conhece se põe a si mesmo como sujeito cognoscente, esse mesmo eu é também consciência moral, e sobrepõe a todo esse espetáculo da Natureza, sujeita às leis naturais de causalidade, uma atitude estimativa, valorizadora, que se refere a si mesmo, não como sujeito cognoscente, mas como ativo, como agente". García Morente, Manuel, *Fundamentos de Filosofia,* São Paulo: Mestre Jou, 1967, p. 262.

268. Aqui se refere a Joseph Priestley, predicando-o como fatalista consequente e honesto ("wie Priestley, als ein echter, konsequent verfahrender Fatalist", p. 148). Priestley foi um importante autor que relacionou as ciências da natureza, que também conhecia, à teologia, optando expressamente pelo determinismo. Vide, por todos, fragmento de seu *Doctrine of necessity,* em resposta a Dr. Price. "If self-motion, or self-determination, properly so called, be essential to liberty, I must deny that man is possessed of it; and if this, and nothing else, must be called 'agency', I must deny that, in this sense, man is an agent; because every human volition is invariably directed by the circumstances in which a man is, and what we call motives. It appear to me that we have no more reason, than fact and observation, to conclude that a man can move himself, that is, that he can will without motives, than that a stone can move itself. And if the will is as invariably influenced by motives as the stone by gravity it may just as well be said that the stone moves itself, though always according to the laws of gravity, as the will, or the mind, move itself though always according to the motives". Priestley, Joseph, *A free discussion of the doctrines of materialism and Philosophical Necessity*, In: Correspondence between Dr. Price, and Dr. Priestley, London: 1778, p. 146 (fac-simile on line na plataforma Gale Learning).

269. Refiro-me especificamente a Pedro Lessa, cuja obra será visitada no capítulo seguinte. Cf. Lessa, Pedro, *O determinismo psychico e a Imputabilidade e Responsabilidade Criminaes*, São Paulo: Tipographia Duprat & Cia, p. 17.

270. "(...) die Voraussetzung der Idealität der Zeit, al bloßer Form sinnlicher Anschauung", Kant, Immanuel, *Kritik der praktischen Vernunft*, cit., p. 148.

no espiral determinista de Spinoza, que Kant critica porque implica reconhecer o ser humano como marionete de um Mestre Supremo.[271]

Portanto, a divisão do homem como coisa em si e ideia no tempo é a chave da solução para a extrema liberdade que Kant impinge ao indivíduo, já como imperativo categórico. Não é, daí, difícil imaginar que a principal crítica que se lhe pode lançar, nesse ponto, é a de escudar-se demasiado na metafísica, imaginando e não comprovando um ser em si que se compõe como coisa transcendente afastada do tempo e espaço, que serve apenas para um momento de sensações condicionado por regras naturais. Aí também o papel da consciência se torna um tanto perdido, porque ela acusa ao homem seus próprios erros mas não serve de base para a demonstração total da liberdade. A tais críticas – que guardam sua parcela de razão, temos entretanto que somar algum raciocínio que aqui acrescentamos como observação mais pertinente ao trabalho. Comece-se lembrando bem que Kant considera a existência do determinismo, não o ignora. Mas desvia-se dele de modo muito incisivo, criando um ser não-fenomênico que lhe interessa conhecer mais a fundo. Sobra-nos então a pergunta: por que Kant o faz? Não o faz simplesmente para, como ele diz, buscar a afirmação da liberdade, mas porque *o mundo ontológico lhe interessa pouco*. Sua filosofia é baseada não em o que o mundo é,[272] mas como se lhe o conhece. Como se lhe pode conhecer sem errar, e esse é o elemento-chave de sua primeira *Crítica*. Nesse contexto é que cremos que se possa melhor elucidar a concepção kantiana: o pensamento centralizado no modo de compreensão e não exatamente no mundo em si, de modo que sua influência no que existe de comprovação acerca do universo é de menor relevância. É com Kant que se inaugura – ou ao menos se radicaliza muito – a preocupação maior com o método de compreender o mundo, de conhecê-lo, que com sua existência em si mesma.

Essa forma de compreensão se aproxima de o que é o Direito penal hoje. Ou seja, construir uma teoria ou apontamentos para uma teoria que expliquem como o homem compreende o mundo e não necessariamente como o mundo funciona e o papel do ser humano dentro dele fundamenta a compreensão penal. A partir de Locke, Humme, mas em especial do idealismo de Kant e seus seguidores, elementos como percepção e razão fogem do vínculo com o necessário sentido do mundo, da vontade de Deus, do futuro e papel da humanidade, dentre tantos outros. As principais críticas e, em nossa opinião, a grande medida desse pensamento que pode ser aproveitada para a discussão do livre arbítrio como pressu-

271. "Der Mensch wäre Marionette, oder ein Vaucansonches Automat, gezimmert und aufgezogen von dem obersten Master aller Kunstwerke", p. 120. Interessante a alusão, a seu tempo, aos autómatos de Vaucanson, que acabaram por servir de inspiração, como esclarece nota de rodapé à edição mexicana, a vários mecanicistas.

272. Ortega bem coloca: "Kant no se pregunta qué es o cuál es la realidad, qué son las cosas, qué es el mundo. Se pregunta, por el contrario, cómo es posible el conocimiento de la realidad, de las cosas, del mundo". ORTEGA y GASSET, José, *Kant*, Madrid: Revista de Occidente, 1936, p. 83.

posto da reprovação é algo que buscamos delegar para a parte final deste pequeno trabalho, mas sim se pode revelar o que nela existe de menos ou mais aceitável.

A base da filosofia kantiana é o primado da razão prática sobre a razão pura, e a razão prática, como lembra Arendt, é a ética. Nesse sentido, a ética é sempre o dever-ser e, se ela predomina sobre a razão pura, predomina sobre o ser. Desse modo, aproveitando-nos das palavras ainda de Ortega, o tal *giro copernicano* de Kant é o de dizer que o racional é aquilo que constrói o dever ser, e não o que contempla o mundo. A filosofia e a própria razão deixa de ser contemplativa do universo para construí-lo, como deveria ser.

Se assim assumimos, temos que esse homem livre, ideal, é o homem ético, é o homem do *dever ser* (Sollen). Portanto, o homem deveria ser livre para toda sua decisão, mas para nós, dentro do direito penal, cabe saber se essa liberdade é real, pois – em um sentido hiper-realista – a pena é aplicada em um contexto das coisas como são. Sobre esse ponto específico, obrigamo-nos a fazer duas observações principais.

A primeira delas é que o *dever-ser* de Kant, embora pareça de todo absoluto, não significa uma obrigação a ações não humanas, quer pela ética, quer pelo Direito penal. Quando o filósofo asserta que a consciência acusa o autor do furto ainda quando seu advogado alegue sua inocência,[273] decerto – a colocação é nossa em absoluto – não se referiria a um furto famélico.[274] Então, não é demais advertir que seria um equívoco interpretar uma ética do dever-ser como distante totalmente das circunstâncias fáticas em que se dá o processo de escolha do indivíduo. O processo de escolha é *livre* em qualquer circunstância, mas um livre processo de valoração das circunstâncias elementares não importa a exigência de decisões a todo momento ultra-virtuosas. Quem assim interpretar a teoria de Kant, estará decididamente enganado, e faz da expressão *idealismo* um equívoco grave.

De outro lado, é bem verdade que o filósofo assenta, sim, um processo, ideal, absolutamente livre da escolha do homem consigo mesmo. Quer dizer, no ser coisa em si, não-fenomenológico, transcendental, no ser que serve de ponte entre todas as coisas,[275] a decisão é puramente moral. E esse é o fato-chave que vai levar à principal crítica à construção teórica e, de algum modo, também à equívoca interpretação neokantiana de um positivismo extremado, já que o dever-ser absoluto é entranhável no positivismo. A partir desse ponto de vista, ousamos desde

273. Vide, nesse sentido, a defesa kantiana do princípio de Talião, ainda que relativizada, no § 49 de seu *Metafísica dos Costumes*.

274. Não adentraremos aquí à conhecida consequência da pena como imperativo categórico kantiana, tão usada pelos penalistas. Para isso, remetemos às reflexões mais aprofundadas sobre o tema, que faz Greco, em grande parte tomando a Michael Moore como referência. No texto se observa a sobrevivência dos argumentos retributivistas ainda para aqueles que nominalmente dizem advogar a pena preventiva. Cf. Greco, Luís, A ilha de Kant, in: Greco, Luís e Martins, Antonio: *Direito Penal como Crítica da Pena, Homenagem a Juarez Tavares 70*, São Paulo: Marcial Pons, 2012, p. 263 e ss.

275. A expressão é de Marías, *História*, cit., p. 277.

já fazer também uma dupla observação: a primeira delas consiste quase apenas em reiterar o que propositadamente fizemos constar de início, que a construção kantiana não esteve acabada. Dessa maneira não é demais aventar a possibilidade de que o filósofo viesse a conceber, se completasse de sua metafísica,[276] algum ponto de congruência entre o ser racional, moral e livre, e as determinações das circunstâncias no momento de sua ação. Sem essa continuação, o que resta é aferrar-se à máxima de Kant sobre o modo absoluto de encontrar a razão prática, a ética em seu sentido mais objetivo, em sua máxima lei, conhecida e repetida como imperativo principal da lei moral: aja de modo que possas querer que o que fazes seja lei universal da natureza.[277]

Tal a principal crítica que os penalistas fazem a Kant, o absolutismo em sua *bussola moral*, para usarmos a expressão de Welzel. Porque acreditamos que a compreensão do imperativo categórico nos coloca diante de um novo problema: não mais do ser livre em si mesmo, mas do ser livre *e capaz* de reconhecer em cada situação uma moral absoluta,[278] independentemente de qualquer circunstância ou hipótese, ou concepção pessoal do mundo. É muito difícil admitir que exista uma moral absoluta, que não se possa dizer, novamente com Welzel, que um anarquista tenha como, ele mesmo, elevar a lei geral seu modo de agir, desprezando a propriedade, que afinal fundamenta o furto, o mesmo podendo ser dito do adúltero que despreze o matrimônio. A pessoa moral e a pretensão de uma teoria da virtude pela mera interpretação de um bem geral imutável e ao alcance do intelecto[279] é bastante difícil de aceitar, de modo que um mínimo movimento de relativismo histórico deve colorir a consideração da liberdade de querer.

276. Reforço as palavras de Marías: "Kant no pudo *realizar* su metafísica, que solo quedó esbozada, porque su vida entera estuvo ocupada por la previa faena crítica". Marías, Julián, *Historia...*, p. 287.

277. "The categorical imperative, which as such only affirms what obligation is, is: act upon a maxim that can also hold as a universal law – You must therefore first consider your action in terms of their subjective principles; but you can know whether this principle also holds objectively only in this way: that when your reason subjects it to the test of conceiving yourself as also giving universal law through it, it qualifies for such a giving of universal law". Kant, Immanuel, *The metaphysics of Morals*, (Trad. Mary Gregor), Cambridge: Cambridge University Press, 1996, p. 17.

278. Conhecida, nesse ponto, a análise que faz Kant do erro de Beccaria – a quem predica de partidário de um sentimento passional – de negar a pena de morte porque o contrato social não autorizaria retirar a vida. Para Kant, a pena não está no contrato social, mas no ato mesmo, portanto ninguém sofre a pena porque o desejou, mas porque quis praticar uma ação que em si era punível. O cidadão que faz parte do contrato legislativo é o *homo noumenon*, que por sua vez submete *outra pessoa* "(*homo phenoumenon*), to the penal law, together with all others in a civil union". Kant, Immanuel, *The metaphysics of Morals*, (Trad. Mary Gregor), Cambridge: Cambridge University Press, 1996, p. 108.

279. Esse ponto permite a classificação de Kant como representante de um liberalismo filosófico, algo como a condição do homem como responsável pelo seu sucesso e seu fracasso independentemente das condições históricas. Talvez por isso, a assertiva de Ortega, de que "el mundo intelectual está lleno de gentiles hombres burgueses que son kantianos sin saberlo". Ortega y Gasset, José, *Kant*, Madrid: Revista de Occidente, 1936, p. 83.

2.3.6 Hegel: pessoa, direito e liberdade

Exceção nos filósofos que desenvolvem um corpo sistemático para a compreensão metafísica, Wilhelm Hegel não disserta de modo mais detido acerca do determinismo e livre arbítrio,[280] o que não importa dificuldade em compreender seu *posicionamento* sobre o tema, em meio a suas considerações mais pormenorizadas acerca de consciência e vontade.

É portanto possível, já como introdução, pontuar que toda a filosofia hegeliana é configurada em uma ideia de liberdade do indivíduo, como se pode notar mesmo em sua obra *Filosofia do Direito*, em que o autor é taxativo ao esclarecer que ao sujeito somente se lhe confere personalidade (não no sentido necessariamente jurídico) com a consciência de si mesmo, a partir de uma vontade livre.[281] Essa vontade livre faz então parte do sujeito como pessoa, esta que acaba por ser o objeto da lei,[282] mas com a contundente premissa, que faz parte de outro vértice de discussão: "No direito formal não importa o interesse particular, minha utilidade ou meu benefício – tanto menos a causa especial determinante de minha vontade, o juízo e a intenção".

Porém, considerando a perspectiva da dogmática do Direito penal tal como está hoje, talvez valha o alerta de que a concepção hegeliana de pessoa, dotada de liberdade individual porém não coincidente com o indivíduo, em que se fundamenta parcela bastante significativa de uma das correntes normativistas atuais, não nos serve neste momento como objeto principal de análise, pois encontrará seu lugar mais adiante. O ideário aproveitado pelos normativistas, do indivíduo como pessoa, é a fração do pensamento hegeliano que envolve o espírito objetivo. Este faz parte de um segundo elemento da concepção do filósofo, que tem entretanto como premissa o espírito *subjetivo*, este sim que nos pode esclarecer com

280. É o que afirma Hösle, ao lembrar que "mesmo que, a rigor, o problema do determinismo seja apenas tocado por Hegel aqui e também em toda a sua obra, no que foi dito encontra-se plenamente o encaminhamento para uma solução convincente do problema". Hösle, Vittorio, *O sistema de Hegel: o idealismo da subjetividade e o problema da intersubjetividade*, São Paulo: Loyola, 2008, p. 55.

281. "§ 34. La voluntad libre en sí y por sí, así como lo es en su concepto abstracto, es en la determinación de la contigüidad. Según esta, elle es su efectividad negativa, frente a la realidad y se refiere sólo abstractamente a sí, – es en sí voluntad individual de un sujeto". Hegel, Wilhelm Friedrich, *Filosofía del Derecho,* Buenos Aires: Claridad, 1968, p. 67.

282. "§ 35: La universalidad de esa libre voluntad por sí, es lo formal, consciente de sí, sin embargo sin contenido, mera referencia a sí en la propia individualidad; es el sujeto como persona". § 36: "La personalidad encierra, en general, la capacidad jurídica y constituye el concepto y la base también abstracta del derecho abstracto y por ello, formal. La norma jurídica, por lo tanto, se personifica y respeta a los demás como personas". § 37 "La particularidad de la voluntad es, en verdad, un momento total de consciencia de la voluntad, pero todavía no está contenida en la personalidad abstracta, como tal. Por lo tanto, ella existe ciertamente, pero como deseo, necesidad, impulso, voluntad accidental, etcétera, distinta aún de la personalidad de la determinación de la libertad. En el derecho formal no importa el interés particular, mi utilidad o mi beneficio – tanto menos la causa especial determinante de mi voluntad, el juicio y la intención". Hegel, Wilhelm Friedrich, *Filosofía del Derecho*, cit., p. 68.

maior densidade a concepção do homem como ser livre para decidir, colocado no mundo em um complexo movimento dialético. Tanto assim é que, ao redigir sua mais reconhecida obra sobre Direito, Hegel permite-se dizer sucintamente que o objeto do Direito é a pessoa, e a pessoa é livre. Isso reforça a principal meta do pensamento hegeliano, qual seja o de dar uma coerência sistemática à Filosofia como um todo, não a tratando como pensamentos esparsos ou como investigações suaves que tangenciam o conhecimento de Deus, mas algo que por seu caráter sistêmico responda a todas as suas perguntas de modo universal. A pureza para chegar à sistematicidade do seu corpus filosófico é talvez uma característica biográfica, então separar *momentos* de escrita como fases de pensamento seria algo tremendamente equivocado, no caso específico da obra hegeliana. Afirma-se justo o contrário: a investigação da liberdade em Hegel existe em um momento anterior (o espírito subjetivo, de que faz parte a consciência), que aparece mediado pelo espírito objetivo (dentre eles, o Direito, ao lado da Moralidade e da Sociabilidade), como um elemento evidente de afirmação. Assim, aliás, como fundamentado em sua própria e peculiar dialética.

Conhecer o livre arbítrio em Hegel significa compreender minimamente a estrutura desse espírito subjetivo (de consciência, razão e liberdade), que busca o conhecimento maior e absoluto, qual seja ele a Filosofia. Na sua primeira obra, a "Fenomenologia do Espírito" (Phänomenologie des Geistes) pontuam-se e se definem esses principais elementos, dentro de uma sistemática e nomenclatura complexas, que pretende a explicação de todo o modo de aquisição e compreensão do mundo, a partir de seu pensamento dialético,[283] o qual passou a ter a partir do filósofo novo significado, inspirador de toda sua obra.

A leitura do *Fenomenologia do Espírito* dá conta de que Hegel concebeu uma divisão da mente, como em etapas, para chegar ao Saber e à consciência do Espírito Subjetivo. Nesse sentido, estamos muito próximos da análise da individualidade e do raciocínio pelo livre arbítrio, mas não necessariamente esse termo aparece como núcleo de sua exposição. O que se pode retirar como eixo central de sua dissertação é a dialética própria da mente, que busca conhecer a filosofia em seu movimento constante. Para Hegel a consciência, que busca o saber, e a autoconsciência, o saber de si mesmo, não conseguem apreender-se a si se não por *figuras* da consciência, que não são o saber absoluto senão o saber em um de seus momentos. Diante do conhecimento desses momentos,[284] a consciência se impulsiona em um movimento dialético, que se confirma sempre em um momento

283. Hegel demonstra que vem de Platão a ideia de dialética antiga (cf. HEGEL, G. W. F., *Fenomenología del Espíritu*, México, 2007, Fondo de Cultura Económica, p. 47), mas todos os estudiosos demonstrarão dele ser a inovação principal sobre o tema.

284. Assim, no original "La experiencia que la conciencia hace sobre sí no puede comprender dentro de sí, según su mismo concepto, nada menos que el sistema total de la conciencia o la totalidad del reino de la verdad del espíritu; de tal modo que los momentos de la verdad se presenten bajo la peculiar determinabilidad de que no son momentos abstractos, puros, sino tal y como son para la conciencia o

futuro.[285] Sendo assim, a própria consciência, quando se der conta de que todos seus momentos e experiências são *momentos* de um movimento, estar-se-á encaminhando para o conhecimento puro, a ciência em si mesma.

Importante notar que, para Hegel, o espírito é então a consciência, e esta, absoluta, é portanto obrigada a desdobrar-se em momentos distintos. No espírito subjetivo está a autoconsciência e no espírito objetivo a ética, de que o espírito é substância que se enfrenta a si mesmo para chegar à imutabilidade, pois "o espírito é a substancia e a essência universal, igual a si mesma e permanente, seu fim e sua meta".[286] É a partir dessa interpretação que Hanna Arendt, em grande parte assumindo a tese de Koyré, pela qual o indivíduo somente se afirma no futuro, e este significa a primazia do indivíduo. Ou seja, existe no futuro uma proeminência sobre o passado, e isso, segundo Arendt, inverte grande parte da lógica do pensamento de seus contemporâneos:[287] antes dele, o passado se impunha ao futuro. As consequências dessa projeção ao porvir, no próprio espírito humano, interessam a nosso tema: o indivíduo passa a ser um eterno "já-não", que Arendt denomina o "eu desejante" (*willing ego*, que na tradução espanhola aparece como "el yo volente"), o que transforma o homem em algo como um futuro antecipado, porque o presente é um lapso de tempo efêmero em que o homem *não* é, porque ele projeta seu próprio futuro em um Agora,[288] em uma relação de reciprocidade.[289] Nesse sentido, o tempo é também essencial na dissolução de todos os entes, dissolvendo-os em não-entes e então revelando-se como elemento negativo do mundo sensível.[290] É o tempo que mostra a presença do Outro em cada conceito,

como esta conciencia misma aparece en su relación con ellos, a través de lo cual los momentos del todo son figuras de la conciencia". Hegel, G. W. F., *Fenomenología del Espíritu*, cit., p. 60.

285. Como observa Marías, "cada estadio encuentra su verdad en el siguiente". Marías, Julián, *Historia...*, cit., p. 311.

286. Hegel, G. W. F., *Fenomenología del Espíritu*, cit., p. 259. Mais adiante, conclui: "El espíritu es, asi, la esencia real absoluta que se sostiene a sí misma. Todas las figuras anteriores de la conciencia son abstracciones de este espíritu. Son el analizarse del espíritu", idem.

287. Arendt, Hannah, The life of the mind II – Willing, San Diego: Harcourt Publishing, 1981, p. 40.

288. E esclarece: "But in Hegel the mind produces time only by virtue of the will, its organ for the future, and the future in this perspective is also the source of the past, insofar as that is mentally engendered by the mind's antecipation of a second future, when the inmediate I-shall-be will have become an I-shall-have-been. In this schema, the past is produced by the future, and thinking, which contemplates the past, is the result of the Will. For the will, in the last resort, anticipates the ultimate frustration of the will's projects, which is death". Arendt, Hannah, The life of the mind II – Willing, San Diego: Harcourt Publishing, 1981, p. 43.

289. Arendt, Hannah, The life of the mind II – Willing, San Diego: Harcourt Publishing, 1981, p. 42.

290. A afirmação está na brilhante monografia de Paulo Arantes, que disseca toda a relevância do Tempo em Hegel: "Assim como o tempo se apodera de todo ente e o muda prontamente em um não-ente, o conceito penetra as categorias finitas para mostrar em cada uma delas a presença do Outro na constituição de seu sentido. Ao negativo do processo conceptual concreto corresponde o negativo do processo abstrato do tempo. 'O tempo é elemento negativo no mundo sensível. O pensamento é a mesma negatividade, mas é a forma mais íntima, a forma infinita em que se dissolve tudo o que existe em geral e, antes de tudo, todo ser finito, toda forma determinada. O tempo é, por certo, a ação corrosiva do negativo,

esse outro que, para Hegel, é tão relevante para a compreensão do próprio sujeito, que nessa alteridade se reconhece.

Essa interpretação já nos permite compreender como Hegel concebe a mente humana: a partir da consciência de um fim antecipado, que se pressente como um fim absoluto, os projetos da vontade são objetos de pensamento,[291] e então o homem se faz um constante pensador de seu próprio futuro. Consciente da dialética, da instabilidade, o homem não apenas pensa seus atos, mas é o próprio *futuro antecipado*, em uma constante interpretação de o que ainda está por ocorrer mas que por isso mesmo já existe.

Uma das principais conclusões que se pode fazer acerca da concepção hegeliana sobre o livre arbítrio está na diferenciação entre a concepção do indivíduo, sua caracterização como pessoa e, em um terceiro momento, a incidência do Direito. Grosso modo, o fato de o direito incidir no momento intermédio entre sujeito e pessoa não significa que o filósofo não haja concebido o indivíduo como dotado de liberdade inicial.

A par disso, talvez seja útil aqui esclarecer que os motivos que conduzem a alçar-se o filósofo como um dos pensamentos mais influentes na atualidade do Direito penal desborda os limites deste tema. Porque se aproveita do mundo hegeliano muito menos a compreensão do homem como indivíduo livre e muito mais em um *sistema* em que se deve observar com cautela os motivos dessa liberdade e com maior atenção a representação do homem em seu contexto social. A concepção hegeliana vai importar, isso sim, em uma nova etapa de nosso questionamento: se a desconsideração desses motivos individuais pelo Direito significa ou não inovar a liberdade. No âmago dessa pergunta repousa (outra) grande dúvida que, acreditamos, divide pós finalistas de inspiração neokantiana ou, ainda que não totalmente, hegeliana: o fato de o direito alijar de sua análise os motivos íntimos (a vontade) da conduta do sujeito significa uma consideração totalitária ou, ao revés, a menor intervenção da lei no comportamento humano? A essencialidade dessa questão remete a várias outras, a exemplo da interpretação conhecidamente equivocada que fez Marx da ideia jurídica de Hegel, mas que ainda assim é hoje de todo retomada para o normativismo neohegeliano. A princípio, desconsiderar as vontades significaria constrição na intervenção estatal porque desde logo importa que o homem não tenha de dar conta de suas motivações pessoais ao Estado. De outro lado, principalmente em termos penais, significa supor um autocontrole e uma capacidade de comunicação que nem sempre ou – a depender da concepção que se faça – quase nunca existe.

A principal pergunta seria pensar se aqueles que revisitam Hegel, dentro do Direito penal, (e nisso podemos até falar em Karl Larenz em 1927), pensaram do

mas o Espírito mesmo é tal que dissolve todo conteúdo determinado'". ARANTES, Paulo Eduardo, *Hegel: A ordem do tempo*, São Paulo: Hucitec, 2000, p. 169-170.

291. HEGEL, G. W. F., *Fenomenología del Espíritu*, cit., p. 278.

mesmo modo acerca do livre arbítrio. Não fica claro se o Direito, ao incidir sobre o sujeito como garantia de sua liberdade, considera ou não o livre arbítrio. Mas também é um tanto arriscado dizer que o pensamento original de Hegel não *de todo* a autonomia da vontade como objeto do Direito. Porque, para que se assuma esse posicionamento integral, é imprescindível dar conta do resto da concepção: o mundo ético como o espírito em sua verdade,[292] a busca incessante por sua verdade nos momentos dialéticos do espírito, a ideia de Deus como futuro no desenvolvimento do homem, até se chegar na mais pura conclusão de o que seja o Estado como um elemento ideal, fonte de um tratamento de liberdade muito além do pacto contratualista típico do liberalismo. Em outras palavras, entender o Estado como apenas aquele que despreza a vontade subjetiva porque considera a pessoa já mediada pela norma é um reducionismo de o que propõe o autor.

De sua ideia sobre o Espírito Subjetivo, que mais de perto segue a vontade, se pode, com alguma ousadia, descer a elementos mais práticos: se recordamos os ensaios havidos nos experimentos neurocientíficos atuais, que trabalham com a ideia de tempo (em centésimos de segundos), nota-se que se confirma o postulado de que o homem é projetado para o futuro. O querer humano só existe porque projetado para um momento futuro, de onde o passado começa a existir, então não é nada de se estranhar que qualquer tipo de decisão comece inconscientemente no passado e somente venha a se materializar em momento posterior, quando esse passado já se fez porque há um novo futuro descortinando-se. Os estudos atuais não deveriam trazer, ousamos dizer, para Hegel qualquer surpresa, se o sistema hegeliano é um constante "not-yet". Nas palavras de Arendt, resgatando Hegel: "man is not just temporal. He is Time".[293] De qualquer forma, o movimento hegeliano que transforma o indivíduo em um ser de seu próprio futuro concede-lhe liberdade subjetiva: no transitar ao futuro o homem decide livremente.

2.3.7 Schopenhauer e o domínio da vontade

Ainda que o filósofo nascido em o que hoje é a Polônia tenha sido pouco reconhecido a seu tempo, as considerações sobre o livre arbítrio que fez Arthur Schopenhauer são influentes na contemporaneidade. Sua obra mais específica sobre o tema, o que desde já evidencia o erro daqueles que o tacham de "filósofo de um livro só",[294] denomina-se "über die Freiheit des Willens/Sobre a *liberdade da vontade*",[295] e foi escrita visando a um concurso promovido pela Real Socie-

292. Hegel, G. W. F., *Fenomenología del Espíritu*, cit., p. 261.

293. Arendt, Hannah, The life of the mind II – Willing, San Diego: Harcourt Publishing, 1981, p. 42.

294. Trata-se de *Die Welt als Wille und Vorstellung* (El mundo como voluntad y representación), a que Schopenhauer realmente refere algumas vezes em outras obras como "sua obra maestra".

295. Talvez fosse melhor tradução o "sobre a liberdade do querer", já que o vocábulo "Willen" é a substantivação do verbo 'querer', que, como se verá, aparecerá muitas vezes no texto. Entretanto, o substantivo correspondente "o querer" é pouco utilizado em nosso idioma e não encontra a mesma clareza, talvez por isso as versões tenham optado por 'vontade', como ali fizemos". Vide a edição a

dade Norueguesa de Ciências em Drotheim, no ano de 1839, que tinha o seguinte tema, originariamente apresentado em latim: Pode-se demonstrar a liberdade da vontade humana pela autoconsciência?[296] O autor, que então já dera mostras de sua linguagem polêmica, sua admiração a Kant e sua feroz oposição às teorias hegelianas foi o premiado no certame, e sua obra depois se fez completar por outra, o *Sobre o fundamento da moral*, posteriormente publicando-se um volume que reunia os dois textos, sob o título "Os dois problemas fundamentais da Ética".

O posicionamento defendido por Schopenhauer é claramente *determinista*, porém amenizado por considerações acerca da liberdade, que cabe aqui apresentar com algum detalhe. Prefere o autor defini-la como algo negativo, na ausência de tudo que estorve. Difere a liberdade física, a liberdade intelectual – que estaria tratada em Aristóteles, e, finalmente, a *liberdade moral,* esta a que se refere o livre arbítrio.[297] E alcança definir, especificamente para esse ponto, que algo livre (que contém a liberdade), é algo que *sequer relativamente depende de uma causa anterior*, ou seja, aquilo que "em nenhum aspecto é necessário, o que significa dizer que não depende de nenhuma razão". Esse conceito é relevante porque é por apontar a vontade livre como aquela que não tem qualquer antecedente, que "não é determinada por nada", que procede radicalmente de si mesma. Essa vontade realmente livre seria o *liberum arbitrium indifferentiae*. E o *livre arbitrium indifferentiae* não existe.

Como, então, tomamos as decisões e de onde elas surgem? Essa é proposta que o autor se permite comprovar, a partir de uma estrutura que parece bastante delineada, e que passa por uma diferenciação acerca de dois níveis de consciência: aquela que tem o homem sobre si mesmo e a consciência que existe sobre as demais coisas. E a primeira, a autoconsciência, serve ao autor para desfazer o que entende um equívoco: existe uma diferença entre o sentimento de liberdade mais imediato, que significa um "poder fazer aquilo que se quer", e uma liberdade de *querer*, essa sim objeto do livre arbítrio: quando o homem responde se pode de fato ele próprio *determinar o que quer*, não apenas o que faz. Pois em nesse primeiro nível, a *autoconsciência,* reside essa declaração de vontade do *fazer* o que *já se quer*[298] (ou seja, em que o querer é um pressuposto), e daí é que emana a ideia primeira de que somos livres, porque a partir de um querer já determinado o sujeito se move a fazer algo. Porém, já com propósitos firmes, Schopenhauer

cargo de Ángel Gabilondo, que aqui utilizamos para consulta: SCHOPENHAUER, A., *Sobre la libertad de la voluntad*, Madrid: Alianza, 2012.

296. *Num liberum hominum arbitrium e sui ipsus conscientia demonstrari potest?*

297. SCHOPENHAUER, A., *Sobre la libertad de la voluntad*, cit., p. 52.

298. Segundo Schopenhauer, aí se encontra grande ponto de confusão, porque, caso se pergunte ao "homem ingênuo" se ele é livre, sempre responderá positivamente, porque confunde a liberdade de fazer com a de querer. A liberdade a que se refere o homem ingênuo "supone que se ha decidido ya, y, por lo tanto, nada pueda aportarnos acerca de la libertad de esa voluntad". SCHOPENHAUER, A., *Sobre la libertad...*, cit., p. 68.

sentencia: "puedes hacer lo que quieres, pero en cada momento de tu vida no puedes más que tener un querer determinado y no otro",[299] uma assertiva que hoje é reiteradamente recuperada.

Na chamada "consciência das demais coisas" reside[300] então a maior complexidade do conceito de liberdade não absoluta. Afirma Schopenhauer que o homem não detém percepção imediata da formação da própria vontade, porém guarda consciência dos objetos exteriores, a partir do entendimento; este, por sua vez, tem a lei da causalidade como seu maior norte. O homem é capaz de perguntar-se sobre a causa de todas as coisas, mas não consegue, segundo ainda o autor, pensar em uma causa *primeira* para todas as coisas.[301]

Nesse momento é que Schopenhauer explica com maior apuro seu conceito de causalismo e indeterminismo. Para ele, uma das claves é a compreensão de o que seja causa. E oferece – um tanto mesclando o que é a Psicologia e o que é a Física – três tipos de causas: a primeira é a causa em sentido estrito, as que "produzem mudanças nos organismos não vivos", e cujo grau de efeito corresponde exatamente ao grau da causa, tal qual, na consideração do próprio autor, a Segunda Lei de Newton.[302] Segundo tipo de causa seriam os excitantes, aquele em que não há grau de proporção entre causa e efeito, portanto este não se pode prever, e que rege as relações entre os organismos vivos.[303] A terceira espécie de causa, que existiria apenas nos animais, é, para o autor, a *motivação,* isto é, a causalidade que se ativa através do conhecimento. Os animais – e é bem claro ao não restringir ao ser humano essa categoria – têm então, além da receptividade para os movimentos e a excitação, a faculdade de operar pelos motivos, que seriam "uma faculdade representativa, um intelecto, com inumeráveis graus de

299. Schopenhauer, A., *Sobre la libertad...*, cit., p. 75.

300. "Nos tendremos que habérnoslas con la voluntad misma, tal como se ofrece al sentido interno, sino con los seres volitivos, movidos por la voluntad, que son los objetos de los sentidos propios", idem.

301. "Porque esa pregunta siempre viva ¿qué es lo que produjo este cambio? no permite jamás un punto final de reposo al entendimiento, por mucho que se empeñe, y por esta razón no es posible pensar en una causa primera como no es posible pensar en un comienzo del tiempo o en un límite de espacio". Schopenhauer, A., *Sobre la libertad...*, cit., p. 80.

302. Schopenhauer, A., *Sobre la libertad...*, cit., p. 82-83.

303. "Todos los cambios y desarrollo de las plantas y todos los cambios meramente orgánicos, vegetativos, o funciones, de los cuerpos animales proceden de excitantes. En esta forma actúa la luz, el calor, el alimento, toda farmacopea, todo contacto, la fecundación, etc." p. 84. Fiz questão de destacar este trecho específico para fazer constar que o conhecimento de Schopenhauer, mesmo para seu tempo, parece deixar a desejar. Ainda que àquele tempo a biologia não tivesse um grande desenvolvimento, atribuir todos os fenômenos dos corpos vivos a uma relação de excitação cuja proporcionalidade, em palavras dele, não se pode prever parece um tanto descuidado, principalmente para quem determina relações de causa e efeito. Uma causa que redunde um efeito imprevisível não nos parece causa, e isso, creio, não deveria escapar ao autor, ainda que desconhecendo – como nós hoje ainda desconhecemos – as causas de muitos efeitos. Portanto, esse descompromisso com a causa faz perder grande parte da importância de seu determinismo, em nossa opinião.

perfeição, e que materialmente nos aparece como sistema nervoso e cérebro, e com ele a consciência".[304]

Diante dessa tripartição causal tracejada pelo filósofo, para alcançar o nível mais elevado dos *motivos*, e, nestes, a sua maior abstração em espaço e tempo,[305] pelo qual, agora sim, bem se diferencia dos animais, porque seus motivos são mais alijados, menos identificáveis. Ou seja, os motivos humanos são as ideias. E as ideias concedem ao sujeito a maior possibilidade de premeditação e intencionalidade. Portanto, para os animais, os motivos encontram-se ainda muito próximos dos excitantes, enquanto no homem aqueles já estão em "incomensurável distância"[306] destes. E é nessa incomensurável distância que se aloca a *impressão de liberdade*, que faz ilusória a percepção de liberdade absoluta (*liberum arbitrum indifferentiae*). De uma causa fisicamente evidente até uma, para utilizar a expressão do autor, não visível aos olhos, encontra-se uma relação causa-efeito, ou seja, uma relação não-livre, já que, em seu conceito, o livre tem de ser o que de nada depende.

Tal percurso permite a Schopenhauer, agora já mais incisivo em seu posicionamento, afirmar que, caso assumíssemos o livre arbítrio, qualquer ação humana seria um milagre inexplicável, um efeito sem causa. Existindo, portanto, mesmo nos motivos, essa relação de causalidade, cabe explicar – e temos que apontar que o filósofo o faz com alguma falta de clareza e definição que contrastam com o demais de seu texto – qual é essa razão primeira em que agem os motivos. Ou seja, em palavras nossas, qual é o ponto de ação dos motivos, mesmo indeterminados, para que provoquem reações que, ao fim e ao cabo, conduzirão ao que é a ação humana. Esse elemento é a vontade, a qual, diz Schopenhauer, não conhecemos senão por manifestações exteriores. E uma "constituição especial e individualmente determinada da vontade, em virtude da qual a relação aos mesmos motivos é diferente em cada homem"[307] é o que constitui, então, o *caráter*. Sem extensas fundamentações, define o autor que o caráter do homem é *individual*, portanto os motivos agem diferentemente em cada um;[308] é *empírico*, porque somente a experiência o revela, mesmo a nós próprios, ou seja, ao possuidor de cada caráter. Disso, segundo Schopenhauer, advém o arrependimento, que é o comum sentimento de decepção que temos conosco mesmos, *o momento de notar*

304. SCHOPENHAUER, A., *Sobre la libertad...*, cit., p. 86.

305. "Lo que determina la acción del hombre no es, por lo general, lo que se halla presente a su intuición sensible en el tiempo y en el espacio, sino más bien meras ideas que lleva en su cabeza y que le hacen independiente de las impresiones del presente. Cuando descuida de esa manera de obrar, su acción es calificada de irracional, mientras que se llamará racional cuando se lleve a cabo exclusivamente a consecuencia de ideas bien meditadas". SCHOPENHAUER, A., *Sobre la libertad...*, cit., p. 89.

306. SCHOPENHAUER, A., *Sobre la libertad...* cit., p. 96.

307. SCHOPENHAUER, A., *Sobre la libertad...*, cit., p. 110.

308. O autor deixa de aclarar questões essenciais, que a seu tempo já estavam a seu alcance: por exemplo, sendo o caráter individual, ele é irrepetível? Seria possível determinar caráteres e, a partir daí, prever reações?

que não somos, como outrora podíamos haver crido, dotados desta ou daquela virtude; o caráter é *constante,* e daí a taxatividade do autor, que afirma que "el hombre no cambia nunca: del mismo modo a como actuó en un caso, actuará si se repiten las mismas circunstancias",[309] desde que do mesmo modo bem as conheça; por último, o caráter é ingênito, ou seja, "não obra da arte ou de circunstâncias fortuitas, mas obra da Natureza".[310]

Por essa argumentação, o filósofo polonês[311] concentra no caráter, inalterável, o núcleo do indeterminismo do ser humano, da sua falta de liberdade real. Em termos objetivos, o homem não consegue propor a si mesmo uma ação diferente da que lhe determina o caráter. Opta então[312] Schopenhauer, diante desse percurso, em responder ao que entendemos ser *uma* das perguntas latentes que se coloca em evidência com os pontos anteriores: de onde nasce então nosso senso de responsabilidade moral? O autor dedica a tanto apenas breves palavras. Diz que, colocada essa dúvida, é hora de considerar um novo elemento, a sensação de responsabilidade e imputabilidade. Ela seria nada mais que a culpa ou, melhor dito, a certeza de que o homem poderia haver agido de outro modo *caso ele houvera sido outro.*[313] Outro que, claro, ele não é.[314-315] Nesse sentido, toda ação

309. Schopenhauer, A., *Sobre la libertad...*, cit., p. 109.

310. Schopenhauer, A., *Sobre la libertad...*, cit., p. 112.

311. A denominação advém, claro, de uma configuração geopolítica contemporânea. Schopenhauer nasceu em Danzig, atual cidade polonesa de Gdansk.

312. Nesse interregno, Schopenhauer insere um capítulo denominado "predecessores", quando só então analisa mais detidamente qual são as autoridades que sustentam sua tese. Comenta Aristóteles e Kant, e rebate, dentre outros, o Padre da Igreja Augustin, que, no *de libero arbítrio*, analisa o problema "en notoria perplejidad y vacilante inseguridad, llevándole hasta la inconsecuencia y la contradicción". Schopenhauer, A., *Sobre la libertad...*, cit., p. 130. Com sua veemência, afirmara, ao cerrar o capítulo anterior, que "la cuestión de la libertad de la voluntad es realmente piedra de toque para distinguir los espíritus profundo de los superficiales", idem, p. 121.

313. É uma das questões que reiteradamente aparece ao se discutir, na culpabilidade, a inexigibilidade de conduta diversa: substituir o julgamento do indivíduo pelo de *outro*, e assim atribuir uma capacidade de alteração de caráter que não existe. Vide a respeito, por exemplo, Cairoli: "No se puede sustituir el juicio del autor para obrar de otro modo en el caso concreto, por el de capacidad de autodeterminación de otra persona en igual situación". Cairoli Martínez, Milton, La culpabilidad: ¿realidad o ficción?, in: *Estudos em Homenagem ao Prof. João Marcello de Araújo Júnior*, Rio de Janeiro: Lumen Juris, 2001, p. 425.

314. "A él, por ser él y no otro, por tener tal y tal carácter, no le fue posible, sin duda, ninguna otra acción, pero *objetivamente*, consideradas las cosas en sí mismas, esa acción fue posible. La responsabilidad de que tiene conciencia afecta de primeras y ostensivamente a la acción, pero, ostensivamente, a su carácter, y se siente responsable de este". Schopenhauer, A., *Sobre la libertad...*, cit., p. 167.

315. George Simmel, que faz uma interessante e didática análise do pensamento global de Schopenhauer, principalmente em sua análise acerca do domínio da vontade, traz interpretação diversa, que entretanto, em nossa confrontação, não bem o que se encontra na monografia do autor polonês. Diz Simmel que "Por eso, para él, el remordimiento no es otra cosa sino la conciencia de no haber obrado en consonancia con su propio ser y voluntad", "Darum ist ihm die Erscheinung der Reue nichts anderes, als das Bewusts werden, dals man nicht seinem eigentlichen Willen und Wesengemäls gehandelt hat". Simmel, Georg, *Schopenhauer und Nietzsche: ein Vortragzyklus*. Leipzig, 1907, Duncker & Humbolt, p. 177. Faz sentido, tendo em vista que Schopenhauer valoriza a vontade como antecessora da própria

humana significa um motivo que incide sobre o caráter, e a liberdade moral reside no senso de responsabilidade, o qual advém da consciência desse caráter, desse ser imutável que deveria ser outro.

Dessa explicação pode-se concluir que realmente a obra de Schopenhauer é indispensável ao tracejar o panorama que buscamos. Talvez seja, distante da questão teológica, mais objetivo marco determinista, e realmente não lhe faltam nem erudição nem argumentos bastante convincentes para fazer crer na inexistência de liberdade, que pode conviver com uma sensação de responsabilidade moral – a sensação de que se poderia haver sido outro, em uma posição que hoje se chamaria compatibilista. Bem verdade que se tenha sempre que se considerar que o Über die Freiheit des Willens é uma monografia que dialoga intensamente com a chamada "obra maestra" do autor, e então não pode ser interpretada longe dela, também temos que levar bastante em conta que tem uma estrutura independente, bem focada sobre o tema que nos ocupa, e esse corpo é, arriscamos dizer, sem dúvida aproveitado em outras monografias da mesma natureza, a exemplo de Engisch, Lessa e, mais recentemente, Schünemann.

Porém, sem querer desde já confrontar argumentos, é necessário apontar algumas possíveis quebras de coerência no pensamento do autor. No primeiro plano, merece olhar atento seu conceito de causalidade. Porque, se é fato que são causas tanto as causas *stricto sensu*, quanto os excitantes e os motivos, como é possível dizer que os dois últimos não atendem a qualquer relação de proporcionalidade? Colocada a questão em outros termos, parece-nos que um princípio de ação que implica uma reação sem qualquer regra de proporção – e não com uma regra de proporção desconhecida ou inatingível, que seria algo muito diverso – não se pode dizer que seja uma relação causa-consequência. Se uma faísca em um posto de gasolina pode causar uma explosão de imensas proporções, e aí temos uma relação causal entre a faísca e o enorme incêndio, não se é possível afirmar que inexista qualquer relação de grandeza entre uma e outra. Quando então Schopenhauer se demonstra conhecedor das leis da Física, bem como sabe – porque o expressa – que a consciência e o raciocínio se materializam no cérebro, é provável que deixe de considerar que, nesse órgão corporal, proceda-se também a reações que atendam às leis naturais? Estender a motivação a um ponto em que existe uma reação absolutamente desproporcional, sob nossa ótica, significa o mesmo que encontrar um elemento cujas reações não atendem a uma relação de causalidade, o que não se diferenciaria do "milagre inexplicável" que o próprio autor critica, já que nenhuma fórmula o explica, sequer em hipótese ("nenhuma fórmula seria capaz de explicá-lo"), nem mesmo o prevê.

realidade, o que a final pode representar uma contradição. Como Simmel entretanto não indica documento sobre o afirmado, nos é impossível fazer diretamente confrontação em busca de opinião diversa do próprio Schopenhauer.

Quando o autor, em um segundo plano, desenha o *caráter* como imutável e intrínseco a cada ser humano, como um aglutinador de todas as reações havidas pelos motivos mais longínquos que são representados não só pelas reações mais imediatas como também pelos mais abstratos elementos do raciocínio, ainda mais porosa se nos parece sua argumentação. Sua imutabilidade é o que surge como mais questionável. Primeiro, não parece ser seguro que cada homem esteja consciente da existência de um caráter imutável em absoluto, portanto a explicação do filósofo para o que seja o arrependimento (de caráter penal tão relevante), a partir do desgosto de não haver sido outro, tem alguma lacuna. Porque a sensação do sujeito de que poderia ter agido de outro modo pode surgir de sua convicção de que realmente pudesse haver sido coerente com seu próprio caráter. Ou ao menos, que, se tivesse a experiência posterior das consequências do seu ato, certamente responderia diversamente àquele estímulo, no famoso "hoje eu faria tudo diverso", que não é o *Andershandelnkönnen*, mas pode ser uma alteração de caráter. Note-se que a flexibilização dessa exposição de arrependimento, acreditamos, não colocaria a perder o posicionamento determinista do filósofo, porque seu postulado tem como alicerce não a existência do caráter, mas sua imutabilidade. Nesse sentido, ao defender ferrenhamente que o caráter não se altera, Schopenhauer deixa de lado o aprendizado e a experiência, que seriam relevantes até mesmo para compreender a função da reprimenda penal, por exemplo.

Em se admitindo questões em aberto, há também que se evidenciar uma consequência nodal da afirmação do autor, não clara mas tampouco nada distante de sua exposição: se o caráter é imutável e sempre conhecido objetivamente, pela experiência (inclusive pelo próprio indivíduo, que quando sente culpa é por não ser dono de outro caráter), e ademais imutável, é possível prever com segurança a reação de um indivíduo diante dos estímulos? Encontrar no próprio autor a resposta seria relevante não apenas porque a seu tempo, a partir de outra perspectiva, Lombroso buscava essa classificação, mas porque nos parece mais uma vez que a consequência evidente de se afirmar a falta de liberdade é a probabilidade de previsão, ainda que sob a interferência de fatores muito complexos, ou ainda a divisão dos caracteres sob algum critério, de características comuns. A inexistência de proporcionalidade entre estímulo e ação, mediada pelo caráter, caso signifique sua absoluta falta de previsão, se nos figura como uma afirmação de sua indeterminação e, daí, liberdade relativa.

Desse modo, o autor contribui para o debate ao levar ao enfrentamento claro da questão do livre arbítrio sua posição determinista, inovando em argumentos que muitas vezes seriam repetidos adiante. Entretanto, em nossa opinião, mesmo esta nossa análise apertada permite afirmar que seu percurso deixa sem respostas questões que não poderiam escapar a quem se põe a enfrentar o tema, com a técnica que se dominava na metade do séc. XIX.

2.4 Questões contemporâneas

2.4.1 Nietzsche, determinismo, não-responsabilidade e fim da Moral

Filósofo com reconhecida influência de Spinoza, que dizia ser seu precursor,[316] e de Schopenhauer, este a quem tomava como "o último alemão que deve ser levado em consideração",[317] importa invocar o pensamento de Friedrich Nietzsche, por sua mais veemente negativa da moral e da existência de Deus, que o conduz a uma visão bastante peculiar sobre a liberdade de querer. Entretanto, a confessa – e, assim dita, intencional – ausência de um pensamento sistêmico, já que a "ânsia do sistema é uma falta de honestidade"[318] causa alguns problemas de intelecção acerca, principalmente, do convívio entre um homem fisicamente determinado e a existência de um ideal de superação, que deveria nascer apenas dos espíritos livres. Ainda assim, o filósofo é bastante claro ao negar qualquer validade ao elemento moral e daí considerar como inexistente a liberdade de querer, tal qual a concebemos.

O conhecido ponto de partida de que "Deus está morto"[319] enunciado por sua doutrina esclarecerá bastante da sua falta de compromisso com temas mais transcendentes que o homem por si mesmo, cujas maiores qualidades estão condensadas no "super-homem" (Übermensch), que é o sentido livre que o indivíduo concede a seu próprio futuro, livre das amarras da moral, mas muitas vezes arraigado a qualidades de alguns homens clássicos, que eram dotados da força física, da vontade da guerra e ausentes dos valores que não fossem os mais puramente humanos. Invertendo a moral, ou ao menos livre dela, o Super-homem é forte e despreza valores menores como a humildade, e então vem a ser uma alma superior, que ocupa um corpo superior, ao redor do qual tudo se transforma

316. Carta de Nietzsche a Franz Overbeck em julho de 1881: "¡Estoy asombrado y encantado! Tengo un precursor. ¡Y de qué género! No conocía casi a Spinoza y el que ahora me entrasen deseos de leerlo ha sido algo realmente instintivo. He hallado que no sólo su general tendencia es igual a la mía –hacer del conocimiento la pasión más poderosa–, sino también que coincido con él en cinco puntos esenciales de su doctrina, en los cuales aquel original y solitario pensador se acerca a mí grandemente, y que son: *la negación del libre arbitrio*, de la intención, del orden moral universal, de lo inegoísta y de lo malo. Aunque es cierto que la diferencia entre nosotros es enorme, ella depende, más que de nada, de la diversidad en época, cultura y ciencia. En suma: mi soledad que, como la altura en las elevadas montañas, me cortaba a veces la respiración, ha encontrado ahora un compañero". Nietzsche, Friedrich, *Epistolario,* Jacobo Muñoz (org.), Madrid: Biblioteca Nueva, 1999, p. 168.

317. Nietzsche, Friedrich, *Ocaso de los ídolos,* (trad. J. Luís Labata), Madrid: Mestas, 2008, p. 94.

318. "Desconfío de todos los sistemáticos ye me aparto de su camino. El ansia de sistema constituye una falta de honestidad". Nietzsche, Friedrich, *Ocaso de los ídolos,* cit., p. 19.

319. "¡Ante Dios! Pero Dios ha muerto. Este Dios, hombres superiores, ha sido vuestro mayor peligro. Para que resucitarais ha sido preciso que yaciera él en su tumba. Sólo ahora vendrá el gran mediodía y también el hombre superior para ser el Señor. (...) Pues bien, ¡adelante hombres superiores! Sólo ahora va a dar a luz la montaña del porvenir humano. Dios ha muerto; nosotros queremos que viva el Superhombre". Nietzsche, Friedrich, *Así habló Zaratustra,* Trad. Juan Bergua, Madrid: Esfera de los Libros, 2011, p. 287.

em espelhos".[320] Calcado nesse ideal de um indivíduo sublime, que se aparta do caminho moral e cuja ânsia de poder lhe é uma natural virtude, Nietzsche desconstitui o sentido da vontade livre e do castigo, com algumas consequências que também nos será obrigatório explorar.

Nietzsche critica o racionalismo que cresceu a partir dos discípulos de Sócrates, por estes não haverem reconhecido que aquele seu mestre era a superação de si mesmo. O moralismo que nasce a partir de Platão estaria condicionado por um racionalismo patológico,[321] e então se fecharam as portas ao que fora intuitivo, fazendo, por assim dizer, decair a humanidade. Tudo o que os filósofos trouxeram a partir de então teria sido um monismo teórico,[322] arraigado de moralismo e de uma busca insossa pelo racional. Assim se constrói um mundo moral, um mundo 'verdadeiro' que nada mais é que uma distorção do mundo real, visto a partir da '*ilusão de ótica moral*': os traços de o que se diz ser verdadeiro são exatamente os traços distintivos do não-ser, do *nada*.[323] Dentre essas ilusões está o livre arbítrio, um dos grandes erros teóricos trazidos pela filosofia moralista, esta que Nietzsche combate com todas suas forças.

Para desacreditar a existência da liberdade da vontade, o filósofo recorre à sua origem, a mesma de todo o moralismo: a vontade livre é criada pelos teólogos para "responsabilizar a humanidade, isto é, para fazer que esta dependa deles",[324] ao mesmo tempo em que, afirma, qualquer intento de buscar responsabilidades se reduz à satisfação do *instinto* de querer julgar e castigar.[325] A ideia de responsabilidade e de culpa, diz Nietzsche literalmente, teria sido "inventada" pelos sacerdotes antigos, que "trataron de arrogarse el Derecho a imponer castigos o quisieron conferir a Dios ese Derecho".[326] E daí entende que os imoralistas – predicativo que se arroga a si próprio – têm como missão eliminar todo o conceito de culpa e de castigo. Para isso, é necessário destruir a ideia preliminar criada

320. Assim um sermão de Zaratustra: "Aún más despreciable le parece el obsequioso que se arrastra por el suelo e inmediatamente se pone panza arriba, temeroso y humilde; y también hay una sabiduría que se humilla, arrastra y es devota y obsequiosa. Odio y hasta asco le inspira quien no quiere defenderse y traga salivazos venenosos y miradas malévolas, y el paciente demasiado paciente, que soporta todo y con todo se contenta, porque tiene hábitos lacayunos. Lo mismo le da que sea servil ante los dioses y los puntapiés divinos que ante los hombres y las estultas opiniones de los hombres, porque este bienaventurado egoísmo escupe en la faz a todo servilismo". NIETZSCHE, Friedrich, *Así habló Zaratustra,* cit., p. 191.

321. "El moralismo de los filósofos griegos que aparece a partir de Platón está condicionado patológicamente; y lo mismo cabe decir de su afición por la dialéctica. Razón = virtud = felicidad equivale sencillamente a tener que imitar a Sócrates". NIETZSCHE, Friedrich, *Ocaso de los ídolos*, cit., p. 31.

322. "Todo lo que han venido manejando los filósofos desde hace miles de años no son más que momias conceptuales; nada real ha salido con vida de sus manos". NIETZSCHE, Friedrich, *Ocaso de los ídolos,* cit., p. 33.

323. NIETZSCHE, Friedrich, *Ocaso de los ídolos,* cit., 2008, p. 38.

324. NIETZSCHE, Friedrich, *Ocaso de los ídolos,* cit., p. 59.

325. Idem, p. 59.

326. Idem, p. 60.

pelos moralistas: a responsabilidade de existir, que se encontra estreitamente vinculada à assertiva de uma finalidade do homem, em sua vida dentro do mundo. Para o filósofo alemão, não existe objetivo do indivíduo na Terra, senão uma *necessidade*: como fragmentos do Universo, "formamos parte do todo, somos o todo",[327] de modo que julgar a alguém seria, em última análise, julgar o Universo integralmente.

Se esse seria então o clássico pensamento determinista, há que se reconhecer que Nietzsche inova dentre eles ao assumir que o ideal do ser humano é o da não-responsabilização. A grande liberação, dirá Nietzsche, será a de *não responsabilizar ninguém,*[328] *porque não há indivíduo que possa ser causa primeira do universo*; e o que lhe permite essa inovação é a já mencionada distância de qualquer valor moral, complementada pela expressa crença em valores como egoísmo e violência. Apenas por aí se consegue justificar a ausência total de castigo e de pena, senão como uma busca pelo poder.

O afastamento de qualquer castigo, apoiado pela ausência de valor moral torna-se então ponto central desta análise, tendo em vista que sua proposta não deixa de ser fascinante, aos olhos do Direito penal: *sem castigo e sem valores a proteger, o Direito penal seria dispensável.* Entretanto é impossível deixar de observar que a filosofia nietzschiana, embora abra algum caminho para o nihilismo e a liberdade das amarras históricas, fracassa por seus próprios resultados, ao propor um mundo imoral em absoluto. Em termos bastante palpáveis, se o positivismo teve como uma de suas consequências a abertura para o ideal totalitário dos nazi-fascistas, Nietzsche foi seu teórico mais direto – dizendo-se com a devida licença de seus defensores. Não foi em vão que os nazistas se utilizaram de suas palavras, porque, ao construir um discurso inflamado contra a "dulcificação dos costumes",[329] traz como consequência a exaltação da força,[330] da guerra[331] e da violência. Some-se a isso as reiteradas digressões sobre uma raça superior[332]

327. Idem, p. 61.

328. Idem, p. 61.

329. Idem, p. 109.

330. Julián Marías entende que esse ideal de força (imoral) defendido por Nietzsche – que ao final era uma reação à burguesia do século XIX – tem muito da "idea de caballero, del hombre animoso y pujante", em plena coincidência com os ideais cristãos, conquanto o filósofo alemão disso não se apercebesse. MARÍAS, Julián, *História de la filosofía,* cit., p. 354. Pode ser que nesse ponto específico realmente exista essa coincidência, cremos, desde que interpretado o ideal cristão também sob um prisma bastante restrito.

331. "Los pueblos que han tenido algún valor, que han llegado a valer algo, no lo han conseguido con instituciones liberales: lo que les hizo merecedores de respeto fue el gran peligro, que el que nos hace tomar conciencia de nuestros recursos, de nuestras virtudes, de nuestras armas de defesa y ataque (...). Hay que tener la necesidad de ser fuerte; de lo contrario, nunca llegaremos a serlo". NIETZSCHE, Friedrich, *Ocaso de los ídolos,* cit., p. 112.

332. "Con vosotros acabaría por estropear todas mis victorias. Y alguno de vosotros se caería de espaldas al primer redoble de mis tambores. Además. no me parecéis bastante hermosos ni de buena raza". NIETZSCHE, Friedrich, *Así habló Zaratustra,* cit., p. 276.

e a sugestão da destruição das inferiores,[333] e estamos diante de um proselitismo de guerra,[334] que se materializa com a constante busca de Nietzsche por um *ideal alemão*,[335] que resgataria seu povo de uma insossa decadência, parelha aos demais países da Europa.

O contexto da guerra europeia somente é invocado no presente trabalho a fim de demonstrar que a utopia do homem sem os valores morais é impossível porque resulta na destruição. Por isso, quando Nietzsche afirma que o criminoso é, na verdade, um virtuoso colocado em um ambiente inóspito, aquele que é "mais forte que a sociedade", que sabe que será rejeitado por um grupo covarde e então seus pensamentos passam a ter a "cor do subterrâneo", segue um caminho apaixonante, porém irreal. O criminoso seria o indivíduo talhado à sociedade que defende o filósofo, aquela que supera o grande "regime de costumes suaves"[336] que impera na decadente humanidade, mas não há resposta de como seriam os meios de equalizar o grupo, o que faz a proposta incompleta, mesmo como utopia. O criminoso – de modo geral- será para Nietzsche aquele que desenvolve ódio e vingança contra uma sociedade que já não o acolhe, e assim, livre de amarras morais, se o admite como um superior.

E quando Nietzsche eleva esses homens à condição superior – quer o criminoso, quer Zaratustra, quer o Übermensch – sem dúvida descreve alguém que se liberta do contexto médio, que busca a própria liberdade. É a "vontade criadora"[337] e o "espírito livre"[338] a que ele se refere reiteradamente. Essa liber-

333. "La gentes me ladran porque les digo: la gente pequeña necesita pequeñas virtudes, y porque me cuesta trabajo creer que la existencia de la gente pequeña es necesaria". Nietzsche, Friedrich, *Así habló Zaratustra,* cit., p. 168.

334. Nietzsche enuncia-se a si mesmo como belicoso e exalta a guerra como virtude: "Poder ser enemigo, ser enemigo supone quizá tener una naturaleza fuerte y, en cualquier caso, es lo que se da en toda naturaleza fuerte. (...) La inclinación a la agresividad forma parte de la fuerza, del mismo modo necesario en que el sentimiento de venganza y de rencor forma parte de la debilidad". Nietzsche, Friedrich, *Ecce Homo*, Madrid: Edimat, 2011, p. 50.

335. Por exemplo: "¿Quién no habrá pensado con melancolía en lo que podría ser el espíritu alemán? Pero este pueblo se ha vuelto estúpido voluntariamente, desde hace casi mil años; en ningún otro país se ha abusado más viciosamente de los grandes narcóticos europeos, el alcohol y el cristianismo". Nietzsche, Friedrich, *Ocaso de los ídolos,* cit., p. 70. Há intérpretes que reconhecerão nessas assertivas de Nietzsche um evidente *antigermanismo*, porém nos parece que, compreendido o texto no contexto global da escrita do filósofo, afigura-se uma *crítica* à falta real dos valores germânicos, ou seja, a exaltação do germanismo clássico, o qual, há que dizer, seria grande baluarte nazista.

336. As expressões em destaque no parágrafo estão no subtítulo dedicado aos criminosos no "Ocaso dos Ídolos". Cf. Nietzsche, Friedrich, *Ocaso de los ídolos,* cit., p. 122-124.

337. "La voluntad liberta, porque la voluntad es creadora. Esto es lo que enseño. Y sólo debéis aprender a crecer". Nietzsche, Friedrich, *Así habló Zaratustra,* cit., p. 206.

338. O subtítulo de sua obra *Humano, demasiado humano* indica: "Um livro para espíritos livres". Em outra obra, explica essa indicação: "El título de la obra significa: 'donde vosotros veis objetos ideales, yo veo cosas humanas y, ¡ay!, demasiado humanas'. Yo conozco mejor al hombre. La expresión 'espíritu libre' quiere significar aquí solo una cosa: un espíritu que ha llegado a ser libre, que ha tomado posesión de si mismo". Nietzsche, Friedrich, *Ecce Homo*, Madrid: Edimat, 2011, p. 103.

dade, que o ser superior alcança ou deve alcançar ao compreender a decadência e a imbecilidade dos costumes morais preconizados, contrapõe efetivamente à sua ideia determinista de homem como fragmento indecomponível do universo. Em outras palavras, se todas suas considerações acerca dos homens superiores indicam uma liberdade de consciência que, ao menos parcialmente, rompe com sua afirmação de que a crença na liberdade seja um erro filosófico; e ainda que houvesse a alternativa de pensar que somente o homem superior é livre, teria que se posicionar a este como um ser fora de toda a estrutura *universal*, o que o filósofo não ousa fazer.

Quanto a moral, também, suas ideias pecam por alguma falta de coerência, o que é parcialmente explicado por sua recusa em sistematizar seu trabalho: dizer que existe um intento de responsabilizar criado adrede pelos teólogos e que, ao mesmo tempo, essa responsabilização é a satisfação de um instinto parece-nos contraditório, pois os instintos humanos seriam desejados por todos e não por apenas um grupo. Ademais, para Nietzsche, toda moral é a *negadora* dos instintos humanos,[339] de modo que a moral serviria, caso se juntem os afastados fragmentos de texto nietzscheanos, ao mesmo tempo para negar e satisfazer instintos.

Ainda assim, a análise de seus textos não deixa de ser-nos útil: a evolução, ou a tentativa, de evolução para um mundo sem moral, em que o homem reconheça seus próprios instintos e declare a superioridade de valores diversos (esses valores que serão o centro dos comentários do filósofo) daqueles normalmente preconizados – tão ao contrário de Kant – não deixa de ser relevante para nosso tema. O ideal do criminoso como um ser que tem na sua inadaptação o grau de sua superioridade também é algo que tangencialmente havermos que retomar, mas não responde de modo direto à negação da liberdade: mais provavelmente forja como um homem ainda mais livre, o que o faria mais responsável.

Há, entretanto, alguns pontos de *extrema coerência* no pensamento nietzschiano, que se devem aqui consagrar. Foi ele o único filósofo a apontar que não apenas qualquer castigo,[340] mas qualquer responsabilização ao indivíduo é indevida, por conta do arbítrio-escravo humano. Ou seja, reconhece diretamente,

339. Vale copiar o trecho específico, para documentar que dizemos: "La moral que va en contra de la naturaleza, o sea, casi toda la moral que se ha enseñado, respetado y predicado hasta ahora, va precisamente en contra de los instintos, a los que condena, unas veces de forma solapada y otras de un modo ruidoso y descarado. Cuando dice que 'Dios ve lo que hay en nuestro corazón', la moral va en contra de los deseos más bajos y más elevados de la vida y considera a Dios como *enemigo de la vida* (...) La vida termina donde empieza el 'reino de Dios'...". NIETZSCHE, Friedrich, *Ocaso de los ídolos*, cit., p. 47. Portanto, o filósofo afirma ao mesmo tempo em que a crença no livre arbítrio é uma imposição moral *para* satisfazer um instinto, quando seu postulado maior é o de que a moral é a negação dos instintos maiores.

340. Nietzsche avalia a pena surgida a partir mesmo do direito das obrigações, e diz que 'culpa (ou dívida)' e 'sangue' sempre andaram juntos, e nesse sentido o imperativo categórico de Kant "tem odor de crueldade". "Und dürfte man nicht hinzufügen, daß jene Welt im Grunde einen gewissen Geruch von Blut und Folter niemals wieder ganz eingebüßt habe? (selbst beim alten Kant nicht: der kategorische

sem maior necessidade retórica, que homem-determinado e responsabilidade se excluem. E essa assertiva somente aparece em Nietzche porque ele, de modo ousado e único, consegue *de fato* eliminar qualquer moralidade de seu corpo filosófico. Não deixa de ser em enorme mérito.

2.4.2 Nicolai Hartmann: ontologia crítica, ação final e indeterminismo em estratos

Nicolai Hartmann, que em longa obra revisitou a Ontologia, tratou também amplamente a liberdade da vontade. Embora os estudiosos atuais neguem sua transcendência como construção filosófica pura, sua explicação sobre a *conciliação* entre o homem moral e o homem físico, através de *estratos* que conformam a pessoa – a permitir que convivam livre arbítrio e determinantes físicas – foram marcantes no desenvolvimento do *finalismo* penal. Por essa influência que a Ontologia (e, dentro desta, a Teleologia) de Hartmann exerceu não só em Welzel,[341] mas em contemporâneos do patamar de Mezger, há que se consagrar a ela algumas linhas, desde logo com essa ressalva de que suas complexas formulações não tiveram força ao alcançar os dias atuais.

Em linhas gerais, o pensamento de Hartmann se classifica como a *Ontologia Crítica*.[342] Sua ideia é a de uma construção filosófica que abarque toda a realidade,[343] partindo das explicações metafísicas de Kant (a quem critica por não haver logrado completitude em seu pensamento) e de Hegel, de quem quer colher a pretensão sistêmica.

Imperative riecht nach Grausamkeit...)". Nietzsche, Friedrich, *Zur Genealogie der Moral*, Leipzig: Alfred Kröner Verlag, 1930, p. 295.

341. Não sem razão, Moreno Hernández o considerara "garante del sistema finalista, precisamente por el desarrollo coincidente que hace de la estructura de la acción". Moreno Hernández, Moisés, Ontologismo o normativismo como base de la dogmática penal y de la política criminal, *Revista Criminalia*, México, vol. 68, n. 3, p. 38, nota 141.

342. Adeodato explica em detalhes as propostas da "nova Ontologia" de Hartmann, especialmente a partir de "três erros básicos" que a antiga Ontologia cometeria. Primeiro, não se poderia construir sistemas cerrados e a eles subordinar o mundo real. Ao contrário, deve-se observar a multiplicidade dos problemas para alcançar uma unidade (p. 29); depois, equivoca-se a antiga Ontologia por "ignorar o conteúdo irracional, metalógico" dos objetos que estuda e, por último, falha "por ignorar limites categorias do ser (...), como aplicar princípios mecanicistas ou orgânicos ao reino do espírito". Adeodato, João Maurício Leitão, *A filosofia do Direito de Nicolai Hartmann*, Dissertação de Mestrado apresentada na Faculdade de Direito da USP, 1981, p. 29-30.

343. Assim, enuncia em seu Ética, durante vários momentos, que o grande erro do estudo da Filosofia, são seus preconceitos e sua fragmentariedade: "The greater evils are due not to positive errors in accepting without discrimination, but to an ignoring of phenomena and a rejection of authentic problems. A narrowing of the field of vision is the inveterate vice of philosophy. The defect of all 'isms', – whether rationalism, empiricism, sensualism, materialism, psychologism or logicism – is narrowness in the mapping out of the problem". Hartmann, Nicolai, *Ethics I: Moral Phenomena*, Londres: George Allwen & Unwid ltd, 1958, trad. Stanton Coit, p. 106.

Para a Ontologia de Hartmann a Ética, reveladora da alma humana em si, tem lugar especial. O conhecimento ético é um conhecimento de normas, mandatos e valores. Nesse sentido, resgata com Platão a ideia de que "todo conhecimento normativo é necessariamente apriorístico",[344] de modo que a filosofia funcionaria como a justificação de qualquer conhecimento normativo. A Ética, como parte da Filosofia, expõe princípios que, à ausência dela, em alguns casos não seriam revelados à consciência; porém a ética por si mesma nada pode criar, senão "trazer à consciência princípios que estão na alma do homem",[345] que são os princípios éticos em si. E, ainda, essa função de enunciar tais princípios que se revelam à consciência não é a regra, porque, na maioria dos casos, "as normas e os pontos de vista do valor habitualmente têm efeito na vida *antes* de serem elevados à plena luz da consciência pela reflexão ética subsequente", motivo pelo qual a consciência ética somente os descobre após repercussões diretas na vida, os choques do dia a dia. Essa posterioridade do descobrimento das questões éticas é, entretanto, meramente prática, porquanto o princípio ético existe *a priori*, e é apenas descoberto posteriormente devido a essa mesma repercussão nos fatos: as valorações, as tomadas de posição e as decisões da vida moral. Isso lhe permite afirmar que o conhecimento apriorístico é ocasionado pela experiência[346] *a posteriori*.[347]

A escolha entre valores, aliás, é o que diferencia, para o filósofo, o *sujeito* da *pessoa*:[348] a pessoa é o sujeito que porta *liberdade* e *valores morais,* e nesse sentido o estudo da ética do *dever ser* é o estudo da ética da pessoa.[349] Ela, a pessoa, é a única em que se pode *realizar* o dever ser, o que ocorre sob um aspecto duplo: a

344. "Ethical perception is perception of norms, commandments, values. All knowledge of norms is necessarily aprioristic". HARTMANN, Nicolai, *Ethics I: Moral Phenomena*, Londres: George Allwen & Unwid ltd, 1958, trad. Stanton Coit, p. 62.

345. Idem, p. 63.

346. Também o Direito vem *a posteriori* para Hartmann, pressupondo todos os postulados éticos. Por isso é uma ciência prática, mas a ética é a "ciência dos pontos de vista práticos supremos", porque orienta o Direito. Raramente este revela àquela postulados válidos. Cf.: HARTMANN, Nicolai, *Ethics I: Moral Phenomena*, Londres: George Allwen & Unwid ltd, 1958, trad. Stanton Coit, p. 109: "The 'science' of law simply takes over this value as given (...)".

347. "But that is by no means always the case; perhaps it is only so as rare exception. Ordinarily commandments, norms, valuational views are actively at work in life before they have been raised by subsequent ethical reflection into the full light of consciousness. (...) The principle as such can only be discovered a priori, that is, as something independent, primal, immediately evident, which exists behind those embodiments – and under embodiment must be understood those very facts, the valuation, dispositions, resolutions of the moral life. This aprioristic insight, nevertheless, is occasioned through the a posteriori." HARTMANN, Nicolai, *Ethics I: Moral Phenomena*, Londres: George Allwen & Unwid ltd, 1958, trad. Stanton Coit, p. 62.

348. Embora, ao menos em nossa leitura da tradução para o inglês, em alguns momentos a palavra "sujeito" apareça como pessoa e vice-versa.

349. "Thus the two elements of personality – freedom and the carrying of moral values – are deeply embedded in each other. Together they constitute a unified metaphysical feature of a personal being". HARTMANN, Nicolai, *Ethics I: Moral Phenomena*, Londres: George Allwen & Unwid ltd, 1958, trad. Stanton Coit, p. 268.

pessoa tanto *analisa* o valor de suas ações quanto *quer e age;* nesse querer e agir, Hartmann dará ênfase à *ação direcionada ao fim*, um aspecto que, como disserta, se encontra no sujeito independentemente de qualquer relação psicológica, já que "o interno e o externo do sujeito não constituem nenhuma diferença a respeito da realidade da determinação". Essa determinação da pessoa é, portanto, um campo em que *domina o nexo final*. Todo querer, todo desejar, todas as esperanças e tendências encontram-se ocultas na disposição do ânimo, pois desse fenômeno "não forma parte apenas a posição e persecução conscientes dos fins, mas toda atividade do sujeito já traz em si esse nexo [final]".[350] Em outras palavras, toda intenção prática do sujeito é, para Hartmann, final.[351]

Quando o homem direciona sua vontade a um fim, diz Hartmann, desvia os cursos causais a uma finalidade. Os processos naturais estão dessa forma *vinculados a valores* enquanto o homem não consegue criar o processo causal, mas apenas desviá-lo aos fins,[352] o que faz com que possa *predeterminar* o curso dos acontecimentos. É desse modo que se cumpre o papel metafísico humano de "mediador entre o reino do valor e o da realidade".[353] O indivíduo tem portanto uma responsabilidade pela determinação, que representa sua personalidade: liberdade, previsão e teleologia (estar voltado a um fim) é o que constitui o homem teleologicamente, e o ser pessoal se diferencia dos demais porque tem a liberdade da vontade, ou seja, o poder de, frente aos valores, agir de modo favorável ou contrário a eles.[354] O nexo final em que o homem opera pode ser dividido também em três estratos: a capacidade de determinar fins, traçando conteúdos de um ponto final; a capacidade de encontrar meios para sua realização e a capacidade de guiar o *processo real* até o objetivo anteriormente planejado.[355] Tudo isso, portanto, em um pressuposto de *vontade livre*, que dirige a ação.

Após estandardizar a liberdade pessoal (liberdade da vontade) como possível e necessária ao ser, Hartmann busca os detalhes: *de que modo* ela se opera onto-

350. "For to this belong not alone the conscious setting up and pursuit of ends; every activity of the subject has essentially the structure of this nexus. All practical intention is finalistic". Hartmann, Nicolai, *Ethics II: Moral Values*, Londres: George Allwen & Unwid ltd, 1963, trad. Stanton Coit, p. 274.

351. Idem.

352. Adeodato explica essas fases: "Em primeiro lugar, devido a sua condição ontológica, o homem intui um valor e, inspirado nele, postula um fim a ser atingido pela conduta. Esta é a parte mais essencialmente livre do ato teleológico, condicionada apenas pelo próprio valor ou desvalor em questão. (...) A seguir, o homem escolhe os meios que tornarão real aquele fim almejado. (...) Finalmente, há a efetivação propriamente dita, sua efetivação no mundo real". Adeodato, João Maurício Leitão, *A filosofia do Direito de Nicolai Hartmann*, cit., p. 70.

353. "To the causal determinants he adds a finalistic determinant. His prevision render him capable of this. Thus he fulfils his metaphysical role of mediator between the realm of values and reality." Hartmann, Nicolai, *Ethics I:...*, cit., p. 153.

354. Hartmann, Nicolai, *Ethics I*, cit., p. 143.

355. São os "three stages (or strata) of the finalistic nexus", cf.. "For to this belong not alone the conscious setting up and pursuit of ends; every activity of the subject has essentially the structure of this nexus. All practical intention is finalistic". Hartmann, Nicolai, *Ethics II*, cit., p. 151.

logicamente. O que o filósofo põe à análise é exatamente a possibilidade *real* de sua existência, porque ao contrário da Lógica, a Ontologia tem de demonstrar esse elemento de realidade, em lugar de apenas comprovar a inexistência (lógica) de contradições.[356] Hartmann assume que as leis de dever não determinam totalmente o homem, porém a dificuldade é maior: quando não determinado pela *lei de dever*, o indivíduo teria de determinar-se por algo fora dela, ou seja, a *lei natural*. Por isso há que se falar, primeiramente, na oposição entre a "legalidade natural" e a "legalidade de dever". As duas legalidades estão *fora* do indivíduo, que no entanto se encontra sob a ação de ambas; essa já seria uma grave aporia,[357] em sua relação: o indivíduo que lograsse liberdade diante da lei de dever cairia diretamente na determinação da lei natural; mas, mesmo se não existisse essa aporia, identifica-se que o sujeito guarda também sua *vontade*, mesmo sob a influência das duas leis. O que ocorre, porém, é que três realidades: liberdade moral, liberdade natural e vontade se *estratificam*,[358] ou seja, conformam-se em estratos distintos em uma mesma pessoa.

Em *cada conduta real* da pessoa, portanto, estratificam-se, "um sobre outro", a lei natural, a lei de dever e os "princípios da pessoa", essa "vontade" que faz com que prevaleça *seu próprio determinante* diante das demais leis. Hartmann assume não conseguir identificar essa vontade ontologicamente – ou seja, acessá-la por suas aporias –, mas nota que ela é determinante, e assim a aloca em um nível mais alto na escala de estratificação, lembrando-se que, nessa escala, a determinação mais baixa é sempre mais forte. Nesse sentido, cada ato traz em si mesmo uma "liberdade sobre a lei (de dever)", uma "liberdade sob a lei (de dever), que é a liberdade natural" e uma vontade em si mesma, que embora seja mais fraca na determinação final, encontra um espaço livre sobre todas as demais, em que de fato atua, ou ao menos influencia.

Essa determinação em escala mais alta não pode ser de todo mapeada, mas Hartmann a compreende ontologicamente possível: um espaço de jogo sob influência das demais leis. No primeiro estrato, então, existe uma determinação natural, que é *causal*; no segundo estrato, uma determinação quanto ao dever, que é sempre *final*; e no terceiro, a determinação livre de cada pessoa. Todas elas convivem apenas porque estão separadas e podem ainda ser, na sistemática da

356. "Now ontological, unlike logical, possibility does not consist in mere absence of contradiction, but in the whole of series of actual conditions which lie behind it, hence properly in the 'conditions of possibility'". HARTMANN, Nicolai, *Ethics III,* cit., p. 206.

357. Assim se afirma porque Hartmann entende por estrutura grande parte de seu *Ethics* em indicar as aporias de todo pensamento filosófico.

358. "The total structure is thereby changed, in so far as there are no longer only two but three types of determination, which here lie *in strata*, one above the other, in one and the same ethical actuality, in actual will, in every actual deed of a person". HARTMANN, Nicolai, *Ethics III: Moral Freedom*, Londres: George Allwen & Unwid ltd, 1962, trad. Stanton Coit, p. 208.

própria pessoa, compreendidas como uma verdadeira cadeia de causas, simplesmente porque estão estratificadas.[359]

Se toda a Ontologia Crítica de Hartmann não conseguiu alcançar muitos adeptos, pelos motivos que sejam, deixou sua marca profunda no Direito penal, pelo finalismo de Welzel. No nosso tema especialmente, esse modo quase mecânico de justificar o velho problema da convivência das leis físicas, leis morais e da liberdade individual em si mesmas, como estratificadas mas ainda assim inter-influentes, foi a justificativa apresentada pelo criador do finalismo penal para a afirmação da liberdade da vontade no seu âmbito de estudo. O fato de que a Ontologia Crítica de Hartmann não haja transcendido o suficiente explicaria, também, por que a primeira crítica fundamental ao finalismo seria seu apego ontológico, em prova de que a manutenção da base filosófica de um corpo teórico penal (em cujo cerne está um posicionamento acerca do livre arbítrio) é essencial para sua sobrevida.

2.4.3 Determinismo biológico: entre a origem das espécies e a autopoiese

A Biologia não tem como objeto a pesquisa sobre o livre arbítrio, porém introduzir biólogos como representantes do pensamento que aqui investigamos não é de todo fora de sentido. Alguns estudos dessa área transcendem diretamente às bases filosóficas, não apenas porque pensadores das chamadas ciências humanas se aproveitaram das conclusões das ciências da natureza para, a partir dali, justificarem grande parte de seus postulados, mas também porque mesmo aqueles biólogos que lograram avanços mais alargados em sua ciência desejaram refletir sobre a repercussão de suas assertivas para além de seu discurso específico. E essas reflexões são reveladoras de transformações, agora sim, decisivas para nosso tema, em especial para o determinismo.

Pelo estudo da perspectiva biológica, poderemos comprovar três postulados para o presente trabalho: primeiro, que a concepção biológica é muito influente na Filosofia e mesmo no Direito Penal,[360] em especial para aqueles que *desejam* seguir uma lógica determinista; segundo, que, no momento do *transporte* da teoria biológica à filosófica, muito se perde e bastante se destorce; e, por último, que a Biologia atual, quando se propõe a estudar de modo mais amplo (ou sistêmico) seu objeto, o ser vivo, vence o determinismo que as incursões médicas no cérebro humano sugerem, renovando outras questões a se pensar.

359. "The determination, above which the moral person is said to have scope for a determinant of his own, is twofold: that of natural law and that of values (of the Ought). The first is determined causally, the second finalistically. Now the solution of the causal antinomy rested upon the categorial analysis of just these two types of determination". HARTMANN, Nicolai, *Ethics III: Moral Freedom*, cit., p. 209.

360. Vide, em 3.3.3, as afirmações de Garofalo, no sentido de que a pena não deve fazer algo diverso de imitar a natureza, excluindo organismos inadaptáveis, ou, em 4.1, as considerações de Welzel, dentre outras.

Aqui se construirá a comparação entre duas concepções afastadas no tempo, porém decisivas para a interpretação do livre arbítrio: o trabalho de Charles Darwin em seu *Origem das Espécies* e a atualmente influente concepção de Maturana e Varela da unidade autopoiética.

2.4.3.1 Darwin e a origem das espécies

Como se sabe, a *Teoria da Evolução* não se fez de um momento a outro, nem mesmo foi obra única de Darwin. Nas diversas edições de seu *Da Origem das Espécies* manejadas pelo próprio autor (até a sexta, inglesa, de 1877), foram incluídas referências mesmo a outros cientistas que já postulavam que as espécies vivas na Terra não haviam sido criadas separadamente em condições inalteráveis, senão por um longo processo de mutação a partir de seus ascendentes. Ao refazer essas Edições, o biólogo inglês também considerou a repercussão de sua teoria, o que aqui em especial nos interessa.

Para nossos objetivos, apenas relembrar a teoria darwiniana demonstra e qual seu alcance direto. Darwin comprova especificamente, a partir do esforço de uma vida de pesquisa, que as espécies orgânicas da terra advêm de outras mais incipientes, que aos poucos se adaptam a seu meio.[361] Essas alterações estão presas a uma regra de descendência evolutiva, evidentemente gradual, bastante lenta[362] já que, conforme sua própria locução, *Natura non facit saltum.* Atendendo a uma luta universal pela existência e preservação das espécies,[363] estas se aperfeiçoam pela sobrevivência dos seus mais aptos representantes, levando não raro à extinção de espécies inteiras que não lograram esse adaptar-se, e deixando como um elemento independente, flutuante, aquelas variações que sejam indiferentes à adequação ao meio. Diante da pujante força da seleção da natureza, o homem pouco pode fazer,[364] pois é sujeito dela.

361. A adaptação ao meio é comprovada pela constante comparação existente entre espécies em diversos meios distintos. As espécies com características idênticas ocupam sempre características geográficas muito restritas. Darwin, Charles, *El origen de las Especies*, Madrid: EDAF, 1965, p. 99.

362. "Las nuevas variedades se forman muy lentamente, pues la variación es un proceso lento, y la selección natural no puede hacer nada hasta que se presenten variaciones o diferencias individuales favorables, y hasta que un puesto en la economía natural del país pueda estar mejor ocupado por alguna modificación de uno de sus habitantes. (...) Así, pues, en cualquier región y en cualquier época, solamente hemos de ver unas cuantas especies que presenten ligeras modificaciones de estructura, hasta cierto punto permanentes, y esto es seguramente lo que vemos". Darwin, Charles, *El origen...*, cit., p. 189.

363. Darwin esclarece que indivíduos dependem, na natureza, da destruição de outros de mesma espécie para sobrevivência, e que essa é uma constante. Assim, a *luta pela sobrevivência* deve ter um sentido amplo, pois nem sempre essa destruição é tão visível, bem como nela se deve abarcar "el éxito al dejar descendencia", idem, p. 102.

364. Idem, p. 115.

O posicionamento de Darwin levou a um embate a seu tempo com cientistas e teólogos, por razões evidentes. O dogma bíblico[365] coloca o homem como ser criado especialmente por Deus em sua forma pronta, daí que crer que ele surgiu em uma linha de descendência não apenas de um primata, mas, possivelmente, de uma única espécie[366] orgânica comum a todos os viventes é algo que enfrenta a Escritura em pontos específicos. Abstraída essa questão, está a consequência determinista em si: sua teoria importa a existência de uma *constante* de evolução, ou seja, uma regra da natureza da qual não há fuga possível.[367]

Nesse sentido, o determinismo biológico começa a definir o homem, de modo muito mais duro e intenso que as próprias heranças genéticas, estas que sem Darwin pouco contribuiriam ao determinismo. Note-se que as amarras genéticas do ser humano somente assumem sentido agudamente determinista a partir da teoria da evolução: a constante da reprodução é a do aprimoramento da espécie, e essa é a *regra natural que substitui a escolha de Deus*. Esse postulado pode, como foi, compreendido como uma revogação do milagre a cada criação, da ideia de um Deus intervencionista. O Criador teria então deixado uma regra única a cumprir: o aprimoramento das espécies em cada uma de suas etapas. Darwin notou a dureza dessa crítica com intensidade, e, pelo que se lê da última edição que preparou de sua obra, dela defendeu-se em dois momentos que vale revisar com algum cuidado. Mais evidentemente, no último capítulo, quando lembra que "não existe nenhuma razão válida para que as opiniões expostas neste livro venham a ferir sentimentos religiosos". Assim rememora ao leitor que várias descobertas a seu tempo já aceitas foram ridicularizadas por pensadores ligados a dogmas religio-

365. Até hoje a contradição permanece nas principais religiões. Quanto à católica, entretanto, recentemente, em 27.11.2014, o Papa Francisco deu Declarações, na Pontifícia Academia de Ciências, de que a teoria da evolução darwiniana é real e não contradiz ensinamentos da Igreja. Assim, na imprensa: "El big bang que se coloca en el origen del mundo no contradice la intervención creadora divina, sino que la exige", dijo Jorge Bergoglio el pasado lunes en un discurso ante la Pontificia Academia de las Ciencias del Vaticano. "Dios no es un demiurgo o un mago que con su varita mágica está en condiciones de hacerlo todo", añadió, subrayando que "la evolución de la naturaleza (Darwin) no contradice la noción (católica) de la creación". In: *Diario de Cordoba*, 28.11.2014. Note-se, entretanto, que a declaração até o momento não é um documento oficial, porém guarda a importância de ter sido da lavra do Sumo Pontífice, autoridade maior.

366. Na última edição de seu *Origem das Espécies*, Darwin faz alguma tergiversação para chegar a dizer que acredita, sim, que um único "protótipo" de vida pode ter dado origem a todos os animais e plantas da terra ("y, si admitimos esto, también tenemos que admitir que todos los seres orgánicos que en todo tiempo han vivido sobre la tierra descienden tal vez a partir de uma sola forma primordial"). E chega a admitir que a hipótese de que a vida na terra tenha surgido simultaneamente em várias espécies, mas com uma imensa ressalva, porque "si es así, podemos llegar a la conclusión de que tan solo poquísimas han dejado descendientes modificados". Darwin, Charles, *El origen...*, cit., p. 476.

367. Note-se que essa constante natural, sem intervenção direta divina, era defendida, para o tema da mente, por Schopenhauer e Leibniz, além de haver sido cogitada por Ginés de Sepúlveda, todos como exemplo do arbítrio escravo.

sos,[368] e que seria difícil admitir a criação espontânea de todas as espécies da terra,[369] a ponto de dispensar qualquer teoria evolutiva; outro momento sua defesa foi mais sutil, porém, entende-se, mais contundente: mostra que ele não houvera sido o primeiro cientista a afirmar que a vida nasce de uma lei e não de um milagre sempre reiterado, e que a força de Deus seria até mais bonita se deixasse uma lei a seguir no universo, em lugar de reiterar a vida constantemente. Reconhece mérito ao naturalista Lamarck que, em 1801, fez publicar que "todas las espécies, incluso el hombre, han descendido de otras especies", e assim não teria sido Darwin, mas o biólogo francés "el primero que prestó el eminente servicio de llamar la atención acerca de que todos los cambios, tanto en el mundo orgánico como en el inorgánico, son el resultado de una ley y no de una interposición milagrosa".[370] E, dentre tantos outros, aponta ainda para "el reverendo Baden Powell, en sus Essays *on the Unity of Worlds*, 1855. No hay nada más extraordinario que la forma en que demuestra que la introducción de nuevas especies es un 'fenómeno regular, no casual', o, como lo expresa sir John Herschel, 'un proceso natural, en contra a uno milagroso'."[371]

Não cremos inseguro, portanto, afirmar que, no momento em que Darwin tenta compatibilizar sua contundente[372] lei de evolução com a existência de Deus, confirma uma hipótese filosófica minoritária que ele insinua mas evidentemente não desenvolve em suas consequências: que Deus existe sem necessariamente intervir a todo o tempo no mundo, zelando apenas por uma regra de constante aprimoramento. Que esse postulado haja sido transportado para uma vontade de Deus para o aprimoramento da raça humana, e então depois servido a discursos para a eleição de uma raça dita mais avançada, é outra questão. Afaste-se da *lei do mais forte*, a sobrevivência do mais adaptado e está aqui a essência: a natureza com sua própria regra, que não depende do indivíduo livre, porque a capacidade deste de adaptação ao meio advém de características inatas. Esse é o ponto determinista que empiricamente começa em Darwin e que, até hoje, justifica grande parte do chamado determinismo transportado para a mente. Pela trilha darwiniana, a questão da presciência de Deus perde um pouco de sentido àqueles que, acreditando em um Criador, compreendem-no como autor de regras gerais às

368. Como Leibniz, lembra Darwin, rejeitou a lei da gravidade. Cf. DARWIN, Charles, *El origen...*, cit., p. 472.

369. "Las infinitas clases de animales y plantas, ¿fueron creadas todas como huevos o semillas, o desarrolladas por completo? Y en el caso de los mamíferos, ¿se crearon llevando las falsas señales de la nutrición por el útero de la madre?". DARWIN, Charles, *El origen...*, cit., p. 474.

370. Idem, p. 46.

371. Nessa última edição vista pelo próprio autor, Darwin traz uma série de referências a autores ingleses, franceses e alemães, que já propunham a evolução. DARWIN, Charles, *El origen de las especies*, p. 46 e ss.

372. Uso o adjetivo 'contundente' tentando explicitar o sentido de que ela não dá margem a hipóteses outras de intervenção divina milagrosa para a criação de vida e espécies, distante da determinada regra de seleção.

quais o homem não pode fugir porque inserto em uma natureza que é mais forte que o próprio tracejar do destino.

Com os estudos de Darwin, o determinismo humano confirma uma hipótese de Spinoza: não é mais o homem que deve cumprir um destino dado por Deus que tudo controla a todo tempo para que se cumpra sua vontade; interpreta-se o contrário, pois Deus deixa de intervir a todo momento, em cada criação, porque a regra geral da vida já está dada, a sobrevivência do mais forte e a extinção das combinações de espécies que pouco se adaptem ao meio em que estão postas a viver.

Darwin foi contraditado em muitos de seus postulados, mas é certo que veio a ser o inspirador do determinismo atual. Há sempre que se notar que sua matriz é *biológica*, o que fatalmente inspiraria uma primeira generalização para posterior convergência para a criação de um determinismo sociológico: se o homem é um animal como outro qualquer, está sujeito às leis biológicas em sua integralidade; e a sociedade humana então segue as mesmas normas de adaptação que as comunidades de espécies estudadas pelo maior dos biólogos, pelo que as regras de evolução, desenvolvimento e adaptação estariam todas vigentes. Claro que não é difícil encontrar na *transposição* pura e simples do conceito biológico darwinista para o estudo do indivíduo e, em especial, da *mente* uma série de equívocos. Todo o giro filosófico posterior à segunda guerra mundial – dentre os quais, no Direito penal, está o finalismo welzeliano, com a crença de que o agir somente assim existe quando conscientemente voltado a uma finalidade – tem alguma inspiração na revisão desse erro[373] histórico. Ainda assim a teoria darwiniana explica o que existe ainda hoje de mais avançado na neurociência. Walter, por exemplo, não descarta a hipótese levantada por Changeaux e Deahene – que predica de "darwinismo mental"[374] –, pela qual a decisão inconsciente comprovada por Libet não é mais que um processo de *ultrarrápida adaptação* ao ambiente externo, o que significa uma explicação para um agir instintivo qualquer que seja a decisão tomada.[375]

373. Schünemann, por exemplo, denomina o nazismo de "régimen social-darwinista del nacional-socialismo". Cf. SCHÜNEMANN, Bernd, Libertad de voluntad y culpabilidad, in: *Temas actuales y permanentes del derecho penal después del milenio*, Madrid: Tecnos, 2002, p. 30.

374. Cf.: CHANGEUX, J.-P., and S. DEHAENE, *Neuronal Models of Cognitive Functions Associated with the Prefrontal Cortex*, Cognition 33: 63-109, especialmente p. 73-74.

375. "To summarize-planning and decision making result from a selective adaptation process. Representations, or prerepresentations, generated by chance, are selected in an adaptive process (matching, resonance). As in evolution, this could be a random recombination of representations. The meaning of the representations involved is not given by their neuronal form, but by their proper functions. Plans generated in this way are intelligible because they are appropriate for the situation, which is accomplished by matching plans for action with neuronal representations of the situation at hand. The prefrontal cortex fulfills this matching function by providing various representations (working memory). Naturally, linguistically coded representations could therein also be of central importance. Movement does not-as the Libet theory implied-come from nothing; it results from adapting an already available movement pattern in a larger framework. No Cartesian consciousness is necessary for that, no

Todavia, o texto do *Origem das Espécies*, como nos ocupamos em mostrar, não é uma declaração de guerra à liberdade da vontade. Pode sim ser interpretado como um elemento de câmbio para aqueles que desejavam justificar a predestinação, porque encontram na lógica da biologia uma regra constante de evolução a ser desvelada. Entretanto, o maior dos biólogos em nenhum momento afasta a existência de princípios metafísicos, bem ao contrário: *sua posição compatibilista* é bastante evidenciada nas oportunidades em que responde às críticas mais contundentes que a seu tempo lhe chegaram. A existência de uma predisposição biológica à manutenção da espécie mais adaptada, em uma lógica tão evidente que hoje em dia parece ser inquestionável, não implica ser essa busca pela sobrevivência a única regra vigente na coletividade humana e, menos ainda, o aprimoramento (biológico) da espécie o único valor a ser buscado.

2.4.3.2 Maturana e a autopoiese

Ainda se querendo permanecer nas regras biológicas como único foco de estudo, fragmento da composição humana transformado em objeto global, teorias haverá que podem concluir de *modo diverso ao determinismo*, em grande medida dependendo da maneira como se o interprete, mas também alargando a abrangência das perguntas que se formulem. É o que acontece com o já bastante explorado estudo de Maturana e Varela,[376] que revelaram à sociologia luhmanniana[377] o conceito de autopoiese.

A projeção que as considerações luhmannianas concederam ao estudo foram relevantes para dá-lo a conhecer e, assim, promover o debate sobre ele. Talvez seja isso o que propiciou sua constante reedição e o estudo que os próprios autores do estudo original concederam à *autopoiese*, e que novamente são o que aqui nos interessa em especial. Vinte anos após publicar seu *Autopoiesis: la organización de lo viviente*, Maturana esclarece que a origem de sua pesquisa foi a inquietação trazida pela pergunta: "*O que se iniciou ao começar a vida, de modo que se pode dizer que a vida começou nesse momento?*".[378] Assim, não se trata exatamente de um conceito biológico no estrito sentido de tipos de seres vivos, mas algo mais

consciousness that performs the whole work of understanding and reason. It is sufficient to have a series of ultra-fast adaptation processes that adhere to physiological laws". WALTER, Henry, *Neurophilosophy of free will*, in: The Oxford Handbook of Freewill, Robert Kane (org.), Oxford Press, 2002, p. 570.

376. Singer lembra que Varela, falecido em 2001, para os não-biólogos ficou conhecido por alcunhar a *autopoiese*, porém sua contribuição para a sincronização cerebral, matéria de que se ocupa a neurociência com especial cuidado para a responsabilidade, é essencial (vide cap. 1). Cf. SINGER, Wolf, *Experiencia propia...*, cit., p. 15-16.

377. Vide 4.2.2.1.

378. A pergunta completa, formulada por um aluno do biólogo Maturana, seria: "Señor, usted dice que la vida se originó en la tierra hace más o menos tres mil quinientos millones de años atrás. ¿Qué sucedió cuando se originó la vida? Qué comenzó al comenzar la vida, de modo que usted pueda decir ahora que la vida comenzó en ese momento?". MATURANA ROMESÍN, Humberto, *Veinte años después*, prefacio a la quinta edición de MATURANA ROMESÍN, Humberto, VARELA GARCÍA, Francisco, *De máquinas*

estrutural, que tenta responder a uma origem única: o que era a vida nascendo na Terra e o que dela especificamente se conserva desde então,[379] algo, diga-se, tão mais próximo de um ideal filosófico que, conforme um de seus autores, até o ano de 1960 não havia sido devidamente questionado e, menos ainda, respondido no âmbito da Biologia.

O ponto de partida para responder à pergunta era assumir que todos os fenómenos biológicos ocorrem *através da realização* de um ser vivo, de modo que a Biologia, ao contrário da Física, não traz leis gerais, se não leis retiradas de fenômenos que ocorrem de modo *semelhante* em cada um dos seres vivos. A consequência desse processo era encontrar neles, em cada ser vivo, um ser *autor-referido*, ou seja, que, mesmo dentro de um sistema, trabalha como uma *unidade discreta*, operando-se como si mesmo.[380] Por isso, o objetivo da observação que deu origem à teoria da autopoiese era mostrar como o ser vivo surge da relação com seus componentes, mas de um modo alheio a toda referência à totalidade que dá origem a eles mesmos, e como ele surge em um domínio próprio, não como indivíduo componente de um sistema. E, como afirma o mesmo autor, foi ao desenhar no quadro negro um sistema celular, explicando a alunos que o DNA participava na síntese das proteínas e que as proteínas participavam na síntese do DNA que o autor definiu o ente vivo não como um *conjunto de moléculas* mas como uma *dinâmica*, uma "rede fechada de trocas e sínteses moleculares que produzem os mesmos tipos de moléculas que a constitui". A tal rede de componentes[381] que está fechada sob si mesma porque gera o mesmo fluxo de produção que a produziu, em um verdadeiro sistema, é que se denominou *autopoiese*. Nesse sentido, o ser vivo é uma *dinâmica molecular*, e não um conjunto de moléculas, e *viver* é a realização dessa dinâmica. Se o estudo é efetivamente original para responder a essa pergunta, sob o prisma da Biologia, temos um foco complementar ao estudo darwiniano, que merece realce: enquanto no século XIX se investigou a origem *das espécies*, os professores chilenos no século XX buscaram desvendar *o que explica a vida*, individualmente. Como se pode definir *um ser vivo*, e sua resposta, ao que parece, tem sido suficiente.

y seres vivos – Autopoiesis- La organización de lo vivo, Santiago de Chile: Editorial Universitaria, 1994, p. 9.

379. Cf. Maturana Romesín, idem, p. 10.

380. "(...) mis reflexiones me llevaron a pensar que todo lo que pasa en y con los seres vivos tiene lugar en ellos como se operasen como entes auto referidos, y que mi tarea era hablar de ellos describiendo el operar de los seres vivos de modo que surgiesen como tales como un simple resultado de ese propio operar". Maturana Romesín, idem, p. 12.

381. "Es a esta red de producciones de componentes, que resulta cerrada sobre si misma porque los componentes que produce la constituyen al general las mismas dinámicas de producciones que los produjo, y al determinar su extensión como un ente circunscrito a través del cual hay un continuo flujo de elementos que se hacen y dejan de ser componentes según participan o dejan de participar en esa red, a lo que en este libro llamamos autopoiesis", p. 15.

Assim, em sua obra principal, os autores definem como se apresenta, a partir das perspectivas biológicas, essa *organização mínima* do vivo, que é autorreferencial. Começam investigando o campo cibernético, em busca da definição de *máquina*, a partir da natureza de seus componentes e de seu objetivo. Dizem que as máquinas são *unidades* capazes de satisfazer certos objetivos e criar *relações* que se conformam na unidade de suas interações e nas transformações de seus componentes.[382] A seguir, fixam a hipótese de que os seres vivos são máquinas, no sentido de que têm um objetivo e produzem cadeias de produções, além de se constituírem como máquina em um determinado espaço físico. Dentre elas, os organismos vivos são máquinas autopoiéticas porque conservam ativamente uma identidade que não depende de interações com seu observador. A ideia é relevante: as operações de uma máquina *autopoiética* estabelecem seus próprios limites (sistema fechado), enquanto em uma máquina *alopoiética* seus limites são fixados pelo observador, quem, "especificando limites de entrada e saída" determina-a como máquina pelo que é pertinente a seu funcionamento.[383] Os seres vivos são então autopoiéticos porque apenas eles "transformam a matéria neles mesmos" e, assim, seu produto é sua própria organização, sua própria relação. Conceituado o que significa a máquina autopoiética, já se está pronto para a afirmação principal: não apenas que todos os seres vivos são máquinas autopoiéticas mas que *somente* os seres vivos o são. Isso força a conclusão de que a autopoiese é necessária e suficiente para caracterizar o organismo vivo.

Mas note-se que a máquina autopoiética, ou seja, o organismo vivo, *submete* qualquer interferência externa à preservação de sua própia organização.[384] Ou seja, sempre estão voltadas para produzir elas próprias, já que não têm entradas ou saídas, *inputs* ou *outputs*. Porém, sob o ponto de vista do observador, elas podem ser interpretadas como máquinas *alopoiéticas*, na medida em que, quando perturbada pelo ambiente, a máquina autopoiética pode determinar mudanças exteriores, então ali haveria entrada e saída, input e output, conquanto isso não signifique que varie em algo sua estrutura fechada, sua estrutura autopoiética. E uma das grandes consequências do sistema fechado é que, ao gerar suas próprias relações, elas *não* são previsíveis.[385]

Para seguir compreendendo a ideia original de autopoiese há então que se ter em conta que ela se refere principalmente a esse elemento individual, aplicando-se especialmente às características moleculares, de autossíntese. Elas, nesse contexto, porque seres vivos não têm especificamente um fim (teleonomia), senão

382. MATURANA ROMESÍN, Humberto, VARELA GARCÍA, Francisco, *De máquinas y seres vivos – Autopoiesis- La organización de lo vivo*, Santiago de Chile: Editorial Universitaria, 1994, p. 67.

383. Idem, p. 71.

384. MATURANA ROMESÍN, Humberto, VARELA GARCÍA, Francisco, *De máquinas y seres vivos*, cit., p. 72.

385. "Los sistemas vivos se consideran autónomos, en última instancia impredecibles, de comportamiento intencional similar al nuestro". Idem, p. 73.

uma programação talvez para seu próprio crescimento ou manutenção (ontogenia), e em geral se reproduzem por autorreplicação, quando a reprodução do ser humano implica necessariamente uma heteropoiese. Nesse sentido o sistema é em teoria o mais fechado possível, distante o conceito de uma finalidade (que implica interação com o ambiente), ou de busca mesmo dessa interação. Qualquer alteração que possa existir, repete-se, pertence então a um histórico feito pelo observador, a partir de sua relação com seu ambiente.[386]

Cabe a nós manter então a pergunta sobre os sistemas sociais como autopoiéticos: se eles se podem constituir como sistemas fechados sob essa ótica. Na obra original, os autores chegam a registrar "sistemas autopoiéticos de maior ordem".[387] Não é difícil que sistemas menores se acoplem, até por pressão de seleção natural, mas é necessário que se desenvolva um todo que, composto pela autopoiese individual de cada componente, feche-se em sua própria autopoiese. Em outras palavras, para que surja um sistema autopoiético maior é necessário que seus componentes em conjunto gerem "os mesmos processos de produção que os produzem" e não outros processos concatenados de outra forma, com um fechamento diverso à autopoiese de seus componentes.[388]

Por isso, em sua concepção original, o sistema autopoiético mais complexo é aquele que tem a unidade da *vida*, daí não se pode dizer que a sociedade o seja. Essa mesma questão é enfrentada por Maturana, vinte anos após a publicação da tese original. Ele se pergunta, outra vez, se é possível pensar em sistemas autopoiéticos afastados do sistema molecular, de que se originara sua teoria. Lembra que já se podiam estabelecer *ordens* de sistemas autopoiéticos: células como sistemas autopoiéticos de primeira ordem, órgãos como sistemas de segunda ordem. E acredita ser possível falar-se em sistemas de terceira ordem, como uma colônia, uma família ou um sistema social, autopoiético apenas no sentido de que seguem os sistemas de organismos celulares. À luz da definição de Maturana, uma sociedade *não* é autopoiética no sentido que lhe concede Luhmann, porque no espaço exclusivo de comunicações não há um sistema fechado.[389]

386. Maturana Romesín, Humberto, Varela García, Francisco, *De máquinas y seres vivos,* cit., p. 78.

387. Idem, p. 101 e ss.

388. "Un sistema autopoiético cuya autopoiesis implica la autopoiesis de las unidades autopoiéticas que lo generan, es un sistema autopoiético de orden superior. Si el sistema es autopoiético en el espacio físico, es un sistema vivo". Maturana Romesín, Humberto, Varela García, Francisco, *De máquinas y seres vivos,* cit., p. 102-103.

389. Gössel ressalta essa mesma apropriação indebida: "La controvertida aplicación de la teoría biológica del sistema por parte de Luhmann a sistema sociales llevó a la crítica de Maturana. Una teoría de los sistemas sociales no puede hacer referencia solamente a la coordinación de comunicaciones, sino que, en contra de Luhmann, debe inclir seres humanos". Gössel, Karl Heinz, Réplica al derecho penal del enemigo: sobre individuos y personas del derecho: in: *Revista de Derecho Penal del Instituto de Ciencias Penales*, Buenos Aires, 2013, p. 23.

Essa crítica, porém, é menor que aquela que já constava no texto original, antes da apropriação do termo pela sociologia luhmanniana. Ao pensar nas consequências epistemológicas da autopoiese, os autores criticam a apropriação sociológica da teoria da evolução de Darwin, cujas considerações "chegaram como uma justificativa biológica, para sua estrutura socioeconômica".[390] Os autores advertem que a utilização do conceito de autopoiese para a sociedade humana pode ter consequências parecidas com aquelas advindas do extravasamento da teoria darwiniana para além dos limites da Biologia. Eles dizem expressamente que o risco de considerar a sociedade um elemento autopoiético é a *subordinação* da autopoiese do indivíduo à da sociedade: "cualquier cosa, por el bien de la humanidad, sería la justificativa ética de la accion humana".[391]

Maturana e Varela têm então bastante consciência da utilização da sua teoria pra a filosofia social, e isso lhes concede ainda mais autoridade para o que ainda vão acrescentar a seu pensamento. Porque, talvez inspirados mesmo no (mau) exemplo do desenrolar da teoria da evolução das espécies, eles alertam que *o sistema fechado da autopoiese não significa que o indivíduo seja previsível.* Reforçam que, se o conhecimento científico implica conseguir identificar estruturas para predizer seu comportamento futuro – ou para tentar fazê-lo, porque a falta de predição seria apenas a ausência de conhecimento suficiente – em relação ao indivíduo vivo, com o sistema autopoiético isso não ocorre. Para essa busca de previsibilidade no lidar com o sistema autopoiético (na concepção biológica), há uma série de empecilhos, a começar pela falta de acesso ao próprio sistema, ou porque "no intento de conhecê-lo, o destruímos", ou porque "a dinâmica estrutural do sistema é tal que se altera recursivamente com suas próprias mudanças de estado, e cada vez que buscamos regularidades em suas respostas de interação notamos que sua estrutura se alterou e responde de modo diferente. Os seres vivos são desse tipo".[392]

390. A crítica, na obra original, é contundente, e não há como deixar de pensar que algo semelhante – decerto em proporção bem menor – que ocorreu com a teoria darwiniana passou-se com o conceito biológico de autopoeiese, ao ser apropriado pela sociologia: "Es verdad que bajo las leyes de la selección natural sobrevive el más apto para aquello que se selecciona, y que los que n sobreviven no contribuyen al destino histórico de la especie. (...) La ciencia, la biología, aparecían justificando la noción de 'cualquier cosa, por el bien de la humanidad', fuera cual fuese la intención o el propósito de quienquiera la enunciara", p. 112.

391. Maturana Romesín, Humberto, Varela García, Francisco, *De máquinas y seres vivos,* cit., p. 113.

392. "Ocurre además, que no siempre podemos conocer la estructura de un sistema en el momento en que queremos computar sus cambios estructurales, ya sea porque no tenemos acceso a ella, o porque en el intento de conocerla la destruimos, o porque la dinámica estructural des sistema es tal, que cambia recursivamente con sus cambios de estado, y cada vez que buscamos regularidades en sus respuestas al interactuar con él, nos encontramos con que su estructura ha cambiado y responde de manera diferente. Los seres vivos son sistemas de esa última clase". Maturana Romesín, Humberto, *Veinte años después,* prefacio a la quinta edición de *De máquinas y seres vivos – Autopoiesis- La organización de lo vivo,*

Por tudo isso, a autopoiese demonstra que o indivíduo é *biologicamente imprevisível*, dentro de um mecanismo interior fechado. Se essa ideia é real e tão imediatamente aplicável, pode-se cientificamente afirmar que um indivíduo vivo é um ser de relações imprevisíveis, pela simples condição de ser autopoiético. É um tanto à inversa de Darwin *sociologicamente*, ainda que não excluídos em Biologia: enquanto o inglês buscava explicar as sociedades em sua evolução, os chilenos traziam a origem da vida mesma. Claro que a autopoiese não destrói o determinismo como um todo, mas cria uma senda científica do indivíduo – aqui especialmente tratando-se de homem e mulher – como ser autopoiético de terceiro nível por ter todo um sistema de reprodução de seus sistemas mesmos, o que garante como ser vivo, ao mesmo tempo em que suas reações todas não se podem prever porque sua *estrutura* se altera constantemente.

Caso nos apropriemos dessa teoria e, ademais, da análise dos próprios biólogos chilenos acerca de o que caracteriza o sistema autopoiético, transportando-o para a complexidade do cérebro humano, não é difícil conotar que este, com suas alterações bioquímicas e físicas a cada novo pensamento, consegue ser imprevisível e ainda assim fechado em seu próprio sistema. As reações comportamentais seriam então antevistas grosso modo, por uma questão psicológica de comportamento, porém não necessariamente *determinadas*, a ponto de retirar do indivíduo sua capacidade de escolha, ou ao menos escolha livre de condições previsíveis, ou guiadas apenas por um instinto de preservação que, por multifatorial que fora, se poderia decifrar.

Do mesmo modo, então, que o pensamento biológico é relevante a noss tema, tampouco se o pode reduzir a considerações deterministas de instintos seguros de preservação da espécie. O ser vivo dá mostras de ser um sistema com uma capacidade de produção de suas próprias finalidades, o que abre espaço à metafísica, que há tempos tende a considerar o indivíduo como dotado de algo além das regras biológicas que lhe buscam a preservação da espécie. Isso não significa exatamente um embate entre carne e vontade, ao estilo paulino[393] revitalizado por Santo Agostinho, porém demonstra que, tal qual comentamos acerca da neurociência, o pensamento mais abstrato advindo da biologia não está apto a comprovar que o homem tenha como regra única a indiscutível marca biológica de preservação e aprimoramento de sua espécie, a dirigir-lhe as ações como um

MATURANA ROMESÍN, Humberto, VARELA GARCÍA, Francisco, Santiago de Chile: Editorial Universitaria, 1994, p. 25.

393. A conhecida dicotomia que faz Paulo Apóstolo entre carne e espírito é realçada por Arendt, que lembra que ele não fala em duas vontades, porém em duas *leis*. Nesse sentido, a separação entre regra biológica (que evidentemente se relaciona com um instinto de preservação de espécie) e regra espiritual já estava, sob seu prisma, mais que desvendada. Cf. "Paul, it is true, does not discuss it in terms of two wills but in terms of two laws – the law of the mind that lets him delight in the law of God 'in his inmost self' and the law of his 'members' that tells him to do what in his inmost self he hates". ARENDT, Hannah, The life of the mind II – Willing, San Diego: Harcourt Publishing, p. 68.

todo. Caos e indeterminação biológica podem então ser a janela para algo próximo ao que seja mente ou espírito, a partir da concepção que se deseje. E uma mente distante de regras biológicas importa em algo potencialmente livre.

2.5 O que nos diz a Filosofia

Interpretar a condição humana de liberdade é bastante mais complexo de o que pode parecer à primeira vista. Seria até contrário à natureza mesma da filosofia encontrar soluções definitivas às questões formuladas, embora não faltem tentativas de construção de corpos teóricos voltados à explicação quase perpétua das principais aporias do pensamento. Mas o presente capítulo permite propor a conclusão de que sequer a filosofia teológica, que por seu teor admite postulados indiscutíveis, pretende, sobre o tema aqui investigado, ser tão dogmática quanto algumas conclusões médicas contemporâneas, visitadas no primeiro capítulo deste trabalho. Aqui sim adquire força o quase-clichê que todo filósofo tem incorporado, de que seu trabalho vale muito mais pelas perguntas que cria que pelas respostas que alcança, porque, como se dirá oportunamente, o papel da filosofia é identificar o que é o saber. Sobre o livre arbítrio, a Filosofia nos demonstra que há muitas questões a *formular* que superam o funcionamento cerebral, de maneira que se pode afirmar com alguma segurança que está alcançado ao menos um dos objetivos do presente capítulo: a realidade médica, a análise do cérebro em si, não representa um postulado indestrutível para a Filosofia. A percepção humana vai além da determinação corpórea. Apenas por exemplificar com um pensador dentre os que atrás foram brevemente analisados, quando Kant afirmou expressamente que os postulados das ciências empíricas não são suficientes para explicar o tema da liberdade, propunha para os contemporâneos ao menos duas reflexões que seria improbo desconsiderar: primeiro, que é certo que essas mesmas técnicas empíricas iriam descortinar uma série de mecanismos das ações humanas, que o filósofo atual não deve ignorar, como não ignorava ao tempo de Kant; depois, que a tentação de resolver a questão da liberdade a partir de seu eixo mais evidente sempre se tentaria impor, e diante disso é necessário cuidado.

O papel do filósofo não é o de ignorar as comprovações científicas. Ao contrário, sua função como pensador da contemporaneidade tem de ser o de incorporar todo o mundo-real tal qual se demonstra, porém é sua tarefa primordial impor método para averiguar se o estado da arte científica soluciona ou não as inquietações com que a humanidade convive e há tempos reitera. Nesse sentido, não é nada impossível que se aceitem os argumentos de construções filosóficas deterministas ao extremo, como de Lutero, Spinoza ou Schopenhauer, desde que em um sistema aberto que aceite novas perguntas, sob paradigmas diversos.

Saber o quanto o Direito penal aproveitou dessa realidade filosófica é tarefa que agora se impõe, não por refazer um percurso histórico por ele mesmo, mas para conduzir ao pensamento do Direito atual: entre o quanto a dogmática penal pode aceitar prontamente as conclusões científicas e, de outro lado, quanto pode ou consegue alicerçar-se em postulados filosóficos que, como tais, são passíveis de reinterpretação há que se impor algum equilíbrio. Somente o desprezo total da dogmática ao conhecimento filosófico faria responder negativamente à nossa pergunta reitora, pois a liberdade humana, aqui já se comprova, é um dos eixos centrais do percurso metafísico.

CAPÍTULO 3

DIREITO PENAL CLÁSSICO

3.1 Introdução: história do Direito penal

Não é propósito deste capítulo traçar a evolução histórica do Direito penal, que melhor caberia em uma obra genérica, senão apenas descrever como o tema específico do livre arbítrio foi tratado pelas correntes mais importantes da evolução dogmática em seu tempo. Entretanto, dada a relevância do tema como base do pensamento penal, principalmente em seus primeiros tempos como ciência, pode-se afirmar que há uma dupla via: não apenas o livre-querer é encarado de modo diverso pelas Escolas Penais, como também este serve como um dos marcos distintivo mais relevantes para a diferenciação delas. Portanto, os principais expositores da Escola Clássica, Positiva e do Período entre guerras são adiante revistos, no intuito de delinear-se um processo de evolução, em que decerto serão identificadas as típicas oscilações de pensamento. Assim, embora seja cronológico o eixo principal de progressão de nossa análise, em alguns momentos aparecerá sacrificado em nome de um percurso lógico, de coincidência de ideias, já que, como é sabido, a alternância de Escolas de pensamento não ocorre de golpe.

3.2 Escola Clássica

Sempre se considerou temerário[1] desenhar os traços gerais da Escola Clássica, porque, como se sabe, sua única grande característica é, se tomado em

1. "La Escuela Clásica tiene, pues, el más heterogéneo contenido: con el nombre que los positivistas le arrojaron, se designan tendencias diferentes, incluso opuestas, que en la época de su mayor predominio

comparação com a Escola Positiva, seus elementos de oposição. A racionalização, a pena baseada – em maior medida – na retribuição moral, e o delito como ente jurídico, a fundação contratualista do Estado, são esses traços elementares, de modo bastante resumido.

Mas em nosso tema algo se pode retirar de mais concreto, para o que utilizamos, como autoridade, a afirmação de Jiménez de Asúa, para quem a Escola Clássica "había elevado a la más alta categoría de dogma esa firmación liberoarbitrista y esa naturaleza moral de la responsabilidad".[2] De fato, é nesse conjunto pouco homogêneo de desenvolvimentos teóricos do século XIX que se encontrará de modo mais arraigado a colocação do livre arbítrio como axioma da responsabilidade.

3.2.1 A oscilante posição de Carrara

Carrara,[3] nome mais proeminente da Escola Clássica depois de Beccaria,[4] sustenta que é a *tutela jurídica* que deve ser perseguida através da pena, garantindo-se as relações de autoridade e da convivência, a partir de um fator de liberdade. Nesse sentido, exalta o racionalismo e leciona que a ciência penal "respeita a moral, mas não se converte cegamente em sua aluna",[5] daí ser o liberal "primado da lei" reiterado em suas dissertações sobre a função da pena. O direito de punir se baseia especificamente na liberdade que surge do respeito aos direitos individuais: caso digamos, assenta Carrara, a um criminoso que o punimos porque queremos que ele seja bom, ele negará a punição, dizendo – e isso nos importa especialmente – que tem o direito de ser mau o quanto queira, sem que se possa interferir em suas liberdades; entretanto, caso se diga ao delinquente "te ameaço com esta pena para induzir-te a respeitar meus direitos", este não poderá negar o recebimento da reprimenda.[6] E é desse racionalismo que se serve o mestre de Pisa para repelir as ideias correcionalistas de seu tempo e também para afastar qualquer proposta de defesa social, que "la hemos rechazado siempre que se

combatieron entre sí, como las teorías absolutas de la retribución y las numerosas doctrinas de tipo relativo. Estas tendencias se desarrollaron, además, espontáneamente en cada país, con representantes que no se conocían unos a otros y, en consecuencia, con anárquica autonomía y típico color nacional en muchos casos". Jiménez de Asúa, *Tratado de Derecho Penal*, vol. II., Buenos Aires: Losada, 1982, p. 34.

2. Jiménez de Asúa, Luís, *Tratado...*, cit., vol. II, p. 34.

3. Como de algum modo já se explicou na Introdução deste trabalho, ele tem como pressuposto o olhar do penalista. Assim, dispensam-se digressões para apresentar o valor e a necessidade de analisar autores de referência como, aqui aproveitando como exemplo, Carrara. O ponto de vista mediano deste autor pode acabar por subestimar o interlocutor, ao construir alguma referência à relevância de autores como Röder ou von Liszt, mas esse é risco que se há de correr.

4. A obra do Marquês de Beccaria, relevantíssima em termos históricos, não encontra, para nós, lugar reservando na análise do tema.

5. Carrara, Francesco, *Programa de Derecho Penal* – Vol. II, Trad. Ortega Torres – Bogotá: Ed. Temis, 1957, p. 5.

6. Carrara, Francesco, *Programa...*, cit. – Vol. II, p. 15.

pretende entenderla en el sentido sofístico de que la sociedad debe considerarse como lo que tiene derecho a la defensa y no como una institución a la cual le incumbe la obligación de defender el derecho en todas sus formas".[7] Seu pensamento ilustrado evidencia-se na formulação de que a verdadeira defesa social, ou a única defesa possível, é a *tutela jurídica*, esta última que o autor transforma em princípio justificador do Direito penal. Esse princípio explica por que as penas têm de ser comedidas ("*o cárcere basta para a tutela jurídica*"[8]), já que elas não são um fato isolado, mas uma obra da razão, um elo da grande cadeia da ordem moral, esta sim, nas palavras do professor italiano, imposta por Deus.

Assim é que o Direito penal se forma como meio de "moderar excessos", e por isso a função de "emenda", da escola correcionalista, é algo acessório, que não se pode aceitar como "dominadora única e soberana da doutrina": a vontade de correção, de um lado, é especulativa e tende a reduzir o direito penal a uma condição de experimentalismo[9] e, de outro, anula essa função de moderar excessos, a transformar o direito em um modo magnífico de – ao conceder-se à autoridade o direito de "proibir tudo o que piora o homem"[10] – servir a regimes despóticos. Daí hostiliza a "cacareada doctrina correcionista", também dirigindo críticas diretamente a seu autor,[11] Karl Röder, quem teria interpretado mal a própria argumentação de Carrara, quando o Professor de Heidelberg teria afirmado que o italiano equipara *tutela jurídica* e *defesa social*, quando na verdade seu tratado exalta a primeira e rejeita a segunda.[12]

Apesar da crítica direta à teoria correcionalista, o autor é claro ao posicionar a recuperação do condenado como um fim sempre presente em sua formulação da tutela jurídica, pois não é o Estado quem tem direito de corrigir o réu, mas o réu que tem *verdadeiro* direito a dizer ao Estado: estás na obrigação de aplicar-me uma pena que me emende, e não tens direito de me submeter a uma pena que me

7. Carrara, Francesco, *Programa...*, cit. – Vol. II: Fundamentos de la Pena, p. 19.

8. Carrara, Francesco, *Programa...*, cit. – Vol. II: Fundamentos de la Pena, p. 17.

9. "Proclamad, en cambio, que la pena se mide con arreglo a la necesidad de la enmienda, y entonces reduciréis el derecho punitivo a una función enteramente experimental, y este experimentalismo, que es prácticamente imposible, si se tiene en cuenta la infinita viariabilidad de los sentimientos humanos, de por sí conduce necesariamente a poner en peligro a los buenos, dejándolos al abrigo de una mera esperanza, y a favorecer a los malvados más astutos, que son precisamente los más temibles". Carrara, Francesco, *Programa de Derecho Penal* – Vol. II: Fundamentos de la Pena, Trad. Ortega Torres – Bogotá: Ed. Temis, 1957, p. 22.

10. Carrara, Francesco, *Programa...*, cit. – Vol. II: Fundamentos de la Pena, p. 21.

11. "Sólo nos permitimos declarar con todo respeto que el sistema de un filósofo, desarrollado por completo en todos sus aspectos a través de 15 volúmenes, publicados en el curso de catorce años, no se puede juzgar lealmente con exactitud mediante el simple estudio de dos disertaciones, que ni siquiera fueron publicadas en el idioma nativo". Carrara, Francesco, *Programa...*, cit. – Vol. II: Fundamentos de la Pena, p. 15.

12. Mais tarde, Ferri dirá que defesa social e tutela jurídica se equivalem absolutamente, e Garofalo, em apoio, chamará a diferença entre uma e outra de "bizantina", porque "sociedade e direito são termos correlativos e substituíveis". Garofalo, Rafael, *La Criminología,* p. 309.

humilhe e me torne mais corrompido de o que já sou. Não é portanto difícil notar que a racionalidade e a necessidade de conter o Estado, bem ao gosto iluminista, aparecem na obra de Carrara de forma bastante indelével.

Também suas raízes contratualistas e jusnaturalistas[13] saltam em seu discurso quando justifica a natureza da pena. Para Carrara, foi com a organização do homem em torno ao Estado que se abandona o monopólio dos sacerdotes em ditar o castigo e, em um primeiro momento, a pena deixa de ser uma vingança pelo mal causado a uma pessoa particular ou a uma divindade, para ser uma, ainda, vingança por conta de uma "sociedade ofendida".[14] Mas também o Direito penal é emanação de uma *lei natural*, eterna, imutável, a qual fixa princípios morais, e que não pode ser negada sem que se contraste a existência de Deus mesmo e sua justiça. Como emanação da lei natural, o direito penal se faz injusto quando dela se afasta,[15] e portanto este deve perseguir esse conjunto de regras que possibilitam o cumprimento, nas palavras de Carrara, da missão do homem na terra. Ainda assim, a pena não é uma simples necessidade de justiça que exija a expiação do mal moral, porque "só Deus tem a medida e potestade de exigir a expiação devida", ela é a sanção advinda do preceito ditado pela lei eterna, e que corresponde ao sentimento da consciência universal.[16] O direito natural, portanto, é a razão da pena, porém de modo racionalizado e não restrito a um poder absoluto de Deus.

Mas o professor de Pisa é também rotundo ao assentar que a pena tem como parcial finalidade a *ordem social*. Aquela não consiste, precipuamente, em fazer justiça, restabelecer o delinquente ou atemorizar os cidadãos: "o fim primeiro da pena é o restabelecimento da ordem externa da sociedade",[17] no sentido de que o crime causa um dano inteiramente *moral*, porque perturba a tranquilidade de todos. A reprimenda deve reparar esse dano de desordem, e essa reparação leva implícito "resultados de la correción del culpable, del estímulo de los buenos y de la amonestación a los mal inclinados", o que se identifica hoje com os fins de prevenção geral e especial, que então já estavam, sob outra nomenclatura, bastante delineados. Todavia, essas finalidades implicam somente que a função da pena seja o restabelecimento de uma ordem objetiva, em que a sociedade acredite que o mal, puramente moral, está sendo neutralizado, ao mesmo tempo em que se realizam as funções que hoje se aproximam da ideia atual de prevenção geral

13. Como bem mostra La Torre, o jusnaturalismo não tem apenas um arraigo teológico. O Professor encontra três naturezas para o jusnaturalismo: a) como vontade divina, b) como razão universal ("el jusnaturalismo racionalista el que constituye el filón más importante de dicha doctrina, desde los Estoicos passando por Santo Tomás o Grocio") c) como "lei natural" em sentido estrito, de alguns iluministas. A nós parece que a concepção racionalista prima em Carrara. Cf. Torre, Massimo La, *Sobre derecho y utopía*, Murcia: Res Publica, 1999, p. 198.

14. Carrara, Francesco, *Programa*..., cit. – Vol. II: Fundamentos de la Pena, p. 42 (§ 595).

15. Carrara, Francesco, *Programa*..., cit. – Vol. II, p. 63 (§ 611).

16. Carrara, Francesco, *Programa*..., cit. – Vol. II, p. 62 (§ 610).

17. Carrara, Francesco, *Programa*..., cit. – Vol. II, p. 68 (§ 614).

positiva e negativa.[18] Isso autoriza o autor italiano a dizer que a finalidade última da pena se identifica com bem social, causado pela ordem que se obtém graças à tutela da lei.

Esse conjunto de posições, principalmente a jusnaturalista, já dá indício de que o mestre de Pisa se inclina para a confirmação do livre arbítrio. E o fará de modo expresso, ainda que não mais que em uma muito extensa nota de pé na introdução de seu Programa. Afirma não querer adentrar a questões filosóficas, mas que tem como aceita a doutrina do livre arbítrio, porque é a única que concede alguma legitimidade ao castigo. Em sua opinião, entretanto, os deterministas tentam de todas as formas encontrar um elo entre suas teorias e a justificativa da pena, passando desde a pura vingança e indenização até o direito de defesa social. Assim chegaram ao estado (a seu tempo) atual, que se socorre da causalidade: o delinquente é resultado do influxo das causas que o rodeiam, portanto a autoridade tem de criar um ambiente que as anule. Foi, segundo Carrara, o único caminho pelo qual Lombroso conseguira conciliar o determinismo e a manutenção do Direito penal, porém isso nada mais seria do que repisar o já afirmado por Beccaria, para quem a pena é um obstáculo político ao delito. Assim, Carrara assume seu posicionamento claramente indeterminista, ainda que coloque a anulação das causas do delito como um ponto importante da pena, mas de modo secundário e calcado na lógica de que a pena somente consegue dissuadir a quem tem liberdade de escolha.[19]

Da leitura total do texto de Carrara, sim se pode encontrar algum excesso de contemporização, que chega em alguns momentos a parecer contraditório, por suas idas e vindas na função da pena entre o cumprimento de uma lei moral e a estabilidade social. Por isso há que se interpretar no pensamento último de Carrara a ideia do crime como ente jurídico, na reação aos abusos típica do iluminismo: respeita-se o homem como titular de direitos, inclusive o de não ser corrigido,

18. É nesse sentido que Adelmo Manna relaciona o livre arbítrio como o fulcro principal da obra de Carrara, pelo preceito moral que subsiste em toda punição. A vontade inteligente do homem é aquela única capaz de se motivar livremente também à intimidação que a pena causa. Em usas palavras: "(...) la sussistenza, in capo all'agente, del libero arbítrio, è il postulato indispensabilide affinché il precetto penale possa explicar ela propia eficacia motivante (c.d. Motivierbarkeit) nei confronti del soggetto. Del resto, la stessa concezione feuerbachiana della pena – che notervole influsso ha esercitato sul pensiero carrariano – come 'controspinta' (inibitoria) alla pulsione deviante, presupponendo l'idea de un soggeto *intimidabile*, verso il qual ela comminatoria edittale della sanzione penale possa esplicare la propria efficacia deterrente (in termini, qundi, di generalprevenzione negativa) implica necessariamente che l'individuo abbia la capacità di intenderei il significato social dei propri atti, valutandone, sai purê nella 'parallela sfera laica', le conseguenze giuridiche". MANNA, Adelmo, L'Imputabilità nel pensiero di Francesco Carrara, *L'Indice Penale*, vol. 8, n. 2, maio-ago. 2005, p. 487-488. No mesmo sentido, lembrando que a intimidação trata de uma defesa social indireta, e que o fim primordial da pena, para Carrara, era sempre o restabelecimento da ordem jurídica violada, veja-se MANTOVANI, Ferrando, Francesco Carrara e la Funzione della pena, *L'Indice Penale*, ano XXIV-n. 1, jan.-abr. 1990, p. 68.

19. CARRARA, Francesco, *Programa de Derecho Penal* – Vol. I: Del Delito, Pena, Trad. Ortega Torres – Bogotá: Ed. Temis, 1956, p. 32-33.

fazendo com que a pena seja o "remédio ao mal moral", através de seus efeitos secundários: correção, valorização, admoestação. Remediando-se o mal moral, que não é o mesmo que impor sua expiação, aproxima-se a sociedade da lei do Criador e se garante uma sensação de segurança[20] individual.

Algo parecido se nota também em relação a seu posicionamento sobre a liberdade em si. O mestre de Pisa rebate a Lombroso, que já fazia repercutir suas teorias no campo penal, sem aprofundar-se em dizer por que causalismo e determinismo são incompatíveis, senão apenas a confirmar sua profissão de fé na liberdade e, daí, aceitando a defesa e a intimidação como parte da pena. Se, também em vários momentos, Carrara reforça que o jusnaturalismo é a observância da lei para que o indivíduo "cumpra sua missão" na terra,[21] ou que ele atende ao chamado de Deus, que é o sentido moral, caso "não se encontre pervertido pela paixão",[22] de todos os modos levanta alguma dúvida acerca da capacidade livre de agir do ser humano, porém mais em uma discussão próxima da escolástica[23] que propriamente a acompanhar postulados Escola Positiva, que a seu tempo já tomava corpo.

A obra de Carrara é, portanto, uma expressão iluminista que tem a vantagem de buscar o racionalismo no que há de mais profundo no verdadeiro momento de transição que ele descreve.[24] O começo do Direito penal como ciência, ainda

20. Então Carrara consegue dar ênfase à reparação de o que, em outro trecho de sua obra, chama de "dano mediato ou reflexo do crime", porque, se por causa do crime sofre imediatamente uma pessoa, a vítima, o delito faz com que "sufran mediatamente todos los demás por la disminuición del sentimiento de la propia seguridad". CARRARA, Francesco, *Programa de Derecho Penal* – Vol. I: Del Delito, Pena, Trad. Ortega Torres – Bogotá: Ed. Temis, 1956, p. 102, § 118.

21. Cf. § 604.

22. CARRARA, Francesco, *Programa...*, cit. – Vol. II: Fundamentos de la Pena, p. 62 (§ 609).

23. Com razão, Cotta observa que a liberdade de querer exposta em Carrara, base de todo seu fundamento filosófico jurídico ["il principio della libertà del volere dell'uomo costituisce il fondamento filosofico dell'intera teoria giuridica di Carrara"] advém absolutamente da filosofia cristã. Para Cotta, em Carrara é a conjunção entre a liberdade do ser e seu estado natural de associação em grupo que constrói o dever moral. Assim explica: "L'impianto della questione, nella sua schematica semplicità, È del tutto conforme alla classica filosfia cristiana dell'essere". Per la 'legge eterna dell'ordine', di origine divina, gli uomini 'sono esseri dirigibili e responsabili delle proprie azioni", poiché non sono integralmente assoggettati a quella necesità dele sole 'leggi fisiche', che 'ne rende indefettibile l'osservanza'. Sono esseri liberi. Ma per natura, gli uomini si trovano in 'un primitivo stato di associazione', di originaria relazionalità, attestata dalla famiglia patriarcale. Perciò, in quanto esseri liberi e relazinali, sono dotati, sempre per natura, di 'senso morale', ossia hanno coscienza dei diritti e dei doveri conessi alla loro condizione". COTTA, Sergio, *Il pensiero di Francesco Carrara nell'incontro di filosofia e scienza*, in: Rivista Italiana di Diritto e Procedura Penale, Nuova Serie, ano XXXII, 1989, p. 882.

24. Esse momento é descrito por Padovani como historicamente transitório, cabendo a Carrara o mérito de acoplar a dogmática ao conceito de força moral do delito. Para Padovani: "per comprendere l'importanza ed il significato della teoria carrariana del reato non è posibile arrestarsi ala sua prospettiva deontológica, nella qual ele ascendesse illuministische sono cospicue e l'originalità corrispondentemente ridotta. La grandeza specifica di Francesco Carrara consiste piuttosto – come già si è osservato – nell'aver saputo riconnettere la concezione deontologica ala ricostruzione dogmática del reato, rendendo la prima supporto indefettibile della seconda, e prospettando così i termini dell'analisi strutturale del reato sulla

a ser aceito como instrumento de garantia e de limitação do poder estatal, porém ainda extremamente arraigado ao jusnaturalismo (que em si mesmo já traz sua própria conflitividade) de um lado; de outro, o correcionalismo de Röder, que suplanta a determinação do homem de continuar seu caminho sem alteração de sua personalidade, já que "una cosa es inducir un culpable a no delinquir más, y otra enteramente distinta es hacerlo interiormente bueno".[25] E, por último, as colocações empíricas já radicais da Escola Positiva, que o Mestre de Pisa já enfrentava, especialmente pelos influxos das teorias lombrosianas. O fato de que venha a negar a discutir o que a filosofia revolve sobre o livre arbítrio, ao mesmo tempo em que estabelece como dogma a liberdade de querer é sintomático no comprtamento daquele que redigiu o primeiro Programa completo de Direito penal, fazendo dele uma disciplina sistemática.

3.2.2 O correcionalismo indeterminista de Röder

O estudo da relação entre livre arbítrio e função da pena tem como grande momento de expressão a teoria correcionalista. Trata-se de uma corrente que estabelece que o único e aceitável fim da pena é a correção do indivíduo que delinque, vindo nele a desfazer qualquer ímpeto de transgressão da norma. Sua pertinência ao presente estudo se fez, como já narrado, bastante forte, tendo em vista as técnicas atuais de melhora artificial do indivíduo, que potencializam as possibilidades de correção do comportamento delinquente. Curioso da teoria correcionalista é que ela se fez compatível, em um primeiro momento, com o pensamento do livre arbítrio, na concepção mais detalhada de Röder. Depois, outros autores expressaram objetivo de correção, porém calcados em sólida convicção determinista. Será o caso de Dorado Montero e Jiménez de Asúa, que aparecerão em momento posterior.

Em finais de 1876, Karl Röder lança ensaio que identifica as finalidades da pena a seu tempo, que pouco ou nada são diferentes das correntes que hoje se podem encontrar, ainda que haja distinção de nomenclaturas.[26] Após uma minu-

falsariga dei suoi fondamenti politico-criminali". PADOVANI, Tullio, Francesco Carrara e la Teoria del Reato, in: *Rivista Italiana di Dirito e Procedura Penale*, Nuova Serie, anno XXXI, 1998, Giufrè, p. 885-886.

25. CARRARA, Francesco, *Programa...*, cit. – Vol. II: Fundamentos de la Pena, p. 70 (§ 619).

26. Visto a dia de hoje, a obra de Röder tem um aspecto histórico relevante, para demonstrar que já em meados do século XIX existia detalhada visão da função da pena, conquanto estivessem candentes discussões hoje quase superadas em continente europeu, como a pena de morte. Mais detalhadamente, é assim a sistematização de Röder. De um lado, as teorias absolutas. De outro, as relativas. As relativas dividem-se em Compensação e em Prevenção. A compensação é a restituição do dano imediato do delito, que é uma perturbação na ordem jurídica. As Teorias de Prevenção, por sua vez, dividem-se em teorias Executivas (de Execução Penal) e Teorias Cominatórias (de Prevenção Geral, na nomenclatura do próprio Röder). As primeiras, Executivas, dividem-se naquelas que tem seus efeitos meramente sobre o delinquente (Teoria da Emenda e Teoria da defesa geral, esta bifurcada em teoria da prevenção especial, quando se previnem atentados da parte do criminoso, ou em teoria da defesa necessária ou conservação,

ciosa dissertação acerca das tendências do pensamento sobre a finalidade da pena até então, que envolve prevenção geral e especial, o autor, na inspiração da teoria krausista,[27] passa a detalhar sua própria concepção.

A teoria correcionalista de Röder entende que a vontade do ser humano é livre, mas a do delinquente é determinada ao injusto,[28] por uma série de fatores que lhe causam o desvio. A função do Direito seria a de dar condições de o indivíduo exercer a livre vontade, e isso tem de ser feito integralmente, porque o Direito é uma lei, *um princípio de conduta* para a vida do homem e não apenas para suas relações exteriores. Assim, "a mera legalidade externa das ações realizadas com intenção injusta não é mais que meia justiça".[29]

Ao cometer o delito, o indivíduo sinaliza essa incapacidade de fazer uso de sua liberdade e então adquire o direito, "quase como um menor de idade",[30] a uma "segunda educação", que o corrige até o momento de que encontre sua liberdade moral. Para Röder, o verdadeiro direito é a proteção contra essa debilidade moral, e só com tal intenção de corrigir é que a pena se faz imune a esse sentimento de dor ou prazer, de castigo da retribuição. A pena tem de ser proporcional à vontade injusta do delinquente, pois é nela que se radica todo seu fundamento, porém dentro da finalidade de recuperá-la à capacidade de livre decisão conforme ao direito. O que parece contraditório explica-se exatamente porque essa vontade desconforme ao direito é viciada, e as penas na prática assim o demonstram: o autor alemão afirma que a pena de prisão tanto induz à reincidência que uma condenação a ela acaba por significar pena perpétua.[31]

Porque a missão da pena é *somente* corrigir essa vontade, diz Röder, é impossível certificar-se *a priori* do êxito de seu efeito. Portanto, qualquer pena é provisória, porque, por maior esfera de liberdade que se deixe ao juiz, este não conseguirá determinar de modo exato o necessário pra a correção. A pena, como o medicamento, somente terá seu efeito revelado pelo ensaio e experimento, em

quando se defende o Estado) ou também tem seu efeito sobre todos os cidadãos, pelo temor geral que traz a aplicação da pena, então chamada da intimidação ou do escárnio. Já as Teorias Cominatórias ou de prevenção Geral são as teorias da coação psíquica (intimidação também, mas pela cominação), ou teoria da advertência. Na obra de Röder, que traz como um quadro sinótico dessas teorias todas (p. 46 e 47), todas elas são expostas, com seus autores principais, antes que comece sua defesa da teoria correcionalista. Cfr. Röder, Karl David, *Las Doctrinas Fundamentales Reinantes sobre el Delito y la Pena en sus interiores contradicciones: ensayo crítico preparatorio para la renovación del derecho penal*, Trad. Francisco Giner, Madrid: Librería Victoriano Suárez, 1876, p. 46-47.

27. Breve comentário sobre o krausismo, especialmente na Espanha, aparecerá em 3.3.8.

28. "La teoría correccional ve en la pena el medio racional y necesario para ayudar a la voluntad, injustamente determinada, de un miembro del Estado, a ordenarse por sí misma, porque y en cuanto la desarmonía que nace de su desorden perturba la armonía de todo el organismo racional de aquél". Röder, Karl David, *Las doctrinas Fundamentales Reinantes*, p. 236.

29. Röder, Karl David, *Las doctrinas Fundamentales Reinantes,* p. 237.

30. Röder, Karl David, *Las doctrinas Fundamentales Reinantes,* p. 239.

31. Röder, Karl David, *Las Doctrinas Fundamentales Reinantes,* p. 247.

uma certeza inicial meramente aproximada (*ab effectu*, posterior) que se deve rever[32] reiteradamente, para aumentá-la[33] ou diminuí-la conforme a resultados.

Karl Röder critica a concepção estabelecida por Carrara, de que a pena possa servir como, primordialmente, um modo de restabelecimento da ordem jurídica no indivíduo, porque isso implicaria a tremenda contradição de esperar fazer justiça *somando-se* uma nova injustiça[34] à já realizada pelo delinquente. Um efeito voltado puramente a corrigir e baseado no livre arbítrio do indivíduo, a partir da função do Estado de curar a vontade distorcida e devolver ao homem a capacidade de decidir por si mesmo – ou seja, conforme ao direito e à moral -, livre de qualquer castigo. Esse seria, para o que nos interessa, a ideia principal de Röder. Em nossa opinião, a teoria surge como bastante sustentável e, se analisada em seu contexto, parece a mais liberal e, por assim dizer, antropocêntrica concepção iluminista, tendo em vista que retira os efeitos jurídicos da pena e estabelece a diretriz principal de considerar não um homem geral e abstrato, mas o homem "real, vivo e efetivo" que se fez responsável "de tal delito concreto, em sua total e exclusiva individualidade".[35]

A teoria falha, em nossa opinião, no momento de estabelecer, com maior exatidão, o *momento* em que o homem deixa de ter sua vontade livre e passa a agir sob o influxo de causas determinantes ou semi-determinantes. Ainda que o autor diga que a vontade livre é aquela de escolher conforme o direito, fica a dúvida de se realmente são apenas as causas externas (irresistíveis?), que levam à ação desconforme à norma. Note-se que – embora Carrara afirme o contrário – Röder livra-se de ter de explicar o motivo de o delinquente ter de aceitar a pena, sob seu direito de *querer* agir em desconformidade com a lei: se agir contra a lei é ter um querer viciado, o homem não o quer legitimamente. Ele só quer aquilo que é moral e, quando quer o contrário, não pode querê-lo legitimamente, porque seu querer é então determinado de modo não resistível. Isso não está na discussão de Röder, mas é decorrência direta de seu discurso. O problema realmente está em convencer que, no momento em que o homem quer ao contrário da lei, seu querer

32. Röder, Karl David, *Las Doctrinas Fundamentales Reinantes,* p. 252.

33. Críticas não faltam a essa posição, como ainda se comentará. No Brasil, Alberto Silva Franco, ao escrever sobre a hipótese de pena relativamente indeterminada, assenta: "Pena cuja duração pode ser periodicamentre revisada e que pode prolongar-se até o máximo de dez anos após o cumprimento da pena imposta não se presta a fins correcionais ou educativos. Pena implica sempre numa censura de ordem ética e, portanto, uma quantificação terá de ser rigorosamente estabelecida". Franco, Alberto Silva, *As margens penais e a pena relativamente indeterminada,* in: Julgados do TACrim, Vol. 45, 5.º bim, 1977, p. 33.

34. "La teoría correccional no incurre en la palmaria contradicción de querer alcanzar la seguridad del Derecho, la defensa y la conservación del Estado, el mantenimiento y restablecimiento en su caso del orden jurídico en la sociedad, hollando el derecho de sus miembros, mediante una nueva injusticia que se añade a la ya cometida por el delincuente; como si una injusticia – ¡vana ilusión! – pudiera de destruirse, esto es, repararse ni impedirse, con otra igual o semejante, y no por medios puramente justos". Röder, Karl David, *Las doctrinas Fundamentales Reinantes,* p. 264.

35. Röder, Karl David, *Las doctrinas Fundamentales Reinantes...*, cit., p. 250.

é ali exclusivamente incapaz de direcionar-se por si mesmo; e, quando se *corrige* o querer, não se está *determinando* uma vontade conforme, porém restabelecendo a livre vontade, que decide pelo moralmente correto. Embora extremamente compatível com a Escola Clássica a concepção do professor alemão tal exatamente como formulada, faz-se mais evidente que a teoria correcionalista, por seus próprios objetivos, será mais coerente com uma visão determinista. E isso não passou despercebido a grandes penalistas de tempos ulteriores a Röder, que no entanto lhes renderam os devidos méritos pela utopia da cura que substitui de todo a repressão ou a mera segurança social.

3.3 Escola positiva

A Escola Positiva, com sua influência empirista, seu apego a um cientificismo determinista constituem a mais clara tendência à negativa da liberdade de agir, já a partir do determinismo biológico de Lombroso. Com marcas fortes reconhecidas já nos estudos mais elementares do Direito penal que hoje se acessem, rever a Escola positiva e suas fases traz aqui perigo de figurar uma exposição repetitiva, em especial porque, diante de o que hoje está publicado, é impossível escapar do trinômio Lombroso, Garofalo e Ferri[36] para dissertar sobre seus fundamentos, e esses autores já tiveram seus escritos suficientemente analisados; de outro lado, não se pode passar ao largo das concepções originais desse ideário penal, especialmente porque aqui, em algum momento, se pretenderá comparar o que pode haver de idêntico e o que pode haver de útil vanguarda no quanto postulava o cientificismo positivista e o que aparece atualmente nas tendências neurocientíficas.

Embora em um período tardio haja a tentativa de desvincular diretamente a chamada Escola Positiva das bases filosóficas positivistas,[37] está claro que é ela seu pano de fundo. Sem ir mais longe, Comte, em seu "catecismo positi-

36. Aliás, a leitura do *Catecismo Positivista* de Comte autoriza a dizer que a *seleção* desse trinômio atende de algum modo a uma própria lógica do positivismo ortodoxo: um representante de cada uma das ciências principais, que Comte atende como a Cosmologia (a ordem material das coisas), a Biologia e a Sociologia. "La cosmologie établit d'abord les lois de la simple materialité. Puis, la biologie construit sur cette base la théorie de la vitalité. Enfin la sociologie subordonne à çe double fondement l'etude propre de l'existence colective". Comte, *Catéchisme Positiviste ou Sommaire Exposition de la Religion Universelle*, Paris: Garnier Frères Libraires-Éditeur, p. 151.

37. Refiro-me a Ferri, que constrói essa afirmativa já em momento mais avançado e, portanto, menos radicalizado do positivismo penal, quanto – apenas a título de exemplo – esse penalista italiano já nega veementemente algumas conclusões lombrosianas. Em suas palavras "mas o que importa salientar é sobretudo isto: que a escola criminal positiva não perfilha nem modela nenhum sistema filosófico ou sociológico, a começar pela 'filosofia positiva' (Comte, Spencer, Ardigó etc.), nem nenhuma doutrina biológica (Darwin, Lamarck, Malleschott etc.). Ela apareceu quando a doutrina destes grandes pensadores estava em pleno apogeu e por isso – como todas as ciências biológicas e sociais – não deixou de lhes sentir o reflexo. (...) Mas o fato decisivo é que a escola criminal positiva se caracteriza essencialmente pelo 'método científico'". Ferri, Enrico, *Princípios de Direito Criminal,* Trad. Paolo Capitanio, Campinas: Bookseller, 1996.

vista", procura demonstrar que a fictícia luta que aparece nos escritos de Paulo apóstolo entre *natureza humana* e *graça divina* é na verdade uma disputa entre *regiões do cérebro*, para o que adota expressamente os estudos da *Frenologia de Gall*,[38] até positivar como elemento constituinte da alma a divisão do cérebro em dezoito partes, que respondem por dezoito funções interiores,[39] bem ao estilo da

38. Franz Joseph Gall, médico alemão que criou a Frenologia. Flourens, em 1851, (em livro dedicado à memória de Descartes, o que aqui significa muito, dispondo-se a analisar a frenologia, resume as proposições de Gall em duas principais: "la première, que l'inteligence réside exclusivement dans le cerveau; la seconde, que chaque faculté particulière de l'inteligence a, dans le cerveau, un organe propre". Sobre a primeira proposição, diz que "est, en effet, aussi ancienne que la science. Descartes avait placé l'âme dans la glande pineàle" (p. 8). Sobre a segunda, um local exclusivo para a inteligência, assenta que suas experiências demonstram o contrário: "Les hemisphères cérébraux concourent donc par tout leur ensemble à l'exercice plein et entier de l'inteligence" (p. 19). Reconhece em Gall um grande anatomista, mas não confirma seus métodos, e o detalhamento intenso das funções das regiões cerebrais. Ou seja, já a seu tempo se suspeitava que houvesse exagero nas assertivas do criador da frenologia e seus sucessores, ainda que fora inequívoca o impulsionamento do estudo cerebral, crendo estar no órgão toda a função da alma. FLOURENS, P. *Examen de Phrénologie*, Paris: Librairie de L. Hachette, 1851. Também Brown-Sequard, antes de 1880, já redigia críticas mais severas à ideia da correspondência de "locais cerebrais" para cada função. Em assertiva que parece bastante contemporânea, contestava a doutrina das localizações cerebrais: "La conséquence commune de ces deux principes est la siuvante: une lésion peut détruire une partie quelconque de la grande masse encéphalique sans arrêter d'une manière notable une quelconque de ses fonctions". GRASSET, J., *Les objecions de M. Brown Sequard a la Doctrine des Localisations Cérebrales*, in: Des Localisations dans les Maladies Cérébrales, Paris: Delahaye Editeurs, 1880, p. 247. Se o exame do texto original de Joseph Gall demonstra, de um lado, que realmente tenta o médico atribuir as características cerebrais às questões da mente, a exemplo do momento em que explica a tendência cerebral do "espírito metafísico" no cérebro: "Dans ces têtes, deux parties cérebrales sont développées, une de chaque côte, à côté de l'organe de la sagacité comparative. Par-là, les parties du front que touchent immédiatement ces parties cérébrales, se touvent bombées, et forment, à elles seules, ou conjointemente avec l'organe de la sagacité, deux segmens de sphère placés de chaque Côté du front das la ligne horizontale". GALL, Joseph, *Sur Les fonctions du cerveau et sur celles de chacune de ses parties*, vol V: Organologie, Paris, J-B Baillière Libreire, 1825, p. 269. Em edição espanhola, aparece longa dissertação, entretanto, acerca do compatibilismo de suta teoria com certa parte de liberdade. Segundo a obra, o homem está diante da "doble facultad de ser impelido y poderse determinar por los motivos", mas não se há que confundir "las inclinaciones y los deseos con la voluntad, sin encontrar diferencia alguna entre querer y desear" ou entre "la simple tendencia de obrar por medio de una excitación cualquiera, y el acto intelectual que examina si se puede o no obrar de aquél modo" (p. 237). Porém, diz o texto, após analisar todas as tendências sobre determinismo, "Gall las abandonó todas y se adhirió a la doctina que siempre sostuvieron los Padres de la Iglesia, y es la siguiente: que el hombre se halla naturalmente inclinado a toda clase de acciones perversas, no solo porque Dios las tolere, sino tambien porque la posibilidad de semejantes acciones pertenece en realidad al plan de la divina Providencia (...)". O fato de que o texto espanhol seja uma adaptação em paráfrase, sem atribuição específica de autor do texto final, soa um tanto estranho e faz desconfiar da fidelidade às ideias empiristas de Gall, sem deixar entretanto de ter sua pertinência histórica. GALL, Franz Joseph, *Resumen Analítico del sistema del Doctor Gall sobre las facultades del hombre y funciones del cerebro, vulgarmente llamado craneoscopia – traducido y recopilado por una sociedad de naturalistas y literatos de est corte,* Madrid: Librería Extrangera de Denné y Compañía, 1835, p. 244.

39. Essas dezoito funções aparecem sistematicamente expostas nas páginas 162-163 do *Catecismo Positivista* da edição aqui consultada. São dez móveis afetivos (dentre os quais estão os instintos de conservação que podem ser do indivíduo, como a alimentação, ou da espécie, como o sexual e o materno; ou instintos de aperfeiçoamento, em que está o instinto de construção ou industrial ou o de destruição ou

Frenologia. Nas palavras do *Catecismo*, "a luta entre natureza e graça divina foi realocada pela oposição real entre a massa posterior do cérebro, sede dos instintos pessoais, e a região frontal, onde residem distintamente os impulsos simpáticos e as faculdades intelectuais. Tal é a indestrutível base sobre o qual o fundador da religião positiva construiu em seguida a teoria sistemática do cérebro e da alma".[40] De fato, esse *Catecismo Positivista*, ainda que com algum tom jocoso de instituição de uma *religião* desvinculada de outros princípios que não um método empírico e observável, adota aquilo que a seu tempo era a interpretação mais avançada do cérebro para o molde do comportamento, ainda que reconheça a necessidade moral do homem, que entretanto se aglutina naquela mesma região corpórea. É, por exemplo, após dissertar sobre a região afetivas do cérebro, que não se comunica com o mundo exterior, descobrindo nela entretanto *nervos especiais* que a unem com a nutrição, e da ligação da região especulativa e ativa *diretamente* com os músculos, que o filósofo francês preleciona: "Se esta correspondência geral puder ser melhor explicada, como eu mesmo espero, ela fornecerá poderosas ferramentas para aperfeiçoar mutuamente o físico e o moral do homem".[41]

O chamado "método científico" é a marca mais alardeada da Escola Positiva[42] e ainda que, como visto, chegará o momento em que algum de seu representante negará a influência direta da filosofia positiva ou mesmo de qualquer doutrina biológica, é fato que a Escola positiva nasce nesse tempo em que a crença no

militar), três móveis sociais (apego, veneração e bondade), cinco funções intelectuais (concreta, abstrata, indutiva, dedutiva e de expressão) e três qualidades práticas (coragem, prudência e firmeza). Segundo ali se explica, a região especulativa se comunica diretamente com os nervos sensitivos e a região ativa com os nervos motores. Já a região afetiva somente se comunica com 'vísceras vegetativas' "sans aucune correspondance immédiate avec le monde extérieur". COMTE, *Catéchisme Positiviste ou Sommaire Exposition de la Religion Universelle*, Paris: Garnier Frères Libraires-Éditeur, s/d, p. 163.

40. "La lutte fictive entre la nature et la grâce fut dès lor remplacée par l'opposition réelle entre la masse postérieure du cerveau, où résident les instincts personnels, et sa région antérieure, où siègent distinctement les impulsions sympathiques en les facultés intellectuelles. Telle est la base indestructible sur laquelle le fondateur de la religion positive construisit ensuite la théoris systématique du cerveau et l'âme (...)". COMTE, *Catéchisme Positiviste...*, cit., p. 157.

41. "Si cete correspondance générale peut être assez spécifiée, comme y a lieu de l'espérer, elle fournira de puissants moyens pour perfectionner mutuellemente le physique el le moral de l'homme". COMTE, *Catéchisme...*, cit., p. 158.

42. Larenz bem resume: "según la concepción positivista, lo único que es acccesible al conocimiento científico, prescindiendo de la Lógica y la Matemática, son los 'hechos' perceptibles junto con la 'legalidad', corroborable experimentalmente, que en ellos se manifiesta. En este planteamiento aparece decisivo el modelo de la Ciencias naturales exactas. En esto el positivismo es 'naturalismo'. Ahora bien, la Ciencia del Derecho ha de se elevada a una 'Ciencia verdadera' fundamentándola, lo mismo que la Ciencia natural, sobre hechos indubitables". LARENZ, Karl, *Metodología de la ciencia del Derecho*, Trad. Rodríguez Molinero, Barcelona: Ariel, 1994, p. 58. De modo parecido, Gimbernat define o positivismo e aponta que sua superação houve com o neokantismo, porque "el carácter científico de la dogmática penal – y, en general, de toda la dogmática jurídica – sólo podia fundamentarse dentro de una dirección distinta del naturalismo. Esto es lo que intento el neokantismo, efectuando una tajante distinción entre ciencias de la naturaleza y ciencias del espíritu". GIMBERNAT ORDEIG, Enrique, *Concepto y método de la ciencia del derecho penal*, Madrid: Tecnos, 1999, p. 41.

empirismo agnóstico conduz a reducionismos inclusive filosóficos, portanto a desconexão entre filosofia positiva, darwinismo e positivismo penal[43] não é, em nossa opinião, algo diverso de uma tentativa tardia de justificar alguns erros que vieram em conjunto com o acerto de conceder ao Direito penal uma lógica mais dependente da sistemática empírica, que àquele tempo significava o rompimento com uma ontologia moral que sobrevivia, hipertrofiada, na Escola Clássica.

3.3.1 Lombroso e o determinismo médico

A chamada Fase Antropológica da Escola Positiva teve como maior nome o médico Césare Lombroso. Se, principalmente no meio externo ao Direito penal, Lombroso tem seu trabalho lançado em grande descrédito, face ao extremo de seu determinismo, é certo que seus estudos devem ser lembrados a quem pretende a análise da concepção determinista penal. Em especial no que tange ao estudo da influência da medicina na compreensão dos impulsos criminais – de que, de algum modo, nos ocupamos no primeiro capítulo deste trabalho – a referência a Lombroso é inevitável.

De tudo quanto se conhece sobre o trabalho do médico italiano, talvez seja relevante realçar que suas ideias tinham antecedentes, que eram de seu conhecimento, já bastante sedimentados a seu tempo. A crença absoluta no método empírico do positivismo, a Teoria da Evolução darwiniana e, mais, a própria Frenologia de Gall são determinantes de seu contexto. Em linhas gerais, Lombroso imaginava que o delinquente era um ser com características pouco desenvolvidas, e essa sua inadequação, esse desajuste evolutivo,[44] impunha a causa do desajuste social[45] que o crime representa – e nesse sentido a influência de Darwin não necessitaria sequer ser mencionada. Seu trabalho foi então o de transpor esse evolucionismo a uma assertiva de origem genética para a *tendência* ao delito; então, como trans-

43. De outro lado, há que se reconhecer que também o positivismo jurídico em si mesmo tem sido mal interpretado. A evolução do pensamento jurídico experimentada em doutrinadores como Kelsen foi excepcional. Nesse sentido, vale lembrar também o erro histórico que faz com que hoje se identifique positivismo com o estudo da lei posta. Bem ao contrário, o que se tentava era constituir uma teoria independente da análise de cada norma, por paradoxal que seja. Ángel Sanz, recuperando González Vicén, verbaliza: "Pues bien – y aquí viene la paradoja –, la respuesta que dará la ciencia del derecho positivo 'al problema del conocimiento del derecho en tanto que objetivación histórica' consistirá, precisamente, 'en intentar aprehenderlo con el método y desde las premisas del racionalismo abstracto'". SANZ MORÁN, Ángel José, *Algunas consideraciones sobre la ciencia del derecho penal y su método*, in: *Estudios penales en homenaje a Enrique Gimbernat II*. Madrid: Edisofer, 2008, p. 641.

44. A interpretação é de Verde e Pastorelli: "Il delinquente è membro di una società organicisticamente evoluta, e presenta caratteri anatomici e organici regressivi, precisamenteatavici, appartenenti cioè ai rappresentnti primitivi di quella stessa società; la condizione regredita atavica è causa determinante di azioni difformi dalla normalità, ossia criminose. La genesi culturale dela teoria risale alle suggesioni confluenti dell'evoluzionismo organicístico darwiniano e dalla frenologia di Gall". VERDE, Alfredo, PASTORELLI, Monia, *Il professor Lombroso e La Donna Delinquente: il falimento di un método.*

45. Vide adiante, em 3.3.4, como, no Brasil, Nina Rodrigues reproduz esse discurso, com ainda maior especificidade.

missão hereditária, traços externos[46] poderiam indicar esse inato direcionamento ao desvio social: desenho das mãos, formato do lóbulo das orelhas, assimetria facial dariam a pista de quais delitos poderiam ser cometidos por aqueles já desajustados por sua herança corpórea.

Com o alastrar de suas observações tão ajustadas ao espírito da época, Lombroso não tardou a fazer discípulos. O médico francês Debiérre avança ao desvendar a assimetria craniana, estudando material encontrado em museus em que se guardavam restos de criminosos decapitados. De modo semelhante, Francotte aprofunda e detalha medidas do crânio, a encontrar, por exemplo, preponderância de nariz avantajado[47] nos criminosos, especialmente homicidas. Dallemagne, no fim do século XIX, observava que a fisionomia é uma janela para o inconsciente, de igual modo ao que afirmava Émile Laurent.[48] Na Viena da década de 1870, o médico Moritz Benedikt, posteriormente comentado por Merkel,[49] aprimorando

46. Altavilla, quem, apesar de reconhecer exageros em Lombroso, era entusiasta de seus estudos, relativiza esse ponto específico: "Ma ocorre rettificare le imprecisione della critica. L'avere data soverchiante prevalenza all'elemento morfológico, non gli fece trascurare quello psicológico, come recentemente il Grispigni ed io dimostrammo nel recente Convegno di Criminalogia, tenutosi in aprile in Roma". ALTAVILLA, Enrico, *La Modernitá del Pensiero di Cesare Lombroso*, in: La Scuola Positiva: Rivista di Criminologia e Diritto Criminale, ano LVII, Milano: Giuffrè, 1950, p. 495. Entretanto, a leitura dos originais de Lombroso de fato surpreende. Na décima edição francesa de *O Homem delinquente,* Lombroso já apresenta a antropometria de 5907 criminosos (p. 198 e ss.), estuda o Ferri, Bischoff, Bonn, Corre, Biliakov etc. e por ele mesmo. E retira conclusões não apenas dessas medidas, mas também da fisionomia. Apenas como exemplo: "Les homicides habitues ont le regard vitreux, froid, immobile, quelquefois sanguinaire en injecté; le nez souvent aquilin, ou crochu comme celui des oiseaux de proie, toujours volumineux; les mâchoires sont robustez, les oreilles longues, les pommettes larges, les cheveux, crêpus, sont abondants et foncés. Assez souvent la barbe est rare, les dents canines très développées, le lèvres fines", LOMBROSO, Cesare, l'Homme Criminel, Paris: Félix Alcan, 1895, p. 222.

47. "On a ensuite étudié la dimensión, l'inclinasion, la Surface elt la protubérance de os nasaux. Ce sont les criminels, (surtout les assasins) qui offrent les os nasaux le plus développés (40 pour 100), tandis eu chez les normaux, la proportion n'est que de 4 pour 100." FRANCOTTE, Xavier, *L'Antrhopologie Criminelle,* Paris: J.B. Baillière, 1891, p. 67. Entretanto, Lombroso e seus discípulos já a seu tempo encontravam detratores, quem já denunciavam que seus métodos não eram conclusivos. É o caso de Morrinson, que dedica um capítulo de seu *Crime and its causes*, de 1891, ao *The Criminal Body and Mind*, para arguir que não existe relação direta do crime ao aspecto biológico. Sobre esse ponto específico da medida do crânio, chega a ironizar: "Even then it will have to be remembered, before coming to conclusions, that no skull is perfectly symmetrical – every one showing some variations from the ideal type. When the extent of this variation has been absolutely demonstrated to be greater in the case of criminal than among other sections of the community, we shall then be approaching solid ground. At present we must wait for further light before anything can be said with certainty with respect to the criminal skull". MORRISON, William Douglas, *Crime and its causes*, London: Swan Sonnenschein, 1891, p. 181.

48. Seus estudos seguem o mesmo: Cap. IX, "Dégénerescenses anatomiques et morphologiques" cabeça (p. 181, 182) com assimetria, tamanho do pênis (199), lóbulo da orelha hipertrofiada "un criminél fou homicide à type félin, avec énorme lobule" (p. 191), dentre outros. In: LAURENT, Émile, *Les Habitués des Prisons de Paris*: Étude d'anthropologie e de psychologie criminelles, Lyon: A.Storck, 1890.

49. Vide, adiante, 3.4.

a escola de seu tempo,[50] escrevia sobre o local da moral no cérebro,[51] enquanto o ucraniano Betz,[52] assistente de Benedikt, viria a atribuir a criminalidade a defeitos de formação no órgão.

50. No prefácio de sua obra sobre a mente criminal, Benedikt traz uma compilação dos autores da escola de seu tempo, após afirmar, sobre Gall, que "However greatly Gall erred in detail, que impetus he gave was very powerful" (p. vii). Refere-se entre tantos, a "Leuret, Gratiolet and broca, in France; Huschke, Virchow and Bischoff, in Germany; Owen, Huxley and his scool, ind England, and Lombroso in Italy". O trabalho de laboratório de Benedikt, transcrito por..., apresenta a dissecação de 22 cérebros de criminosos específicos, todos ali desenhados, a exemplo de: um latrocida romeno de meia idade "as a convict good-natured, diligent and exemplary", com "gyrus frontaly superior" entretanto "poorly developed" (p. 33); Madárasz, um esloveno acusado de habitualidade criminosa, com "a sweet, fawning biehavior in prison, treacheous and cowardly toward his overseers", com um "right cerebellum imperfectly covered", dentre outras imperfeições (p. 39); Kuss (p. 45), e Perudinacz (p. 51), sérvios que mataram os próprios filhos, dotados de "great occippital shortening" (p. 56), Pantalic (p. 93), que matou por uma pequena recompensa, com "moderate occipital shortening and moderate shortening of parietal curve" (p. 95), ou Peter Proketz, que era assaltante cruel e violento, mas após seu casamento transformou-se em um furtador profissional. Na prisão, o que se deveu "probably, upon a strong and active sexual passion which was fully satiated in his marital relations", (p. 111). Entretanto, ao desvelar sua análise do livre arbítrio, é extremente claro ao preconizar uma *neutralidade metafísica* [In regard to antinomics, therefore, the a prior attitude of science is that ot metaphysical neutrality (...) Our century will soon suceed also to that other inheritance: metaphysical neutrality". p. 159]. No final da obra, depois de conclusões médicas que a ele bastante convencem, revela o conflito que na época se desenhava, hoje revivido: "But for the criminalist it is necessary that his head should not be hollow, in order that he may be able to follow investigations originating from other sources than himself, because he himself is incapable of grasping principles, it is necessary that his head should not be evil". Benedikt, Moritz, *Anatomical studies upon brains of criminals: a contribution to anthropology, medicine, jurisprudence and psychology,* Trad. E. P. Fowler, New York:W. Wood Ed., 1881, p. 185.

51. Em pesquisa sobre o trabalho de Benedikt, Verplaetse reproduz as teorias apresentadas pelo médico austro-húngaro, nos encontros da sociedade alemã dos cientistas naturais, que teve lugar em 1874 em Breslau e em Graz no ano seguinte: "Thirdly, as a confirmed materialist Benedikt believed that these complex feelings of right and wrong, which no longer resound in the criminal's mind, originate from a localizable, neurological substrate: 'The doctrine that localizes mental capacities on the brain surface and which was until recently merely supported by prejudices and false evidence, has now become an undeniable fact of pure science' (Benedikt, 1876: 21). According to Benedikt, localization theory can tell us where the human sentiments, including the ethical feelings, must be situated. 'In science the consensus is that the imagination is seated in the anterior parts of the brain, the psychomotor action is situated in the midbrain and the occipital part of the brain is the seat of the sentiments and feelings' (Benedikt, 1876: 21)". Verplaetse, Jan, Moritz Benedikt's (1835-1920*) Localization of Morality in the Occipital Lobes*, in: History of Psychiatri, 2004, 15: 305, disponível em: http://hpy.sagepub.com/ content/ 15/3/305.

52. "The Viennese Moritz Benedikt (known for describing the midbrain-alternating syndrome) was one of the founders of criminal anthropology and a pioneer in electrotherapy. He believed that morality was nothing more than a kind of sense organ whose neurophysiological substrate was located in a specific part of the human cortex. Betz assisted Benedikt with his research on the brains of criminals and performed investigations of the anatomical background of criminal behaviour (Verplaetse, 2004). Betz believed that criminal behaviour originated in the defective development of certain parts of the brain, and could be differentiated on an anatomical basis compared with normal people. This subsection of Betz's specimens was presented as a part of his collection at the Vienna World Exposition in 1873. In appreciation of Betz's assistance, Benedikt dedicated his 1880 text Anatomical Studies upon the Brains of Criminals (Benedikt, 1881) to Betz". Kushchayev, Sergiy V., Moskalenko, Vitaliy F., Wiener, Philip

Nesse sentido, Lombroso não está sozinho nos estudos médicos de seu tempo, mas subverte bastante o que eram as investigações então correntes, a exemplo de Gall ou Benedikt, ao encontrar não no cérebro em si mas nessas *características externas* os indícios de uma propensão ao crime, o que mais facilmente lhe fez cair em descrédito. Se, por um lado, os estudos do médico italiano não foram assumidos por toda a Escola Positiva, que rapidamente notou que ao estudo médico não se poderia resumir a determinação do comportamento,[53] também é verdade que de algum modo o espectro de seus equívocos – porque determinar a condição de delinquente pela aparência física indiscutivelmente é um erro científico[54] – atormenta toda tentativa atual de aplicação de dados biológicos ao Direito penal.

Se for necessária a ressalva, claro que há pontos a elogiar na tentativa de conceder parâmetros médicos ao comportamento criminoso, como também em converter estudos antropológicos para a prevenção especial positiva e até mesmo ao correcionalismo[55] – mas isso não nos parece elidir o erro mais evidente: consi-

C., et alii, The discovery of the pyramidal neurons: Vladimir Betz and a new era of neuroscience, in: *Brain: a journal of neurology*, Oxford, 2012: 135; p. 293.

53. Como lembra Urruela Mora, a baixa influência desses estudos no Direito penal posterior se dá por conta da "falta de rigor científico de los presupuestos sobre los que se asentaban las citadas teorías" (p. 600). O referido professor basco transcende o estudo para a questão da culpabilidade e do mapeamento genético então sob grande discussão, para alertar a necessidade de atenção para que não se retomem "experiencias inocuizadoras felizmente superadas" como a lobotomia. A Escola Antropológica tem esse mérito de, via seus próprios equívocos, alertar para que sejam evitados os erros advindos da empolgação médico-científica. Cfr. Urruela Mora, Asier, *Culpabilidad y Herencia Genética*, in: Hans Welzel en el pensamiento penal de la modernidad, Buenos Aires: Rubinzal Culzoni, 2005, p. 622. Vide também Torío López, Ángel, *Individualidad biológica y culpabilidad, En El Derecho Ante el Proyecto Genoma Humano*, Fundación BBV, Bilbao, 1994, vol. II, p. 120.

54. Von Hentig, após lúcida crítica sobre as causas físicas e sociais do delito, afirma: "Con todas sus limitaciones, generalizaciones prematuras y conclusiones precipitadas, hay siempre un chispazo de genio en la obra de Lombroso. Incluso sus errores han estimulado nuestra reflexión y ensancharon nuestra visión. Algunas formas de delito son realmente respuestas 'atávicas' de la vida moderna, soluciones supersimplificadas de conflictos intrincados". Hentig, Hans v., *Criminología: causas y condiciones del delito*, Trad. Abad de Santillán, Buenos Aires: Atalaya, 1948, p. 241. De fato, sua ideia foi um salto evolutivo, mas dizer que de seus erros nasce o acerto da ciência parece-nos por demais cruel. Ou seja, admitir novos erros análogos em nome de um futuro aprimoramento não é correto.

55. Schultz, por exemplo, dá realce à visão de Lombroso sobre o cumprimento de pena e até mesmo para a descriminalização de alguns delitos, em sua oposição ao Código Zannardelli. Lombroso defendia que a pena privativa de liberdade incentivava a delinquência, mesmo na melhor prisão celular, e então defendia o trabalho para "educar o sentimento". Nas palavras de Schultz: "C'est porquoi Lombroso propose de former les condamnés au travail, tout spécialement au travail agricole comme cela se faisait dèjà en Suisse. Il conseille d'instruire les détenus, de leur procurer une éducation morale, il parle de 'educare il sentimento', et de les traiter d'une manière que fortific leur estime d'eux-mêmes afin de les préparer au retour à la vie libre". Schultz, Hans, Lombroso et la politique criminelle, in: *Revue de Science Criminelle et de Droit Pénal Comparé,* Nouvelle Serie 1977, n. 1, jan.-mar., p. 309. Quanto à decepção de Lombroso com o Código Zanardelli, aliás, Gibson realça ter sido a visão libero-arbitrista do legislador de então um dos principais motivos do desgosto do médico italiano: "Il Codice Criminale Zanardelli del 1890 provocò la sua più cocente desilusione, poiché mantenne la struttura teorica dela Scuola Classica settecentesca, che insegnava che il libero arbítrio i non il determinismo biologico stavano ala base del

derar o ser humano como apenas biológico implica assumir o risco de anular o direito quase que por completo.

3.3.2 Ferri e sua La negazione del libero arbitrio

A tese de láurea de Ferri, *La teorica dell'imputabilità e la negazione del libero arbitrio*, impressa em 1878, suscitou a seu tempo vasta polêmica, a ponto de ser um dos grandes instrumentos para a condução, nos anos seguintes, de Enrico Ferri a lecionar na universidade de Bolonha.[56] Obra bastante completa sobre o tema, que nos interessa uma vez mais como marco histórico, reflexo de seu tempo, a permitir-nos a afirmação: se o livre arbítrio foi ponto-chave da explicação dogmática do delito – ao menos em Carrara – sua negativa foi alicerce da Escola Positiva, ainda em seus momentos menos radicais, como é o caso de Ferri. Isso, ao menos, nos serve para comprovar a relevância do tema em estudo, caso seja ainda necessário fazê-lo.

O autor italiano, após passear pelos textos filosóficos de seu tempo, e sempre inóspito a qualquer metafísica mais aprofundada, defende um posicionamento que se pode resumir em uma dupla vertente: primeiro, que o livre arbítrio é ilusório; segundo, e mais importante, que a imputação baseada na liberdade é *meramente moral*, enquanto o direito penal deve buscar a reprovação *social.*[57] Pela reprovação social, resulta que o livre querer importa pouco: a ameaça de pena busca motivar à não delinquência (já que o homem é determinável por motivos fortes),

comportamento umano." Gibson, Mary, Cesare Lombroso, il determinismo biológico e la delinquenza minorile, in: *Dei delitti e Delle Pene*, anno VIII, 2001, p. 75. Já Tassistro é bastante crítico com o aparente liberalismo de Lombroso na valorização da condenação ao trabalho. Diz que seu exagero en considerar a educação pelo trabalho, que tinha então como modelo os "educandários" ingleses, a "società di soccorso americane" e a obra então desenvolvida por Don Bosco (p. 35), que condenava o "ozio periculoso" era um "dirigismo produtivista", a partir de seu projeto de uma "società pacifiata, operosa, ordinata da un socialismo conservatore sóbrio ma dignitoso [que] non ammete colpevole innativittà". Tassistri, Giovanni, La Scuola Positiva e il Socialismo di fine Ottocento, in: *Dei Delliti e Delle Pene*, 2/1992, Milano: Grupo Abele, 1992, p. 36.

56. É o que afirma Ranieri sobre a obra "che, stampatta nel'anno1878, sucitò vaste polemiche ma valse a porlo in luce presso il suo maestro Pietro Ellero, e anche presso il grande Carrara, chi in quel tempo insegnava diritto Criminale nell'Università di Pisa. Tanto che quando, qualche anno dopo, Ellero, como ho detto, passo in magistratura come Consiglieri di Corti di Cassazione, ritenne oportuno di formularei il voto que fosse Ferri a succedergli nella cattedra di diritto penale di Bologna". Ranieri, Silvio, Dai 'nuovo orizzonti' di Enrico Ferri alla transformazione in atto del Diritto penale", in: *La Scuola Positiva: Rivista di Criminologia e Diritto Criminale*, Milano: Dott A. Giuffrè, 1952, p. 212-213.

57. "E poi, di quale responsabilità si vuol parlare? Giacchè bisogna distinguere la responsabilità *sociale* da quella *morale* o *metafisica*. Di questa noi non possiamo nè dobbiamo menomamente occuparci qui, perchè trancende la sfera umana e dipende da criteri o identici a quelli dell'ordine sociale o del tutto fantastici: per l'ordine civile della società basta la responsabilità sociale 'sceverata da quelle idee morali e religiose, che presuppongono la cosa in questione, cioè la libertà'. Orbene, negato il libero arbitrio, si vien forse a togliere la responnsabilità sociale o penale dell'individuo? No." Ferri, Enrico, La negazione del libero arbitrio, in: *La teorica dell'Imputabilità e La Negazione del Libero Arbitrio*, Firenze: Tipografia di G. Barbèra, 1878, p. 414.

porém quando tal ameaça não logra deter o cometimento do delito[58] – porque o indivíduo encontrará em si mesmo motivações maiores, mais determinantes, que aquela lançada pela lei-, haverá ainda que existir a pena, por conta simplesmente da manutenção da ordem jurídica[59] em si mesma. A pena é imprescindível dentro da sociedade,[60] assim como o comportamento criminoso é uma necessidade dentro do indivíduo, que assim sucumbiu à motivação delinquente. Portanto, Ferri assume que o ser humano se transforme literalmente em um *instrumento do Estado* a partir do momento em que delinque, mesmo não sendo livre para a escolha da sua ação, nessa relação de intensa necessidade recíproca. Em suas palavras, se o delinquente – sob a ótica dos indeterministas – perguntar ao Estado "Por qual razão me punes por uma ação da qual eu não me podia abster?", o Estado responderá: "per l'unica ragione che anch'io non posso astenermi dal punirti per tutelare il diritto".[61] Trata-se da "perfeita reciprocidade da pena justa".[62]

Mesmo assim, já a conformar a punição como uma necessidade para a estabilização da ordem por si própria, Ferri demonstra a justiça da pena baseada na motivação não livre: não só seria ridículo buscar infiltrar motivação no indivíduo que tem sua vontade totalmente independente,[63] já que ele pode a qualquer momento decidir-se sem a "ação determinante dos motivos",[64] mas também porque somente negando a liberdade moral é que se poderia garantir uma pena realmente eficaz, porque os motivos negativos da pena com certeza agem e determinam o indivíduo. Assim, caso se tenha em conta que a justiça da pena se baseia em sua capacidade de *defender* o homem contra a injusta agressão, em sua eficácia para,

58. "(...) confermano questa verità: che l'uomo non è libero, ma è determinato necessariamente dai più forti motivi, che agiscono sopra di lui. (...) Il legislatore dunque si proporrà lo scopo di impedire i delitti per regola generale, ma non pretenderà mai di farli scomparire del tutto, porquè sarebbe cosa insana il volersi oppore alla necessità delle cose. E poi, per i passi non facciamo altrettanto?". FERRI, Enrico, La negazione del libero arbitrio, in: *La teorica dell'Imputabilità e La Negazione del Libero Arbitrio*, Firenze: Tipografia di G. Barbèra, 1878, p. 418.

59. "Anzi, se il magistero punitivo è giustificato per una necessità dell'*ordine* supremo giuridico, si vede che, negando il libero arbitrio (includente un concetto contrario a quello di *ordine*, come potere indipendente da ogni legge e regola) a molta maggior ragione si stabilisce il ministero punitivo, perchè si ammette appunto la ineluttabile necessità dell'ordine stesso". FERRI, Enrico, La negazione del libero arbitrio, in: *La teorica dell'Imputabilità e La Negazione del Libero Arbitrio*, Firenze: Tipografia di G. Barbèra, 1878, p. 420.

60. "Como Nemesi, la mitologia dea della vendetta, era figlia di Giove e della Necessità, cosi la Nemesi sociale, cioè la potestà punitiva, spoglia ora delle viete idea di vendetta, nasce unicamente dalla necessità dell'ordine". FERRI, Enrico, *La negazione...*, cit., p. 423.

61. FERRI, Enrico, *La negazione...*, cit., p. 422.

62. Idem.

63. "Se la pena non avesse il potere d'influire sulla volontà, sarebbe illegittimo l'infliggerla, malgrado la tendenza naturale che si abbia a farlo. È precisamente quando si suppone che la volontà è libera, come capace di agire *in seno inverso dei motivi*, che la pena è distolta da suo scopo e perde la sua giustificazione". FERRI, Enrico, *La negazione...*, cit., p. 433.

64. FERRI, Enrico, *La negazione...*, cit., p. 425.

com o mínimo tormento,[65] alcançar o fim social, esta somente encontra razão de ser na negação da liberdade humana.

Relembra o autor, entretanto, que sustentar que o homem carrega a ilusão do livre arbítrio não significa dizer que se equipare ao animal: o cão raivoso é morto, mas o homem delinquente é julgado, pelo motivo único de ser homem, dotado de sentimento e inteligência.[66] Essa inteligência determina sua *vontade*, que é porém diversa da liberdade moral. A determinação humana para o ato voluntário significa a inteligência atuando para prever o efeito nocivo deste, independentemente dos seus motivos. Os motivos dirigentes são portanto diferentes da vontade, que é força motriz, força cega,[67] no sentido de que não alcança a motivação mais profunda. É a dogmática causalista que encontra em Ferri grande desenvoltura.

O debate de Ferri vai redundar na discussão de como avaliar a gravidade do ato criminoso em um homem não livre. Trata-se de uma nova discussão, que tem entretanto como tema-clave a imputabilidade,[68] para a qual sua fórmula não é nova: o homem com capacidade normal de uso da razão é aquele imputável. Nesse sentido, a grande questão que sempre se deve impor aos deterministas puros: o que é o *uso da razão*, se não somos livres para construir nossos próprios pensamentos. É uma pergunta a mais que, em nossa opinião, os deterministas não ousam discutir, mas que tem transcendência lógica relevante. Isso nos remete a um ponto importante da comparação entre liberdade e condições físicas, na chamada imputabilidade. Ela, a imputabilidade, transforma-se em uma via de *duplo sentido* para deterministas e indeterministas ferrenhos: de um lado, a condição normal do cérebro permite, para o indeterminista, o pensamento livre. Porém, essa liberdade depende do físico são, o que significa um *condicionamento* primeiro, uma liberdade não-absoluta, que, como vimos, é afirmada desde Santo Agostinho; de outro lado, para o determinista como Ferri, o uso da razão depende de uma condição cerebral perfeita. Mas o que é o uso da razão, se o homem não pode por si direcionar seu pensamento? Se a mente é escrava do cérebro, poder-se-ia dizer que um cérebro incomum (insano) tem uma razão própria? Se a razão é totalmente ditada pelo cérebro, pareceria essa a saída mais coerente.[69]

65. "Con o senza libero arbitrio, la pena è giusta nella misura in cui essa è necessaria per raggiungere il fine sociale, come è giusto di uccidere (senza tormenti inutili) per proteggersi contro di essa", Ferri, Enrico, *La negazione*..., cit., p. 421.

66. Ferri, Enrico, *La negazione*..., cit., p. 433.

67. "Ho già spiegato che volontario in diritto criminale accenna soltanto all'intenzione e previsione di certi effetti ingiuriosi, ed è quindi affato estraneo alla questione del libero arbitrio, come lo è il parlare di una *volontà malvagia o innocente*, perchè questi epiteti si riferiscono veramente al motivi que informano il pensiero dirigente, e non alla volontà, ch è una pura forza esecutrice, forza cieca". Ferri, Enrico, *La negazione*..., cit., p. 458.

68. Ferri diferencia imputabilidade potencial e efetiva. A potencial é a "capacità di essere autore morale, cioè ragionevole" e a efetiva consiste "nel'essere l'autore, non solo ragionevole, ma anche colpevole", Ferri, Enrico, La negazione, cit., p. 470.

69. Vide, adiante, conclusão derivada 14, em 5.9.2.

A obra do penalista italiano é, de qualquer modo, um marco para a Escola Positiva, que assume como tema a negativa do livre arbítrio. Ele se transforma na base principal da função de segurança do direito penal, e nesse sentido encontra coerência: se a pena busca corrigir no quanto possível e afastar o indivíduo do convívio social, a liberdade de querer pode ser suprimida.

3.3.3 Garofalo e o determinismo darwiniano

A obra de Garofalo, que marcaria a chamada fase criminológica da Escola Positiva, confirma as diretrizes principais das anteriores, ainda que com visível relativização. Reconhece, por exemplo, que nas teorias de Lombroso pode haver contradições[70] que então já se apontavam, mas em sua obra dá o testemunho pessoal de eficácia das teses do médico e de seus seguidores, lançando um desafio ao leitor: quem quiser, incita Garofalo, que adentre a um presídio qualquer e, pelos sinais característicos da obra lombrosiana, busque identificar à primeira vista os condenados por roubo e aqueles encarcerados por homicídio. "De minha parte", diz, "declaro que me equivoquei menos de duas vezes em cada dez".[71] Se nos permitem uma observação também muito breve, a título de tentar resumir o que significa a experiência pessoal de Garofalo no empirismo, há que se dizer que, embora tente encontrar elementos mais amplos para o comportamento criminoso, suas observações são carregadas de um preconceito acentuado mesmo para seu tempo e contrastante com a pretensão científica que algumas vezes lhe conduz à flexibilização de posicionamentos radicais. Chega, por exemplo, a encontrar um mau humor e uma falta de beleza nos encarcerados,[72] em especial as mulheres, que, sem alcançar o status de deformidade, são características dos próprios criminosos – a desconsiderar assim o cárcere como fator deformador em si mesmo. Para Garofalo, a causalidade da ação do homem depende de características hereditárias e de adaptação ao entorno,[73] de – na esteira de Ferri – educação e meio ambiente,[74] e, em maior ou menor grau, todos os criminosos que cometem o delito natural, aquele que vai contra os valores maiores da sociedade, trazem alguma

70. Garofalo, Rafael, *La Criminología: Estudio sobre la naturaleza del crimen y teoría de la penalidad*, trad. P. Borrajo, Madrid: Daniel Jorro Editor, 1912, p. 72.

71. E o autor completa: "Lo que es indudable es que en las tres especies que acabo de indicar, se distinguen por su fisionomía, y que si no tenemos el tipo antropológico del delincuente, tenemos de seguro tres tipos fisonómicos de criminales, asesinos, violadores y ladrones". Garofalo, Rafael, *La Criminología: Estudio sobre la naturaleza del crimen y teoría de la penalidad*, trad. P. Borrajo, Madrid: Daniel Jorro Editor, 1912, p. 75.

72. "Esa mala cara indefinible que se ha convenido llamar *patibularia*", Garofalo, Rafael, *La Criminología,* cit., p. 83.

73. Já no início de seu *Criminología*, o autor lança elogiosas referências a Darwin (p. 7) e mostra como a civilização humana tem um sentido moral mais profundo, quase perpétuo (cuja ofensa resulta ser o *delito natural*) e outra que dependem da fase de evolução de cada povo. Para ilustrar, alcança o Brasil, onde "a escravidão ainda não desapareceu". Cf. Garofalo, Rafael, *La Criminología,* p. 12.

74. A "influência da raça" bem como da geografia, do meio ambiente, são em vários momentos lembrados pelo autor. Cf. Garofalo, Rafael, *La Criminología,* p. 85 e p. 533.

anomalia psíquica, ainda quando se apresentem suficientemente determinantes outros fatores, como a raça, as condições geográficas e a bebida.[75]

Ainda que somente atinja o tema indiretamente, tampouco desejando "enredar-se" no tema do livre arbítrio, a fim de rebater a responsabilidade moral, a posição determinista do criminólogo se faz evidente.[76] Para ele, mesmo aqueles que já sustentam um indeterminismo não-radical têm de rever sua posição, pois também jamais um juiz conseguiria distinguir o que seria, da ação do delinquente, de se atribuir ao atavismo, às anomalias psíquicas, à estrutura de seu cérebro e à sua própria escolha, livre. Qualquer tipo de responsabilidade moral, dirá, é um "dique construído pelo legislador para impedir que a pena persiga o delito", e portanto a vontade é guiada pelo fator mais influente; e as legislações que o reconhecem teriam experimentado, segundo o autor, imenso progresso. Tal teoria, diz, é o determinismo, com o qual "estão de acordo muitos pensadores, e que se difunde cada dia mais pelos efeitos dos progressos do naturalismo".[77]

Sua função atende à *lei de adaptação,* que confessadamente retira de Darwin. O homem é um ser social e pertence à sociedade sem haver assinado qualquer contrato. Portanto sabe que a necessita permanecer em seu seio, "exceptuando-se os casos de anomalia".[78] É essa a chamada "lei da adaptação", que faz com que as penas sejam medidas, assim, de acordo com a capacidade do indivíduo de conseguir ou não voltar ao seio social. A ideia de justiça humana, portanto, tem que se alijar de qualquer conceito de igualdade e não pode fazer algo diferente de *imitar a natureza,*[79] excluindo organismos inadaptáveis.

75. Cf. p. 85. Em momento posterior, dirá que, diante do crime do ébrio, haverá que "averiguar si la naturaleza del delito corresponde al carácter del agente, si la inhumanidad y falta de probidad del hecho está en relación con las inclinaciones del delincuente, de modo que la embriaguez sólo los haya determinado y manifestado de manera ligera", p. 330.

76. Convem transcrever: "Sin enredarnos en la discusión del libre arbitrio, y concediendo que la persuasión que tenemos de esta libertad moral se extiende hasta hacernos creer que somos dueños de sentir y de pensar de una manera diferente de lo que sentimos y pensamos en un momento dado, todos comprendemos que el *yo* que se determina no puede ser causa de sí mismo y que el carácter se encuentra constituido por una serie de acctos anteriores ignorados por nuestra conciencia en el momento de la determinación. De otro modo, habría que convenir en que todos los hombres realizan a cada instante un verdadero milagro, (...)." GAROFALO, Rafael, *La Criminología*, p. 312.

77. "Ante todo, no admite duda que este principio pone a la legislación bajo la tutela de la filosofía dominante en un momento dado. Para el determinismo (y quien haya leído las páginas precedentes debe estar convencido de ello) todo delito, lo mismo que toda acción buena, malvada ó indiferente, es un efecto necesario, una manifestación de la voluntad influida por un motivo que predomina sobre los demás, por el carácter especial del individuo". GAROFALO, Rafael, *La Criminología*, p. 315.

78. P. 271.

79. E segue: "y así como en un hospital no se gradúan los remedios que se prestan a un enfermo en razón a la mayor o menor posibilidad que haya tenido de evitar las causas de su enfermedad, del mismo modo no puede medirse la intensidad y la duración de la reacción por las fuerzas internas de resistir los motivos del delito", idem, p. 359.

Ao fixar a pena, portanto, é quase de todo prescindível o critério quantitativo do delito. Este serviria, se tanto, para desvendar o impulso criminal e, principalmente, a capacidade de resistência a ele, o "freio apropriado à natureza especial"[80] de cada delinquente. A pena então tem a função especifica de produzir uma diminuição progressiva da criminalidade, e deve atender a cada tipo de anomalia do delinquente. Em resumo, os delinquentes mais graves têm de ser excluídos[81] da sociedade, e os demais, que demonstrarem possibilidade a tanto, devem sofrer a pena para que se venham a adaptar-se. Todo o sistema de penas deve assim partir da identificação do criminoso, de sua periculosidade, para que se delimite o devido grau de reação: a eliminação, ou, se possível, outro tipo de pena que possa fazer com que o condenado volte às condições de convívio social.

Com esse complexo teórico confessadamente inspirado no determinismo biológico, Garofalo expõe muitas das concepções e argumentos que depois renascerão: a sociedade como um organismo biológico que tem de reagir contra "a violação das leis que regulam suas funções naturais",[82] a necessidade de extirpar do convívio social aquele que não consegue bem compreender suas regras, ou o risco de instrumentalização do acusado caso se queira fazer da pena elemento de prevenção geral.[83] Esta, se existe, não deve ultrapassar um efeito natural, gerado pelo ato do próprio condenado ao corpo do Estado.

Mesmo com seu posicionamento darwinista estendido à sociedade humana com alguma regra sociológica mais apurada, o texto de Garofalo nos demonstra o quanto aqui já se comprova: por mais que o penalista associe-se a um pensamento talvez fatalista, tem de assumir a discussão sobre o livre arbítrio como premissa de qualquer postulado sobre a função do direito penal e da pena em si mesma.

3.3.4 Positivismo e o determinismo no Brasil

Não é simples explicar por que o positivismo em geral teve tanta repercussão no Brasil. Historiadores encontram uma coincidência de elementos que fizeram com que o país fosse o baluarte da prática das ideias positivistas,[84] que se

80. Garofalo, Rafael, *La Criminología...*, cit., p. 351.

81. Em muitos trechos Garófalo defende a pena de morte, como único meio de excluir aqueles que não podem fazer parte do meio social porque são absolutamente inadaptados. Por exemplo: "(...) no se alcanza la razón de conservar la vida de estos seres nocivos, que no pueden volverse a admitir en el consorcio social; no se comprende el objeto de conservar la vida animal de estos individuos; no puede explicarse por qué ha de soportar el país un gasto importante para que gocen una existencia fácil y segura". Garofalo, Rafael, *La Criminología...*, cit., p. 499.

82. Garofalo, Rafael, *La Criminología...*, cit., p. 264.

83. "El culpable es entonces un instrumento, su pena no se impone por los delitos probables de otros, sino que se dirige a él personalmente, es apropiada a su individualidad, podrá servir de ejemplo de intimidación por un efecto natural, cuya consideración no debe determinarla". Garofalo, Rafael, *La Criminología,* cit., p. 361.

84. Muitos são os documentos que dão conta dessa influência. Faço aqui, apenas a título de ilustração, uma referência a Eutychio Soledade, Doutor em Medicina pela Bahia e "Cavalleiro da Imperial Ordem

refratou no Direito penal, com menor ou maior radicalismo. Mas seria errado dizer que o positivismo no Brasil foi apenas reprodução do estrangeiro; ao contrário, seus postulados foram colocados como elementos primeiros para compreender a sociedade brasileira, de modo que aqui foram *expandidos* para nossa realidade. O encanto pelas ciências naturais levou, por exemplo, à criação da Sociedade de Antropologia Criminal,[85] Psiquiatria e Medicina Legal em 1895. Nesse ponto, a análise do positivismo brasileiro tem alguma transcendência ao tema, globalmente pensado.

3.3.4.1 Nina Rodrigues e a medicina lombrosiana

Raymundo Nina Rodrigues é talvez o autor mais representativo dessa transposição do positivismo – no que havia de mais naturalista – à realidade brasileira. Em sua obra *As raças Humanas e a Responsabilidade Penal no Brasil*, que não por acaso é dedicada a Lombroso, Garofalo, Ferri e Lacassagne, bem como ao Dr. Corre, "o médico-legista dos Climas quentes", o facultativo da Universidade baiana,[86] traça um perfil racial brasileiro a fim de explicar o problema da criminalidade. Após lembrar que as civilizações pré-colombianas do México e Peru sucumbiram à europeia por ser esta "mais avançada", fixa a premissa de que "o estudo das raças inferiores tem fornecido á sciencia exemplos bem observados dessa incapacidade orgânica, cerebral".[87] Assim, percorre as descobertas de Lombroso, as assertivas de Ferri sobre o Direito penal e o tratamento sociológico que faz Garófalo para, denotando um pensamento evolucionista, concluir que "a formação de uma ideia abstracta de justiça, tal como a possuímos hoje, se operou lentamente no cérebro humano, por força do aperfeiçoamento social".[88]

Sob tais marcantes influências, não poderia ser diversa sua conclusão ao cuidar especificamente do Livre arbítrio. Em crítica a todos os que em seu tempo

da Rosa", como se apresenta em seu livro, que enaltece Comte, cujo trabalho adjetiva de 'colossal' (p. 27), para dizer que o atraso no método no Brasil é espantoso e "Quanto às Escolas de Direito isto é ainda pior! A sciencia anda por lá atrasada de muitos séculos! Acha-se num estado de fossilização, entre theologico e metaphisico" (p. 8). Cf. Soledade, Eutychio, *Do Methodo Scientifico*, Bahia: Imprensa Economica, 1883.

85. O fato é noticiado por Dotti, em seu Manual. Cf. Dotti, René Ariel, *Curso de Direito Penal: Parte Geral*, Rio de Janeiro: Forense, 2001, p. 195. Batista lembrará que é esse o marco do Código Penal de 1890, pois a influência do positivismo "implicará em relativo desinteresse pela investigação jurídica de um conceito analítico do delito, recalcada pelas vitoriosas teorias sobre um delinquente cuja inferioridade biológica o determina ao cometimento de um delito natural". Batista, Nilo, Notas Históricas sobre a teoria do delito no Brasil, *Revista da Associação Brasileira de Professores de Ciências Penais*. São Paulo: Revista dos Tribunais, vol. 1, ano 1, p. 113-133, jul.-dez. 2004, p. 116.

86. No prefácio ao *Raças Humanas*, assinado por Afranio Peixoto, informa-se que Nina Rodrigues nasceu no Maranhão em 1862, doutorou-se no Rio de Janeiro e assumiu a cátedra de Medicina Legal na Bahia em 1891. Cf. Rodrigues, Raymundo Nina, *As raças humanas e a responsabilidade penal no Brazil*, Rio de Janeiro: Ed. Guanabara, 1932 (primeira edição em 1894), p. 11.

87. Rodrigues, Raymundo Nina, *As raças humanas...*, cit., p. 35.

88. Rodrigues, Raymundo Nina, *As raças humanas...*, cit., p. 45.

assumiam qualquer relativização do determinismo, aponta que, quanto mais se avançar no conhecimento psiquiátrico, mais fácil será descobrir móveis da acção, inteiramente alheios a influencia da vontade".[89] É daí que, em busca da racionalidade dos motivos criminosos, Nina Rodrigues pretende um "exame da responsabilidade das raças brasileiras", que resolveria o dilema dos penalistas clássicos que assim enuncia: "ou punir sacrificando o princípio do livre arbítrio, ou respeitar esse princípio, detrimentando a segurança social".[90] No estudo das raças estaria o desvendar da criminalidade brasileira,[91] motivo pelo qual, em sua ideia, no Brasil deveria haver tantos códigos quanto raças predominantes em cada região.[92] Sem isso, genericamente "as raças inferiores no Brazil podem disputar os benefícios da impunidade perante um código que faz repusar a responsabilidade sobre o livre arbítrio".[93] Assim o autor repete o determinismo e o conjuga com a evolução das espécies, dando margem a uma separação racial que visaria à defesa social, com argumentos generalizantes[94] que, de fato, não merecem ser reproduzidos no corpo deste texto. Diga-se apenas em suma que sua conclusão está no erro de impor às "raças inferiores o estalão por que aferem a criminalidade da raça branca", o que faria com que ao final a persecução funcionasse porque se substituiu "inconscientemente na pratica da repressão criminal o livre arbítrio pela defesa social".[95]

89. Rodrigues, Raymundo Nina, *As raças humanas...*, cit., p. 23. Bem verdade, aqui, que Nina Rodrigues, como era usual a seu tempo típico, cuidava os psiquiatras como "alienistas", predicativo que aparece expresso em seu texto. Desse modo, tangencia o tema da inimputabilidade, mas sua defesa do determinismo alcança todos os seres humanos.

90. Rodrigues, Raymundo Nina, *As raças humanas...*, cit., p. 73.

91. Assim, por exemplo, Nina Rodrigues busca analisar o fenômeno de "loucura" coletiva de Antonio Coselheiro em Canudos. Tenta superar o problema atávico a princípio recorrendo às medidas do crânio do profeta, para concluir que a ossada "não apresenta nenhuma anomalia que denunciasse traços de degenerescência: é um craneo de mestiço onde se associam caracteres anthropológicos de raças differentes" (p. 131). Sendo um crânio normal, o médico maranhense passa a outra pista. Em suas palavras: "Antonio Conselheiro era realmente muito suspeito de ser degenerado, na sua qualidade de mestiço". Rodrigues, Raimundo Nina, *As collectividades Anormaes*, Rio de Janeiro: Ed. Civilização Brasileira, 1939, p. 133.

92. A tese principal de Nina Rodrigues é a de que a diferença da evolução das raças que se mesclam causa a "sobrevivência criminal" ou "criminalidade ética", que seria "resultante da coexistência, numa mesma sociedade, de povos ou raças em fases diversas de evolução moral e jurídica, de sorte que aquilo que ainda não é imoral nem ante-jurídico para uns réus já deve se-lo para outros". E, nesse sentido, "a contribuição dos negros a esta espécie de criminalidade é das mais elevadas". Rodrigues, Raymundo Nina, *Os africanos no Brasil*, São Paulo: Cia. Editora Nacional, 1934, p. 432.

93. Rodrigues, Raymundo Nina, *As raças humanas...*, cit., p. 87.

94. Apenas como registro histórico, para que se tenha ideia de que o se cuida, sua assertiva: "A civilização aryana está representada no Brazil por uma fraca minoria da raça branca a quem ficou o encargo de defendel-a, não só contra os actos anti-sociaes – os crimes – dos seus próprios representantes, como ainda contra os actos anti-sociais das raças inferiores, sejam estes verdadeiros crimes no conceito dessas raças, sejam ao contrario manifestações do conflito, da lucta pela existência entre a civilização superior da raça branca e os esboços de civilização das raças conquistadas ou submettidas". Rodrigues, Raymundo Nina, *As raças humanas...* cit., p. 169.

95. Rodrigues, Raymundo Nina, *As raças humanas...*, cit., p. 171.

O autor baiano, ainda que tenha produzido importantes documentos sobre a cultura nacional, desvia-a seu olhar a uma perspectiva racista aplicada diretamente a grupos brasileiros, autodeterminados como delinquentes por seu "baixo nível civilizatório". O espaço para a liberdade de querer, evidentemente, é quase nulo. Se isso indicia que uma crença determinista afasta a sociedade da generalização preconceituosa é algo que se deve refletir em momento oportuno. Fato é que, ainda em 1932, sua obra era editada no Brasil, na coleção dirigida por Silvio Romero, como um dos maiores aportes científicos ao Direito penal de então.

3.3.4.2 Escola de Recife a partir de Tobias Barreto: pena como experiência

Tobias Barreto é autor que ultimamente tem merecido proeminentes releituras. A particularidade de ser esse penalista eleito entre seus pares da Escola do Recife vem da singularidade de seu pensamento: diversamente de outros como Sylvio Romero, acreditava Barreto que a cultura não era fruto direto da natureza (negando então um monismo natural), mas antítese dele: cultural, ou seja, "o natural adaptado aos fins humanos pela inteligência e vontade do homem".[96-97] Em nosso contexto, o estudo da obra do autor como um destacado da Escola do Recife tem algum cabimento, para além de curvar-se a um eventual modismo revisionista de seu trabalho. Afinal, visto a partir de um positivismo radical como de Nina Rodrigues na Bahia, ou comparado a seus companheiros de Pernambuco, Barreto revela uma evolução que tem aqui seu lugar temporal. Cultura e experiência como função da pena encontram lugar em nosso debate.

A obra de Tobias Barreto não formula uma teoria específica sobre o livre arbítrio, oscilante entre momentos em que chega a insinuar[98] que se inclina[99] pelo

96. Rodrigues, Raymundo Nina, *As raças humanas...*, cit., p. 23.

97. A explicação é de Adeodato, que acrescenta, explicando a divergência de Tobias Barreto: "Daí o direito ser um produtor cultural e histórico, advindo da necessidade prática de convivência e da impossibilidade fática de a humanidade coexistira apenas através do amor. Sylvio, Clóvis e a maioria dos demais membros da Escola não viam antítese entre 'natural' e 'cultural', achando que também a cultura seria fruto da natureza, demonstrando aí fidelidade ao monismo". Adeodato, João Maurício, O Positivismo Culturalista da Escola do Recife, in: *Revista Novos Estudos Jurídicos,* vol. 8, n. 2, maio-ago. 2003, p. 318.

98. Deduzo do teor do texto de *Menores e Loucos*, aqui analisado, em especial quando, comentando o silencio da lei sobre o livre arbítrio, comenta: "E as leis podem ser para o philosopho as mesmas leis da natureza – e eu não estou longe de crêl-o, mas formam para o jurista e para o legislador um domínio particular". Barreto, Tobias, Menores e Loucos, in: *Obras Completas*, Vol. 5, Edição do Estado do Sergipe, 1926, p. 8.

99. Também Bevilaqua, analisando Tobias, escreve: "O homem é um miserando terrícola, um átomo perdido na immensidade do universo, sujeito as leis geraes do cosmos; portanto é indispensável que o jurista parta dessas leis geraes, reconhecendo que tudo se move e se desenvolve no universo e considere o homem na posição que ele realmente ocupa no seio da natureza". Bevilaqua, Clovis, *Juristas philosophos,* Bahia: Luiz da Fonseca Magalhães Editor, 1897, p. 123 Bevilaqua, entretanto, era confessadamente partidário do determinismo. Em seu *Criminologia e Direito*, disserta sobre o tema. Referindo-se à "reponsabilidade, corollario immeidato do livre arbiitrio", declara: "julgo-a comple-

determinismo,[100] e outros em que parece defender a vontade livre, com ressalvas.[101] O que sim deixa claro é que, "no terreno empírico do Direito, pouco importa que o homem seja livre, ou deixe de sêl-o".[102] A comentar, aliás, especificamente o direito penal, denota que "a intenção não pressupõe necessariamente escolha entre caminhos differentes",[103] e nesse sentido confirma que, a seu ver, o debate é estéril ao âmbito jurídico.

O direito de punir, por sua vez, encontra clara exposição em sua obra: tem repulsa às teorias correcionalistas e assume a defesa social, de modo entretanto bastante relativizado, que vale notar. Porque Tobias Barreto[104] não chega em momento algum a assumir os postulados positivistas como absoluta rejeição à metafísica, em especial à kantiana, na pretensão de dar a cada elemento sua conhecimento seu lugar próprio. Assim ironiza os "metaphysicos do direito" brasileiro, que teriam o "dom especial de tornar incompreensíveis as cousas mais simples deste mundo", e que converteriam, em nome da defesa de Comte, a verdadeira metafísica, kantiana, para o "paiz dos sylphos e gnomos".[105] Nesse sentido, desmascara uma falsa metafísica, que denomina "metaphysica retórica", que apenas "levanta pontos de interrogação onde já existiam pontos finais".[106] É esse o modo como enuncia o questionamento acerca do ideário do poder punitivo,

tamente fora de questão, deante do espírito dominante na sciencia moderna, que transportou para as regiões do espírito o princípio da causalidade em sua fórma superior de transformação e conservação de forças" (p. 29). Então, propõe o reconhecimento de uma *ilusão de liberdade*, porque "houve no espírito uma simples representação de factos possíveis em antithese à existência real dos factos consumados", porém esse poder agir de outro modo não são mais que "actos representados pela imaginação" (p. 31). Para ele, a responsabilidade penal advém da "temibilidade" trazida pela teoria da defesa social, na qual "realmente, os factos se simplificam extraordinariamente, podemos afirmal-o com intenções de encomio, pois a simplicidade nas idéas é um signal de força e clareza". Bevilaqua, Clóvis, *Criminologia e Direito*, Bahia: Livraria Magalhães, 1896, p. 32.

100. Embora Nina Rodrigues insinue que o autor da Escola de Recife se incline pelo indeterminismo, porém sem citar fonte exata. Cf. Rodrigues, Raymundo Nina, *As raças humanas...*, cit., p. 59.

101. "Se por detraz da vontade, que se sente livre, esconde-se alguma força estranha, que a impele, sem ella saber, para este ou aquelle lado, é questão que entrego de todo à meditação dos theologos". Definirá, neste texto, a liberdade como uma "facilidade, disciplinar e artisticamente adquirida". Barreto, Tobias, Questões vigentes, in: *Obras Completas*, IX, Edição do Estado do Sergipe, 1926, p. 66.

102. Barreto, Tobias, Menores e Loucos, in: *Obras Completas,* Vol. 5, Edição do Estado do Sergipe, 1926 p. 7.

103. E continua "Como forma da vontade, como desejo ou proposito deliberado de obrar, também não exclue a possibilidade de falta de livre arbítrio". Barreto, Tobias, Menores e loucos..., cit., p. 9.

104. Sobre a equidistancia de Tobias entre Carrara e Lombroso, a quem não aceitou, escreve Lyra: "a posição crítica avulta em Tobias, equidistante de Carrara, 'maníaco por novidades' e de Lombroso 'paradoxal', contra os 'pathologos do crime' e os sociólogos, anciosos (sic) pela abertura de horizontes novos ao Direito penal e confinados ao technicismo". Lyra, Roberto, *Novas Escolas penaes,* – Dissertação apresentada à Congregação da Faculdade de Direito do Rio de Janeiro para Cátedra de Direito Penal, 1936, p. 73.

105. Tobias Barreto, *Fundamento do Direito de Punir*, In: Estudos de Direito (publicação póstuma), Rio de Janeiro Laeemerte & C. 1892, p. 162.

106. Tobias Barreto, *Fundamento do Direito de Punir*, cit., p. 163.

quando ele se trata de um dos elementos formadores da sociedade, intrínseco[107] a qualquer organização grupal. Portanto não se encontra nele um princípio metafísico, senão, no máximo, um princípio histórico, um "primeiro momento na serie evolucional do sentimento que se transforma em ideia, e do facto que se transforma em direito".[108] Pelo uso de uma série de metáforas, disserta que um fundamento sólido e racional para a pena pode sim ter origem esparsa em cada início de agrupamento humano, por bárbaro que seja, a fim de que toda a reprimenda fosse um sacrifício, o ato de "sacrificar, em todo ou em parte, o individuo ao bem da communhão social, sacrifício mais ou menos cruel, conforme o gráo de civilização".[109] Porém essa mesma ideia de sacrificio social, que era a expiação religiosa, foi-se, para o jusfilófo, substituindo ao passar dos séculos por um efeito de vingança que ainda perduraria. E a vingança, presente, não é um sistema, dentre das "formulas explicativas ideiadas pelas theorias absolutas, relativas e mixtas, um modo de conceber e julgar", porém é "a pena mesma, considerada em sua origem de facto, em sua genese histórica".[110] E assim comprova – em uma conclusão bastante razoável – que todos os fundamentos da pena que se levantam seriam admissíveis somente no caso da "pena regulada pela medida do direito", porém essa é uma hipótese na prática inexequível.[111] A pena não responde exatamente à violação do direito, e então nela não se pode encontrar um único fundamento, senão *resquícios de cada um de suas motivações históricas*, que, por assim dizer, variam em sua equalização de acordo com o tipo de delito:[112] a pena imposta a um crime contra o Estado, como o atentado, não tem a mesma natureza que a do crime de homicídio por motivos particulares. Desse modo, da mesma forma em que a ciência comprova, diz Barreto, que qualquer formação cósmica traz ainda em si todas as fases de seu desenvolvimento, o direito penal incrementa na pena esses resquícios de sua "primitiva rudeza":[113] "assim, por exemplo, o princípio da vindicta ainda não desappareceu de todo de nenhum dos

107. E suas palavras: "do mesmo modo não passa de uma phrase oca do sentimentalismo liberal a affirmação, real ou apparentemente sincera, da inadmissibilidade de um direito de punir, capaz de justificar o poder que tem a sociedade de impor penas aos que reagem contra a ordem por ella estabelecida". Tobias Barreto, *Fundamento do Direito de Punir*, cit., p. 165.

108. Tobias Barreto, *Fundamento do Direito de Punir*, cit., p. 167.

109. Idem, p. 171.

110. Tobias Barreto, *Fundamento do Direito de Punir*, cit., p. 173.

111. O autor sergipano é bem claro ao demonstrar que a pena tem um objetivo de restabelecer o direito, mas na prática ela ultrapassa muito esse escopo primário. Mas "o que vai além desta esphera, nasce de motivos que são estranhos ao direito mesmo" (p. 177) e essas causas são muitas. Utiliza como comprovação de que, em sua contemporaneidade, "a pena nada tem que ver com a ideia do direito", o fato de que "ela tem sido muitas vezes applicada e executada em nome da religião, e isto é, em nome do que há de mais alheio à vida jurídica". Tobias Barreto, *Fundamento do Direito de Punir*, cit., p. 178.

112. "Porquanto, dado mesmo que se achasse um fundamento racional e philosofico da pena, que incontestavelmente se prestasse a explicar a punição de um grande número de crimes, outro grande número ficaria ao certo fora desse círculo". Tobias Barreto, *Fundamento do Direito de Punir*, cit., p. 175.

113. Note-se como essa análise coincide com a de Nietzsche, apresentada atrás, em 2.4.1.

actuaes systemas de penalidade positiva".[114] Essa sua construção é utilizada para rejeitar a concepção de pena puramente como defesa social[115] e, principalmente, como correção: a pena é uma arma extrema da "guerra defensiva"[116] que trava a sociedade em busca de seu estado de direito, e a sociedade, "como organisação do direito, não partilha com a escola e com a igreja a difícil tarefa de corrigir e melhorar o homem moral".[117]

Essa concepção tem um sentido realista bastante apurado e demonstra a prudência do autor frente a princípios de seu tempo, rejeitando o naturalismo extremo[118] de então, que, como se sabe, muitas vezes transformou o jusfilósofo em objeto de críticas de seus contemporâneos. Somente segue em suspenso, em nossa opinião, o motivo pelo qual a pena não poderia alcançar no futuro um sistema correcionalista. Também algo deste tema merecerá discussão oportuna.

3.3.4.3 O "determinismo psychico" de Pedro Lessa

O filósofo Pedro Lessa publica,[119] em 1905, a obra *O determinismo psychico e a imputabilidade e responsabilidade criminaes*,[120] como trabalho apresentado

114. Tobias Barreto, Prolegômenos ao Estudo do Direito Criminal, In: *Estudos de Direito* (publicação póstuma), Rio de Janeiro Laemmerte & C. 1892, p. 49.

115. Tobias Barreto, Prolegômenos ao Estudo do Direito Criminal, In: *Estudos de Direito* (publicação póstuma), Rio de Janeiro Laemmerte & C. 1892, p. 56. Cláudio Brandão também lembra, ao analisar Tobias: "Escreveu que o fundamento da pena é o mesmo que o fundamento da guerra: o fundamento da pena é um fundamento político, não vinculado nem à retribuição, tampouco à prevenção". Brandão, Cláudio, Tobias Barreto e a Pena Criminal, in: *Revista de Estudos Criminais*, Porto Alegre, Ano XI, n. 50, 2013, p. 125.

116. Tobias Barreto, *Fundamento do Direito de Punir*, cit., p. 178.

117. Idem, p. 179.

118. Aqui desbodaríamos do tema se retomássemos toda a história de o que foi o positivismo brasileiro e a figura de Tobias Barreto, que, há pouco colocada de moda, de fato bastante significou na saída do naturalismo extremo que por via indireta o positivismo nacional nos impôs. Exemplo é a crítica de Sylvio Romero ao rechaço do autor de que tratamos a concepções. Contrastando-o, afirma Sylvio Romero: "Effectivamente, quando a anthropo-etnografia chegou a affirmar a existencia de raças humanas inferiores, não o fez levianamente. Antes procedeu com a máxima cautela. (...) Raças foram encontradas que por si mesmas jamais se civilisaram; outras que só deturpadamente acolheram a civilisação estranha (...). Não merecerão o qualificativo de inferiores? Uma e outra excepção, um ou outro caso de superioridade no *filhinho do negro* [aqui Romero remete ao que escreveu Barreto em *questões vigentes*] não pode constituir uma regra, mas infirmar a doutrina. Muito menos no *filho do mulato*. N'este já entra o elemento atávico de uma raça superior, que pode predominar". Romero, Sylvio, Por que estou à frente d'esta publicação, In: *Estudos de Direito* (publicação póstuma), Rio de Janeiro: Laemmerte & C. 1892, p. XIV.

119. É o mesmo ano em que Franco da Rocha publica seu *Esboço de Psychiatria Forense*, também carregado de determinismo e defesa social. Na opinião do jurista-psiquiatra, "O direito de punir ainda está entendido como castigo e não como defesa social. É esta a causa do mal. Castigar *ou tentar corrigir* a criminosos que tenham praticado actos puníveis em consequência de moléstia será realmente incompreensível, porque nesses casos o ato criminoso tem o caracter de um desastre". Rocha, Franco da, *Esboço de Psychiatria Forense*, São Paulo: Laemmert, 1905, p. 168.

120. A obra assume o seguinte subtítulo, que também muito a explica: "Memória apresentada ao Congresso Scientífico Latino-Americano, em resposta à seguinte questão: 'é possível admitir a liberdade

ao Congresso Científico Latino Americano. Um fiel retrato do pensamento positivista, focado no tema filosófico-penal. A defesa voraz que faz o professor Lessa de sua teoria determinista desenvolve-se diante de o que havia de mais atual em seu tempo e traça uma interessante síntese da relação entre liberdade de querer e função da pena. Nesse sentido, por ser talvez a única monografia nacional inteiramente direcionada ao tema, merece uma descrição algo detalhada.

A pretexto de precisão vocabular, a obra se inicia diferenciando livre arbítrio de "liberdade de indiferença", que seria a capacidade de se decidir entre duas possibilidades *sem motivo algum*, bem como o determinismo do *fatalismo*, que é o vínculo a um *destino* já tracejado e inalterável. E distingue o determinismo em três vertentes: *a)* o mecânico, pelo qual se entende que, sendo a energia do Universo sempre a mesma, e se a lei da Física diz que "toda força se resolve em movimento e todo movimento em força", a vontade humana, como parte dessa força e movimento, está sempre já determinada. O erro, para o autor, está em que a teoria, presa a energia e movimento, não se detalha o suficiente para alcançar o que é motivação moral e, caso se detalhe, atinge o que melhor seria o determinismo psíquico, que apresentará; *b)* O determinismo fisiológico é aquele, nas palavras de Lessa, defendido por Lombroso e seus adeptos, para arquitetar sua teoria criminológica, que desde logo o autor nacional predica de filosoficamente insustentável; *c)* o determinismo psíquico, então, seria a única das três vertentes deterministas que pode fazer frente aos posicionamentos indeterminista – daí, aliás, o título do trabalho. Essa última forma de determinismo reconhece "ao lado dos instinctos, das inclinações, dos sentimentos, das paixões, as influencias do meio, do temperamento e outras",[121] como a ideia, o pensamento, o raciocínio, os conhecimentos científicos.

Lessa adentra pela filosofia grega, apontando que Sócrates e Platão seriam claramente deterministas, enquanto Aristóteles admitira o livre arbítrio, sem entretanto grande aprofundamento. Em Santo Agostinho e Santo Tomás de Aquino,[122] não deixará de explorar a contradição: confirmam ao mesmo tempo livre arbítrio humano e presciência divina. Para Lessa, "Os insuccessos dos maiores engenhos da Egreja na explicação do livre arbítrio, em face da idéa de Deus, é facto conhecido e indiscutível da historia da filosofia".[123] Passando aos modernos, é de se notar sua crítica a Kant, porque, enquanto teria claro no *Crítica da Razão Prática*, que o livre arbítrio é essência da razão, em seu "Ideia de uma história universal"

moral como fundamento da imputabilidade criminal, independente do livre arbítrio?'".

121. Lessa, Pedro, *O determinismo psychico e a Imputabilidade e responsabilidade criminaes*, São Paulo: Typographia Duprat & Comp., 1905, p. 7.

122. Cita especificamente, da Summa Theologica, a quaestio 19, 8.

123. Lessa, Pedro, *O determinismo psychico,* cit., p. 13.

admitiria que "as ações humanas estão sujeitas ao império das leis universais da natureza, do mesmo modo que outros phenomenos physicos, seja quais forem".[124]

A linha argumentativa de Lessa traz, como depois fará Engisch, como pressuposto o indeterminismo, acarretando-lhe o ônus da prova.[125] Diferenciando vontade e volição, lembra que uma teoria do livre arbítrio mais densa tem de diferenciar a ambas, pois o homem sempre faz o que quer, o problema é saber se ele quer livremente, ou seja, se tem vontade livre para determinar a volição.[126] A volição é a vontade última e sempre dá a impressão de que "fazemos o que queremos", como os animais fazem o que querem: traduzimos todos a volição em "actos do mundo", se não houver algum estorvo material que tolha movimentos.[127] E assim essa *volição*, para o jusfilósofo brasileiro, advém de uma pressão, um choque entre excitação exterior e força psíquica, podendo ser decomposta em: motivos (onde reside o caráter moral da decisão[128]), escolha entre motivos, impulso psíquico, determinação e execução.

Ocorre, como esclarece Lessa, que no momento da decisão existem vários motivos "em lucta em nosso espírito". E então diversos fatores psíquico-físicos determinam a decisão: o meio cósmico, o frio ou calor, a umidade, a vegetação, a altitude, a luminosidade, "o caráter eléctrico da atmosfera",[129] e outros. Dentre eles, o principal seria a educação. Lessa confessa não poder afirmar se ela atua ou não sobre a própria organização cerebral,[130] mas é determinante. E, dentro dela, a influência do meio social, que faz comprovadamente que existam, pelo mundo, "aldeias de brigões" como nos arredores de Lisboa, ou "aldeias de assassinos", tal qual, diz ele, haveria na Itália. Todos sendo componentes da educação e da formação humana, então a luta entre motivos se dá no próprio carácter – que o autor parece definir como a constituição psíquica –, já que é necessário que "os motivos se casem com a constituição psychica do indivíduo".

124. Lessa, Pedro, *O determinismo psychico,* cit., p. 17. Mas nesse ponto temos que abrir uma divergência. Conforme já visto, Kant justifica longamente a composição entre um homem espiritualmente livre a causalidade natural. Vale entretanto o argumento do professor nacional para dar prova de seu teor determinista.

125. "D'onde procede a convicção, alimentada por tantos homens, não só espíritos vulgares como psychologos e philosophos dos mais ilustres, de que nossa vontade é livre". Lessa, Pedro, *O determinismo psychico,* cit., p. 18.

126. Esse, como vimos, é potulado inicial de Schopenhauer, e será adiante também reiterado por penalistas, a exemplo de Schünemann. (Vide, adiante, 4.3.1) A influência de Schopenhauer em Lessa é expressa no texto deste.

127. Idem, p. 25.

128. "Dizemos a cada momento que um acto é moral, porque verificamos que o motivo que levou o agente a se determinar, é sancionado pela moral, porque sabemos que o fim é fazer um beneficio a nossos semelhantes". Lessa, Pedro, *O determinismo psychico,* cit., p. 28.

129. Idem, p. 30.

130. Idem, p. 31.

Tal como Engisch[131] fará anos depois, Lessa se apoiará em Schopenhauer, ainda que com críticas, a fim de chegar à conclusão de que as decisões humanas são a *constante reação do caráter* sob pressão dos motivos, o traço da individualidade, que somente falhará nos momentos de perturbação psíquica.[132] E assim argumenta que todo nosso sistema educacional está baseado nessa premissa de que o homem responde por seu caráter, caso contrário os condicionamentos em que se baseiam o processo educativo seriam inócuos, pois o indivíduo sempre teria por diante sua absoluta liberdade.

Passa então Lessa a construir uma análise bastante precisa para as teorias de seu tempo sobre o Direito penal, especificamente no que se refere à finalidade da pena. Lembra então as teorias absolutas, com Kant e Stahl, para opinar que, porque são de fundo exclusivamente moral, nenhuma delas tem fundamento científico.[133] Analisando as teorias relativas, vem a concluir que a função da pena é a defesa social,[134] porque a conservação da sociedade é o fim último da pena. Para alcançá-lo, entretanto, cumprem-se os fins imediatos: a intimidação (também chamada de *prevenção* ou *exemplo*); a *emenda* ou *correção*, mas esta apenas como "fim accidental", ou seja, deve-se "corrigir o delinquente" somente quando possível;[135] e, finalmente, de modo também meramente incidental, a função de eliminar delinquentes incorrigíveis, como uma seleção artificial.

Diante disso é que vem Lessa a sustentar que o determinismo psíquico é compatível com a responsabilidade criminal. Não só, aliás: defende que imputar a alguém um crime, se adotada a teoria do livre arbítrio, é um contrassenso, porque, dentre outras razões, um homem que "age sem motivos, ou que faz sair do nada os seus motivos, escapa a toda apreciação moral como um valor indeterminado escapa à apreciação matemática".[136] Para Lessa, o homem age determinado por todos os fatores que concorreram para a formação de seu *ethos* particular, e isso explica todos os seus atos. O indivíduo não é então a causa de seus atos, ou melhor, não é a causa única, mas o elo em uma da cadeia causal. A vontade é causa próxima, mas não a causa primeira do ato.

131. Vide, adiante, 4.1.2.

132. Lessa, Pedro, *O determinismo psychico*, cit., p. 37.

133. "As theorias absolutas derivam de crenças religiosas, ou de principios metaphysicos. Nenhuma dellas tem um fundamento scientifico, assenta em principios dados pelo methodo positivo, o único processo pelo qual o espirito humano consegue penosamente descobrir algumas verdades, que prova, ou demonstra, e consequentemente o único methodo scientifico." Lessa, Pedro, *O determinismo psychico,* cit., p. 52.

134. "(...) as únicas theorias admissíveis no período contemporâneo da sciencia do direito penal são as que consideram o direito de punir, não como um direito absoluto, mas como um direito relativo de defesa social e de proteção social, um direito cujo fim é a proteção dos interesses sociaes", Lessa, Pedro, *O determinismo psychico,* cit., p. 54.

135. Lessa, Pedro, *O determinismo psychico,* cit., p. 57.

136. Idem, p. 82.

Formada essa convicção, o jusfilósofo propõe-se a comprovar que somente uma visão determinista atinge os fins da pena. Esse será seu posicionamento principal, e para tanto enfrenta três finalidades distintas da reprimenda. *a)* A finalidade de *neutralizar* o delinquente não sobreviveria pela teoria do livre arbítrio, porque a neutralização está baseada na *constância*, na previsão de que o homem perigoso voltará a cometer novos crimes, o que é negado pelos indeterministas. Segundo o autor, isso fica mais claro no caso dos inimputáveis, que, diz ele, se vê claramente na "applicação do direito penal pelo jury", que dominado pela errônea concepção da escola clássica e "possuído de um sentimentalismo maricas"[137] reenviaria para a sociedade aqueles considerados incapazes de decidir livremente no momento da ação. E invoca Garofalo para reiterar, sempre, a pena como medida de segurança social. *b)* A finalidade – seguindo os vocábulos utilizados pelo autor – de "emenda ou correção" do delinquente. Todas as teorias sobre o sistema penitenciário, sobre a progressão (liberdade condicional) ou outras técnicas, como sua perigosa concepção jusfilosófica sobre o trabalho,[138] seriam absolutamente inócuas, tendo em vista que o ser humano se pode motivar livremente:[139] sua vontade "superior à pressão de quaisquer forças, internas ou externas, de um momento para o outro pode engendrar em suas profundezas insondáveis novas resoluções criminosas".[140] *c)* Em relação aos fins preventivos, sustenta Lessa, maior ainda será a necessidade de admissão do determinismo para que se os alcancem. A lei e suas sanções não podem atuar como determinantes naquele ser humano que se determina livremente. A intimidação que a pena cominada causa é a técnica de "crear motivos que vençam os motivos criminosos",[141] o que evidentemente faz depender de uma ação causal de motivos que se determinam. Assim, se o delinquente não se inti-

137. Lessa, Pedro, *O determinismo psychico,* cit., p. 88.

138. "Para o determinista o delinquente, habituado ao trabalho, isto é, que pela constante repetição dos esforços musculares voluntários que constituem o trabalho, deixa de receiar uma sensação penosa na occupação a que se adaptou, ao abrigo da miséria nos primeiros dias, que se seguem à libertação, graças às associações protectoras e ao pecúlio adquirido na clausura, desde que se lhe depare um mister remunerador, não commette mais delictos. porque não mais está sujeito à acção dos motivos que antes o levavam ao crime". Lessa, Pedro, *O determinismo psychico*, cit., p. 98.

139. Esse argumento é também levantado atualmente por Herzberg, embora este autor o faça para posicionar-se sobre a independência da diatribe determinismo/indeterminismo para a dogmática penal. Para Herzberg, somente os deterministas poderiam trabalhar o direito penal da culpa com a consciência limpa, diante da possibilidade de corrigir o ser humano. "Der Determinismus ist vielmehr das Fundament, worauf das Modell allein bestehen kann, weil freie, von bestimmenden Motiven gelöste, vom Zwang des Kausalgesetzes befreit Entscheidungen und Handlungen – wenn es sie gäbe! – dem Menschen nicht zurechenbar wären: nur der Determinist kann am Schuldstrafrecht mit gutem Gewissen festhalten". Herzberg, Rolf Dietrich, *Ist unser Schuldstrafrecht noch zeitgemäß?* in: Grundlagen und Dogmatik des gesamten Strafrechtssystems: FS für Wolfgang Frisch zum 70 Gbstg, Berlin, Duncker & Humblot, 2013, p. 112. O argumento não é obvio, porque a associação mais evidente que se faz é a do determinismo como favorável ao *Präventionsstrafrecht*, não ao *Schuldstrafrecht.*

140. Idem, p. 99.

141. Idem, p. 102.

mida pela motivação negativa da lei, é exclusivamente porque tem a esperança de evitar o mal[142] por ela prometido.

Ao negar possibilidade de se atingir qualquer fim da pena mediante uma concepção indeterminista, Pedro Lessa finaliza a dissertação, nos termos de sua proposta inicial: a concepção determinista é a única lícita para o Direito penal, que tem na pena um instrumento de controle social.

Bem ao gosto da Escola positiva, há que se reconhecer o mérito do filósofo em ter, para o próprio determinismo, uma visão bastante ponderada, que em nada ou quase nada se afasta de o que décadas depois defenderia Engisch: a ação humana como presa à manifestação do caráter. Já o mesmo não se pode dizer do modo como entende as concepções indeterministas. Porque recusa-se a nelas aceitar qualquer gradação, adjetivando-as de "esdrúxula concepção",[143] seu contraponto argumentativo, pela seleção estabelecida pelo próprio jusfilósofo, é um indeterminismo pelo qual a vontade não pode ser conduzida ou influenciada por *qualquer* fator, quer pela educação, quer pelas circunstâncias momentâneas, a exemplo de qualquer força coativa da pena. Argumentar pelo absoluto acaba por ser uma das falhas do texto, mas isso não desmerece de todo a dissertação, como dito, como uma grande síntese das ideias acerca das funções da pena e, mais, como precursora, no Brasil, da culpabilidade pelo caráter, pelo exercício da personalidade, que será uma das mais convincentes posições deterministas, que, como daqui se pode depreender, colhe inspiração em Schopenhauer.

3.4 Merkel e Liszt

Superando as travas do positivismo, o direito penal abre campo para opiniões mais flexíveis acerca do tema de que aqui se cuida. Exemplo relevante é a divergência entre mestre e discípulo entre Adolf Merkel e Franz von Liszt, quando este lançou críticas ao posicionamento daquele, seu mestre, ao afirmar que sua concepção sobre livre arbítrio intentava a impossível missão de conciliar determinismo e pena como retribuição.

Realmente, Merkel dedica um importante fragmento de seu manual da Parte Geral ao problema do livre arbítrio, então confessa-se determinista já a princípio. Talvez seja o reconhecimento desse ponto de vista comprometido que lhe autorize colocar a questão em termos originais. Segundo o professor de Estrasburgo,

142. "Se a sancção penal não é um motivo suficiente para conter a vontade de tais indivíduos, a razão está em que mais forte do que o receio do castigo actúa em sua atividade psychica a esperança de evita-lo, colhendo simultaneamente os proveitos do delito". Lessa, Pedro, *O determinismo psychico*, cit., p. 130.

143. "É evidente que, ao argumentarmos com as consequências do livre arbítrio, sempre nos referimos ao livre arbítrio, tal como o definimos, e nunca ao livre arbítrio limitado, ou à liberdade moral relativa, esdruxula concepção, ou antes contradicção, preconizada por certos philósophos, mas que não merece sequer as honras de ser discutida, depois da explicação que demos do mecanismo da vontade". Lessa, Pedro, *O determinismo psychico*, cit., p. 77-78.

as concepções deterministas entendem que o homem age como manifestação de seu caráter, enquanto os indeterministas criam um abismo entre a natureza do agente e sua ação, já que esta se produz sem causa; e que esse abismo "serve de ponte para a imputação",[144] pois é esse poder de decisão que se reprova ou não, em comparação com elementos morais. Sua grande crítica ao indeterminismo está, daí, no fato de que "la culpabilidad de un delincuente se ha de estimar tanto más pequeña cuanto más completamente se pueda explicar el hecho realizado mediante el carácter del autor".[145] Mas, ao contrário de o que dirá Liszt ou de o que já insinuavam outros penalistas, Merkel firma não ser possível compreender o Direito penal como indiferente à controvérsia. As consequências de cada posição guardam, firma, sérias implicações frente às premissas da matéria.

Mas o determinismo de Merkel é bastante ponderado, e há que se reconhecer que cabe a ele a posição conciliatória que, mais tarde, também se atribuirá com maior ênfase a Liszt. Merkel se contrapõe diretamente ao determinismo antropológico, propondo uma "íntima relação entre corpo e espírito", mas que em nada se relaciona com o "corte anterior cerebral", aqui em alusão especificamente a Benedikt.[146] Talvez seja essa ponderação que o autorize – bem verdade que, ao menos em sua obra generalista, sem maiores esforços para comprovar o cabimento da combinação – a defender contínua e extensamente o caráter retributivo da pena; diz que esta tem de significar um *mal*,[147] conquanto possa ter algum caráter vantajoso[148] ao apenado, porém meramente acessório e, ao comparar a retribuição com teorias preventivas ou correcionalistas, lembra que para recuperar ou meramente precaver há outras medidas que não são punição, de modo que a palavra "pena"[149] é empregada abusivamente; e então hostiliza as concepções deterministas que entendam que, pelo naturalismo, todo caráter moral da pena[150] tende a desaparecer; porém, enuncia a curiosidade de desvendar como em um ser humano determinado, aquele em cujas decisões incidem as leis causais da natureza, pode eficazmente recair uma pena de retribuição calcada em cunho moral.

O discípulo Franz von Liszt foi mais enfático ao declarar que o embate entre as posições deterministas ou indeterministas não importavam diretamente

144. Merkel, Adolf, *Derecho Penal: parte general*, Trad. Dorado Montero, Buenos Aires: IBdeF, 2006, p. 75.

145. Merkel, Adolf, *Derecho Penal: parte general*..., cit., p. 78.

146. Sobre Benedikt, vide, retro, 3.3.1.

147. Merkel, Adolf, *Derecho Penal: parte general*..., cit., p. 181.

148. "Jamás se há señalado ni propuesto una especie de pena a la que falte este carácter, o que estuviese destinada justamente a garantizar tan solo placeres y satisfacciones al penado. Por otra parte, es también erróneo el estimar como penas únicamente aquellos males que se imponen con el fin precisamente de producir dolor. Esto de producir dolor es una propiedad de la pena, mas no su fin". Merkel, Adolf, *Derecho Penal*..., cit., p. 182.

149. Merkel, Adolf, *Derecho Penal: parte general*..., cit., p. 195.

150. Merkel, Adolf, *Derecho Penal: parte general*..., cit., p. 199.

ao Direito penal, afirmação que ficou mais conhecida.[151] Entretanto, como notava Engisch, tratava-se também de um determinista convicto, embora bastante mais ponderado que os representantes do positivismo incipiente. O autor austríaco, formador da Escola que será denominada de tecnicismo alemão ou, como prefere Jiménez de Asúa,[152] a "Política Criminal como Escola", tentou assim um Direito penal distante da diatribe. Em termos históricos, acrescentar no contexto da ciência penal tal ideia política significa muito: ela representa a quebra[153] com um direito penal rígido, imutável, advindo também do positivismo. Por isso, também inspirado em Jhering,[154] Liszt acrescenta a "nova" política criminal, com fundamento teleológico, como exigência metódica, que se utiliza também da Criminologia, da Penologia, para identificar diretrizes, redundando em uma *pena finalista* (*Zweckstrafe*), dentro da concepção global de fim em direito penal (Zweckgedanke im Strafrecht).[155] Uma luta constante contra o delito, apoiado no racionalismo das ciências, seria para o autor a tarefa do Direito penal, portanto eminentemente política.

151. "Permanece, porém, firme na negação do livre-arbítiro, fundando a imputabilidade na normalidade da determinação da pessoa. É imputável quem é capaz de se autodeterminar normalmente. A questão do livre arbítrio é relegada ao plano filosófico e considerada estranha ao Direito penal". FRAGOSO, Heleno Cláudio, *Lições de Direito Penal*, Rio de Janeiro: Forense, 1985, p. 49.

152. O professor espanhol, pelo que se nota de seu Tratado, é profundo conhecedor e admirador da obra de Liszt. Foi o tradutor de seu Lehrbuch para o castelhano.

153. SALDAÑA GARCÍA, Quintiliano, Adiciones en Derecho Español, in: LISZT, Franz von, *Tratado de Derecho Penal*, Tomo II, Trad. Jiménez de Asúa, Madrid: Editorial Reus, 1928, p. 59-60.

154. "La iniciativa personal de Liszt, su originalidad, consiste en aplicar al derecho penal las derivaciones de la idea de fin, desarrollada por Jhering en la filosofía del derecho". Mas acrescenta: "La idea de fin, en la pena, existió, sin embargo, mucho antes de la idea de fin en la teoría general del Derecho; y la Política Criminal nació cuando aún no se había soñado en hacer la ingeniosa metafísica del Derecho, que aparece en Jhering". SALDAÑA GARCÍA, Quintiliano, *Adiciones en...*, cit., p. 65.

155. Pasini lembra, aliás, que o darwinismo foi essencial na formação da conhecida concepção de Jhering sobre os fins do Direito. Para ele, "En Jhering, a quien la obra de Comte no ha afectado casi en nada, se nota, además de la influencia del utilitarismo, también la de la teoría de la evolución de Darwin, que precisamente estaba afirmándose en el período entre 1850 y 1880. Fue, en efecto, esta teoría de la evolución que no sólo minó aún más la posición de la metafísica, sino también la que ofreció a Jhering un punto de partida sobre el utilitarismo social. Vio en ella una confirmación de su teoría sobre el finalismo de la historia del derecho". PASINI, Dino, *Ensayo sobre Jhering*, Trad. S Bianchi, Buenos Aires: Ed. Europa-América, 1962, p. 150. A aceitação é relativa, ao menos enquanto uma concepção extremada do darwinismo, entretanto, quando se vê o original: "Der Zweck vermag das Kausalitätsgesetz aus sich zu entlassen, nicht aber das Kausalitätsgesetz den Zweck. Oder deutlichen gesprochen: die Unnahme eines Zweckes in der Welt, was für mich, der ich beschränkt genug bin, mir den Zweck nicht ohne einen bewüssten willen zu können, gleichbedeutend ist mit der Unnahme von Gott – also die Unnahme eines von Gott gesetzten Zweckes in der Welt oder des göttlichen Zweckgedankens verträgt sich noch meinen Dafürhalten vollkommen mit der Statuierung des strengten Kausalitätsgesetzes. (...) Ich denke doch: der Hand im Dienste des Geistes. Ich meinerseits mäße mir kein Urteil über die Richtigkeit der Darwlichen Theorie an, obschon gerade die Resultate, zu denen ich meinerseits in Bezug die historische Entwicklung des Rechts gelangt bin, si auf meinen Gebiete im vollsten Maßen bestätigen". v. JHERING, R., Der Zweck im Recht, I, (Vorrede) 4ª Auflage, Leipzig: Breitkopf und Härtel, 1904, p. VIII-IX.

Talvez seja esse direcionamento à finalidade que inspire Liszt a deixar de lado as discussões mais filosóficas, mas ele não alcança exatamente proclamar, ou ao menos comprovar diretamente a assertiva de que o problema da liberdade seria desinteressante. Em seu *Lehrbuch*, deixa bem claro que a diatribe tangencia o Direito penal, mas que o fato de os próprios indeterministas, a seu tempo, já sustentarem posições muito mais relativizadas, faz possível um "acordo prático",[156] pela razão que assim se pode enunciar: a pena só tem sentido para aqueles que admitem a motivação da vontade humana, mas os indeterministas de seu tempo já admitem essa motivação, distantes do livre arbítrio absoluto. Então, a ação delitiva é determinada pela "natureza individual do delinquentes", somada às condições exteriores, físicas, sociais e "sobretudo econômicas" que o rodeiam,[157] e, também por conta disso, a pena tem função notória de prevenção geral: pela reprovação moral do ato, cuja reprovação esteja já expressada na cominação penal, "deben ser combatidos los efectos físicos del crímen" e a perturbação da ordem jurídica causada pelo delito, conquanto também deva "ser reafirmado el poder del orden jurídico, fortificado la consciencia jurídica del pueblo".[158] Por isso, Liszt resume a *retribuição* de inspiração kantiana na "lei de Talião", e cinge esse caráter retributivo da pena, em sua proposta, a um dos meios de manutenção da ordem jurídica; a prevenção geral existe também em menor medida, para as especificidades do delinquente, na "intensidade de seu caráter antissocial", também visando à correta elaboração do sistema penitenciário. Se a prevenção especial é periférica na pena, não o é nas "medidas especiais", as medidas de segurança reservadas a dois outros tipos de delinquentes: os que podem ser "corrigidos" e os que devem ser "neutralizados". Como é bastante conhecido, as medidas de segurança[159] são tradicionalmente associadas ao corpo de estudo de Liszt.[160]

Pode-se afirmar que, de algum modo, os contemporâneos de Adolf Merkel e Von Liszt, como também a Terza Scuola italiana e seus assemelhados, tenham buscado superar os pontos principais da controvérsia da guerra entre Escolas, cuja polarização tampouco era profícua. Se, de um lado, como narra Liszt, os indeterministas conduziram sua tese para uma senda mais teológica, assumindo a causa-

156. Liszt, Franz von, *Tratado de Derecho Penal*, Tomo II, Trad. Jiménez de Asúa, Madrid: Editorial Reus, 1928, p. 37 (nota de rodapé 23).

157. Liszt, Franz von, *Tratado de Derecho Penal*, Tomo II, Trad. Jiménez de Asúa, Madrid: Editorial Reus, 1928, p. 15.

158. Liszt, Franz von, *Tratado de Derecho Penal*, Tomo II, Trad. Jiménez de Asúa, Madrid: Editorial Reus, 1928, p. 38 e 39.

159. Para o autor, a medida de segurança não precisa necessariamente estar associada ao cometimento de um fato punível, mas, quando estiver, "puede muy bien assumir en sí misma la esencia de la pena (un mal ligado a la reprobación)". Do mesmo modo, a pena, enquanto acessoriamente possa ter um fim correccional, entra na esfera da medida de segurança. Ambas, diz o autor, são círculos secantes, em cuja área comum elas se podem intercambiar (*virkariieren*). Liszt, Franz von, *Tratado de Derecho Penal*, Tomo III, Trad. Jiménez de Asúa, Madrid: Editorial Reus, 1929, p. 199.

160. Sauer, por exemplo, confirma que foi o Código Suíço de 1893, fortemente influenciado por Von Liszt, que inaugurou as medidas de segurança, tal como a conhecemos hoje.

lidade das ações ao menos como motivação, de outro os deterministas, como ele e Merkel, fizeram questão de pontuar os exageros do determinismo antropológico e a complexidade das causas do comportamento social. Porém, dizer que existe uma posição conciliatória, ou um acordo suficiente para os fins do direito penal não significa proclamar inútil o debate, tanto para fins de imputação quanto para compreender os fins da pena. Tanto assim é que Liszt deixa claro mais de uma vez seus postulados deterministas, o que lhe permite posteriormente mencionar o correcionalismo patente nas medidas de segurança e, daí, nos pontos em que ela se intersecciona com a pena em sentido estrito. A assertiva de que a controvérsia pode ser superada no Direito penal é, sempre, de ser vista com muito cuidado, porque o próprio discurso teórico pode desmenti-lo. Merkel dava-se conta disso.

3.5 A divergência de Wilhelm Sauer

É curioso que Sauer, já no Pós Guerra, volte a conceder mais atenção à problemática do livre arbítrio, que se tinha de algum modo acalmado desde os tempos de Von Liszt. Talvez tenha sido sua convicção em reafirmar o caráter retributivo e expiatório da pena que haja criado a necessidade de repisar a controvérsia. O grande problema no discurso do professor de Münster, como depois dirá Mezger, é uma certa falta de delimitação entre o que é o caráter normativo da análise jurídica e o que é o crime ontologicamente. Ainda assim, suas considerações têm lugar neste trabalho ao menos pelo tracejar de uma linha temporal, pelo modo com revitaliza o problema, em especial sob a perspectiva indeterminista.

A obra de Sauer se propõe a abordar o tema dentro do assunto do "desenvolvimento da ação delitiva", em que, em algum momento, deve aparecer a liberdade da vontade. Expõe como está avançada e, portanto, pronta para aplicação a teoria do indeterminismo adequado, o único que concede ao indivíduo, no contexto de uma situação fática específica, a possibilidade de querer ou agir de outra maneira, *opondo resistência* a influências estranhas; e ressalta o centro da oposição aos indeterministas, porque, longe dessa liberdade, "cessaria toda culpabilidade pessoal e a responsabilidade residiria exclusivamente nos fatores que a regem, no mundo circundante".[161] Deixando clara ser sua opinião a de um indeterminismo relativo, concorda em dizer que o determinismo tanto empurra ao fatalismo,[162] quanto, ainda revelando alguns pressupostos de se fiar,[163] impõe uma nova Ética e um afastamento total da pena como retribuição. E isso seu postulado teórico

161. Sauer, Wilhelm, *Derecho Penal: Parte General*, Trad. Juan del Rosal y José Cerezo, Barcelona: Bosch, 1956, p. 78.

162. Essa posição será por nós lembrada mais adiante, porque, embora Sauer nela não se aprofunde, trata-se de ponto essencial da controvérsia, em especial para o Direito penal.

163. "Si todo el acontecer del mundo está condicionado causalmente, no puede ciertamente la débil voluntad humana constituir una excepción (¡esto sin duda es verdadero!). La responsabilidad moral y la jurídico-penal debían, según esto ser atenuadas (¡este es el punto delicado!); no necesita, quizá, ser completamente anulada, pero en todo caso debe ser la consecuencia de los modernos conocimientos

rejeita: sua concepção de pena não abrirá mão da retribuição do injusto (a pena como um mal) e da expiação da culpa, que tenta "extirpar a excitação criminal"[164] e se possível substituí-la por uma virtude. Os demais fins da pena são, para o autor, meramente acessórios.

Então evoca a filosofia existencialista para firmar sua posição: o homem está condenado a viver em liberdade porque, sem ela, não perde apenas a responsabilidade mas também o sentido da vida; e condenar alguém sem liberdade é um erro ético que um Estado contemporâneo não está disposto a pagar. Entretanto, o homem vive mas também *conhece*, e, portanto, juntamente com o *conhecer*, aparece a *ciência*. Pois esta pode, em momento posterior,[165] explicar a dependência de cada ato, porém *ex ante* somente o homem pode viver (e dar causa) à sua ação. Assim Sauer desenha o ato culpável como uma projeção que, saindo do interior do ser humano, toma forma particular na contradição com a ordem vigente, de que deriva sua proximidade entre a ética[166] e a culpabilidade, que Sauer repisa, até alcançar um desenho de um percurso de *criação* da vontade no indivíduo criminoso: a partir do mundo circundante, surge um desejo, impulso ou instinto, que, em contradição com o mundo, faz-se o germe da excitação criminal; diante dela, nasce uma luta de motivos e contramotivos, até que um *Leitmotiv*, o impulso condutor, que decide diante de todas as circunstâncias, tomando consciência de responsabilidade; esse motivo, em interação com as condições exteriores, transforma-se em vontade de agir e, a partir do fato criminoso, a vontade se transforma em dolo.

É visível, assim, em Sauer um resquício determinista e psicologizante[167] da ação que *convive* com sua convicção de liberdade de agir que se revela tanto na

bio-psico-sociológicos (¡éste es el punto aún más delicado!)". SAUER, Wilhelm, *Derecho Penal: Parte General*, Trad. Juan del Rosal y José Cerezo, Barcelona: Bosch, 1956, p. 79.

164. "La pena es un daño, para el que se ha de descubrir la naturaleza y duración justas. La expiación debe coger a la criminalidad en su raíz, extirpar la excitación criminal y a ser posible sustituirla por una virtud correlativa", idem, p. 380.

165. SAUER, Wilhelm, *Derecho Penal*, cit., p. 81. Mezger observa essa assertiva de Sauer, que reconhece o determinismo psicológico para uma explicação posterior, porém dá à ação humana um contexto de liberdade. Contrariando esta última, Mezger explica: "En ese momento se separan nuestras rutas; el delito es 'acción'; por tanto, un acontecimiento susceptible de ser captado causalmente en el mundo de la realidad. Sauer no distingue aquí con la precisión necesaria: el pensamiento jurídico-penal es en sí pensamiento normativo, y, en tanto, no acaba ciertamente en la categoría de la causalidad. Pero el delito, al que se refiere el pensamiento jurídico penal, continúa siendo un acontecimiento fáctico, sometido, en consecuencia, a la ley causal". MEZGER, Edmund, *Tratado de Derecho Penal* – Tomo II, Trad. Rodríguez Muñoz, Madrid: Ed. Revista de Derecho Privado, 1949, p. 13.

166. SAUER, Wilhelm, *Derecho Penal*, cit., p. 223. Vide também como o autor retoma a escola clássica expresamente ao "Es necesaria entonces, ante todo, una configuración del concepto material de la culpabilidad. Éste conduce a una 'etización del Derecho Penal' ya anteriormente anhelada por la escuela clásica alemana, por otros motivos; así la excitación criminal tiene también una función ético-social". Idem, p. 232.

167. Pelo que se nota, ao menos da leitura de seu *Parte Geral*, bem à diferença de Mezger, o discurso de Sauer é extremamente ligado também a aspectos criminológicos, de seu tempo, reiteradamente

pena como retribuição como também na culpabilidade, que ainda não absorvia de todo a inspiração normativa de Frank. Porém, marcadamente sua orientação neoclássica o conduz a cultivar a ideia de ética, de retribuição e de culpabilidade por liberdade da vontade.

3.6 Mezger e seu 'über Willensfreiheit': determinismo e normatividade da reprovação

Como o principal autor dos neoclássicos, é sabido de Mezger sedimenta o giro normativo da culpabilidade havido em Frank, para defender a culpabilidade baseada na personalidade. Ao tempo de seu *Manual*, de 1949, já proclamava ser a culpabilidade normativa a teoria dominante (quase um lugar comum), e que a ilustração de que a culpabilidade não está "na cabeça" do agente, mas "na cabeça de outros", por estranho que pareça, é suficiente para explicar o conceito: o processo da culpabilidade é reprovável ao agente, porque somente mediante o *juízo valorativo de quem julga* se eleva a realidade psicológica ao conceito de culpabilidade. Assim, o juízo de culpabilidade é um juízo *de referência* (Beziehungs-Urteil).

Tal qual Frank,[168] Mezger exige para a culpabilidade 1) a imputabilidade, como seu pressuposto; 2) o dolo ou culpa, como referência psicológica do autor ao ato; e 3) principalmente, uma determinada configuração de circunstância externas e internas, que permitam emitir o juízo de reprovação. Específico será, em seu posicionamento, que a culpabilidade indicará uma *expressão juridicamente reprovável* da *personalidade* do agente. Em cada caso concreto – já que, como Mezger faz reiterada questão de frisar, há que se referir sempre a um ato isolado – recaem sobre o *ato de vontade* do autor (parte psicológica da culpabilidade), os *motivos* do autor (motivatorische Schuldbestandteile) e a referência da ação à total personalidade do sujeito.[169] Por isso a personalidade vem a ser um elemento de imputação, porque se a utiliza para saber se o ato é fruto da ação do sujeito: caso a ação não signifique a expressão da mesma personalidade, ela não é reprovável *porque* não pode ser atribuída ao autor.

mesclando elementos dogmáticos como culpabilidade e injusto a tipos criminosos, espécies de motivação à delinquência, dentre outros.

168. Frank, aqui na tradução de G. Fernández, indica três elementos para a culpabilidade: uma "aptitud espiritual normal del autor", que é a imputabilidade; a "normalidade de las circunstancias bajo las cuales el autor actúa" (e as circunstâncias são o ponto principal de sua explicação, porque então seria de maior vanguarda), e "una cierta concreta relación psíquica del autor con el hecho en cuestión o la posibilidad de ésta, conforme lo cual aquél discierne sus alcances (dolo), o bien los podría discernir (imprudência)". Frank, Reinhard, *Sobre la Estructura del Concepto de Culpabilidad*, Trad. Gonzalo D. Fernández, Buenos Aires: IBdeF, 2004, p. 39-40.

169. Por isso, Sauer, mais de uma vez, qualifica a interpretação de Mezger sobre culpabilidade como "culpabilidade de conducción de vida". E coloca como crítica principal que esse erro na condução de vida não é suficiente para imputação, mas sim o fato de ser ou não reprovável a conduta do agente naquele momento mesmo.

Mezger alerta que tal vínculo culpabilidade-personalidade não se deve confundir com a culpabilidade pelo *caráter*,[170] porque há que se guardar distância do Direito penal de autor; porém utiliza, em algum trecho, indistintamente os dois termos (*Persönlichkeit* e *Charakter*), o que demanda uma explicação mais apurada sobre o que seja a tal *personalidade*, que, como visto, interfere na imputação. E o penalista, embora se proponha a fazer essa definição, não a completa, apenas demonstra que está convencido da existência de uma *total personalidade biopsicológica* – à evidência, por sua própria definição, determinista[171] – que entretanto *não* deve ser juridicamente utilizada. O direito penal se importará com uma personalidade *consciente da finalidade*, que possa ser devidamente influenciada por motivos jurídicos (*durch rechtliche Motive motivierbare Persönlichkeit*[172]). Sem definir exatamente o que seja a personalidade, o neoclássico de Munique oscila, em sua concepção de culpabilidade, entre a sedimentação mais absoluta da culpabilidade normativa e a referência a uma personalidade, que tem ares de indeterminismo.

Em outras palavras, Mezger se esforça em descartar a controvérsia do livre arbítrio da esfera do Direito penal, tanto que já inicia as considerações sobre culpabilidade em seu *Lehrbuch* a esclarecer ao leitor que o problema sequer se aproxima do tema dogmático, já que a culpabilidade penal não é culpabilidade no sentido ético, mas sim jurídico, e então se deve abandonar a diatribe aos julgamentos da Filosofia.[173] Porém, seu próprio conceito de culpabilidade remete diretamente à personalidade, que somente se define mediante alguma aproximação da ideia de liberdade de querer, esta que, por sua vez, o penalista se vê obrigado a rejeitar nas poucas linhas que consagra a explicar seu conceito de individualidade.

Entretanto, a afirmação sobre a inutilidade da discussão do livre arbítrio, na obra genérica do autor, é de se contrastar com o conteúdo mesmo de suas sempre tão precisas análises doutrinárias. Exemplo dessa dependência com o tema, externamente à culpabilidade em si mesma, é a análise que faz o autor sobre os fins

170. Embora Mezger não faça, semanticamente, diferença entre Personalidade e caráter: "Aber sie [a teoria dos motivos] dringt noch nicht bis zum letzen: zur Persönlichkteit, zum Charakter des Täters". MEZGER, Edmund, *Strafrecht: ein Lehrbuch*, cit., p. 275.

171. "Jede genaue, auf wissenschaftliche Beachtung Anspruch erhebende Persönlichkeitforschung geht aus von der biologisch-psycologischen Gesamtpersönlichkeit. In diesem Sinne gibt es überhaupt kein Tun, das nicht Ausdruck der Persönlichkeit zur Zeit der Tat wäre, nicht einmal das in transitorischer Geistesstörung". MEZGER, Edmund, *Strafrecht: ein Lehrbuch*, cit., p. 279.

172. MEZGER, Edmund, *Strafrech*, cit., p. 279.

173. É o § 333, III de seu Lehrbuch: "Strafrechtliche Schuld ist Schuld nicht im ethischen, sondern im juristischen Sinn. Sie ist daher unabhängig vom Streit um de sogennante Willensfreiheit". MEZGER, Edmund, *Strafrecht: ein Lehrbuch*, Munique: Duncker & Humbolt, 1949, p. 251. Sem embargo, nesse mesmo subtítulo Mezger (como já fizera Von Liszt) enumera todos os autores partidários do livre arbítrio e seus opositores. Também lembra aqueles que, como ele, consideram a decisão sobre o tema independente do Direito penal: Allfeld, Finger, Frank, Hegler, Liepmann, von Lilienthal, Löffler, Mittermaier, Ötker, Max Rümelin, Schmidt, Wach, Wachenfeld, dentre outros (p. 253).

da pena. Fora de seu manual, uma monografia dedicada à *Willensfreiheit* denota também que o debate não é assim tão estéril.

Quanto aos fins da pena, Mezger lhes encontra uma tripla vertente: a prevenção geral, a prevenção especial e a consideração ou respeito à *personalidade*. Para explicar a prevenção geral, o penalista inova dizendo que existe uma *comum disposição criminal* (*"latente Kriminalität"*) *em todas as pessoas*. Então a tendência a realizar crime não se restringe aos delinquentes inatos, mas é o substrato da vida anímica, que contém em si mesmo a disposição para o crime. E de onde viria esse substrato? Ele explica: "de um anterior período de evolução, em que se encontravam os desejos e as disposições criminais".[174] A pena, portanto, nessa primeira função, tem um papel psicológico social, pois funciona como um contrapeso para reprimir essa criminalidade latente, a partir da intimidação que uma pena justa e adequada traz aos demais, e cujos efeitos – agora já não de intimidação – se estendem ao próprio vitimado pelo delito, porque a ausência de *castigo* da pena desataria nele um sentimento de provocação, ativação criminal direcionado ao ataque à ordem jurídica existente.[175] Por *prevenção especial* a pena deve criar no próprio delinquente *motivos futuros que impeçam o delito*,[176] mas com uma peculiaridade: haverão de respeitar *a características pessoais* (*persönliche Eigenart*) *do autor*, para que se tenha êxito, sob o risco de exclusão dos motivos da pena dirigida ao futuro. Por isso, os "refinados métodos de investigação da personalidade"[177] que então despontavam seriam, para Mezger, essenciais para os fins de prevenção especial.

Como último fator, aparece, para Mezger, o *respeito à personalidade* (*Persönlichkeitsachtung*) como um valor próprio da pena. Ele retoma expressamente o iluminismo para lembrar que a personalidade do agente tem um fim em si mesmo (selbständiger Zweck), a que a pena tem de atentar, e por isso deve ser *humanizada*. Em sua faceta positiva está essa humanização, enquanto a faceta negativa é a função de *retribuição* da pena, que exige que o indivíduo seja casti-

174. "Diese aus einer früheren Entwicklungsperiode stammende Untersicht des menschlichen Seelenlebens mit ihren kriminellen Wünschen und Regungen bedarf der Mensch zum Leben so notwendig, wie die primitiven Bestandteile seines körperlichen Aufbaus". MEZGER, Edmund, *Strafrecht: ein Lehrbuch*, Munique: Duncker & Humbolt, 1949, p. 503.

175. "(...) ein Gefühl, das letzten Endes nichts anderes bedeutet, als die Aufreizung (Aktivierung) krimineller, d.h., gegen die bestehende Rechtordnung gerichteter Regungen, welche die Strafe eben verhindern soll". MEZGER, Edmund, *Strafrecht*, p. 506.

176. Somente como registro, existe, no § 75, de seu Lehrbuch, uma grande dissertação contra as penas privativas de liberdade de curta duração.

177. "So läßt sich nicht verkennen, daß in den letzten fünfzig Jahren der strafrechtlichen Entwicklung der spezialpräventive Gedanke wesentlich an Bedeutung gewonnen hat. Teilweise hängt dies auch mit den verfeinerten Methoden der Persönlichkeitsforschung zusammen, di uns heute zu Gebote stehen". MEZGER, Edmund, *Strafrecht*, p. 506.

gado exatamente por conta do (des)valor de sua ação.[178] A expressão kantiana desse pensamento sequer necessita ser realçada.

A declaração veemente da independência da diatribe em relação ao Direito penal como um todo parece contrastar com a dependência desse conceito de personalidade e dos seus "métodos de investigação", de que depende a pena, consequência jurídica do delito. Mas não é só. Como antecipamos, Mezger tem relevante monografia sobre o tema.

O penalista de Munique escreve seu Über Willensfreiheit a partir de leitura[179] apresentada à Academia Bávara de Ciência, em 9 de dezembro de 1944. Ali desvenda de início a problemática que será objeto de sua avaliação: as ciências naturais desejam fazer com que o homem seja objeto das relações causais, enquanto a Ética e a Filosofia do Direito *não podem* dela *prescindir*,[180] ao construir a responsabilidade. Mezger então analisa a ideia kantiana de uma categoria de liberdade atrelada à teoria do conhecimento (*Erkentisstheorie, Tafel der Kategorien*[181]), mas a entende insuficiente para explicar a liberdade e a causalidade. Por isso, acrescenta ele mesmo, como crítica, uma nova categoria, a da "espontaneidade".[182]

Vê também a tentativa de solução que determina de "positivista", e que está atada às regras das ciências da natureza, coincidindo com as discussões, segundo o autor, da física. Lembra, porém, que a Física moderna, para além dos postulados de Laplace, encaminha-se para um conceito de *continuidade* em que se faz essencial a *possibilidade* (*der Begriff der Stetigkeit ist in der Möglichkeit von Gesetzen begründet*). Enquanto Laplace, em sua mecânica clássica, entendia o universo como uma série de regras que se mantinham os fenômenos em constante, e portanto poderiam prever com exatidão passado e futuro, as teorias físicas como a de Bavink, Heisenberg e Max Planck tornariam a ideia de absoluta continuidade uma ficção, substituindo-a pela possibilidade e inconstância. Porém, dela não

178. "Der Gedanke der Persönlichkeitsachtung unterstützt diese Forderung von der negativen Seite her: er fordert, dass der Einzelne für nichts anders gestraft werde als für das, was seine Taten wert sind". MEZGER, Edmund, *Strafrecht*, p. 512.

179. O texto é publicado em 1947 pela mesma academia, porém com a observação, na capa, acerca do ano em que foi apresentado. Evidentemente o momento histórico, nesse intervalo, o impunha. Cf. MEZGER, Edmund, Über Willensfreiheit, in: *Sitzungsberichte der Bayerischen Akademie der Wissenschaft*, jahrgang 1944/46, München, Verlag der B.A.W., 1947.

180. "Die Ethik und Rechtphilosophie glaubt ihn nicht entbehren zu können, um Verantwortlichkeit zu begründen", a afirmação, que aparece logo no primeiro parágrafo, é relevante porque demonstra que desde o início Mezger transparece incompatibilidade entre a responsabilidade ética e o indeterminismo. Cf. MEZGER, Edmund, Über Willensfreiheit, cit., p. 3.

181. MEZGER, Edmund, Über Willensfreiheit, cit., p. 10.

182. "Nicht kategorial, sondern erst in der Anwendung kann entschieden werden, ob und inwieweit die eine oder die andere Denkform die gegebenen Erscheinung erfasst. Diese Kategorie der Nichtkausalität und Diskontinuität wollen wir im folgenden als die Kategorie der Spontaneität bezeichnen". MEZGER, Edmund, Über Willensfreiheit, cit., p. 13.

se pode tampouco inferir uma premissa de indivíduo livre, pelo qual a Física moderna teria transformado a questão da liberdade, ainda, em um *non liquet*, tanto assim que Max Planck se declarava um determinista.[183] Ponto principal, dirá Mezger, é que embora os físicos[184] e, daí, a dogmática nela baseada aponte para o determinismo, *os novos conceitos da Física podem ser reinterpretados* para dar conta de outras conclusões a esse respeito. Talvez até Kant, que não raras vezes deriva seu pensamento da matemática, teria campo para repensar seus valores,[185] diz Mezger.

Então Mezger entende por criticar a teoria de Nicolai Hartmann, a seu tempo bastante influente. Encontra na teoria dos estratos a relevante tentativa de compatibilizar o ser humano como ontológica e eticamente livre,[186] mas entende que a solução penal do problema não está na Ontologia Crítica, e tampouco na comentada solução kantiana. Deve-se, para Mezger, construir uma síntese entre a *regularidade do pensamento* (*Gesetzmäßigkeiten des Denkens*) e a Realidade do Ser (*Wirklichkeit des Seins*[187]). E então insiste em qua a melhor proposta seria agregar à categoria do conhecimento a categoria da *espontaneidade*, sem a qual não se pode compreender a mente. E acrescenta: isso vale para todos os fundamentos de pesquisa também na Criminologia.[188]

A leitura do "über Willensfreiheit" é importante em hipótese porque demonstra que Mezger tinha uma posição oscilante entre o determinismo e a liberdade de querer. Adota um tom conciliador, que, conquanto crítico a Hartmann, dele muito se aproxima: existe no indivíduo algo de determinado, mas algo que mantém sua *espontaneidade*, sua imprevisibilidade, e somente isso explica o que há de individual, ou seja, o que há de Personalidade no indivíduo. Seu

183. "Wir müssen es gleichermaßer für das Problem der Willensfreiheit feststellen: auch der *Positivismus* bringt keine Lösung, weder im Sinne des Determinismus, noch im Sinne des Indeterminismus. So hat ja bekanntlich Max Planck selbst trotz seiner Quantentheorie am Determinismus des menschlichen Willens festgehalten, ohne ihn damit freilich seinerseits bewiesen zu haben." MEZGER, Edmund, Über Willensfreiheit, cit., p. 19.

184. "Behaupten, dass die moderne Physik eine strenge Kausalität notwendig verneinen müsste, kann man nicht". MEZGER, Edmund, Über Willensfreiheit, cit., p. 19.

185. "Wir finden heute oft im Rahmen der sogenannten Geisteswissenschaften eine größere dogmatische Unfreiheit als im Gebiete der Naturwissenschaften selbst. Dies gilt auch gegenüber Kantischen Gedanken, die bekanntlich ganz auf dem mathematisch-naturwissenschaflichen Weltbild aus der Zeit ihres Urhebers beruhen und aus ihm das unbedingte Vorbild alles logischen Denkens ableiten. Wenn diese Grundlagen heute in manchem ihre Geltung verloren oder wenigstens eingeschränkt haben, so müssen sich dem auch die aus ihnen gezogenen Folgerung anpassen". MEZGER, Edmund, Über Willensfreiheit, cit., p. 23.

186. "Jedenfalls aber stünde als Ergebnis fest: indeterministische Freiheit ist für Nicolai Hartmann ontologisch möglich und zugleich für die sittliche Person ethisch notwendig". MEZGER, Edmund, Über Willensfreiheit, cit., p. 23.

187. MEZGER, Edmund, Über Willensfreiheit, cit., p. 24.

188. Dies gilt auch als Grundsatz aller kriminologische Forschung", MEZGER, Edmund, Über Willensfreiheit, cit., p. 28.

posicionamento permite compreender não só seu vínculo com a pena-retribuição, que não pode prescindir de um indivíduo livre, como também a sua concepção de culpabilidade, ancorada em um exercício reprovável dessa mesma personalidade, que algo tem de espontâneo. Por isso há que se rejeitar uma hipótese que nós mesmos nos colocamos, de que toda sua investigação sobre o livre arbítrio esteja motivada apenas por seus estudos acerca da Criminologia:[189] a dogmática do Direito penal, quer em teoria da pena, quer em teoria do delito, depende dessa sua posição tomada. A assertiva do próprio Mezger de que o livre arbítrio importa somente a questões criminológicas é de ser colocada em dúvida, a partir do estudo que ele mesmo dedica ao tema.

3.7 O correcionalismo-positivista: Dorado Montero, Jiménez de Asúa e o Direito protetor dos criminosos

O professor salmantino Dorado Montero foi alvo de grande polêmica porque, na Espanha de seu tempo, a defesa de teorias deterministas era exposta à censura eclesiástica. Trata-se do Padre Tomás Cámara que, em 1897, redigiu[190] uma carta pastoral intitulada *Determinismo: la antropologia criminal*, que já criticava duramente a posição, que considerava determinista, de Dorado. O texto da carta,[191] porém, não indica uma abordagem meramente eclesiástica, mas sim,

189. Até porque sua obra específica sobre esse tema em nenhum momento adentra à mesma discussão. Confira-se Mezger, Edmund, *Criminología*, Trad. J. A. Rodríguez Muñoz, Madrid: Editorial Revista de Derecho Privado, 1942.

190. Lima Torrado, Jesús, El problema del libre albedrío en el pensamiento de Dorado Montero, in: *Rev. Doctrina Penal*, ano 1, n. 1 a 4, Buenos Aires, 1978, p. 726. O artigo, no entanto, traz a opinião de que, ao contrario do quanto alertavam os críticos daquele tempo, ligados à Igreja, o professor Dorado Montero não se vinculava diretamente a uma concepção determinista. Nas palavras de Lima: "Ni es entonces Dorado absolutamente determinista – pues no niega el libre albedrío – ni tampoco es absolutamente indeterminista, pues afirma que hay una serie de factores que condicionan – incluso muy fuertemente, a la acción del hombre. Pero como la vida social, en la evolución histórica, se va haciendo cada vez más espiritual y cada vez menos brutal, y regida por leyes físicas, el hombre va ganando en campo de actuación de su libertad, esto es, va teniendo cada vez más libre albedrío – por así decirlo, como consecuencia de su progresiva racionalización". Idem, p. 732.

191. O texto da carta, de que há exemplar na biblioteca histórica de Salamanca, demonstra não uma abordagem dogmático-eclesiástica do tema, mas principalmente uma lúcida crítica de método. Rejeita Darwin, é verdade (vide p. 51), mas é ao questionar o método de pesquisa de Lombroso que se destaca, no que chama de "escola antropológica". Diz, por exemplo, que ele estuda o *presidiário*, sem considerar as influências do cárcere, e não da tendência ao crime (p. 54); não afirmaria o que seria o que chama de "hombre honrado", que separaria do homem desviado; não chegaria sequer a definir objeto, já que "la noción misma del criminal no es bien definida", "faltan series bastantes de donde inferir legítimas conclusiones"; "tomanse a menudo los datos de fuentes diversas, incapases de compararse". Já suas conclusões enfáticas sobre a livre arbítrio do homem vem em momento posterior ("El hombre es libre, dueño de sus actos", p. 183), e a abordagem relativa à presciência de Deus aparece nas páginas 199 e seguintes, em assertivas como "El criador dota a la naturaliza humana de inteligência y libertad, para que, señora de si misma y libremente, alcanzara su destino (p. 204)". Cámara, Tomás (Pe.) "*Determinismo, Antropología Criminal y Libertad Humana*" por el Obispo de Salamanca Tomás Cámara, Imprenta de Calatrava, 1897.

dizemos nós, uma crítica ao método reducionista da antropologia daquele tempo. Outra questão é que a igreja e a a universidade tenham se movido para perseguir o professor e proibir suas aulas, como muito documentadamente relatam Hernández e Berdugo.[192]

Esse determinismo absoluto[193] não é de todo confirmado no texto de Dorado Montero, porém Jiménez de Asúa também o sugere,[194] e encontra no pensamento de Dorado – que, como se dirá, Jiménez subscreve integralmente – a vantagem de não cair no erro dos positivistas de substituir a negação do livre arbítrio pela teoria da responsabilidade social. Para Jiménez, Dorado conjuga o positivismo e o correcionalismo protetor do delinquente, e é isso que exalta seu *Direito Protetor dos Criminosos* a um "auténtico tratamento protector del porvenir".[195] Dorado de fato é a figura mais representativa do correcionalismo positivista,[196] e

192. A obra completa sobre todo o incidente com Dorado Montero, inclusive o decreto que considerava ilícito assistir às aulas de Dorado, e os trâmites do então reitor Salmantino Esperabé Cámara para fazer com que os alunos não sejam obrigados a assistir às aulas do professor, mas ainda assim se mantenha este na universidade (p. 49-50) merece consulta, para aprofundamento no que era aquele momento de tardia renovação católica Salamanca. Cf. Berdugo Gómez de La Torre, Ignacio; Hernández Montes, Benigno, *Enfrentamiento del P. Cámara con Dorado Montero: un episodio de la restauración salmantina*, Salamanca: Diputación Provincial de Salamanca, 1984.

193. O determinismo de Dorado é, ao menos pela coerência que guarda, objeto de elogio de Jerónimo Montes. Referindo-se a Dorado, assenta que "en rigor, no ha más, sobre este punto, que ser consecuente con sus princípios deterministas, acusando, con muchísima razón, de inconsecuentes a aquellos penalistas que, después de negar el libre albedrío y confesarse deterministas, hablan de delito y de culpa, de responsabilidad y de pena como puede hacerlo cualquier penalista de la escuela clásica. El, por su parte, no incurre en este absurdo lógico". Montes, P. Jerónimo, *Derecho Penal Español*, vol. I, San Lorenzo del Escorial: Imprenta del Real Monasterio, 1929, p. 144.

194. É realmente estranho que Jiménez de Asúa, com o nível de detalhamento que tem seu Tratado, não se refira diretamente ao posicionamento dos diversos autores e escolas acerca do livre arbítrio. O que se vê, ao contrário, é uma leve exaltação daqueles que conseguem escapar à discussão, como ao transcrever longamente o trecho de Bernaldo de Quirós (p. 138), quando realça que Dorado conseguiu furtar-se à querela do livre arbítrio, o que Jiménez não subscreve. Ao contrário, insinua-se que Dorado reconhece as teorias deterministas, no seguinte trecho: "Dorado es más lógico. Coincide con Carrara en que el derecho penal, en su genuino sentido expiatorio, retributivo e intimidante, no se concibe sin el libre albedrío y, por ello, deja que se desplome la vieja construcción punitiva, sin rencor, pero sin añoranzas" (*Tratado...* cit., Tomo II, p. 137). Ou seja, se Dorado diz que retribuição supõe livre arbítrio e *por isso* deixa que a velha concepção desabe, significa que nega o livre arbítrio. De modo semelhante, Jiménez vai, como se comentará, em seus estudos sobre psicanálise, comprovar que consciente e inconsciente determinam o ser humano e que este deve ser então tratado e não *punido*, porém não nega frontalmente a liberdade de querer, ainda sabendo que este, depois de toda a explanação psicológica, é o termo-chave para elucidar as funções da pena.

195. Jiménez de Asúa, Luís, Tratado de Derecho Penal, vol II, Buenos Aires: Losada, 1982, p. 139.

196. Dorado se inspira em Antonio Marro, que julga tão ou mais importante que Lombroso, para estudar o positivismo, mas tenta superar esse pensamento em sua acepção mais primitiva. Mas mesmo observando o positivismo incipiente nele identifica e elogia que "la nueva escuela [reclama] la existencia de algunas instituciones encaminadas a curar los delincuentes: por ejemplo, los manicomios criminales, los asilos para la infancia abandonada, las colonias penitenciarias etc.". Dorado Montero, *El positivismo en la ciencia jurídica y social italiana. Primera parte: el Derecho Penal*. Madrid, Imprenta de la Revista de la Legislación, 1891, p. 137.

sua obra espelha o determinismo naturalista[197] influenciado pelo krausismo[198] tão florescente nas Espanha daquele tempo,[199] porém avança em humanismo ao retirar de todo o direito penal qualquer espécie de pena como retribuição ou mesmo inocuização pura e simples, mas sim um elemento de melhora do caráter e do comportamento social. De seu texto ressai, a todo momento, a descrença na liber-

197. Jerónimo Montes, eclesiástico professor do Colégio Escorial, classificava a seu tempo duas teorias de *prevenção especial*, o correcionalismo e a teoria psiquiátrica. Valem suas palavras: "Los sistemas caracterizados por la prevención especial nos presentan, a su vez, otras dos teorías, de que ahora vamos a tratar, son la de la corrección o la enmienda y la psiquiátrica, por ser la corriente seguida por muchos médicos alienistas inspirados en las doctrinas lombrosianas o en las ideas materialistas del determinismo". MONTES, P. Jerónimo, *Derecho Penal Español*, vol. I, San Lorenzo del Escorial: Imprenta del Real Monasterio, 1929, p. 131.

198. Vale lembrar que as teorias de Karl Krause surtiram efeito enorme na Espanha. Alí se introduziu, conforme disserta Heredia, sua obra por Julián Sanz del Río, no fim do séc. XIX. Entretanto, críticos dizem que sua teoria não foi completamente compreendida, ainda que tenha valido o suficiente para moldar ideias de Liberdade e, no campo penal, da vedação da pena como vingança. Haverá quem levante que a própria geração de Francisco de Vitória, do séc. XVI, por postular os mesmos ideais na prática, deveria ser compreendia como Krausista. A contróversia assim é explicada: "Terminemos este primer apartado haciendo referencia a un asunto particularmente interesante, objeto de pasadas y aún no fenecidas controversias. Nos referimos a la polémica tesis de la raigambre hispánica del krausismo. ¿Deben o no deben ser comprendidos los krausistas dentro de aquella corriente de pensamiento española, típica y fértil, que arrancando de las Universidades de Salamanca y de Alcalá, de Luis Vives y Luis de León, de Alonso de Castrillo y de Francisco de Vitoria, de Teresa de Jesús y Luis de Granada, de Soto, Cano, Báñez, Suárez..., se ha caracterizado por su consistente apresto democrático y liberal, religioso y humanista?". O fato, entretanto, é que os krausistas espanhois exerceram influencia na condução da nação espanhola no fim do séc. XIX: "Con la Revolución de Septiembre se inaugura la época dorada del krausismo histórico, cuyo esplendor se mantiene prácticamente intacto hasta la caída de la primera República. Durante este período, los krausistas gozaron de un gran predicamento social y de un fuerte poder político, circunstancias que ellos aprovecharon para influir, sobre todo, en la organización de la enseñanza, en la vivificación del espíritu y en la orientación política general del país". HEDERIA SORIANO, Antonio, *El Krausismo Español*, in: <http://www.ensayistas.org/critica/generales/krausismo/introd.htm>. Entre os influenciados pelo krausismo, naquele tempo, estará Dorado Montero. Para Jerónimo Montes, depois de encontrar em Platão sua mais remota origem, diz sobre a teoria correcionalista que "En la época moderna, se halla envuelta en las nebulosidades de la filosofía de Krause, fue aclarada y desarrollada por su discípulo Ahrens, y organizada como nuevo sistema penal por Roeder". MONTES, P. Jerónimo, *Derecho Penal Español*, vol. I, San Lorenzo del Escorial: Imprenta del Real Monasterio, 1929, p. 133-134.

199. Recásens Siches dá grande realce ao krausismo espanhol, lembrando que foi mais que um movimento filosófico, senão cultural. Para ele, "no es de extrañar, pues, como algunos han creído, que Krause, que tan escasa resonancia obtuvo en su patria alemana, llegara a ejercer en España una influencia considerable y prolongada, porque el krausismo español no ha de ser enfocado como un mero producto de filosofía sistemática, sino como una corriente espiritual renovadora, en la cual flotaron, con ejemplar libertad, muy variados elementos". RECASENS SICHES, Luís, *Panorama del Pensamiento Jurídico en el Siglo XX*, Mexico: Porrúa, 1963, p. 20.

dade da vontade,[200] e a determinação[201] dos fatores externos (sociais) e internos (psíquicos) para as ações humanas,[202] muito talvez por causa de seu ateísmo quase de todo[203] assumido, e seu relativismo moral elevado ao interessante extremo de não enxergar na diferenciação entre justo e injusto mais que criações humanas e nas associações criminosas qualquer essência diversa do Estado, da "sociedade justa por excelência".[204] É isso que o faz opor-se à pena segregadora, simplesmente porque ela não tem efeito social, não é curativa, e o autor ilustra: as medidas de higiene, diz, não são remédios terapêuticos;[205] Segundo, reconhecendo as boas sementes lançadas pelo correcionalismo de Röder e de sua *Besserungstheorie* – a tutela regeneradora dos delinquentes[206] –, mas com duas críticas essenciais: Röder considerava o criminoso como um enfermo sem levar em conta propriamente as *causas criminais*, que estão em base congénita, que podem ser naturalisticamente investigadas e determinadas.[207] A proposta correcionalista de Dorado, por sua vez,

200. Concepción Arenal, também conhecida por defender o correcionalismo, defendia que ele deve ter um mínimo de vontade livre. Daí crer melhor utilizar, em seu idioma, o vocábulo *enmendar* em lugar de *corregir*. Para a professora, "Ya porque la palavra *corregir* se aplica indistintamente a cosas y a personas, lo cual no sucede con la de *enmendar*, ya porque ésta expresa un acto que no puede realizarse sin el concurso de la voluntad del sujeto, la enmienda es una cosa más intima, más interior que la corrección; para enmendar es necesario corregirse". ARENAL, Concepción, *Estudios Penitenciarios*, Madrid: Lib. de Victoriano Suárez, 1895, p. 208.

201. Note-se bem que os fatores biológicos mais radicais são contestados com veemência pelo salmantino: "Claro parece que la existencia real del delincuente llamado 'nato' y del correspondiente 'tipo criminal' quedan desvanecidos". DORADO MONTERO, Pedro, *El derecho protector de los Criminales*, Madrid: Librería General de Victoriano Suárez, 1915, p. 59.

202. Recorto um dos fragmentos que creio mais representativos: "La raza a que uno pertenece, el temperamento que tenga, el organismo fisiológico y psíquico que le haya sido transmitido, el mayor o menor desgaste de su sistema nervioso... Todo en fin lo que el hombre es, independientemente de su voluntad, y todo cuanto le rodea, son otros tantos elementos que contribuyen, cuando juntos cuando separados, a determinarle a obrar en éste o en el otro sentido, a que sea delincuente o a que no lo sea". DORADO MONTERO, Pedro, *El derecho protector...*, cit., p. 335.

203. Diz logo a princípio de sua obra capital sobre o correcionalismo que não sabe se Deus criou o homem, "pero lo que sí es posible afirmar, en cambio, es que los hombres tienen aptitudes para crear a Dios y el mundo a su propia imagen y a su placer". DORADO MONTERO, Pedro, *El derecho protector...* cit., p. 7.

204. Em suas palavras, "Yo pienso muchas veces en las llamadas asociaciones de malhechores, y veo en ellas una imagen de cualquiera otra asociación de las llamadas lícitas, y principalmente del estado, la sociedad justa por excelencia, la encargada precisamente, según se dice, de implantar en la vida el reinado del Derecho". DORADO MONTERO, Pedro, *El derecho protector...*, cit., p. 33.

205. "Las medidas de higiene no son remedios terapéuticos. Ni representan tampoco curación o restauración de los tejidos lesionados el colocarse una venda antes que la lesión se haya producido (...); Por eso he entendido siempre que las llamadas penas preventivas, como las intimidadoras o ejemplares, las de seguridad y las correccionales, cuyo objetivo es oponerse a los delitos posibles y temidos, no son penas propiamente, traducción de la responsabilidad penal, sino verdaderas medidas de precaución, análogas a todos los demás de su clase". DORADO MONTERO, Pedro, *El derecho protector...*, cit., p. 113.

206. Cf. DORADO MONTERO, Pedro, *El derecho protector...*, cit., p. 190.

207. Em sua ilustração, "la voluntad del toro bravo ha de hallarse ligada con su bravura, y esta bravura ha de ser natural, congénita, con base orgánica". DORADO MONTERO, Pedro, *El derecho protector*, cit., p. 209.

se finca na possibilidade de conhecer verdadeiramente o motivo da ação humana, que é resultado do *querer*, e o querer, embora em quase sua totalidade ignorado pelo indivíduo,[208] é basicamente determinável. Por não se haverem preocupado por encontrar os motivos determinantes da vontade criminal,[209] que Dorado entende residirem em bases psicossociais,[210] Röder e os de seu tempo não alcançaram o "Correccionalismo penal hodierno o del porvenir", em que a pena não se encontra no delito, nem se mede pela quantidade ou gravidade dele, mas "por la necesidad social transitoria que de su empleo se experimenta".[211] A pena é a correção do cidadão que dela necessita, para que se alcance um fim social apenas, de modo que, no extremo, "hay delictos sin delincuentes y delincuentes sin delicto". A função penal, dirá, prescinde por completo do crime, da perturbação da ordem ou do direito, para buscar ao delinquente,[212] bastando tal vontade direcionada[213] ao mal. Esse é o perigoso extremo a que chega Dorado, enquanto mantém o posicionamento do primeiro correcionalismo, de que o regime pedagógico[214] e de tratamento,[215] tal qual se aplica ao delinquente juvenil, é o maior norte a ser buscado.

208. Dorado Montero, Pedro, *El derecho protector*, cit., p. 211.

209. Dorado Montero, Pedro, *El derecho protector*, cit., p. 194.

210. Oneca confirma que a diferença básica entre o correcionalismo de Röder e o de Dorado se encontra no determinismo que este assumira. E observa: "Pero desde el momento en que basó Dorado su Derecho protector de los criminales en la hipótesis determinista, colocando en el mismo plano al niño y al adulto, al sano de mente y al loco, hubo de renunciar la idea de responsabilidad, alejándose considerablemente de Röder y de los demás correccionalistas, quienes concebían al delincuente como hombre libre para dirigir su voluntad hacia el bien, así como la había dirigido anteriormente en el sentido del mal". Oneca, José Antón, *La teoría de la pena en los correccionalistas españoles* (orig. 1960), in: Obras I, Buenos Aires, Rubinzal Culzoni, 2000, p. 169.

211. Dorado Montero, Pedro, *El derecho protector*, cit., p. 227.

212. Cf. Dorado Montero, Pedro, *El derecho protector*, cit., p. 252.

213. Em outra obra, Dorado explicará que "no es toda y cualquiera intención, sino precisamente la que se califica de mala, única que presupone peligro por parte del sujeto en que ella reside. Todos los actos humanos, para que puedan recibir la consideración de tales, tiene que ir animados por la intencionalidad, que vale lo mismo que decir por el estímulo o el aliciente de finalidad, más o menos inmediata". Dorado Montero, Pedro, *La Psicología criminal en nuestro derecho legislado*. Madrid: Hijos de Reus Editores, 1910, p. 160.

214. Em obra mais recente de Dorado encontramos sua definição de "educação, que resulta não de "imponerse una personalidad a otra y subrogarse a ella, de suerte que esta última se quede negada (...) lo que se hace es tender a desarrollar la personalidad misma del educando, poniendo a este en tal disposición, que él por si propio se percate de la racionalidad o irracionalidad de una forma de conducta y se determine a seguirla o dejar de seguirla" E vai adiante, com o destaque nosso: "Su *libertad e* independencia para la acción quedan intactas, al reves de lo que pasa cuando interviene la coacción externa". Como em sua teoria correcionalista Dorado se refere especialmente à educação, haveria que se perguntar qual o limite exato dessa *liberdade*, tendo em vista que sua obra capital denota a inexistência dela por completo. Isso porque, caso Dorado venha a defender – o que, digo, não o faz expressamente, uma vontade não livre apenas naquele que tem a tendência delinquente, quase se equipara ao criticado Röder, com a única diferença de que, para o alemão, o ato delinquente é elemento essencial da punição. Dorado Montero, Pedro, *El derecho y sus sacerdotes*, Madrid: Imprenta de la revista de legislación, 1909, p. 552.

215. Cf. Dorado Montero, Pedro, *El derecho protector*, cit., p. 387.

Já Jiménez de Asúa confessa-se um penalista meramente observador das teorias criminológicas e psicanalíticas, mas ainda assim aprofunda-se nelas para, quase meio século depois de Dorado, construir um correcionalismo ancorado em um determinismo psíquico. Mais do que as referências às teorias psicológicas que aparecem em seu extenso tratado, Jiménez disserta especificamente sobre o tema na sua obra "Psicoanálise Criminal", por primeira vez editada em 1940, na Argentina. Na monografia, o professor espanhol compara, de um lado, as teorias psicanalíticas de Freud e seus seguidores e, de outro, a teoria da "psicologia individual" de Adolf Adler, enaltecendo-a como a mais adequada para a aplicação na interpretação do comportamento criminoso e nos modos de sua correção.

Para Jiménez, as teorias psicológicas[216] em geral, quando transportadas à análise do delito, impõem uma interpretação *etiológica* dele. Mostra então que, em busca dessas *causas* do delito, a mais representativa contribuição da psicanálise freudiana será a definição dos diversos "complexos", que nascem na vida anímica infantil, de modo inconsciente, e passam ao consciente com várias "formas compensatórias". Daí, expõe com algum detalhamento os hoje tão conhecidos "Complexo de Édipo",[217] "Complexo de Electra" ou o "Complexo de Castração", para afirmar que, para a psicanálise, subjaz no delinquente um "sentimento de culpa", que faz com que se tente livrar do delito e então, inconscientemente, em lugar de temer a pena, *o criminoso a deseja*.[218] Portanto, o sentimento de culpa antecede ao delito, não sendo apenas sua consequência. Através de uma longa análise dos princípios psicanalíticos, para além de Freud, o autor neles encontra a superação da negação do livre arbítrio totalitária que havia, por exemplo, em Ferri, quem relacionava a responsabilidade ao mero fato de viver em sociedade. Ao contrário, para os bons psicólogos, as ações do homem obedecem a uma

216. O gosto de Jiménez pela interpretação psicológica do delinquente se nota reiteradamente. Em sua coletânea *Crónica del Crímen*, ao descrever casos concretos diversos, lança repetidas vezes frases do teor: "En tan extraño episodio criminal, sólo debió tener voz la psiquiatría (*La defensa del Vampiro de Düsseldorf*, p. 143)", "La personalidad de Smith importa más que sus crímenes (*A sangre fría*, p. 173), ("El médico con sus conocimientos del cuerpo y de la mente de los hombres, y el pedagogo con sus estudios de educación, han de ser llamados para que informen sobre el ejemplar humano que ha perturbado la paz social (*Peligros de la Peligrosidad*, p. 253), dentre tantos outros. Cf. JIMÉNEZ DE ASÚA, Luís, *Crónica del Crímen,* Buenos Aires: Lexis Nexis, 1994.

217. É bem verdade que Jiménez de Asúa, embora passe longas páginas estudando as teorias de Freud, em momento posterior – também considerando seus seguidores e detratores na própria área da Psicologia, virá a criticar a ortodoxia freudiana, principalmente no *edipismo*, "el excesivo imperio que se concede al complejo de Edipo". JIMÉNEZ DE ASÚA, Luís, *Psicoanálisis Criminal*, 4ª ed., Buenos Aires: Losada, 1947, p. 305.

218. "El complejo de Edipo hace surgir el sentimiento social de culpabilidad. El poseedor de este sentimiento, que no está satisfecho de sus deseos criminales, comete un acto criminal y exige para él una pena, con el designio de aplacar la consciencia delictiva de la culpabilidad reprimida. El sentimiento de culpabilidad y la autopunición preceden al acto delictivo y no son sólo su consecuencia". JIMÉNEZ DE ASÚA, Luís, *Psicoanálisis Criminal*, 4ª ed., Buenos Aires: Losada, 1947, p. 307.

constelação heterogênea de motivações,[219] conscientes ou inconscientes. O que é *consciente* deve contar para a responsabilidade criminal, embora ação esteja *determinada* pelo conjunto desses dois planos. E se apoia em Cohen para lembrar que *a psicanálise nega o livre arbítrio mas afirma um sentimento de culpa*. E essa, então, *sensação* de livre arbítrio deve, ao menos para Hans Cohen, funcionar como grau de responsabilidade, embora outros psicólogos opinem no sentido de que a psicanálise deve acabar com a responsabilidade criminal, tal seu conteúdo determinista.

Paralelamente à psicanálise freudiana, a obra de Jiménez de Asúa aborda a psicologia individual, de Alfred Adler,[220] que esclarece fenômenos anímicos mediante o "complexo de inferioridade", que a individualidade tenta superar mediante "supercompensações" que levam a conflitos internos e externos. Para ela, o delito é originado pelo mundo circundante e pela reação da personalidade a esse mundo, também em nova concepção determinista. Jiménez de Asúa se torna entusiasta da *Individualpsychologie*, na escola adleriana, porque essa toma mais fortemente em consideração o "desalento social".[221]

O professor de Madrid é bastante crítico com as concepções que transportam toda a psicanálise ou a psicologia individual à esfera da responsabilidade penal. Mas entende, e esse é o ponto, que a *Individualpsycologie* traz soluções para a teoria da pena. Por sustentar que *todo* delinquente seja sempre "um ser ativo contra o complexo de inferioridade",[222] ela rejeita qualquer tipo de pena-castigo ou outro efeito intimidatório,[223] porque a retribuição e a intimidação apenas agravam o problema no delinquente. Daí a pena deve buscar a *educação*, e isso explica, entre outras, a total falência do sistema prisional, o que o autor enuncia ao elogiar a experiência da "Colonia de Bolchevo", na Russia soviética, onde os delinquentes estão "sometidos a tratamiento correcional y de trabajo, pero de modo que no se destruyan en ellos los sentimentos de comunidad y relación".[224] Sua tese principal, então, é a de seguir o ditado da psicanálise como forma até útil

219. Gonzalo Fernández, ao estudar o livre arbítrio na culpabilidade, nota como a psicologia desestabiliza a crença na liberdade: "La psquiatría y la psicología contemporáneas constatan una realidad menos atractiva: el condicionamiento (psico-social) cada vez más agudo del individuo, atado a una cadena de pulsiones incognoscibles y reacciones no empadronables, de densa carga instintiva, sumido en una situación estructural de inestabilidad". FERNÁNDEZ, Gonzalo D., El proceso hacia la reconstrucción democrática de la culpabilidad penal, in: *De las Penas: Libro-Homenaje a Isidoro de Benedetti*, Buenos Aires: De Palma, 1997, p. 224.

220. Como se esclareceu em nossas notas metodológicas, não é escopo deste texto aprofundar-se na psicologia, o que descortina um novo objeto de investigação. Assim Adler, Freud ou Bühler permanecem em pelas referências que dele hajam feito os penalistas.

221. JIMÉNEZ DE ASÚA, Luís, *Psicoanálisis Criminal*, cit., p. 273.

222. JIMÉNEZ DE ASÚA, Luís, *Psicoanálisis Criminal*, cit., p. 261.

223. "La intimidación fortifica la hostilidad del hombre contra la sociedad. Por eso debe suprimirse toda tendencia intimidante", JIMÉNEZ DE ASÚA, Luís, *Psicoanálisis Criminal*, 4ª ed., Buenos Aires: Losada, 1947, p. 275.

224. JIMÉNEZ DE ASÚA, Luís, *Psicoanálisis Criminal*, cit., p. 291.

de explicar as causas do crime, mas somente a psicologia social para justificar a pena, que deve *abolir* qualquer resultado expiatório-intimidante[225] para voltar-se à educação, que ao fim não exclui a defesa social. E então concorda, expressamente, com Dorado Montero, no sentido que o futuro[226] reserva um Direito protetor dos criminosos, e que "el delito nada valdrá en sí, y solo habrá de atenderse al estado peligroso del sujeto";[227] os juízes serão verdadeiros médicos sociais, que terão amplo arbítrio para fixar as penas que corrigem, porque a defesa social somente existirá enquanto caráter educativo e protetor.

Como um grande estudioso da dogmática e absoluto crítico dos regimes totalitários, é curioso ver como Jiménez de Asúa supõe um "Direito Protetor dos Criminosos", acorde com Dorado Montero, de todo distante de tendências não-liberais,[228] o que se explica, cremos, apenas parcialmente por seus fundamentos marxistas, que jamais ocultou. Da dialética entre um direito liberal – que não abraça – e um direito totalitário, teria de surgir como síntese[229] o correcionalismo resgatado de Dorado Montero.

Nesse sentido, a versão correcionalista de Jiménez de Asúa não deixa de assumir um sentido histórico claro: não pode ele defender o que sejam os regimes

225. Jiménez de Asúa, Luís, *Psicoanálisis Criminal*, cit., p. 292.

226. Polaino Navarrete é crítico ao observar a adesão de Jiménez de Asúa às ideias de Dorado Montero. Se bem existe um "excesso de ilusionado entusiasmo científico", a aceitação de Jiménez do correcionalismo é gradual, projetada ao futuro, quase utópica. Para Jiménez, o mais relevante é que as *medidas tutelares e assecuratórias* "como se comprueba en la evolución histórico legislativa del Derecho comparado, paulatinamente han ido ganando terreno a las penas y sucesivamente prevalecerá sobre ellas en aras de una más progresiva protección de la sociedad y de los criminales". Polaino Navarrete, Miguel, *Sistema de penas y medidas de seguridad en el pensamiento de Jiménez de Asúa*, in: Revista de La facultad de Derecho de la Universidad Complutense, jun. 1986, p. 549. Veja-se, entretanto, que Jiménez de Asúa nega que sua adesão às teorias correcionalistas sejam utopia. Expressamente, declara, a referindo-se às colocações de Dorado Montero: "Yo voy mas allá. *Nuestro Derecho será cancelado y solo la Criminología, ciencia causal-explicativa, completada con remedios, imperará en el futuro.* Acaso se me diga que ésta es una utopía. Rechazo la imputación. De ningún ideal puede decirse que es ajeno a este mundo". Jiménez de Asúa, Luís, *La ley y el delito*, Buenos Aires: Ed. Hermes, 1954, p. 81.

227. Segue Jiménez, postulando então o que são os princípios já clássicos da escola correcionalista: "Los nuevos jueces, verdaderos 'médico sociales', gozarán del más absoluto arbitrio en la aplicación de esas medidas, y los establecimientos penitenciarios se demolerán, para construir en su puesto Reformatorios, instituciones pedagógicas y tutelares y asilos curativos". Jiménez de Asúa, Luís, *Psicoanálisis Criminal*, cit., p. 314.

228. É Gimbernat Ordeig quem, ressaltando o que Espanha perdeu com o exílio de Jiménez de Asúa, assenta que as ideias do mestre eram "liberal-socialistas". Cf. Gimbernat Ordeig, Enrique, El exílio de Jiménez de Asúa, in: *Estudios de Derecho Penal*, Madrid: Civitas, 1990, p. 17.

229. Em seu Tratado, Jiménez de Asúa reforça que a luta das Escolas Penais acabou, para dar início a uma disputa política entre tendências liberais e autoritárias, já que seria falso "que estas hayan perecido en el campo de batalla". E então anuncia: "Tratamos mucho de que la democracia sea garantizada por un derecho penal liberal. Por esto no sólo no es historia pasada, sino que apenas es presente. El porvenir llega y en él aguarda, seguro de su incruenta victoria, el derecho protector de los criminales que soñó Dorado Montero". Jiménez de Asúa, Luís, Tratado de Derecho Penal, Tomo I, Buenos Aires: Losada, 1950, p. 230.

totalitários de seu tempo (inclusive porque vivia exilado de um regime ditatorial de direita), mas tampouco poderia advogar um amplo liberalismo, dadas suas arraigadas convicções marxistas. Essa distância que mantém do liberalismo em si é, talvez, o que o fará abster-se ao questionamento sobre o direito do delinquente de receber a pena como punição, pagando o *contratualmente* firmado em lei, na norma secundária, sem que se submeta específica ou, no caso, unicamente a uma punição. De qualquer modo, há de se reconhecer que o correcionalismo encontra muito maior coerência quando se assume uma teoria determinista, mesmo que calcada em pressupostos psicológicos.[230] O futuro, então, de um Direito penal voltado integralmente à correção e alijado em absoluto do castigo tem como pressuposto o determinismo, que implica a capacidade absoluta de correção.

Vale lembrar que, no Brasil, figuras como Noé Azevedo advogaram pelo correcionalismo, por mais utópico que lho reconhecera. Demonstra acreditar na concreção de um direito não punitivo,[231] a analisar escritos de Jiménez de Asúa, Dorado Montero e Concepción Arenal, e marcando posição em que "pregamos a transformação da pena em tratamento",[232] e que, apesar de pensar que se pode conceder à ideia de que haveria uma "punição com amor fraternal" no futuro, assenta que "temos progredido tanto, na orientação pedagógica e curativa do tratamento penal, que não devemos desesperar de uma transformação completa na chamada 'política criminal'",[233] e aí se refere ao fim total do castigo. De fato, a tese de Noé Azevedo, que vivia a ascensão do nazismo e o qualificava como "uma involução do Direito",[234] era o sentido humanitário[235] que deveria fazer o castigo

230. Não se pode desconsiderar que a aproximação de Jiménez de Asúa pela psicologia, como elemento determinante, tenha sido mais uma demonstração de sua grande forma de intuição do autor espanhol, a quem, como diz Muñoz Conde, "nunca pasó inadvertido la necesidad de una Ciencia que abarcara todos los aspectos científicos relativos al delito". A intuição de que as ciências da mente chegariam a prever comportamentos é relevante, e é pressuposto lógico, cremos, do correcionalismo. Cf. MUÑOZ CONDE, Francisco, Jiménez de Asúa y la Ciencia del Derecho, in: *Revista De La Facultad De Derecho De La Universidad Complutense*: Estudios De Derecho Penal En Homenaje Al Profesor Luís Jiménez De Asúa, Madrid, n. 11, jun. 1986, p. 469.

231. "Queremos crer que, em futuro embora remoto, consigamos instituir um tratamento inteiramente benéfico ao criminoso e que deixe de envolver a ideia de castigo imposto pela reprovação pública". NOÉ AZEVEDO, *As garantias de liberdade individual em face das novas tendências penais* – Dissertação para inscrição em Livre Docência na Faculdade de Direito da USP, São Paulo, 1936, p. 242.

232. NOÉ AZEVEDO, *As garantias de liberdade individual em face das novas tendências penais* – Dissertação para inscrição em Livre-Docência na Faculdade de Direito da USP, São Paulo, 1936, p. 251.

233. NOÉ AZEVEDO, *Idem*, 1936, p. 255.

234. NOÉ AZEVEDO, *Idem*, 1936, p. 249.

235. Nesse sentido, Noé Azevedo se aproximaria mais de Röder, na definição que Lyra concedia à escola humanista. Segundo o autor, "a Escola Humanista, depois de demonstrar a ligação entre o conceito de Justiça como suprema virtude moral e a exigência da educação, conclue, do ponto de visa jurídico, que o homem é imputável porque é educável, razão por que a imputabilidade se funda na educabilidade" E acrescenta: "Como afirmar a incorrigibilidade do réo, si nada se fez ainda para educal-o? D'ahi a necessidade, para os humanistas, de novo systema penitenciário". LYRA, Roberto, *Novas Escolas penaes*, – Dissertação apresentada à Congregação da Faculdade de Direito do Rio de Janeiro para Cátedra de Direito Penal, 1936, p. 178-179.

desaparecer por completo, e o correcionalismo vir a se impor, baseado nas novas técnicas pedagógicas e curativas. Nesse sentido, também em nosso país, a ideia[236] já rendeu frutos que podem vir a ser revigorados.

3.8 O Direito penal até o finalismo

A título de conclusão parcial deste histórico, há apenas que se demonstrar que o Direito penal, até o finalismo, em suas grandes lides de postulados enfrentou a questão do livre arbítrio, com propostas que até hoje perduram e nos influenciam. O determinismo lombrosiano sempre nos vem como reminiscência de um erro eugênico todas as vezes que se observa a possibilidade de diagnóstico do comportamento criminoso, pelos estudos mais avançados que possam existir. Haver um "delinquente sem delito", que de algum modo vai ser retomado até por Dorado Montero,[237] é uma preocupação que ressurge com os estudos de neurociências,

236. A ideia dominane hoje parece-nos ser a que Alvino Sá assim tão bem enuncia: "A consciência individual deve sempre continuar livre, tanto para praticar o bem como para praticar o mal. Além da indicação ética, o Direito tem uma indicação política, voltada para a garantia das liberdades individuais". SÁ, Alvino Augusto de, *A reintegração social dos encarcerados: construção de um diálogo em meio às contradições*. Boletim IBCCrim, São Paulo, vol. 19, n. 223, jun. 2011, p. 7. Nos manuais, o tema perdeu a relevância. Exceção que encontramos é o trabalho de Flávio Monteiro de Barros, que insere o correcionalismo de Jiménez de Asúa nas "Escolas Écléticas" do Direito penal, comentando que "de fato, não se pode negar que este permite ao direito penal respirar em termos mais humanos, eliminado por completo o caráter repressivo da pena" [BARROS, Flávio Monteiro de, *Direito Penal: Parte Geral*, São Paulo: Saraiva, 2011, p. 55], mas os argumentos nesse sentido são ironizados por Luís Greco, em estudo que retoma sua monografia sobre Feuerbach: "afinal, será realmente preciso mencionar uma razão de conveniência para justificar a exigência de tratar humanamente outros seres humanos?". GRECO, Luís, Conveniencia e respeito: sobre o hipotético e o categórico na fundamentação do Direito penal, *RBCCrim*, 95, 2012, p. 61.

237. Jerónimo Montes, em seu *Derecho Penal Español*, dedica grande fragmento de texto à exposição de uma crítica pormenorizada ao correcionalismo. Realço aqui alguns desses argumentos, que decerto serão repetidos por outros, apenas a título de contraponto. Primeiro, diz o professor, corrigir e apenar não podem ser sinônimos, pois corrigir é dever daquele que corrige, mas na pena "se invierten los términos: corresponde al Estado el derecho de penar – y si se quiere hablar de deber no es con relación a reo, sino a la sociedad –, y corresponde al reo el deber de sufrir la pena" (p. 136); ou porque "Porque el Estado no cuenta con medios jurídicos adecuados para la regeneración moral del delincuente, y la pena es precisamente, en la generalidad de los casos, uno de los medios menos adecuados", ou também porque a emenda depende da vontade do delinquente, mas "el restablecimiento del derecho es moral y socialmente necesario y no se le puede hacer depender de la voluntad del delincuente ni de un hecho tan problemático como el de su corrección" (p. 137). Ademais, as penas em vigor a seu tempo, mesmo "en los Estados de más perfecta organización carcelaria (...) sólo por excepción se logra la verdadera enmienda moral de algún penado", e então se questiona se para punir "habrá que esperar a tener medios seguros e infalibles para realizar el fin de la corrección?". Mas, dentre os tantos de seus argumentos, segue o que encontro mais persuasivo. Diz o penalista-sacerdote que "Si el delincuente se corrige antes de la aplicación de la pena, como ocurre con frecuencia en los delitos instantáneos y en los delincuentes impulsivos, tendremos que proclamar la impunidad absoluta" (p. 139), o que levaría ao paradoxo de que um pequeno delito, culposo, poderia ser castigado "con pena de duración indefinida", se não houver emenda em seus autores, enquanto os graves crimes ficarão impunes, por arrependimento do criminoso, já que "conseguida la enmienda, la pena no puede durar ni un día, ni una hora más, sin incurrir en injusticia" (p. 139). MONTES,

mas que a dogmática já enfrentou e, muitas vezes, assumiu como realidade, e reações a isso tampouco faltaram.[238]

Esse debate, todavia, nos está distante, em grande medida por razões históricas, tendo em vista ser quase senso comum[239] observar que a II Grande Guerra sepulta as teorias positivistas, dando margem a novas diretrizes, especialmente no direto penal. Invocar diretamente qualquer teoria anterior ao "giro finalista", para a solução de um problema atual, é algo que com razão soa bastante impróprio. Mesmo o finalismo hoje foi superado em muitas de suas premissas, mas ainda assim representa a grande fissura no percurso, ao menos, da teoria da ação. O que Welzel considerou sobre a liberdade de agir é, cremos, uma forma eficaz de iniciar o estudo do Direito penal em seu caminho à atualidade, no que concerne a nosso tema.

P. Jerónimo, *Derecho Penal Español*, vol. I, San Lorenzo del Escorial: Imprenta del Real Monasterio, 1929, p. 131. Em sentido parelho, Antón Oneca, que dirá reconhece em Dorado "nuestro más gran penalista", porém defensor de um posicionamento correcionalista "que se confunde con la utopía". Para Oneca, essa posição parte de uma noção de um delinquente "a quien se supone siempre corregible, contra lo que enseña la experiencia habitual y los datos de la Antropología criminal". Antón Oneca, José, *Derecho Penal*, Madrid: Reus, 1922, p. 16. Juan del Rosal também qualifica a tese de Dorado como "sumamente extraña e irrealizable". Del Rosal, Juan, *Derecho Penal: Lecciones*, Valladolid: Publicaciones de los Seminarios de La Facultad de Derecho, vol. 10, 1953, p. 136.

238. Veja-se, a título de exemplo, a crítica consequencialista de Jerónimo Montes: "Pero entonces, como la pena es una cosa amable y apetecible, será buscada como una felicidad por muchos. Y cuantos luchan por la vida y ganan el pan con el sudor de su frente, y cuantos prefieren las comodidades y el descanso al trabajo duro del campo o de la fábrica, habrán resuelto el problema. Para todos está abierto el camino de la felicidad. El crimen conduce a ella, y cometer un crimen es cosa muy fácil". Montes, P. Jerónimo, *Derecho Penal Español*, vol. I, San Lorenzo del Escorial: Imprenta del Real Monasterio, 1929, p. 147.

239. Ainda assim, socorremo-nos na autoridades, como a de Radbruch: "El positivismo, que podríamos compendiar en la lapidaria fórmula de 'la ley es la ley', dejó la jurisprudencia y la judicatura alemanes inermes contra todas aquellas crueldades y arbitrariedades que, por grandes que fueran, fuesen plasmadas por los gobernantes de la hora en la forma de ley. (...) El derrumbamiento del Estado nazi, basado en la negación del Derecho, coloca continuamente a la judicatura alemana ante preguntas que el caduco, pero aún vivo positivismo, no sabrá nunca contestar". Radbruch, Gustav, *Introducción a la filosofía del derecho* (Trad. W. Roces), México: Fondo de Cultura Económica, 1955, p. 178 Análoga observação se pode ler em Hassemer, sobre a problemática na observação do Estado nazista: "los jueces habían ejecutado conforme a la lex artis los preceptos penales formalmente vigentes y aprobados, y el resultado en sí mismo expresó una discreta comprensión de la proporcionalidad y una burla afrentosa al juego limpio o a los derechos humanos (...) Después de 1945 (...) la justificación jusnaturalista no era sólo comprensible, sino que era necesaria;". Hassemer, Winfried, La ciencia jurídico penal en la republica alemana, in: *Revista Peruana de Ciencias Penales*, Lima, ano I, n. 2, jul.-dez. 1993, p. 456-457

CAPÍTULO 4

PENALISTAS DA ATUALIDADE

4.1 O finalismo penal: indeterminista por definição

As características mais genéricas do finalismo apontam um substrato indeterminista.[1] A ideia da ação voltada a uma finalidade já como primeira percepção nos leva a crer em um homem que é capaz de decidir *como* e *por que* age no contexto social, e não faltarão autores que enumerem características pelas quais se pode dizer que a concepção welzeliana do injusto é *subjetivada*. Os limites das novidades finalistas seriam interessantes de se travarem aqui, mas o presente eixo temático nos obriga a estreitar horizontes.

A crítica de Welzel ao relativismo axiológico[2] das teorias preexistentes à sua concepção leva, em especial ao neokantismo,[3] expressamente, a que se

1. São as afirmações do próprio autor, no subtítulo "Handlungsbegriff": "Da die Finalität auf der Fähigkeit des Willens beruht, in bestimmtem Umfange die Folgen des kausalen Eingreifens vorauszusehen, und dadurch dieses zur Zielerreichung hin planvoll zu steuern, ist der zielbewusste, das kausale Geschehen lenkende Wille das Rückgrat der finalen Handlung". WELZEL, Hans, *Das neue Bild des Strafrechtsystems*, Göttingen: Otto Schwartz, 1951, p. 9.

2. Ángel Sanz eleva a ideia de valor à "aportación fundamental del neokantismo jurídico". Sua evolução significará entrar "en crisis el modelo silogístico de aplicación judicial del derecho: frente al automatismo de las operaciones judiciales de subsunción, se entienden ahora aquellas como un hecho complejo, en que confluyen elementos fácticos y normativos". SANZ MORÁN, Ángel José, *Algunas consideraciones sobre la ciencia del derecho penal y su método*, in: *Estudios penales en homenaje a Enrique Gimbernat II*. Madrid: Edisofer, 2008, p. 646.

3. Vide, sobre as teorias neokantistas – e até sobre o renascimento delas em Roxin e Jakobs, o preciso repasse que faz Mir Puig, em: MIR PUIG, Santiago, *Los límites del Normativismo en Derecho Penal*, in: Libro Homenaje al Prof. Rodríguez Mourullo, Navarra: Aranzadi, 2005, p. 667-670.

assuma uma posição que valorize algumas percepções ontológicas[4] prévias à atuação do legislador, o que importa em dizer que este não pode interferir em todos os percursos de causação de resultado, senão naquelas *ações* efetivamente. Essa concepção voltada à natureza das coisas em si mesmas, ao que deve haver de *permanente,*[5] tem origem na reação ao positivismo do pós-guerra,[6] em que a divisão essencial entre ser e dever-ser, embora não desapareça de todo, é colocada em xeque, pelas evidentes razões históricas. Um dos principais mentores dessa ontologia, no Direito, é Gustav Radbruch,[7] mas o criador do finalismo vai também beber de outras fontes mais puramente filosóficas, em especial na Ontologia de Hartmann,[8] como aqui já se comentou.

Uma, então, de suas estruturas lógico-objetivas (*sachlogische Strukturen*), ou seja, aquelas que subjazem ao controle do legislador,[9] é que a ação humana é

4. Ao se tratar do ontologismo de Welzel, hoje já não se pode deixar de tomar em consideração a análise feita por Roxin, de que existem nele duas fases: a ontologia social, que tem como maior destaque o conceito de adequação social, e a ontologia "neutra" ou "livre de valores", que se relaciona mais de perto com a teoria da ação e da culpabilidade. Abstraídas todas as demais críticas do professor de Munique – dentre as quais estão a contradição jamais solucionada entre uma ou outra fase, ou a ausência de distanciamento do neokantismo, em especial na primeira fase, pois não era estranha a essa retomada do pensamento de Kant que a realidade cultural era o substrato de todo o Direito – aqui concedemos maior atenção à segunda fase, não apenas por ser a última mas por ser a que mais importa em nosso tema: o conceito de ação final. Cf. Roxin, Claus, *Finalismo: um balanço entre seus méritos e deficiências*, RBCCrim, 65, mar.-abr. 2007, p. 9 e ss. Sobre a ausência de afastamento do neokantismo em Welzel, veja-se também a crítica de Juarez Tavares, para quem o finalismo "não se distancia muito do sistema que fora iniciado pelo neokantismo. O ponto comum de ambas as teorias está em deixar de priorizar o resultado e dar maior atenção aos aspectos direcionais e subjetivos da conduta e, consequentemente, do injusto". Tavares, Juarez, *Teoria do Injusto penal*, Belo Horizonte: Del Rey, 2002, p. 137.

5. É a distinção que já se torna tradicional na metodologia da dogmática penal, para distinguir entre *das Bleibende* e *das Vergängliche*, o que perdura ao presente e o que fica no passado.

6. O autor deixa claro sua reação ao nacional-socialismo em diversos momentos. Mas veja-se, por todos, Welzel, Hans, *La teoría de la Acción finalista*, trad. Fontán Balestra, Buenos Aires: Depalma, 1951, p. 11.

7. Em seu ensaio "relativismo e direito", Radbruch disserta sobre a importância da "natureza da coisa" no pensamento jurídico, como uma relação com a própria norma. E a diferencia claramente do jusnaturalismo, que se contrapõe a chamada "natureza da coisa": El derecho natural, de la naturaleza del hombre: al provenir de la razón aspira a fundar un derecho igual para todos los tiempos y pueblos; en la naturaleza de la cosas evidencian las variedades de construcciones jurídicas nacionales e históricas (...). Es así muy comprensible que la Escuela Histórica, a pesar de su posición de combate contra el Derecho Natural, sirve de buen grado a la naturaleza de la cosa". Radbruch, Gustav, *Relativismo y Derecho* (Trad. Villar Borda), Bogotá: Themis, 1992, p. 56. Mas é interesante notar, como faz Adomeit, que foram as circunstâncias históricas, o fim da Segunda Guerra, que forçaram Radbruch a construir esse ensaio, a fim de parcialmente negar seu intenso positivismo e "abrir una puertecita al jusnaturalismo", ação a que Kelsen, em Berkeley, negou-se. Cf. Adomeit, Klaus, *El positivismo jurídico en el pensamiento de Hans Kelsen y de Gustav Radbruch*, in: Libro Homenaje a E. Bacigalupo, Tomo I, Madrid: Marcial Pons, 2004, p. 32.

8. Vide, acima, 2.4.2.

9. Recásens Siches, sob o ponto de vista filosófico, observa como as estruturas lógico-objetivas superaram o Direito natural: "En las estructuras lógico objetivas se encuentran limitaciones materiales del legislador, inútilmente buscadas por la mayoría de los teóricos del Derecho natural. El derecho

voltada a uma finalidade. Sem essa carga final – expressando-nos de modo muito genérico – não existe ação. É o que Roxin bem denominou, para em seguida criticar, de *finalidade da ação humana como lei imutável da estrutura do ser.*[10] Nesse sentido, uma dessas estruturas lógico-objetivas, imutáveis porque da *estrutura do ser*, é o comando do curso causal orientado conscientemente pelo homem. Sabe-se que não foi Welzel quem introduziu o conceito de finalidade no direito penal, mas a ideia que o tipo descreve uma ação finalmente orientada sim é mérito do finalismo welzeliano, trazendo um elemento subjetivo – ontológico – definitivo ao tipo. A ação é uma modificação no curso causal dirigida pela vontade humana.

O fato de o finalismo propor um substrato *ontológico* relevante ao direito penal (que será depois confrontado pelo normativismo) implica, em nossa opinião, que naquele corpo teórico com maior razão esteja um posicionamento *claro* sobre essa realidade[11] que antecede à reprovação normativa: se o homem tem ou não liberdade de decisão. Isso porque, se uma das estruturas lógico-objetivas, que a norma não pode modificar, é a ação humana voltada à finalidade, e não apenas em seu aspecto determinista-causal, parece ser obrigação desvelar como essa estrutura real de determinação subjetiva ao resultado, ou, ao menos, à ação, se desenvolve. Se bem é verdade que o livre arbítrio não é *exatamente* o eixo da ação final, mas a concepção traz em si um elemento de *vontade* para a ação que ao menos *indicia*[12] um posicionamento indeterminista,[13] pois pressupõe um homem capaz de decisão responsável.

natural no puede encontrarse fuera o por encima del derecho positivo, sino que está – como límite inmanente – dentro de él mismo; para verlo basta sólo tener la mirada despejada. No llegamos al Derecho natural legítimo cuando proyectamos nuestros deseos en el reino ideal, sino cuando con fatigoso trabajo, investigamos las legalidades lógico objetivas que como un tejido atraviesan todo el Derecho positivo, dándole un punto de apoyo firme, libre de toda arbitrariedad". Recasens Siches, Luis, *Panorama...*, cit., p. 932.

10. Roxin, Claus, *Finalismo: um balanço...*, cit., p. 19.

11. A pesar de se utilizar o adjetivo 'real' quando se trata de ontologia, é bem verdade que não ambos os termos não são sinônimos. Em especial no conceito das estruturas lógico-objetivas, é essencial lembrar, como faz Cerezo, que Welzel jamais admitiu como estrutura imutável os valores da sociedade, daí, aliás, seu conceito de adequação social. Nas palavras do professor madrilenho: "Não se faz referência a uma ética social eterna, imutável, mas às concepções ético sociais dominantes em uma determinada sociedade e em um momento histórico determinado. Mantém-se, pois, uma referência constante à realidade social, porém isso não tem nada que ver com as estruturas lógico-objetivas". Cerezo Mir, José, Ontologismo e normativismo na teoría finalista, in: *Ciências Penais: Revista da Associação Brasileira de Professores de Ciências Penais*, n. 0, jan.-jul. 2004, p. 19.

12. "Del mismo modo, también la capacidad del ser humano de auto-determinarse conforme a sentido, que Welzel entiende como 'poder actuar de otro modo', sería para este autor otra estructura ontológica que ni el legislador ni la ciencia jurídica pueden desconocer. El derecho positivo y la teoría del delito debían partir de estas estructuras, que se les impondrían como límites objetivos infranqueables. Mir Puig, Santiago, Los límites del Normativismo en Derecho Penal, in: *Libro Homenaje al Prof. Rodríguez Mourullo*, Navarra: Aranzadi, 2005, p. 670.

13. Cerezo Mir, apoiando-se em Stratenwert, disserta: "Sólo si se concibe al hombre como un ser responsable, como un ser capaz de orientarse según los criterios de la verdad, del sentido y del valor, como un ser abierto al mundo, es posible percibir la estructura final de la acción humana. (...) Una

Como um dos mais relevantes posicionamentos deste estudo, a concepção de Welzel sobre a liberdade humana, ainda que não tenha sido longamente tratada pelo próprio autor, merece ser exposta com algum detalhamento. Para tanto, ajuda a dialética construída pelo debate que travou Karl Engisch,[14] a desenvolver uma posição determinista partindo de pressupostos muito próximos ao do professor de Bonn, em uma crítica aos postulados a ele contemporâneos, em que especialmente não poderiam faltar os fundamentos finalistas. Por isso, o modo mais eficaz para nossa exposição aqui será desenhar a ideia última de Welzel em sua dissertação sobre o livre arbítrio em seu tratado, a que se seguirá a crítica determinista de Engisch e, então, a resposta especifica de Welzel. Esse roteiro somente é possível porque não há alteração substancial no pensamento do professor de Bonn à causa das críticas, senão um detalhamento por elas motivado.

4.1.1 Welzel e o indeterminismo em estratos

Sustenta o autor de Bonn, até a última edição de seu *Direito Penal Alemão*, bem como em seu *Das neue Bild des Strafrechtssystems*, uma tripartição do problema do livre arbítrio, ou seja, que o tema pode ser dividido em três aspectos: antropológico, caracteriológico e categorial. Isso, desde logo, revela a influência que a teoria de Hartmann traz ao finalismo,[15] o que se nota a partir da propria denominação, da ação final.

O que denomina caráter *antropológico* é a análise do tema em comparação ao comportamento dos demais animais, o que faz sem qualquer referência a outra evolução filosófica que não a partir de negativa da evolução darwiniana. Identifica o autor alemão que a visão de Darwin deve ser superada, no sentido de *não* se considerar a inteligência humana como um mero desenvolvimento dos instintos

ciencia que se ocupa exclusivamente de descubrir nexos causales no podría percibir la estructura final de la acción". E, mais adiante: "Si se concibiese la conducta del hombre como una consecuencia causal necesaria de su constitución psíquica y de la situación respectiva, la estructura lógico-objetiva de la culpabilidad no sería perceptible". Cerezo Mir, José, La naturaleza de las cosas y su relevancia jurídica, in: *Obras Completas,* Tomo II, México: Ubijus, 2006, p. 108-109.

14. Como Engisch disserta muito mais longamente sobre o tema, seu trabalho merece uma exposição mais longa, até porque explica – sob seu ponto de vista – muito da influência que sofre Welzel, e isso aparece mais relevante.

15. Everardo Cunha Luna vai noticiar que Welzel, no FS zum 70 Gbstag de R. Maurach, confessará que o termo *finalität* foi por ele trazido por influência da leitura de Hartmann. Para o professor brasileiro, "As teorias finais surgiram no segundo quartel do século XX, sob a influência da filosofia dos valores, em suas várias direções e, em particular, sob a influência da filosofia de N. Hartmann". Luna, Everardo Cunha, Teoria Finalista da ação, in: *Revista de Informação Legislativa*, 62, jan.-jun. 1979. De fato, Welzel confessa a influência de Hartmann, mas se diz insatisfeito com a ambiguidade do termo *finalität*, preferindo, se fosse possível, uma "consideração biocibernética antecipada", para descrever um fato dirigido finalisticamente. Cf. Welzel, Hans, La teoria de la acción, in: *Revista Síntese de Direito Penal*, ano IV, n. 21, ago.-set. 2003, p. 69. Veja também Welzel, Hans, A dogmática no Direito Penal: conferência pronunciada em 15 de outubro de 1974 na Univer. Nacional de Córdoba, Trad. Yolanda Catão, *Revista de Direito Penal*, n. 13, jan.-jun. 1974, p. 12.

dos demais animais, pois existe na linha evolutiva uma quebra fundamental para a formação do homem. Invoca estudos inclusive da psicologia animal para demonstrar que o ser humano, ao contrário dos demais vertebrados, não caracterizou sua inteligência pela evolução dos sentidos inatos, senão justo o contrário:[16] houve, para nossa espécie, um processo de retração dos próprios instintos. Essa retração, que significa a independência em relação às atitudes instintivas, fundamenta o homem em sua responsabilidade, como amplamente já diz a filosofia. Mas Welzel avança ao argumento mais proeminente: em termos de *evolução*, o ser humano descumpre as regras de Darwin, porque seu sistema de condutas instintivas é muito menos apurado, e isso em termos de sobrevivência da espécie naturalmente representa desvantagem. Daí que, nesse primeiro sentido, o homem encontra-se, segundo Welzel, liberado de seus instintos em uma dupla vertente, cuja denominação retira, ao que tudo indica, de Kant: livre como *homo phänomenon* (existencialmente) e livre como *homo noumenon*, normativamente, "de todo o mundo animal".[17]

O aspecto *caracteriológico* aparece então com reduzida autonomia, a partir da fundamentação antropológica. Esse aspecto identifica-se em uma relevante *estratificação* da estrutura anímica humana, que o autor prefere apresentar também via uma bipartição: de um lado, o círculo dos *instintos*, relacionados à necessidade de sobrevivência, e de outro o estrato elevado, que dirige os instintos conforme sentido e valor. Diante desse primeiro estrato, profundo e instintivo, o homem é "vítima passiva de seus impulsos".[18] Já no estrato elevado encontra sua própria bifurcação: os atos do *pensamento*, apoiado em elementos lógico-objetivos, e os atos da *vontade*, que se orientam *conforme sentido e valor.*[19] Daí a existência, em um estrato profundo, de luta de instintos[20] que orientam a ação e, no estrato

16. "Im grundsätzlichen Gegensatz zum Tier ist der Mensch negativ durch eine weitgehende Freiheit von den angeborenen, instinkthaften Verhaltensweisen und positiv durch die Fähigkeit und Aufgabe gekennzeichnet, die Richtigkeit seines Handelns durch einsichtige Akte selbst aufzufinden und herzustellen". Welzel, Hans, *Das neue Bild des Strafrechtsystems*, Göttingen: Otto Schwartz, 1951, p. 34.

17. Welzel, Hans, *Derecho Penal Alemán*, trad. J. Bustos Ramírez y S. Yáñez Pérez, Editorial Jurídica de Chile, Santiago de Chile, 2002, p. 171.

18. Welzel, Hans, *Derecho Penal Alemán*, cit., p. 172.

19. Aqui, pelo próprio Welzel, diferencia-se um conceito mais restrito de vontade, diferente da simples vontade que orienta a ação finalisticamente. Por isso, em seu manual, esclarece que a vontade livre e orientada segundo, de um lado, pensamento, e de outro, valor, vai além da mera vontade que orienta a ação final. Nesse sentido, "para ello [ação final] era indiferente en qué clase de impulso tenía su origen la dirección de la voluntad". Cf. Welzel, Hans, *Derecho Penal Alemán*, cit., p. 173.

20. Assim explica a luta de instintos a partir de um "Antriebs-" ou "Drangstärke" (força de impulso ou de instinto) e o Sinngehalt (conteúdo de sentido): "Alle Antriebe besitzen einen Doppelcharakter: Sie haben eine bestimmte Antriebs- oder Drangstärke, und sie haben einen bestimmten Sinngehalt. Beide Seiten können auseinanderfallen: die Drangstärke kann groß, der Sinngehalt kann klein sein und umgekehrt. Solange nun die Antriebe im Zustand der *patischen* Erlebnisse, d.h. rein in der Tiefeschicht verlaufen, entscheidet beim Widerstreit zwischen ihnen allein die Drangstärke, d.h. der stärkste siegt und unterdrückte die übrigen (der sogen. Kampf der Triebe). Der Handlungsentschluss ist dann allein

superior, a direção conforme ao sentido do "Eu" (Ichzentrum), da, nas palavras dele, "condução de vida", assume-se uma possibilidade de redução dos instintos biológicos e sua canalização para essa condução de vida. O estrato superior, consciente e orientado, conseguiria então, por assim dizer, *submeter* o instinto, para dirigir a vontade. Com esse posicionamento, Welzel acata a teoria de Hartmann[21] e concilia instinto e autodeterminação.

Terceiro aspecto, o *categorial*, é também alicerçado em uma artificial distinção de vários estratos,[22] desta vez para responder à questão da *reprovação* sobre a decisão. Para tanto, analisa o indeterminismo radical e encontra nele – tal qual já muitos autores o fizeram – o erro elementar de converter o homem em uma série não-conexa de impulsos, ordenados temporalmente, já que teoricamente não se lhe pode impor qualquer razão precedente. Isso importa em não ser possível reprovar a conduta de qualquer sujeito,[23] porque, se seu ato é criado isoladamente em determinado instante, o homem cuja ação se repreende não é aquele que se poderia julgar como responsável por seus atos.

A chave então para a solução intermédia entre indeterminismo radical e determinismo absoluto estaria então na própria radicalidade deste. Ou seja, o determinismo tradicional seria baseado em um *monismo* causal,[24] que pode ser superado por uma *superposição de várias formas de determinação*. Essa pluralidade de fatores determinantes, colocadas em paralelo, na esteira de Hartmann, é o que permite ao professor de Bonn defender a autodeterminação do pensamento em termos finalistas. Os aspectos físicos, a exemplo do cansaço ou demais alterações corpóreas, são pressupostos para um livre pensamento, sua "infra-estrutura", porém o pensamento é motivado por uma determinação conforme ao sentido. Daí o autor dizer que o livre arbítrio é a *capacidade de poder determinar-se conforme o sentido*, e a culpabilidade é a falta de autodeterminação conforme ao sentido

das Ergebnis des zur Herrschaft gelangten Triebes". WELZEL, Hans, *Das neue Bild des Strafrechtsystems*, Göttigen: Otto Schwartz, 1951, p. 36.

21. Vide a teoria de estratos de Hartmann no item 2.14 deste trabalho.

22. A filosofia dos estratos de Hartmann não aparece referida expressamente em qualquer dos textos consultados, mas há remissão para a obra de Hartmann em uma nota inicial do subtítulo *Der Kategoriale Aspekte,* apenas em "vgl Hartmann, Ethik". Mas há que se reconhecer que isso em grande parte se pode dever ao estilo direto e conciso de Welzel em ambos os textos consultados. Cf. WELZEL, Hans, *Das neue Bild...*, cit., p. 36.

23. Em suas palavras ali, "el indeterminismo destruye al sujeto idéntico, al que podría hacerse responsable de sus hechos, ya que el autor de ellos, posterior, no tendrá ninguna relación con el anterior". WELZEL, Hans, *Derecho Penal Alemán*, cit., p. 172.

24. É claro o autor em criticar o monismo causal como falha da teoria determinista "Der Lösung kommen wir nur durch die Einsicht in die Überlagerung mehrerer Determinationsformen näher. Der Fehler des herkömmlichen Determinismus liegt in seiner Annahme, dass er nur eine einzige Determinationsform gäbe, die man seit Beginn der Neuzeit in der Kausalität zu sehen pflegt, also im Kausalmonismus. Im Kausalmonismus ist allerdings ein Vorwurf dafür, dass der Mensch statt der richtigen die Falsche Entscheidung getroffen hat, nicht zu erheben, da jede Entscheidung – gleichgültig, ob falsch oder richtig – zwangsläufig von Anbeginn an festliegen soll." WELZEL, Hans, *Das neue Bild...*, cit., p. 37.

de um sujeito que era capaz de fazê-lo. A falta de determinação conforme ao sentido como essência da culpabilidade é fundamental no finalismo, o que será considerado por seus futuros críticos.

4.1.2 A crítica de Engisch

Engisch optou por lançar, no ano de 1965, a segunda edição de sua obra *A teoria da liberdade da vontade na atual doutrina filosófica do direito penal*,[25] sem alterações em relação à primeira, ocorrida três anos antes, redigida a partir de palestra que concedera à *Berliner Juristischen Gesellschaft*. Embora optando por não fazer qualquer alteração entre uma e outra, na segunda considerou que seu trabalho já reverberara em textos importantes, dentre os quais estavam Alessandro Baratta[26] e Welzel. Mas o debate entre Engisch e Welzel se prolongou em outros textos,[27] vindo a culminar nas considerações que o professor de Bonn lançou no *Festschrift* a Engisch pelo seu septuagésimo aniversário, publicado em 1969. Em resumo, Engisch sustentou a culpabilidade como a responsabilidade pelo caráter, apoiado – em nossa opinião parcialmente – na concepção determinista de Schopenhauer.

Primeira providência que toma Engisch é lembrar que, sob o ponto de vista penal, algumas propostas filosóficas bastante esclarecedoras sobre o livre arbítrio solvem o problema da reprovação. É o caso da assertiva do físico Max Planck, em sua sugestiva obra *Scheinprobleme der Wissenschaft*, para quem a vontade é determinada por relação de causalidade quando observada de fora, porém livre se observada desde dentro.[28] Não funciona, sustenta Engisch, a lógica prática do físico porque o juiz trabalha com a prognose póstuma (*nachträgliche Prognose*), a que Arthur Kaufmann já se referia, observando desde fora a ação do imputado, para remontar o momento de sua decisão. Segunda providência introdutória é enunciar a problemática da liberdade como uma questão contemporânea, ultrapassada a disputa de escolas do começo do século XX. Assim, permite-se dizer que os clássicos, que se espelhavam em Binding,[29] entendiam o indivíduo essencial-

25. *Die Lehre von der Willensfreiheit in der strafrechtsphilosophischen Doktrin der Gegenwart: Vortrag*, Berlin: 1965, Walter de Gruyter & Co. Há tradução pelo prof. Guzmán Dalbora, pela Editora Edeval, Valparaíso de Chile, 2006. Utilizaremos aqui ambos os textos.

26. Refere-se a: "Per una concezione dialettica della liberta del volere come presupposto della pedagogia criminale", Padova: Cedam, 1964.

27. Na verdade, são dois os textos que comentam Engisch. O primeiro, Welzel escreveu no livro em memória a Max Grünthut, em 1965, logo depois portanto da publicação do Willensfreiheit de Engisch, em 1962. Foi respondido por Engisch em 1967, no Festgabe für Hans v. Hentig, Mon, Krim. Stra, tomo 50. Dois anos depois, o FS zum 70 Gbtg, com o texto de Welzel que utilizaremos.

28. "(...) von außen betrachtet ist der Wille kausal determiniert, von innen betrachtet ist der Wille frei". In: Engisch, Karl, *Willensfreiheit...*, cit., p. 4.

29. Von Liszt também dirá ser Binding indeterminista declarado, ao lado de Beling, von Birkmeyer e outros. Cf. Liszt, Franz von, *Tratado de Derecho Penal*, Tomo II, Trad. Jiménez de Asúa, Madrid: Editorial Reus, s/d, p. 35.

mente livre (o que já era demanda de seu conceito de pena retributiva), e, de outro lado, os seguidores de Liszt, a quem indicava ser um "determinista convicto",[30] porque, entre outras afirmações, dizia que o Direito é feito de fenômenos, e então somente o homem empírico pode ser reprovado; na apurada análise que Engisch constrói sobre Liszt, o determinismo deste, a que denomina "determinismo consequente", leva, de um lado, a renunciar à ideia de que exista uma imputação por "poder agir de outro modo", como também afirma que não existe outra pena que não a finalista (*Zweckstrafe*), ou seja, a pena de proteção (*Schutzstrafe*).[31] A escola intermediária veio a ser a de Merkel, relata Engisch,[32] porque se teria apropriado das bases empíricas para afirmar que o Direito penal necessita de sustentar-se em determinismo, ainda que entenda o fundamento da pena como retribuição neokantiana.

Mas Engisch entende que, ainda nesse modo intermédio, há que se rever a posição de Merkel,[33] porque, mesmo constituindo a síntese entre debate determinista e indeterminista, seu posicionamento conciliador pode estar superado. E o faz ao propor quatro interrogantes: *1)* Se o princípio da causalidade rege efetivamente todos os âmbitos, mesmo aqueles espirituais que são relevantes para o Direito Penal; *2)* Se a frase "o autor poderia haver agido de outro modo" é de fato suficiente para expressar, no Direito penal, o sentido da liberdade; *3)* O que significa a fórmula "o autor poderia haver agido de outra maneira" e se *4)* Existem concepções mais novas sobre a essência da culpabilidade, expiação (*Sühne*), retribuição (*Vergeltung*), e responsabilidade que possam abrir novos caminhos à culpabilidade?

Enfrentará Engisch então a pergunta sobre a razão do "poder agir de outro modo" quando lembra o posicionamento de Graf zu Dohna,[34] que não só assenta que

30. "Liszt war überzeugter Determinist, auch wenn er in seinem Lehrbuch von Anfang an das Strafrecht als, dem Streit über die menschliche Willensfreiheit entrückt, betrachten zu dürfen glaubte". ENGISCH, Karl, *Willensfreiheit...*, cit., p. 8.

31. "Ihm kann und dar die Strafe nichts anderes sein als ein Schutzmittel für die Gesellschaft". ENGISCH, Karl, *Willensfreiheit...*, cit., p. 9.

32. A estratégia argumentativa de Engisch é, inicialmente, colocar o indeterminismo como tese e o determinismo como antítese, e a escola intermediária de Merkel como síntese. Para o indeterminismo, a conduta não é produto forçoso do meio e do caráter inato, isso significa que o homem poderia haver agido de outro modo, poderia reagir ao mal; na antítese determinista, qualquer delito é produto do meio e do caráter, ainda que se admita que este último se possa alterar. E, consequentemente, a pena não pode significar expiação nem retribuição, mas, sempre, retribuição. A síntese seria a escola de Merkel, que consegue conjugar ao mesmo tempo o quanto há de retributivo (na culpabilidade) e o quanto existe de proteção. Isso se consegue porque a pena reprova o caráter do indivíduo, e assim se escapa da pergunta de se ele poderia haver agido de outra forma. ["Es bleibt dabei, daß die Strafe einen echten Vorwurf ins sich schließt, nur dicht den, daß der konkrete Verbrecher in der konkreten Situation anders hätte handeln können. Der Vorwurf richtet sich gegen den Charakter selbst, den Charakter so wie er ist". ENGISCH, Karl, *Willensfreiheit...*, cit., p. 14.]

33. Vide, acima, 3.4.

34. P. 93 da edição em castellano.

evidentemente o homem que agiu de determinado modo não poderia haver atuado de outra maneira – simplesmente porque era ele – como também se questiona se é justo então punir alguém porque *outra pessoa*, em seu lugar, teria tomado outra decisão. É a pergunta que sempre subjaz à forma como se entenda a exigibilidade de conduta diversa, porém mesmo tal fórmula não seria empiricamente demonstrável, porque não há como colocar outra pessoa na mesmíssima situação. É a partir desse raciocínio que Engisch logra formular uma questão mais contundente. Para tanto, reforça que sempre iremos ignorar resposta à interrogante principal (de se o autor, conforme seu caráter, pudera apresentar maior força de vontade ou maior cuidado no momento em que se lhe cobra uma decisão[35]), porque ela é inatingível, portanto a pergunta a apresentar-se é: *se o autor houvesse empregado aquela força de vontade e aquele cuidado que normalmente lhe eram do restante de sua estrutura pessoal*[36] (*seiner sonstigen persönlichen Verfassung*), poderia agir de outro modo, em respeito aos fundamentos de sua constituição espiritual.

Admitindo que dessa proposição derivam outras questões, Engisch se confessa influenciado pela teoria dos estratos de Hartmann, pela qual existiriam dois diferentes estamentos (*Schichten*) no espírito: um deles determinado pela causalidade, que demanda portanto um novo estrato para que possam aparecer *determinações heterogêneas* ao nexo causal. Nesse segundo estrato, está a liberdade moral, que pode considerar o dever-ser e até reagir diante dela. Para Hartmann, lembra Engisch, nesse segundo estrato, é ontologicamente possível a liberdade da pessoa moral.[37]

Mas Engisch usa o próprio Hartmann para alcançar seus críticos[38] e admiradores, dentre os quais insere Welzel. Em Welzel, o debate assume uma meta mais clara. É que Engisch toma a sétima edição do Tratado de Welzel, o qual já responde a seus comentários a Graf zu Dohna, deixando claro que a reprovabilidade vem do fato de não *um homem* qualquer, mas de que *este* homem, *nesta* situação concreta poderia formar sua resolução volitiva de acordo com a norma.[39] Na interpretação de Engisch, Welzel segue a Hartmann até certo ponto. Ele compartiria a ideia de que o homem tem uma esfera de sua mente que age deterministicamente, porém

35. "Gemäß unserer Voraussetzung müssen wir dabei offen lassen, ob dem Täter nach seiner Natur, so wie sie im Augenblick der Tat gegeben war, mehr Willenskraft oder mehr Besorgnis hätte aufbieten können", ENGISCH, Karl, *Willensfreiheit...* cit., p. 26.

36. Utilizamos aqui a estrutura da tradução ao castelhano, conforme p. 99.

37. "Die Freiheit der sittlichen Person ist erstens notwendig und zweitens ontologisch möglich", ENGISCH, Karl, *Willensfreiheit...* cit., p. 28.

38. Especialmente Mezger, no seu "über Willensfreiheit", aqui referido. Segundo Engisch, Mezger coincide muito com Hartmann ainda que o critique, principalmente porque acredita que todo evento se pode explicar a partir de seus antecedentes em razão das leis de necessidade, sem que necessariamente seja algo que se possa passar à vida psíquica.

39. "(...) daß der Schuldvorwurf voraussetze, daß nicht nur irgendein Mensch na Stelle des Täters, sondern ganz konkret, daß dieser Mensch in dieser Situation seinen Willensentschluß normgemäß hätte bilden können", ENGISCH, Karl, *Willensfreiheit...*, cit., p. 32.

não estaria de acordo com Hartmann em que o homem tem liberdade para o bem ou para o mal. A interpretação de Engisch é a de que, porque em Welzel o agir é a libertação da coação causal, a vontade do homem só é voltada ao bem,[40] porque a vontade má é a dependência de impulsos contrários ao valor e, portanto, não livre.

Essa é a base principal de que surgem as mais diretas críticas a Welzel. Aponta preliminarmente a confusão que faria o professor de Bonn ao mesclar o problema *ontológico* da liberdade com o problema *axiológico* do valioso ou contrário ao valor. Na crítica de Engisch, é plausível ocorrer o oposto do quanto formulado: um "delinquente" pode sentir-se motivado contrariamente ao valor e, ainda assim, estar apenas sucumbindo deterministicamente a seus instintos e afetos, no que então se manifesta a determinação causal. Se isso ocorrer, pergunta-se Engisch, Welzel poderia dizer que existe uma "autodeterminação conforme ao sentido" (*sinnmäßige Selbstbestimmung*) que se possa denominar de "liberdade"? O autor insiste na possibilidade de uma mera ilusão de liberdade, quando o ato se representa como livre na mente do autor, mas não ultrapassa a prisão ao determinismo do cérebro e do caráter, e aí está a discordância essencial em relação a Welzel, que defende que a ação valorada é uma ação determinada conforme ao sentido, mas não o seria assim na ação culpável (desvalorada), que significaria o momento de sucumbir aos instintos causais. A definição de Welzel para a culpabilidade, como a *falta de autodeterminação conforme ao sentido em sujeito capaz de determinar-se* seria então uma grande indefinição, porque significaria, no limite, que *a vontade culpável é uma vontade não livre*. Essa é a crítica mais contundente de Engisch.[41]

Entende, assim, que tanto Mezger quanto Welzel não conseguem abandonar a concepção de Hartmann, dando voltas a ela, e que esta mesma baseia-se em uma *semiplena probatio*,[42] porque o indeterminismo não se consegue impor. A partir

40. "Böser Wille ist kausale Abhängigkeit vom wertwidrigen Antrieb und insofern unfreier Wille. Freiheit ist kein Zustand, sondern ein Akt: Der Akt der Befreiung vom kausalen Zwang der Antriebe zu sinnmäßiger Selbstbestimmung", ENGISCH, Karl, *Willensfreiheit...*, cit., p. 34. A divergência de o homem ser livre para buscar apenas o bem, o seu bem, ou o bem e o mal é algo fundamental na Filosofia, como antes explicitado (vide, por exemplo, o quanto dissertado sobre Lutero, ou mesmo a divergência que aparece na Confissão de Westminster – 9, IV e V), portanto aqui se remonta um dos pontos fundamentais também teológicos.

41. "Böser Wille ist kausale Abhängigkeit von wertwidrigem Antrieb und insofern unfreier Wille', sagte Welzel. Böser Wille ist schuldhafter Wille. Schuldhafter Wille ist dann also unfreier Wille", ENGISCH, Karl, *Willensfreiheit...*, cit., p. 36.

42. Engisch levanta interessante questão: na dúvida entre determinismo e indeterminismo, empiricamente não comprováveis, a quem caberia o ônus da prova: aos deterministas ou indeterministas? Ele acredita – em suas palavras, ao contrário de Mayer, que o indeterminismo merece comprovação. É uma questão que será retomada, por exemplo, em Figueiredo Dias, como trataremos em nota de rodapé em 4.2.1. De fato, Mayer é rotundo ao dizer que o embate do determinismo/indeterminismo não tem lugar no Direito penal, do que se pode inferir um único princípio intangível: "la ley de causalidad tiene validez para todas las personas o para ninguna". MAYER, Max Ernst, *Derecho Penal: Parte General* (trad. Politoff Lifschitz), Buenos Aires: IBdeF, 2007, p. 265.

de então, passa à sua tese principal, o determinismo e a responsabilidade pelo *caráter* do qual emana o fato criminoso,[43] em expressa concordância com Graf zu Dohna, para quem a retribuição existe por o que o homem é, tanto no bom quanto no mau. Invoca a Schopenhauer lembrando que o arrependimento é fazer algo *distinto* de o que seu caráter determina.

Em defesa desse tipo de reprovação, resta a Engisch questionar qual o *sentido* de punir-se alguém por sua personalidade, sendo que a pessoa não a pode alterar, o que implicaria uma reprovação imerecida. Dessa pergunta alcança a afirmativa de que o caráter é algo que, de uma maneira ou de outra, acaba por ser *trabalhado*, de modo que a atitude criminosa é reprovável ao homem por sua *conduta de vida*,[44] o que importa, sim, reprovar o caráter. O que Engisch pretende firmar na responsabilidade pelo caráter e pela conduta de vida (que não é nele inovadora) é que sua proposta prende-se ao *fato* criminoso, e observa o caráter apenas como *raiz* dele. Nesse sentido, sob o ponto de vista do *momento do fato* – o único que na verdade interessa à reprovação – a ação é determinada pela causalidade, daí sua tese determinista. Outra questão é que o homem tenha uma (ilusória, portanto) consciência de liberdade, que de qualquer modo não é comprovada.

4.1.3 A resposta de Welzel

A resposta mais específica do professor de Bonn na controvérsia está no texto publicado no livro-Homenagem ao próprio Engisch, em 1969, por conta de seu septuagésimo aniversário. Ali Hans Welzel, embora remeta especialmente ao capítulo "livre arbítrio" de seu manual para a elucidação completa do tema, constrói deste uma abordagem diferenciada. Compara a situação de Engisch, ao publicar a primeira edição de seu trabalho, à de Merkel, quando lançara seu estudo sobre livre arbítrio e retribuição penal em 1892. Em ambos os trabalhos, diz Welzel, mantinha-se a posição de que o fundamento da imputação e da culpabilidade não dependia da veracidade do indeterminismo, e também ambas estavam circundadas por um momento histórico com característica semelhante: a de que o indeterminismo chega a seu auge e o "pêndulo parece retroceder de novo nas gerações mais jovens à interpretação determinista".[45] Welzel discorda que o determinismo seja agir de acordo com a própria personalidade, porque, se isso

43. Engisch, Karl, *Willensfreiheit...*, cit, p. 44

44. Torío López, que concede grande valor à concepção de Engisch como "un cambio profundo de la concepción antropológica, filosófica, metafísica, que predominó en los años inmediatos al fin de la guerra mundial, no siempre percibido con diafanidad" resume que "La tesis de Engisch de que el hombre es responsable por su modo de ser, por su carácter, como conjunto de propiedades congénitas y adquiridas que le confieren peculiaridad individual, remite retrospectivamente a un ser humano condicionado. El acto, cuyo soporte es el motivo, está determinado en último término por el carácter del sujeto". Torío López, Ángel, *El sustrato antropológico...*, cit., p. 668.

45. Welzel, Hans, Reflexiones sobre el libre albedrío, in: *Anuario de derecho penal y ciencias penales*. n. 2, vol. 26, 1973, p. 222 (texto original no FS a Engisch, 1969).

ocorre, "há que se aplicar o mesmo princípio ao juiz ou ao próprio legislador, que se escusaria de haver feito uma lei defeituosa por agir de acordo com sua personalidade",[46] e vai à Teoria do Conhecimento (seguindo sua base ontológica), para afirmar que todo saber apreendido tem um objeto, ou seja, depende da interação do objeto conhecido e sujeito cognoscente, e essa interação *não* se pode confundir com a relação de causalidade das ciências naturais. Ressalta a diferença de *decidir conforme ao sentido*, reconhecendo objeto, e a relação determinista, porque essa orientação, que depende do sujeito, não é cega ou automática. Uma das principais 'tensões internas' do pensamento de Engisch seria, portanto, tentar conciliar o ato de decisão de um juiz, que levaria em consideração decisões conforme a sentido, além de um elemento lógico, com o pensamento determinado daquele que delinque. Outras críticas também se somam, já menores, para que Welzel feche sua tese específica, sob o argumento da aquisição de conhecimento: *o ato de conhecimento é livre de determinantes causais, porém o curso do pensamento é determinado pelo objeto do conhecimento*. Resta, então, apurar se a aquisição do conhecimento, em seu processo, ocorre pelo processo semelhante à determinação da vontade. Porque, enquanto, em relação ao conhecimento, o objeto a conhecer é um marco objetivo, há que se saber se os critérios em que se baseiam a resolução da vontade são também objetivos. E ele responde à interrogante afirmando que o processo de aquisição de conhecimento pode ser comparado à formação geral da vontade para o agir, dotando-se tanto de elementos objetivos como também segundo seu "conteúdo de sentido, seu significado para a configuração da vida".[47]

A resposta do professor de Bonn, no *Festschrift* ao próprio Engisch é, portanto, a busca, em teorias mais próximas à Psicologia, de novos fundamentos para reafirmar a necessidade do livre arbítrio para a imputação penal. Aqui Welzel procura não fazer uso da ontologia de Hartmann, mas, lembre-se, sob a ressalva de que os fundamentos principais de sua visão de liberdade e imputação seguem em sua obra genérica.

A tentativa de fundamentação da liberdade a partir da teoria do conhecimento que a seu tempo aparecia com maior destaque é tarefa relevante para estabelecer (ou restabelecer) as bases do finalismo. Em especial porque, se observada a teoria welzeliana como um todo, há que se reconhecer que a liberdade sustenta ao menos duas de suas estruturas lógico-objetivas. Não apenas a ação como voltada à fina-

46. Welzel, Hans, *Reflexiones...*, cit., p. 225.

47. Para defender esse paralelismo, no entanto, Welzel é bastante sucinto, o que transmite a impressão de que sua incursão pela teoria do conhecimento já se dava por relacionada diretamente à teoria da vontade. Diz ele: "Aquí no es posible, ciertamente, una prueba estricta, pelo la analogía con el acto de conocimiento casi se impone: si el impulso de conocimiento tiene que ser asumido como tarea plena de sentido, la asunción de tareas plenas de sentido tiene que ser posible. Las decisiones humanas no tienen que recaer única y necesariamente según las relaciones de fuerza o intensidad de los impulsos en conflicto, sino que pueden orientarse también según su contenido de sentido, su significado para la configuración de la vida". Welzel, Hans, *Reflexiones sobre...*, cit., p. 229.

lidade,[48] que representa o maior dos seus avanços, mas também – e aí a crítica de Engisch é mais contundente – na culpabilidade dotada da exigibilidade de outra conduta, do *poder agir* de maneira diversa. Nesse sentido, embora no último texto welzeliano apareçam novos argumentos, os estratos de Hartmann lhe seguem sendo elemento nuclear: a combinação de estratos determinados com um estrato de pura liberdade que consegue interferir na própria vontade fisicamente dirigida. Essa é uma estrutura que Hans Welzel não abandona em toda sua construção teórica.

4.2 Visões pós-finalistas: o normativismo

Resumir as concepções pós-finalistas tem sido um desafio constante de muitos estudiosos atuais e, no presente momento, não é uma tarefa que se possa construir de maneira definitiva, principalmente porque se trata de pensamentos ainda em formação, já que seus principais representantes, embora com obras vastamente consolidadas, guardam o poder de, de um momento a outro, inaugurarem novos caminhos que expliquem a reprovação penal.

Mas se pode dizer que é quase um consenso geral que o finalismo foi superado principalmente em sua vinculação à ontologia, em suas estruturas lógico -objetivas.[49] Esse abandono da crença[50] de que se possa descrever uma concreta estrutura das coisas, que o legislador tenha que acatar – em especial uma estrutura ontológica de ação – é o que caracteriza as novas concepções normativistas, com suas evidentes consequências sobre a liberdade humana de vontade. Então, embora várias possam ser as definições cabíveis ao termo *normativismo*, aqui se faz mais objetivo dizer, apoiando-nos em Gössel[51] ou em Roxin,[52] que ele remonta à ideia de abandono das estruturas lógico-objetivas (ontológicas) para a formação do sistema jurídico-penal. Por consequência, virá reforçado um conceito de finalidade e, até mesmo, missão do Direito penal, então funcionalista.

48. Nas palavras de Küpper, "Welzel piensa que, en principio, todas las acciones de tipos dolosos no se dejan concebir sin esta tendencia voluntaria que llevan consigo". KÜPPER, Georg, *Concepciones y vinculaciones finales*, in: Hans Welzel en el pensamiento penal de la modernidad, Buenos Aires: Rubinzal Culzoni, 2005, p. 162.

49. Veja-se Cerezo: "Del finalismo se rechaza hoy básicamente su tesis de la vinculación del Derecho a la naturaleza de las cosas, a las estructuras lógico objetivas de la materia de su regulación, pero se aceptan, generalmente, sus consecuencias para el sistema de la teoría del delito". CEREZO MIR, José, El Finalismo, hoy, in: *Obras Completas*, Tomo II, México: Ubijus, 2006, p. 367.

50. Vide, nesse sentido, também CÓRDOBA RODA, Juan, *Una nueva concepción de delito – la doctrina Finalista*, Barcelona: Ariel, 1963.

51. GÖSSEL, Karl Heinz, Acerca del normativismo y del naturalismo en la teoría de la acción, Trad. M. Polaino Orts y J. Caro-John, in: *Revista de Derecho Penal*, Buenos Aires, n. 1, 2007, p. 34.

52. "Como se sabe, as investigações a respeito do sistema jurídico penal no pós-guerra distanciaram-se cada vez mais de dados prévios ontológicos e de estruturas lógico-reais, sobre os quais o finalismo queria fundamentar o direito penal, tentando resolver a teoria geral do delito a partir de pontos de vista normativos". ROXIN, Claus, Normativismo, política criminal e dados empíricos na dogmática do Direito Penal, Trad. Luís Greco, *Estudos de Direito Penal,* São Paulo: Renovar, 2006, p. 55.

De fato, as estruturas lógico-objetivas estão fadadas à superação, pelo próprio anacronismo de suas premissas filosóficas. Não apenas porque se reconheceu que a ontologia de Nicolai Hartmann se faz cada vez menos sustentável, mas também por isso. A ideia de um sujeito que interpreta o mundo, que atribui valores e que constrói sua própria realidade, a partir de um nível de comunicação está há muito se sobrepondo à configuração de uma estrutura do real a que a lei posta deva obedecer. As estruturas lógico-objetivas remontam uma reação ao pós-guerra, na busca de um direito natural, que hoje se vê bastante relativizada, encarando-se o Direito por sua perspectiva mais representativa, que observa na sociedade seus valores culturais e a partir de então distingue uma missão a cumprir, o que constitui a vertente teleológico-funcional do normativismo, ou seja, sua perspectiva funcionalista. Roxin resume bem essa concepção atual, assentando que a maioria da doutrina normativista aproveita do finalismo o "traslado do dolo ao tipo subjetivo", assumindo suas consequências, porém rechaçando a teoria *final* da ação como teoria da ação, pela predominante razão de que "uma concepção ontológica da ação não pode ser vinculante para um sistema de direito penal baseado em valores",[53] tudo isso sem mencionar a antiga crítica da falta de adequação da concepção finalista à omissão penalmente relevante e aos crimes culposos, que aqui contam apenas como germe das primeiras contradições encontradas em Welzel.

O normativismo se opõe ao ontologismo e, se pode dizer, o funcionalismo ao finalismo, porém esses são nomes que, assim colocados, não se fazem suficientes para revelar posicionamentos claros para o direito penal atual; de outro lado, a análise de todas as tendências divergentes sobre o pós-finalismo não teria lugar em nossos objetivos, daí ser justificável trabalhar sobre duas tendências mais proeminentes: o normativismo[54] moderado de Roxin e o funcionalismo[55] sistêmico de Jakobs.[56] Em ambos haverá diretrizes suficientes para o tema de

53. Roxin, Claus, *Derecho Penal: Parte General – Tomo I*, Trad. Luzón-Peña e outros, Madrid: Civitas, 2006, p. 201.

54. Como não poderia deixar de ser, há quem identifique que a superação normativista ainda tem muito do ontologismo finalista, ainda que não o deseje reconhecer. Veja-se, nesse sentido, Cuello Contreras, que chega a mencionar uma "vigência disfarçada do finalismo na fase normativista e funcionalista que estamos vivendo", especialmente na teoria do domínio do fato, mas não apenas. Cf. Cuello Contreras, Joaquín, *Neofinalismo o centenário de Hans Welzel*, Trad. G. M. Carvalho, in: *Ciencias Penais: Revista da ABPCP*, n. 2, jan.-jul. 1995, p. 41.

55. Jakobs chega a definir, como premissa em um de seus textos, que "el funcionalismo jurídico-penal se concibe como aquella teoria según la cual el derecho penal está orientado a garantizar la identidad normativa, la constitución y la sociedad". Jakobs, Günther, *Sociedad, norma y persona en una teoría de un derecho penal funcional*, trad. Cancio Meliá y Feijóo Sanchez, Cuadernos de Doctrina y Jurisprudencia penal, ano V, n. 9-A, 1999, p. 19.

56. Schünemann se considera parcialmente responsável por que a concepção sistêmica de Jakobs e ao funcionalismo teleológico político-criminal de Roxin como os dois grandes representantes do ontologismo atual, por conta de sua obra "Introdução ao pensamento sistemático jurídico-penal", que foi publicado também na Espanha na tradução de Silva Sánchez. Cfr. Schünemman, Bernd, *La relación entre ontologismo y normativismo dogmática jurídico penal*, in: Revista de Derecho Penal. Fundación

que cuidamos, embora se saiba que o normativismo e o funcionalismo ocupam hoje vários autores com concepções das mais diversas,[57] muitas delas de grande relevância.

4.2.1 A visão funcionalista de Roxin: presunção de liberdade

Coincidirão os melhores comentaristas da obra do professor Claus Roxin que a mais marcante característica de sua doutrina foi, para além do distanciamento do finalismo a partir da crítica ao ontologismo,[58] a introdução da política criminal[59] na dogmática. Sua obra *Kriminalpolitik und Strafrechtssystem*,[60] de

de Cultura Universitaria, Montevideo, out. 2005, p. 128. Partindo ou não de seu primeiro estudo, o fato é que ainda hoje são essas duas vertentes normativistas as mais representativas do cenário dogmático.

57. Na última edição de seu *Algemeiner Teil*, Roxin menciona vários autores estrangeiros, em especial espanhóis, que seguem o finalismo em mais diversas vertentes. Realça concepções pessoais como de Mir Puig com sua "wiederbelebung der Imperativentheorie", a partir da questão de quais as ocorrências que se deixam tocar pela norma penal. Lembra também Luzón-Peña, que bifurca seu sistema teórico para uma „Unrechtsausschluses und in einer originellen Vorsatz- und Fahrlässigkeitstaten gemeinsamen Täterlehre". Mas ressalta também a mais antiga concepção de Gimbernat, que constrói uma teoria do direito penal, em especial da Culpabilidade, tomada sob uma perspectiva de prevenção e sem qualquer dependência para à liberdade da vontade, como aqui será dito. (Cita, para tanto, seu texto no FS a Henkel). Essa concepção será aqui analisada, em virtude de seu conteúdo fortemente determinista. Como outros teóricos estrangeiros do normativismo aparecem também Figueiredo Dias e Moccia. Cf. Roxin, Claus, *Strafrecht: Algemeiner Teil*, Band I, 4. Auflage, Munique: C.H. Beck Verlag, 2006, pp. 208-209. Jescheck, já nos anos 80 do século passado, lembrará a concepção de Gimbernat, para quem, „puesto que no es posible una diferenciación entre sujetos que actúan libremente y los que no, a causa de la idemonstrabilidad del libre albedrío, la culpabilidad significa simplemente utilidad preventiva general o especial de la pena, cosa que ha de negarse respecto a enfermos mentales y niños, pues en estos casos, dada la escasa motivabilidad de estos grupos de personas, la pena no puede ser un factor inhibidor serio". Jescheck, Hans Heinrich, Jiménez de Asúa en la Dogmática Española, in: *Revista de la Facultad de Derecho de la Universidad Complutense: estudios de Derecho Penal en homenaje al profesor Luís Jiménez de Asúa*, Madrid, n. 11, jun. 1986, p. 407.

58. Trata-se do estudo de 1962 na ZStW 74, e também do Strafrechtliche Grundlagenprobleme, de 1973.

59. Moreno Hernández, com razão, lembra que não se pode dizer que em uma fase, em suas palavras, "preroxiniana" o direito penal tenha prescindido de considerações político criminais. Para ele, em autores mesmo como Lizst, Binding, Mezger e Welzel se encontram excertos que demarcam um papel claro da política criminal no Direito penal. Roxin, entretanto, dá maior realce a esse aspecto, em uma "retomando (...) el método teleológico de los neokantianos". Moreno Hernández, Moisés, *Ontologismo o normativismo como base de la dogmática penal y de la política criminal*, Revista Criminalia, México, vol. 68, n. 3, p. 17. Professor Moreno Hernández, discípulo de Welzel, é aliás um crítico da negação total do ontologismo, ao afirmar que "no resulta tan aburdso que a las categorías dogmáticas se les dé un fundamento ontológico. Incluso la misma norma jurídico penal, en torno a la cual se hacen las diversas disquisiciones dogmáticas, tiene su propia estructura y su propia esencialidad, que no le son dadas por el legislador". Moreno Hernández, Moisés. Idem, p. 38.

60. Ali Roxin, apesar de ressaltar sempre a importância do pensamento sistemático, nega a possibilidade de total cisão entre política criminal e direito penal, porque "el transformar los conocimientos criminológicos en exigencias político-criminales y éstas, a su vez, en reglas jurídicas de lege lata o ferenda, es un proceso, cuyos estadios concretos son de igual manera importantes y necessários para el establecimiento de lo socialmente justo". Roxin, Claus, *Política criminal y sistema del derecho penal*, Trad. Muñoz Conde, Buenos Aires: Hammurabi, 2006, p. 102.

1970, é que melhor delineou essa concepção, e a partir daí, até os dias atuais, todo seu complexo doutrinário tem trabalhado as consequências desse direito penal voltado a um objetivo político. A orientação às consequências (*Folgenorientierung*) aparece como uma preocupação não apenas do legislador, mas também de quem aplica e interpreta o Direito penal, ou lhe constrói a doutrina. Este então estende sua função para ser um instrumento de configuração social altamente significativo, que guarda o poder pedagógico de fixar regras de conduta. Assim se constitui o sistema racional-final[61] ou funcional (*zweckrationale* ou *funktionale Strafrechtssystem*), em que "a formação do sistema jurídico-penal não pode vincular-se a realidades ontológicas prévias (ação, causalidade, estruturas lógico-objetivas), mas unicamente poder guiar-se pela finalidade do Direito penal".[62] Várias são as consequências dessa orientação à finalidade para o Direito, mas Roxin, em seu manual, alerta para dois elementos principais das alterações em seu próprio sistema funcional. Primeiro, a imputação ao tipo objetivo, que vem a depender da realização de um "perigo não permitido dentro do fim de proteção da norma" e a segunda, um conceito de culpabilidade também vinculado às necessidades do Direito penal. A chamada imputação objetiva se tornou elemento nodal[63] de estudos pós-finalistas, mas aqui não podemos fazer mais do que o comentário de sua intensa carga normativa, em que a própria causalidade recebe orientação interpretativa de um risco *permitido ou não,* que esteja dentro do alcance (âmbito de proteção) do tipo (Reichweite des Tatbestandes), em que mais se evidencia seu aspecto normativizante.

Mais relevante é sua concepção da reprovação, que passa da mera culpabilidade (*Schuld*) para a responsabilidade (*Verantworlichkeit*). Diz o autor que à reprovação da culpabilidade se deve somar a necessidade de sanção penal, seja pela prevenção geral ou especial. A nova categoria da *responsabilidade* é então um misto da culpabilidade, que se interpreta pelo sujeito, e da necessidade preventiva da sanção penal, que há que se depreender da lei. Por isso, adverte que não significa um patamar de insegurança jurídica: quando o juiz decide por isentar de pena à falta dessa necessidade preventiva, tem de depreendê-la do próprio texto legal. Essa condição [a somatória da culpabilidade à necessidade de prevenção como condicionantes de igual valor para a pena, na responsabilidade] é, para Roxin, o melhor caminho para a dogmática do Direito penal, que tem de lidar com

61. A tradução de *zweckrational* para "racional-final" ocorre na versão espanhola (da segunda edição) do manual de Roxin, por Luzón-Peña. Roxin, Claus, *Derecho Penal: Parte General – Tomo I*, Trad. Luzón-Peña e outros, Madrid: Civitas, 2006, p. 203.

62. Idem, p. 203.

63. Chaves Camargo afirma que foi a partir de 1970, quando Roxin "incluiu a criação ou incremento do risco como fundamento da imputação objetiva" que os demais juristas passaram a buscar soluções nesse mesmo sentido. Cf. Camargo, Antonio Luís Chaves, *Imputação Objetiva e Direito Penal Brasileiro*, São Paulo: Cultural Paulista, 2001, p. 18.

a necessidade de prevenção e a reprovação pessoal.[64] Como, para ele, a finalidade da pena é sempre preventiva,[65] renunciando-se a qualquer tipo de retribuição, o que nos parece uma tendência atual irrefreável, o modelo de sua *Verantwortlichkeit* importa em uma reprovação pessoal *somada* à necessidade de que a pena seja preventivamente imprescindível.[66] Críticas a essa concepção *funcional* não vão faltar, para além daquelas que o próprio autor assume, dentre as quais acreditamos ser a mais contundente a dependência da dogmática penal aos objetivos nacionais de cada momento,[67] já que toda política é periódica e circunscrita a elementos geográficos e históricos.[68] Entretanto, é em relação à concepção *normativa* que encontramos o principal embate acerca ao tema que aqui se deve focar.

Roxin esclarece que, para ele, a *culpabilidade* pode ser definida como agir injusto apesar de acessibilidade normativa (*unrechtes Handeln trotz normativer Ansprechbarkeit*). Em sua concepção, a norma penal realiza um *chamado* ao sujeito,[69] e este será culpável se, no momento em que aquele ocorre, o "*indivíduo*

64. "Auch kann die Strafrechtdogmatik nur durch die Anerkennung von Schuld und Präventionbedürfnis als gleichrangiger Voraussetzungen strafrechtlicher Verantwortlichkeit den Anschluss an die Strafzwecklehre gewinnen, für die heute anerkannt ist, dass nur Schuld und Präventionbedürfnis gemeinsam eine Strafsanktion auslösen können". Roxin, Claus, *Strafrecht: Algemeiner Teil*, Band I, 4. Auflage, Munique: C.H. Beck Verlag, 2006, p. 853.

65. Para Roxin, em sua "teoria unificadora preventiva" da pena, esta deve buscar um fim, concomitantemente, preventivo geral e especial, mas nunca qualquer tipo de retribuição. Entende que não se pode dizer que a retribuição seja, ainda que parcialmente, essência da pena, porque as instituições jurídicas não têm qualquer "essência" diversa da que seus fins determinem. Roxin, Claus, *Derecho Penal: Parte General*, cit., p. 99.

66. Roxin, Claus, *Derecho Penal: Parte General – Tomo I*, Trad. Luzón-Peña e outros, Madrid: Civitas, 2006, p. 793.

67. Moreno Hernández suaviza essa dependência da política criminal a um momento histórico lembrando que tampouco a dogmática "es neutra, ideologicamente hablando, sino que está necesariamente impregnada de ideologia". Moreno Hernández, Moisés, *Ontologismo o normativismo...*, cit., p. 13. A assertiva do professor Moreno é válida, mas há que se considerar que a dogmática busca uma estabilidade (e também uma internacionalização) que a política criminal confessadamente não tem. Transformar os objetivos momentâneos do Estado em um componente do modo como se compreende a estrutura do delito e do castigo não é tão tênue quanto identificar na dogmática a vigência de algo da ideologia de seu tempo.

68. Abanto Vázquez reconhece a crítica mas de imediato defende a concepção funcionalista: "Es más, no es nada arbitrario hacer perder su 'neutralidad' al derecho penal y ponerlo a servicio de la sociedad y del individuo mediante su limitación con base en garantías de política criminal; lo arbitrario sería no hacerlo". Abanto Vázquez, ¿Normativismo radical o normativismo moderado?, in: *Revista de Derecho Penal*. n. 1, 2006, p. 449.

69. Tal concepção da culpabilidade se fez bastante difundida, como documenta Zugaldía: "en la actualidad existe un amplio consenso en torno a los puntos de vista – basados en nuestra experiencia científica general – que vinculan la culpabilidad a la motivabilidad de la persona, lo que permite afirmar que culpable es el autor que ha realizado el hecho ilícito pese a haber sido accesible al mandato normativo". Zugaldía Espinar, José Miguel, *El principio de culpabilidad en las reformas penales*, in: Homenaje al Prof. Rodríguez Mourullo, Navarra: Aranzadi, 2005, p. 1093.

adulto são" tem condições de decidir conforme a norma ou, ao menos, estava em condição psíquica – livre ou determinada – para que alcançasse esse chamado.[70]

O professor de Munique se confessa um agnóstico desconhecedor da existência ou não do livre arbítrio, mas como de fato pode existir essa acessibilidade normativa (*normative Ansprechbarkeit*), o sujeito deve ser *tratado como livre*. Segundo Roxin, não se comprovará que aquele sujeito, culpável então, poderia ter agido de outro modo, mas não há alternativa senão supor que ele era livre. A suposição de liberdade (*Freiheitsannahme*) funciona como imperativo social, independentemente da teoria do conhecimento, tal qual ocorre com a igualdade: "quando o ordenamento determina a igualdade de todas as pessoas, não quer dizer que todos os homens sejam efetivamente iguais mas que ordena que todos os homens devem receber igual tratamento diante da lei";[71] assim, consegue definir essa suposição de liberdade como uma afirmação normativa que independe de dados empíricos, porém imperativa.[72]

Reconhece ele que esse seu posicionamento, que há algum tempo já se delineia,[73] suscita muitas críticas, em especial dos indeterministas, a exemplo de Schünemman. Porém, assenta que elas vêm, em última análise, a confirmar

70. A concepção de Roxin de culpabilidade encontra críticos, embora se vá consolidando de modo veloz. Não é mérito de nosso trabalho aprofundar em todas elas, senão enquanto interessem à liberdade da vontade. Mas, dentre tais oposições, vale recortar a de Torío Lopez, pela objetividade: "hacer constituir la culpabilidad en la atribución desde fuera (social; por tanto, normativa) de una dirigibilidad normativa elude el problema de determinar el *quid* real de la imputación subjetiva. No suscita la cuestión de si el acto concreto, en una situación concreta, quedaba dentro o escapaba, por el contrario, a la individual dirigibilidad normativa del sujeto. En la culpabilidad no se trata de la dirigibilidad normativa del hombre, como ser general, o de otro, sino del individuo concreto en la situación concreta era o no motivable mediante normas. Esta cuestión radical no es suscitada en la concepción actual de Roxin". Torío Lopez, Ángel, Indicaciones Metódicas sobre el Concepto Material de Culpabilidad, in: *Cuadernos de Política Criminal,* Madrid, n. 3, 1988, p. 767. A individualização do conceito de culpabilidade já era reivindicada pelo professor vallisoletano em texto ainda anterior, quando já nota que a concepção dominante que "si bien es imposible determinar o estabelecer si en un momento concreto pudo individualmente el sujeto proceder de modo diverso a como lo hizo, el reproche de culpabilidad equivale a la afirmación de que otro sujeto en su lugar hubiese actuado de otro modo empleando la fuerza de voluntad que posiblemente la faltó al autor. Ello es suficiente para la legitimación del reproche de culpabilidad". Suas críticas são contundentes para esse sentido generalizador, de que destacamos apenas duas: "La desigualdad entre los hombres ha de ser atendida por la categoría considerada, si se pretende que se incorpore al delito el pensamiento de que no solo ha de tratarse lo igual como lo igual, sino también lo desigual como desigual" (p. 300), e "Contra la teoría de la inexigibilidad se pronunció abiertamente el derecho penal del nacionalsocialismo, que la consideró reflejo de una visión jurídica liberal o de un humanitarismo desfalleciente" Torío Lopez, Angel, El concepto individual de culpabilidad, in: *Anuario de Derecho Penal y Ciencias Penales, Madrid*, vol. 38, n. 2, 1985, p. 298.

71. Roxin, Claus, *Derecho Penal: Parte General*, cit., p. 808.

72. Na 4ª Edição de sua *Allgemeiner Teil*, Roxin se mostra de algum modo inclinado pelas teses compatibilistas, citando a Pauen. Diz que elas seriam bastante compatíveis com seu posicionamento. Cf. Roxin, Claus, *Allgemeiner Teil*, p. 872. Essa mera indicação de futura inclinação apenas se registra, porque ainda não significa alteração substancial no postulado do autor que aqui discutimos.

73. Em seu manual, ele realça especificamente texto de 1987, publicado na SchwZStf 104.

sua tese, porque, como nenhum de seus opositores assume o livre arbítrio como empiricamente comprovado, estão eles na verdade reconhecendo a *Willensfreiheit* como um postulado de impossível confirmação porém imprescindível para as relações sociais, em que se inclui o direito penal. E isso, claro, seria a própria tese de Roxin, que vê a suposição de livre arbítrio como uma "*regra do jogo* (Spielregel)".

Roxin estabelece muito claramente que sua principal divergência com o finalismo são as estruturas lógico-objetivas. Ou seja, depender de dados ontológicos, por assim dizer reais, é algo que contraria as tendências principais filosóficas, ou ao menos as que ele adota, em uma retomada parcial de teorias neokantianas e neohegelianas. Nesse prisma filosófico-jurídico, a realidade deve ser apreendida pelo valor da norma, portanto a liberdade de decisão do ser humano, ontologicamente pensando, pouco interessa. O que importa é que, normativamente, se entende que o ser humano é livre, porque o Estado precisa dessa suposição de liberdade, a "Freiheitsannhame". As vantagens da presunção seriam, a princípio, estabelecer a visão do homem livre, que sem dúvida assume relevo nas Democracias e permite fixar uma série de premissas inclusive para indiciar a culpabilidade ou os aspectos preventivos da pena; depois, mais evidente, dispensar a prova empírica da liberdade, que estamos em consenso que é difícil de fazer.

Entretanto, para nossos limites serão dois os pontos que, por controversos, dada a relevância e a atualidade do pensamento do professor de Munique, merecem abordagem imediata.[74] Primeiro, e crucial em todos que entendam que a liberdade é mero pressuposto por não se comprovar o contrario, é que a culpabilidade, no momento da imputabilidade ou qualquer outro nome que se queira tomar, *depende* da prova de capacidade de decidir.[75] Ou seja, no complexo teórico de Roxin não se comprova um ser humano livre, apenas se supõe, porém se confia fielmente que exista uma forma empírica de demonstrar que o indivíduo é capaz de exercer autocontrole, de compreender a norma jurídica e de motivar-se diante dela. A reprovação, para o professor de Munique, é um dado que tem confessadamente algo de *empírico*, então nos encontramos, creio, diante de uma

74. Conforme descrito na Introdução, o último capítulo (Cap. 5) deste trabalho é destinado aos comentários gerais sobre as concepções mais relevantes, entretanto aqui se opta por suscitar as questões em maiores detalhes, para depois constituir um ensaio com elementos mais gerais.

75. Figueiredo Dias supervaloriza essa dificuldade de comprovação empírica. Na tentativa de flexibilizar a exigência do "poder agir de outro modo", demonstra que esse conceito material de culpa traria duas dificuldades "inultrapassáveis", sendo a primeira delas a própria indemonstrabilidade da liberdade; a segunda é a insustentabilidade político-criminal, pois se teria de aceitar a alegação do réu de não haver agido de outro modo, mesmo que não o comprovasse, em virtude da presunção de inocência (p. 518). Por esses problemas, diz o professor português, "bem se compreende (...) que esta tentativa de determinar o conteúdo material da culpa, enfeudada a uma imagem do homem de oitocentos e não conseguindo demonstrar o mais lídimo fundamento – o livre arbítrio de que se reclama –, tenha de ser abandonada". Dias, Jorge de Figueiredo, *Direito Penal*: Parte Geral, Tomo I, São Paulo: Revista dos Tribunais, 2007, p. 516.

questão de fronteiras: qual o dado teórico que faz crível o atestado de um médico dizendo que um homem é capaz de decidir por si mesmo, se não se acredita que possa existir uma prova do livre arbítrio? Em outras palavras, por que é que se tem de transformar a capacidade do homem de ter sua decisão livre a todo momento como uma suposição "regra do jogo" social, enquanto se deve delegar a dados empíricos – dados da ciência naturalística[76] – uma situação de "normalidade" do cidadão? Essa solução encontrada por Roxin impõe algum critério para decisão acerca de *o que* é delegado ao empirismo e o que deve ser suposição social normativa.

Quanto a esse ponto, poder-se-ia contestar que é o próprio ordenamento que já o estabelece: a noção de imputabilidade depende de prova empírica,[77] enquanto no sujeito "normal" não se lhe questiona a liberdade no momento da culpabilidade. Isso significaria dizer que a confiança na eficácia de um exame de imputabilidade (e daí, da própria existência de um padrão de compreensão e autodeterminação mínimos) são também uma suposição social normativa. Poderia ser, porém a ciência – o empirismo – tem-se encaminhado para ou negar a liberdade absolutamente, ou impor padrões de funcionamento cerebral muito detalhados, que já não permitem uma distinção psíquica maniqueísta sobre normalidade e capacidade livre de decisão em absoluto. Isso, na melhor das hipóteses: se a neurologia passar a recusar um padrão de "normalidade" porque simplesmente *todo* ser humano responde a impulsos neurológicos pré-determinados, esse dado empírico sobre o qual se baseia a culpabilidade, na teoria de Roxin, perde sua força, porque a "capacidade de alcançar o chamado da norma" passa a ser uma suposição também empírica. Porque, como já visto, se perguntado aos autores mais proeminentes das ciências físico-neurológicas de hoje, essa capacidade não seria uma suposição válida, mas um dado *falso*.

Segundo ponto crítico é o vínculo entre a suposição do homem livre e a função meramente preventiva da pena, com sua hostilidade declarada a qualquer tipo de função retributiva. A retribuição estaria superada por um Estado que se

76. São as palavras de Schünemann ao cuidar da imputabilidade: "Así, en el concepto tan rudo de 'estar loco', o en la expresión de que alguien 'ha perdido el juicio'. Y la psiquiatría puede aportar en este ámbito indiscutibles tareas de precisión, lo que, a su vez, suministra a la neurología un fundamento fuerte, empírico, es decir, propio de las ciencias naturales". Schünemann, Bernd, Nuevas tendencias en el concepto jurídico-penal de culpabilidad, in: *Temas actuales y permanentes del Derecho Penal después del Milenio*, Madrid: Tecnos, 2004, p. 126.

77. Mir Puig, em posicionamento mais ponderado, faz a crítica no mesmo sentido: de que o Direito penal não se pode trasladar a análises normativas simplesmente. Dentre seus principais exemplos, está a capacidade de compreender a norma jurídica: "Si la norma se concibe con la función de regular comportamientos, sólo tiene sentido frente a quien puede recibirla y ser influido por ella a la hora de decidir su conducta. De nuevo hay que decir que, si la norma ha de perseguir algo más que su sola vigencia simbólica, se ha de tener alguna eficacia empírica, ésta presupone que concurran elementos empíricos en sus destinatarios y en la situación en que actúan". Mir Puig, Santiago, Los límites del Normativismo en Derecho Penal, in: *Libro Homenaje al Prof. Rodríguez Mourullo*, Navarra: Aranzadi, 2005, p. 688.

desvincula de elementos meramente morais para pensar em sua política, em suas finalidades, e isso não é de se criticar a princípio. Entretanto, cabe de algum modo objetar que, se há que se supor um homem *livre*, qualquer fim preventivo, seja geral, seja especial, pode ser inócuo. Frente à sua liberdade, caso seja absoluta, o ser humano decide diante da situação concreta conforme sua consciência, não havendo indício de que ele possa ser influenciado pela pena cominada ou aplicada, a ele ou aos demais, e com isso importamos com facilidade a crítica absoluta dos deterministas, a exemplo do já mencionado Pedro Lessa, que coincide com a reprimenda de Welzel aos indeterministas absolutos. Em nosso entendimento, o homem não pode ser compreendido como livre de todo (e sequer os filósofos o fazem), até porque isso contrastaria, por exemplo, com situações normativas de evidente constrição de liberdade no sujeito comum, a exemplo das hipóteses de coação, irresistível ou não. Portanto, mesmo a lei tem de considerar o homem *relativamente* livre para que se possa estabelecer o *quanto* uma pena é capaz de influenciar, ou seja, de prevenir, porque somente a um castigo em absoluto retributivo não cabe essa pergunta. Isso significa dizer que o Estado (em sua política) deve estar continuamente questionando o *quanto* o homem é livre para sua decisão, para que a coerção da pena estabeleça seu fim. Por exemplo, se o Estado chegar à conclusão que, em uma sociedade extremamente evoluída, um homem, como componente do coletivo, pode ser constrangido a *não* cometer um furto porque outro cidadão foi condenado por esse delito a uma pena de simples repreensão pública (um anúncio no jornal com o nome do sujeito condenado, por exemplo), poderá fixar essa pena como eficaz, ao menos em termos de prevenção geral negativa. Então essa prevenção depende da não-liberdade do cidadão comum, que tem de se constranger mediante um processo de identificação empática com o condenado. Desse modo, qualquer tipo de *política preventiva* da pena depende de uma relação, ao menos em sua base, empírica de um mínimo determinista do sujeito, que é incompatível com a presunção de liberdade afiançada por Roxin,[78] se ela for absoluta. Porém, absoluta ou não, sua quantificação é elemento relevante da *finalidade* da pena, a que o professor de Munique vincula parte não desimportante de sua dogmática, na categoria da responsabilidade.

4.2.2 Ultra-normativismo de Jakobs: a visão sistêmica

O normativismo de Jakobs declara tamanho grau de pureza, que a maioria dos autores que se ocupam em classificá-lo chamam-no de normativismo radical

78. Em um contexto não tão afastado de nosso percurso (porque se comenta a diminuição da liberdade do autor em relação com o autor detrás em caso de autoria mediata na proposta da Tatherrschaft), Cuello Contreras dispara a contundente crítica: "Quiere decirse, que Roxin, exageró innecesariamente en su día, lo que le separaba del planteamiento finalista, sin duda por la antes mencionada angustia de las influencias". Cuello Contreras, Joaquín, Neofinalismo y normativismo: condenados a entenderse, in: *Revista de Derecho Penal y Criminología de UNED*, n. 16, 2005, p. 22.

ou, como prefere Schünemann, "normativismo livre de empirismo".[79] O principal meio que Jakobs utiliza para essa construção é seu conceito de *pessoa*, definida como conjunto de rol normativos,[80] bem a gosto de Hegel. A teoria de Jakobs nasce inspirada no conceito sistêmico de Luhmann, e depois segue de modo mais efetivo a tendência neohegeliana, reconstruindo o homem como um sistema de roles normativos.[81]

4.2.2.1 Um pouco da teoria dos sistemas

Se é verdade que a perspectiva de Jakobs tem apresentado traços mais hegelianos, de sua concepção normativista extremada ainda remanescem as bases, ao menos parcialmente, lumannianas. A breve análise da Teoria dos Sistemas de Luhmann facilita, então, um posicionamento posterior sobre o que Jakobs tem a dizer sobre a liberdade de querer.

A primeira consideração que aqui se pode fazer acerca da Teoria dos Sistemas luhmanniana é ser ela uma proposição sociológica, e isso para nosso tema diz muito. A estrutura da Sociologia, sabe-se, é voltada para o contexto coletivo e, portanto, o processo de decisão individual não lhe é prioridade, senão os efeitos sociais específicos de cada ação humana. Fato é que Luhmann estuda o processo de decisão do indivíduo, porém o faz apenas como aspecto periférico. Com ainda maior razão sua teoria se há de afastar desse plano individual, aliás, porque ela parte da superação de alguns *obstáculos epistemológicos*, dentre os quais estaria o (em sua opinião, equivocado) pressuposto de que a sociedade seria composta de pessoas concretas ou mesmo por relações entre pessoas. A Sociedade, para o autor, é constituída pela comunicação essencialmente, motivo por que uma de

79. Schünemann, Bernd, *La relación entre ontologismo...*cit., p. 129.

80. Para Gössel, Jakobs relaciona "el concepto de autor o de sujeto del hecho no a seres humanos de carne y hueso, sino al *constructo* normativo de una responsabilidad de autoría". Gössel, Karl-Heinz, Acerca del normativismo y del naturalismo en la teoría de la acción, *Revista de Derecho Penal*, Buenos Aires, n. 1, 2007, p. 47.

81. Com seu início na inspiração da teoria Luhmanniana, Jakobs inicia sua formulação entendendo que "por um lado, a pena se concebe a serviço do exercício da fidelidade ao direito e, por outro, se estima que a culpabilidade é um déficit de fidelidade ao ordenamento jurídico em função dessa mesma necessidade preventiva". Em publicação de 2004, Jakobs abandona sua visão primeira de que a finalidade da pena não era um exercício de psicologia social para a manutenção da fidelidade ao Direito para votar à ideia de que sua função é a manutenção da fidelidade à norma. Análise acerca desse primeiro texto de Jakobs (Staatliche Strafe: Bedeutung und Zweck) que regressa à manutenção da pena como fidelidade ao direito, bem como um interessante traçado do pensamento jakobsiano mais recente encontra-se em artigo de Bruno Moura, de que se transcreve trecho: "Mas os últimos textos de Jakobs apontam surpreendentemente – a despeito da constante e incisiva remissão a jusfilosofia hegeliana – para uma recognitivização da teoria da pena, retornando a uma *positive Generalprävention* referida a efeitos psicológico-sociais: o fim (Zweck) da pena é o 'asseguramento cognitivo da vigência da norma', i. e, 'manutenção da fidelidade à norma', tendo como destinatários as 'pessoas fiéis ao direito' (*rechtstreue Personen*)". Moura, Bruno, O normativismo jurídico penal: consequência ou resistência ao funcionalismo?, in: *RBCCrim*, vol 90, maio-jun. 2011.

suas fortes premissas é a separação do ser psíquico e da sociedade, que tem sua autopoiese baseada em sistemas comunicativos.[82]

A sociedade então se divide em sistemas, que são autopoiéticos, ou seja – como anteriormente comentado, conquanto por sua original vertente biológica[83] – que se produz a si mesmo e às próprias unidades de que se constitui, através de um elemento único: já não o homem, mas a comunicação.[84] E, mesmo assim, a comunicação (elemento base da autopoiese) entendida dentro do conceito da teoria dos sistemas, em que não é o indivíduo seu elemento central, mas ela própria. Em outras palavras, não é o homem que comunica, senão a comunicação mesma que o faz, recriando-se. Ela é produto de uma decisão, que é uma *atualização redutora da complexidade do mundo*, cujo efeito é o de transformar total insegurança em risco. Assim, o sistema de comunicação social obriga a produzir decisões, enviando apenas uma alternativa (dentre as de total insegurança) como portadora do risco[85] conhecido.

Sendo os sistemas sociais *autopoiéticos*, estão fechados em si mesmos, porém não absolutamente, porque a contínua reprodução fechada dos sistemas gera uma série de *estruturas*, pelas quais o dito sistema parcialmente se abre, em um procedimento antes denominado pelo autor como *interpenetração* e, posteriormente, como *acoplamento estrutural*. Daí se pode dizer que, paradoxalmente, o fechamento autopoiético de cada sistema é a condição de sua abertura.[86] Mas para nós é mais essencial lembrar que existe um sistema autopoiético e seus subsistemas, e o que não faz parte de qualquer deles é um *entorno* do sistema ou subsistema, que apenas se intercomunica por meio de algum desses mecanismos de acoplamento.

82. Como afirma Villas Boas, "o potencial inovador da teoria dos sistemas decorreria justamente da superação desses obstáculos epistemológicos". Villas Boas Filho, Orlando, A sociologia do Direito: o contraste entre a obra de Émile Durkheim e a de Niklas Luhmann, in: *Revista da Faculdade de Direito da Universidade de São Paulo*, vol. 105, 2010.

83. Vide, acima, 2.4.3.2.

84. Também o conceito de *comunicação* em Luhmann se afasta de uma acepção tradicional. Para ele, comunicar não é meramente *transmitir*, porque, dentre outros fatores, comunicação implica extensão de espaço e tempo, diferenciação entre momento de emitir e momento de receber, ou mesmo possuir algo para passa-lo adiante. Segundo o sociólogo, essa metáfora é por demais ontológica (p. 219). Utiliza-se confessadamente da concepção tripartite de Karl Bühler (informação, ato de comunicar e ato de entender) posteriormente desenvolvida por Searle, mas ainda assim com ressalvas. Não são atos separados, que possam ser compreendidos fora do ambiente da comunicação. Esta é "uma questão de seleções distintas, cuja seletividade está constituída pela comunicação em si própria" (p. 222). Por isso, a comunicação é uma "redundancia creada en el sentido de que la comunicación inventa su propia memoria que puede ser evocada por distintas personas, de diferentes maneras". Luhmann, Niklas, *Introducción a la teoría de sistemas*, (texto 12, *Comunicación*), Torres Nafarrate (org.), Barcelona: Antropos, 2006, p. 221.

85. Luhmann, Niklas, *Organización y Decisión. Autopoiesis, acción y entendimiento comunicativo*. Barcelona: Anthropos, 1997, p. 11. Vide também p. 81.

86. Luhmann, Niklas, *El derecho como sistema social*, in: Teoría de Sistemas y derecho penal: fundamentos y posibilidades de aplicación (Gómez-Jara Díez, org.), Granada: Comares, 2005, p. 73.

A sociedade moderna é, para Luhmann, um sistema, composto então de subsistemas que assumem uma *função única*, que não se confunde com as dos demais,[87] estabelecendo seus limites de acordo com essa sua própria função. Como o entorno do sistema é mais complexo que ele próprio, o sistema ou o subsistema têm essa função de simplificar o entorno de acordo com seu sentido, ou seja, com a função de "filtrar a complexidade de seu meio"[88] orientado por esse sentido.

O direito é um desses subsistemas, que tampouco se confunde com seu entorno (*Umfeld*), mas que depende dele para que exista porque com ele se relaciona, embora, porque autopoiético, seja autônomo em seu funcionamento:[89] só ele pode determinar o que é legal ou ilegal, diante da obrigação de reproduzir sua própria capacidade operativa, de modo autorreferencial, porém sempre via esse trabalho de retirar pelo sentido aquilo que lhe pertence, aquilo que existe de jurídico no entorno. Como subsistema, o Direito não pode ocupar a função de outros sistemas, pois a que lhe cabe, sob o ponto de vista concreto,[90] é a *função de assegurar expectativas de comportamento*. Ou seja, ele determina os comportamentos que são desejados (de que há expectativa), sem garantir que elas, as expectativas, não sejam frustradas; mas ao menos as mantém como expectativas, por isso a assertiva de Luhmann de que o direito processa "expectativas norma-

87. Assim, nas palavras de Possas: "Essa diferenciação funcional, portanto, garante a cada subsistema sua própria identidade, estabelecendo os limites em relação a seu entorno (*environment*). Considerando a comunicação como elemento-base dos sistemas sociais, pode-se dizer que a função dos subsistemas está relacionada à capacidade de cada um organizar as comunicações e disseminá-las, de maneira que tanto o próprio subsistema, como os demais, possam fazer uso delas, ainda que em diferentes sentidos". POSSAS, Mariana Thorstensen, O problema da inovação na teoria da prevenção geral positiva, *RBCCrim*, n. 56, set.-out. 2005, p. 283.

88. GARCÍA AMADO, Juan Antonio, *A sociedade e o direito na obra de Niklas Luhmann* (trad. F. Riche), in: Niklas Luhmann: do sistema social à sociologia jurídica, Rio de Janeiro: Lumen Juris, 2004, p. 311.

89. "Portanto, a clausura auto-referencial dos sistemas é a forma de estender os contatos possíveis com o meio. A pura auto-referência é impossível. Cada sistema somente pode existir e se reproduzir em um meio (...). A clausura autopoiética não significa isolamento, e a autonomia do sistema não significa sua independência total em relação ao meio exterior, senão a auto-regulação pelo próprio sistema de suas dependências e independências em relação a esse meio". GARCÍA AMADO, Juan Antonio, *A sociedade e o direito...*, cit., p. 316.

90. Luhmann diz que a função do direito pode ser analisada por duas vias (*auf zwei verschiedene Gleise gesetz*). De modo abstrato, relaciona-se com os custos sociais das relações temporais das expectativas (mit den sozialen Konstender zeitlichen Bindung von Erwartungen zu tun). Concretamente, a função é a de estabilizar expectativas normativas pela regulação de sua generalização temporal, objetiva e social. O direito possibilita saber qual expectativa tem respaldo social e qual não (Das Recht ermöglich es, wissen zu können, mit welchen Erwartungen man sozialen Rückhalt finden, und mit welchen nicht"), bem como possibilita viver em uma sociedade complexa, em que o direito exerce uma função simbólica de assegurar a confiança. São essas algumas subfunções, a partir da estabilização das expectativas. LUHMANN, Niklas, *Das Recht der Gesellschaft*, Suhrkamp: Frankfurt am Main, 1995, p. 131-132.

tivas capazes de manterem a si próprias em situações de conflito".[91] Essa é a *estabilidade contrafática* da normatividade, ou seja, quando o Direito exerce sua função de proteger expectativas, libera-nos da obrigação de adaptar-nos às frustrações delas, ainda que existam. Tudo isso ocorre mediante uma decodificação binária que o próprio sistema desenvolve, determinando a diferenciação entre justo/injusto e, como diz o próprio sociólogo, livrando o sistema de contradições internas (sendo justo o que não é justo e ao revés) e de outros valores que não lhe são próprios, a exemplo da utilidade e dos fins políticos. Operando dessa forma o sistema esclarece que o cumprimento das expectativas ou seu descumprimento terão, respectivamente, uma resposta positiva ou negativa e, com isso, "atualiza sua memória", alimentando sua relação autopoiética com base na compatibilidade como comportamentos prévios e indicando a consistência de operações futuras.

O direito então tem essa função de proteger um "estilo de espera", e a pena serve para individualizar, na cadeia comunicativa, o elo em que se deu a comunicação antijurídica, sem que haja dentro desse sistema qualquer consideração de cunho moral, o que não está inserto na sua autorreferência. O importante[92] é que ele identifique essa singularidade da comunicação e coloque em marcha uma operação específica ao caso, sem interromper em qualquer momento essa autopoiese.

Como nossa função não é, aqui, construir um histórico do pensamento Luhmanniano, até porque nos faltaria nele aprofundamento suficiente de seu complexo arcabouço sociológico, basta seguir direto à questão: qual o papel do *indivíduo, como portador de decisão*, nesse sistema? O indivíduo, como ocorre em grande parte do pensamento sociológico, é o *portador* de um conjunto (rol) de papéis sociais, mas aqui especificamente, por sua construção, torna-se o portador de um conjunto de expectativas de comportamento, exterior ao sistema porém elementar para que este funcione.

O indivíduo vem a ser um elemento exterior. Por isso será claro Luhmann ao dizer que os sistemas sociais não constam de seres psíquicos e muito menos de seres humanos de carne e osso.[93] Embora assuma que a sociedade não vive sem o indivíduo e vice-versa, este *não* é elemento celular da sociedade, senão a comunicação, que, como dito, é essencial para a autopoiese e por isso é única operação que se pode predicar de genuinamente social. Entre o psíquico e o social está apenas a *consciência*, como uma espécie de acoplamento estrutural, aquele

91. LUHMANN, Niklas, *El derecho como sistema social*, in: Teoría de Sistemas y derecho penal: fundamentos y posibilidades de aplicación (Gómez-Jara Díez, org.), Granada: Comares, 2005, p. 73.

92. Essa afirmação retiro da importante análise de Prieto Navarro. Veja-se: PRIETO NAVARRO, Evaristo, *La teoría de sistemas y el problema del control de la conducta*, in: Teoría de Sistemas y derecho penal: fundamentos y posibilidades de aplicación (Gómez-Jara Díez, org.), Granada: Comares, 2005, p. 306.

93. LUHMANN, Niklas, *Introducción a la teoría de sistemas* (texto 12, *Comunicación*), Torres Nafarrate (org.), Barcelona: Antropos, 2006, p. 221.

elemento que não faz parte do sistema mas que o joga em contato com o entorno. Em acoplamento estrutural[94] se une a comunicação (genuinamente social) à consciência, que é psíquica e individual.

Então se observa, para o que aqui releva, o caminho luhmanniano: ele retira, como modo metafórico, a autorrefencialidade como característica do indivíduo e a transporta ao sistema social, e a seu subsistema, o que de fato vem a *destronar*[95] o indivíduo como único capaz dessa singular *autopoiese*, com a diferença de que o instrumento principal de autorreferenciação do sistema é o indivíduo. Isso, entenda-se bem, não significa que a ação humana não dependa de elementos psíquicos, na própria teoria do professor de Bielefeld, bem ao contrário. Ele expressamente reconhece a importância do contexto subjetivo da ação e chega até a expor sua opinião[96] – que não vem aprofundada por não ser seu objeto – por um bastante limitado indeterminismo, porém seu *corte epistemológico* não é o indivíduo, mas o sistema. Seu postulado se forma no sentido de encontrar na ação algo concreto independente do indivíduo e, muito mais, uma sociedade dividida em sistemas que se operam via a comunicação, mas em que a própria comunicação existe por si mesma, em grau mínimo ou inexistente de dependência com emissores e receptores de mensagem.

É evidente que sua teoria alcança ou persegue esse intento, útil no sentido de criar uma superteoria[97] que abarque todo o conhecimento, o que representa um

94. "Para comprender la conexión que, no obstante, subsiste (y que es completamente normal e inevitable) entre conciencia y comunicación se utiliza precisamente el concepto de acoplamiento estructural. (...) Cuando se comunica, el *acoplamiento estructural* hace contacto de inmediato con la conciencia, sin que los acontecimientos internos de la conciencia (pensamientos) entren como participantes de la cadena de comunicación. LUHMANN, Niklas, *Introducción a la teoría de sistemas*, (texto 12, *Comunicación*), Torres Nafarrate (org.), Barcelona: Antropos, 2006, p. 204.

95. LUHMANN, Niklas, *El derecho como sistema social*, cit., p. 70.

96. "Esto es aún más claro si se toma en cuenta un prejuicio común, compartido frecuentemente por los sociólogos, que consiste en la adscripción de la acción a seres humanos individuales concretos. De hecho, una acción nunca está determinada plenamente por el pasado de un individuo. Numerosas investigaciones han descubierto los límites de la posibilidad de una explicación psicológica de la acción. En la mayoría de los casos la situación domina la selección que lleva a cabo la acción. Con frecuencia las observaciones pueden prever mejor la acción si se basan en el conocimiento de la situación, más que en la persona. En consecuencia la observación de las acciones se dirige, en la mayoría de los casos, no hacia el estado mental del que actúa, sino a la realización paralela de la autopoiesis del sistema social. Sin embargo, en el mundo cotidiano la acción es adjudicada al individuo, además del presupuesto tan arraigado de que la acción es un caso concreto. Esto de ninguna manera significa que haya que quitarle relevancia al contexto de la intención subjetiva de la acción". LUHMANN, Niklas, *Introducción a la teoría de sistemas* (texto 12, *Comunicación*), Torres Nafarrate (org.), Barcelona: Antropos, 2006, p. 190.

97. "La obra del professor Luhmann consiste en la elaboración de una superteoría, con pretensiones de universalidad, vale decir, que reclama aplicabilidad para todo fenómeno social (...). La teoría de sistema de Niklas Luhmann se ha construido en un diálogo constante con diferentes esfuerzos conceptualizadores provenientes de la filosofía, la sociología, la lógica formal, el derecho, la teología, la biología, la física etc." RODRÍGUEZ MANSILLA, Darío, Nota a la versión en español, in: LUHMANN, Niklas, *Organización y Decisión. Autopoiesis, acción y entendimiento comunicativo*. Barcelona: Anthropos, 1997, p. IX.

dos grandes desafios da especulação científica humana. Para o Direito penal em si, o problema está na apropriação da teoria luhmanniana tal como posta, que então gera efeitos diretos em nosso objeto de análise. Trataremos do tema mais adiante.

4.2.2.2 O normativismo radical de Jakobs: a visão hegeliana de pessoa?

Jakobs desenvolve um normativismo bastante extremado, que com o tempo ganha ainda maiores ares de ortodoxia. Sua concepção, que aqui vem resumida no quanto interessa para a observação de nosso tema, entende pouco adequada qualquer relação do Direito penal com a esfera subjetiva, a ponto de dispensar totalmente a relação dolo/culpa, porque, para o autor, estes significam o sobreviver de um incômodo ingrediente naturalista, ao lado da relação assumidamente normativa que trazem tanto a culpabilidade como as regras de imputação. Evoluindo, como atrás adiantado, de uma perspectiva radicalmente luhmanniana para, depois, enunciar de modo mais reiterado a visão de Hegel sobre a condição humana de *pessoa* – e daí tirar consequências próprias para sua teoria –, o professor de Bonn alcança um expresso desprezo às consequências dos estudos neurocientíficos na esfera do livre arbítrio, porém de modo bastante diverso à neutralidade aparente de Roxin. Algo desse percurso se faz, então, relevante para que se compreenda a posição de Jakobs sobre a neurociência e a liberdade de querer.

A teoria de Jakobs supõe, como se sabe, fases distintas.[98] De seu primeiro olhar, já normativista, a impor a pena como mera prevenção geral positiva[99] diante

98. Schünemann identifica, nesse sentido, na teoria jakobsiana um "*giro* de Luhmann a Hegel", cf.: Schünemann, Bernd, Aporías de la teoría de la pena en la filosofía, in: *Obras*, Buenos Aires: Rubinzal Culzoni, 2009, p. 160. Tal transição de entre corrente sociológica e a filosofia hegeliana, entretanto, não é de simples análise. Grande parte dessa transmutação em Jakobs pode repousar na crítica – melhor dito, na fuga à crítica – pela qual analisar o Direito penal sob perspectiva sociológica coloca o indivíduo em segundo plano. De algum modo, é o que aqui se sugere quando rapidamente se disserta acerca da perspectiva sistêmica de Luhmann. Alcácer o verbaliza, sem aludir exatamente ao profesor de Bonn, nesse sentido: "Puede, así, afirmarse que la racionalidad sistémica parte de las mismas bases metaéticas que el utilitarismo, es decir, de una exclusiva racionalidad instrumental, según la cual la corrección de las acciones – de la acción social de 'pena' – se establece en relación a la satisfacción de un fin determinado; en este caso, del fin de la estabilización del sistema social". Alcácer Guirao, Rafael, Facticidad y normatividad: notas sobre la relación entre ciencias sociales y derecho penal, in: *Anuario de Derecho Penal y Ciencias Penales*, Tomo LII, 1999 p. 197. Bechara observa no delito como *Pflichtverletzung* de Jakobs a aproximação a Hegel, "a partir dos pressupostos político filosóficos do comunitarismo, caracterizado por situar os interesses sociais sobre o interesse individual, mediante o estabelecimento do fim do Estado e do Direito de garantir a identidade e a coesão da sociedade, bem como por assumir a moral coletiva como essência de tal identidade". Bechara, Ana Elisa L. Silva, *Bem Jurídico-Penal,* São Paulo: Quartier Latin, 2014, p. 282. Em nossa opinião, se bem se pode percebe nos defensores de Jakobs, em especial do Direito Penal do Inimigo, essa identificação com Hegel, como também se pode notar algum exagero, nos detratores, ao tentar aproximar Jakobs de uma visão meramente sociológica do Direito (a qual, por óbvio, coloca a individualidade em segundo plano), o fato é que a influência de Luhmann em Jakobs é inequívoca, e sua "transição", ao menos por ele expressamente, não se encontra aclarada de todo.

99. Sob seu ponto de vista de finalismo mais ortodoxo, Hirsch já se dava conta da insustentabilidade desse posicionamento, mencionando a falta de precisão teórica do conceito de pena em Jakobs, porque

de um dever de preservação da própria norma, até a criação do chamado Direito penal do inimigo, que a nós somente interessa como prova das consequências lógicas de seus postulados teóricos. Por isso, o momento principal em que o professor de Bonn formata sua concepção de culpabilidade e integra assumidamente o pensamento hegeliano de pessoa,[100] que responde apenas como um cúmulo de obrigações normativas às regras penais, é que entendemos aqui por pontuar brevemente.

Partindo de Luhmann,[101] Jakobs crê que se há de compreender a sociedade como a construção de um contexto comunicativo, que deve ser capaz de manter sua configuração diante de modelos divergentes, caso se queira evitar que essa divergência seja ela mesma o modelo de evolução social.[102] A função do Direito penal é a de comunicar expressamente a vigência da norma cada vez que se a infringe, no que se pode identificar um padrão de prevenção geral positiva; esta, entretanto, não é empiricamente comprovável,[103] pois se trata simplesmente de um *fenômeno de conservação*, de um reforço do direito às normas constitutivas da sociedade que, por si mesmas, carecem de força suficiente para uma autoestabilização. E algo dessa necessidade do direito penal para a autoestabilização ocorre exatamente porque é indemonstrável uma *vontade* correta ou incorreta do agente em relação à norma, senão por meio da comunicação: o infrator da norma afirma a não-vigência dela para o caso em questão,[104] mas a sanção diz que essa sua afirmação é irrelevante, ou ao menos que ela não desconfirma o sistema.

"la llamada prevención general positiva, que aparece en el primer plano de esta tendencia, carece de una fundamentación y precisión teórica suficiente como para permitir que un sistema dogmático pueda apoyarse en ella". Hirsch, Hans Joachim, El desarrollo de la dogmática penal después de Welzel (Trad. M. Bacigalupo), in: *RBCCrim*, 43, abr.-jul. 2003, p. 24.

100. Como aparece na maioria dos críticos, essa formatação ocorre a partir da primeira versão de seu texto *Sociedade, Norma e Pessoa*, texto que aqui utilizamos.

101. Da lógica sistémica luhmmanniana, Isabel Sánchez retira a ideia de supressão das garantias do indivíduo. Em suas palavras: "(...) la teoria legitimadora del derecho penal del enemigo de Jakobs se encuentra enraizada, como toda su concepción del sistema penal, en el estructuralismo –funcionalista de N. Luhmmann que coloca en el centro de referencia del mismo la propia conservación del sistema por encima de las garantías del individuo y que también informa su concepción de los fines de la pena como orientada a la prevención general positiva". Sánchez García de Paz, Isabel, Alternativas al derecho penal del enemigo desde el derecho penal del ciudadano, in: Cancio Meliá, Manuel. *Derecho penal del enemigo: el discurso penal de la exclusión*, Madrid: Edisofer, 2006, p. 854.

102. Jakobs, Günther, Sociedad, norma y persona en una teoría de un derecho penal funcional, trad. Cancio Meliá y Feijóo Sanchez, *Cuadernos de Doctrina y Jurisprudencia penal*, ano V, n. 9-A, 1999, p. 25

103. A falta de comprovação empírica como preocupação para prevenção geral é reafirmada, como elemento "pouco tranquilizador" do sistema de penas, também em Jakobs, Günther, Comportamiento evitable y sistema del derecho penal, in: *Estudios de Derecho Penal*, Madrid: Civitas, 1997, p. 163.

104. Jakobs, Günther, *Sociedad, norma y persona en una teoría de un derecho penal funcional*, trad. Cancio Meliá y Feijóo Sanchez, Cuadernos de Doctrina y Jurisprudencia penal, ano V, n. 9-A, 1999, p. 27.

Invoca Jakobs o mito do selvagem de Rousseau, porém em uma construção que lembra bastante (sua interpretação de) Hegel na ideia de homem projetado ao futuro,[105] a desprezar a subjetividade, porque ela somente se pode confirmar empiricamente quando diante das relações sociais. O homem é feito para socializar-se e, em uma "atualização do arco que vai de Aristóteles a Hegel", somente se pode inferir que a subjetividade é "não apenas um pressuposto, mas uma consequência da socialidade".[106] Daí que uma sociedade se pode organizar funcionalmente a partir do momento em que considere o ser humano, ou melhor, sua subjetividade apenas abstratamente, quando todos se representem e se respeitem[107] como *pessoas.*[108] Essa condição de pessoa é nuclear para a imputação subjetiva, na medida em que somente através de uma norma haverá como interpretar o ato de cada ser humano, e essa norma se integra no sistema comunicativo ao mesmo tempo para conceder ao homem a condição de partícipe da própria sociedade. Ser então *pessoa* não significa só expressar a subjetividade do portador da máscara (*persona*),[109] mas ser a representação de uma série de papéis socialmente compreensíveis.

Para definir se um ato contraria ou não a norma, imputando-se a um indivíduo, não há que se ter em conta o sujeito, que seria então para o autor algo como a redução naturalística da pessoa, mas esta mesma: alguém portadora de roles[110] sociais, que são estandartizados, normativizados, e não dependentes de estruturas psíquicas subjetivizadas. A imputação de cada ato significaria, então, interpretar a causação a partir da *conduta defeituosa* de cada qual, identificada pelo grau de confiança que se deve manter no rol interpretado pela pessoa. *As expectativas que*

105. Vide, retro, 2.3.6.

106. Ao expor o processo de normativização do sujeito, justificando ser ele tomado de modo abstrato pelo funcionalismo, até chegar à responsabilização apenas como pessoa, Jakobs utiliza Rousseau e Hegel com poucas distinções, e até mesmo Aristóteles. Lembra, então, da sentença aristotélica de que "quien no puede vivir en comunidad o no necesita de ella o es un animal o dios" (*Sociedad, Norma...*, cit., p. 30), o que evidentemente abre caminho para suas futuras concepções de exclusão que se consolidam no Direito penal do inimigo.

107. Então, ser pessoa independe da forma como constituída a sociedade, das relações que ali são aceitas. Uma pessoa que não tem o mínimo para subsistência dificilmente reconhecerá como pessoa a quem defende sua opulência, portanto aí pode iniciar uma luta pelo reconhecimento (*Sociedad, Norma...*, cit, p. 34) da condição de cada um.

108. Aqui, a influência patente de Hegel: "§ 36 La personalidad encierra, en general, la capacidad jurídica y constituye el concepto y la base también abstracta y por ello, formal. La norma jurídica es, por lo tanto: "se personifica y respeta a los demás como persona". Hegel, G. W. *Filosofía del Derecho*, Buenos Aires: Ed. Claridad, 1968, p. 68.

109. "Ser persona significa tener que representar un papel. Persona es la máscara, es decir, precisamente no es la expresión de la subjetividad de su portador, sino que es representación de una competencia socialmente comprensible". Jakobs, Günther, *Sociedad, norma y persona en una teoría de un derecho penal funcional*, trad. Cancio Meliá y Feijóo Sanchez, Cuadernos de Doctrina y Jurisprudencia penal, ano V, n. 9-A, 1999, p. 39.

110. É aqui, claro, que se começa a mesclar em Jakobs a tendência hegeliana da pena. Mas ela sempre e ainda vem amalgamada aos conceitos próprios da teoria de sistemas, como o fator comunicativo e a reintegração da comunicação pela comunicação mesma.

se defraudam mediante a conduta criminosa são expectativas depositadas em pessoas,[111] não em sujeitos.

Essa sedutora construção normativizante, solidamente baseada em Hegel, permite a Jakobs acusar de naturalista qualquer concepção psíquica para imputação, dentre o que, logo, se encontra o conceito de dolo. Segundo o autor, a oposição entre o conceito psicológico que o dolo traz em si não é compatível com a culpabilidade já consolidada em sua função normativa, o que permite absurdos, como o exemplo dos dois operários que manejam piche refazendo asfalto: o primeiro deles sequer alcança a ideia de que mexer com o material pode causar risco a transeuntes; o segundo tem consciência do dano potencial, mas sabe que naquelas condições é impossível controlá-lo totalmente, ou seja, que remanesce o risco de que um transeunte seja atingido pelo material. Pela relação psicologizante de dolo e culpa, nota Jakobs, o Direito penal acaba interessando-se mais pelo segundo (mais prudente), que pelo primeiro. A curiosa situação contraditória, a que se poderiam somar outros exemplos, conduz Jakobs à solução de, afora os casos de falta de culpabilidade, ser assunto *particular do cidadão*[112] cuidar de seu modo de ser fiel ao direito, porque a relação psíquica não é mais que um mero indicador, bastante substituível, de falta de fidelidade ao direito,[113] que apontará a culpabilidade. Por isso, tanto é errado, para Jakobs, buscar a reprovação no *esforço psíquico* que faria o homem para evitar o fato delitivo, quanto por seu modo de vida, porque realmente não se o exonera de reprovação quando não evita o delito apesar das dificuldades psíquicas criadas por seu modo de vida: o desastroso modo de vida do indivíduo é, novamente,[114] assunto seu,[115] salvo casos

111. Jakobs, Günther, *Sociedad, norma...*, cit., p. 4.

112. Após cuidar da culpabilidade no sistema funcionalista normativo, explica: "la constitución individual del sujeto es tomada en consideración exclusivamente en aquellos ámbitos en los que no hay que temer un desbordamiento incontrolable, mientras que en los demás se contempla como un asunto particular del ciudadano el preocuparse de adquirir suficiente fidelidad al derecho". Jakobs, Günther, *Sociedad, Norma...*, cit., p. 48.

113. "Por lo tanto, la culpabilidad es un déficit – exteriorizado en un hecho consumado o en la tentativa de un hecho – de fidelidad al ordenamiento jurídico, y los hechos psíquicos, en la medida en que son susceptibles de ser mostrados, especialmente el dolo y la conciencia de antijuridicidad, no son otra cosa que indicadores de tal déficit. Y de ningún modo son indicadores insustituibles; la falta de atención, la indiferencia, el desinterés por las consecuencias de una conducta pueden también ser indicios de tal déficit". Jakobs, Günther, La idea de normativización en la dogmática jurídico-penal, in: *Los desafíos del Derecho Penal en el siglo XXI: libro homenaje al profesor Dr. Günther Jakobs*, Lima: Ara Editorial, 2005, p. 100.

114. "Esto, sin embargo, sólo es así si su desastroso modo de vida es asunto suyo, por haberse desarrollado partiendo de una situación normal". Jakobs, Günther, *Culpabilidad en Derecho Penal: dos cuestiones fundamentales,* Trad. Cancio Meliá e Marcelo Sancinetti, Bogotá: Universidad Externado de Colombia, 2003, p. 52. No mesmo sentido, embora ali com alguma ressalva, Jakobs, Günter, El principio de Culpabilidad, in: *Anuario de Derecho Penal y Ciencias Penales*, Tomo XLV, jan.-abr., 1992, especialmente p. 1079.

115. Isso dispensaria o juiz da complexa e volátil análise da personalidade do réu, mesmo no quanto alguns entendessem relevante para circunstâncias do crime e do castigo, a exemplo da "bondade, alegria, responsabilidade nos afazeres, franqueza, honestidade" ou "agressividade, preguiça, frieza emocional"

em que essa conduta lhe sai do controle. Na perspectiva normativizante, as dificuldades psíquicas somente importarão para a culpabilidade quando puderem ser atribuídas a um terceiro, especialmente a vítima, como é o caso do homicídio logo após injusta provocação do ofendido,[116] que explica como o fato de a vítima, por haver definido a situação psiquicamente agressiva, perder parte de sua proteção.

Anulada a necessidade do dolo, é à culpabilidade que cabe distinguir o que importa para a comunicação normativa e o que é para ela irrelevante,[117] ou seja, respectivamente o que tem sentido na comunicação funcional e o que fica no campo da natureza, do físico. A culpabilidade integra o sentido do próprio injusto, para bastante além das concepções ontológicas: para o causalismo, a mera ação que lesiona o bem jurídico já presume a culpabilidade; o finalismo exige para a ação o dolo; porém em sua concepção de funcionalismo "se não existe culpabilidade, trata-se só aparentemente de uma comunicação",[118] porque a conduta perde sentido comunicativo. A conduta não-culpável seria então, nessa divisão que a própria culpabilidade estabelece, uma mera ocorrência da natureza: a consequência de uma doença, a consequência de um erro escusável, ou seja "consequências do ser humano como ser natural, emocional, e não como participante idôneo de uma comunicação que diz coisas com sentido". Isso implica reconhecer que para a lei penal somente importa a expectativa de que o sujeito culpável *não* se comunique de modo a demonstrar sua inimizade frente ao direito, *pois os atos do não-culpável são comunicação insolvente*, atos meramente naturais. Essa solvência ou relevância desses atos de comunicação são o que autorizam a Jakobs dizer que é a culpabilidade tem a função de medir *pessoas* e não indivíduos, exatamente as pessoas dentro deste padrão: a pertinência ao rol de respeitar ao direito.[119]

Em busca desse quase-absolutismo normativista, falece para Jakobs a distinção também entre ação e omissão, tendo em vista que, quando o indivíduo comunicativamente propõe-se a compor uma determinada organização, recebe como *pessoa* a obrigação mantê-la, quer por intervir atuando, quer por não agir

nominadas por Nucci. Cf. NUCCI, Guilherme de Souza, Análise da personalidade do réu na aplicação da pena, in: *Boletim IBCCrim*, 153, ago. 2005, p. 2.

116. Jakobs cita o § 213 do StGB (minder schwerer Fall des Totschlags), algo equivalente à nossa violenta emoção.

117. Schünemann critica esse conceito ultra-normativizante de Jakobs porque ele estabeleceria "argumentações circulares". Para o professor de Munique, a culpabilidade é em Jakobs é um conceito "presentado exclusivamente como resultado de la imputación jurídico penal, de modo que la imputación se explica por la culpabilidad y la culpabilidad por la imputación, estableciéndose un círculo vicioso". SCHÜNEMANN, Bernd, *Consideraciones críticas sobre la situación espiritual de la ciencia jurídico pneal alemana*, in. ADPCP, jan.-abr. 1996, p. 208. Vide, adiante, 4.3.1, também a crítica de Schünemann ao abandono da ideia ontológica do poder agir de outro modo.

118. JAKOBS, Günther, *Sociedad, Norma...*, cit., p. 45.

119. "Por lo tanto, con la medida de la culpabilidad no se mide un sujeto, sino una persona, precisamente la persona más general que cabe imaginar, aquella cuyo rol consiste en respetar el Derecho. Más allá de este mínimo no hay disculpas que valgan. Sólo en la medida que ese rol no se ve cuestionado, se puede tomar en consideración los datos ajenos al mismo." JAKOBS, Günther, *Sociedad, Norma...*, cit., p. 48.

em determinado momento: a diferença entre uma e outra existe apenas no mundo físico. Sob o ponto de vista normativo, a manutenção da organização integrada ao rol da pessoa é obrigação desta, quer por um papel especialmente assumido, quer por uma obrigação geral de atender ao direito,[120] não lesionando os demais. Nesse sentido, toda pessoa é garante em um dever geral, o dever de não lesar a outrem; ainda, todo delito é um delito de infração de dever, o dever do *neminem laedere*, da obrigação geral do *harm principle*, mas esse é um tema em que aqui descabe aprofundar.

Por essa senda trilhada por Jakobs, há que se identificar nele duas alterações em sua compreensão acerca da função da pena.[121] Ela passa de ser uma prevenção geral positiva pura, para significar, além dela, também a necessidade de uma coação pessoal, cuja dor impede o homem de desenvolver-se como pessoa. Assim, em primeiro lugar a pena tem de demonstrar ao apenado que, apesar de sua expectativa de contrariar a norma sempre com seu comportamento, esta segue vigente;[122] e tal demonstração se faz à custa do autor,[123] o que ao fim é uma forma de retribuição.[124] Mas também é finalidade da pena que não se *incremente* a proba-

120. Por exemplo: "Pero, desde el punto de vista jurídico, no es decisivo qué es lo que fácticamente suele estar al comienzo de una actividad, sino aquello que mantenga una relación de equivalencia funcional, y lo cierto es que depende del estado de la organización de una persona – de un estado que es causal – que ésta deba intervenir actuando o que sólo deba esperar para configurar una organización que persigue un determinado objetivo." JAKOBS, Günther, Actuar y omitir, in: *Los desafíos del Derecho Penal en el siglo XXI: libro homenaje al profesor Dr. Günther Jakobs*, Lima: Ara Editorial, 2005, p. 162.

121. "Partiendo de esa concepción, puede apreciarse que también la pena ha de ser *algo más que coacción,* que infligir dolor: debe ser una respuesta con el contendido de que el ataque del autor contra la estructura normativa de la sociedad no es determinante y que esta estructura mantiene su configuración sin modificaciones. Dicho de otro modo: el autor afirma que el contenido comunicativo de su comportamiento es válido para ulteriores comunicaciones, pero la punición pone en claro que eso no es así". JAKOBS, Günther, ¿Cómo protege el Derecho Penal y que es lo que protege? in: *Los desafíos del Derecho Penal en el siglo XXI: libro homenaje al profesor Dr. Günther Jakobs*, Lima: Ara Editorial, 2005, p. 140.

122. "El hecho significa una rebelión contra la norma, y la pena rechaza esa rebelión; al mismo tiempo, mediante el dolor que aquella inflige, se elimina el riesgo de una erosión general de la vigencia de la norma: esto se llama 'prevención general positiva'". JAKOBS, Günther, ¿Cómo protege el Derecho..., cit., p. 139.

123. Muito de passagem, ao defendê-lo Jakobs faz algum elogio ao talião kantiano, porque ele, de alguma maneira, encontrava uma proporcionalidade a essa reação. JAKOBS, Günther, ¿Cómo protege el Derecho..., cit., p. 142.

124. Analisando a função da pena em Jakobs, após explicar o sentido transcendente da prevenção geral, Saad Diniz afirma: "No entanto, não há prevenção que não esteja vinculada a uma retribuição. Mesmo que a ideia reitora proponha ou estabeleça esquemas de operacionalização e recuperação de estabilidade normativa, a necessidade de intervenção surge de um momento inicial de rompimento da normalidade interpessoal. O sentido operacional da intervenção punitiva reporta-se aos comportamentos passados, para em momento posterior orientar a reação penal para a prevenção de riscos futuros. A ambivalência desse sentido permite reposicionar o ideário retribucionista. Toda intervenção preventiva pressupõe uma reação retributiva." SAAD DINIZ, Eduardo, *Inimigo e Pessoa no Direito Penal*, São Paulo: Liberars, 2012, p. 82.

bilidade de posteriores infrações da norma, de modo que as pessoas em geral não venham a duvidar da "realidade do ordenamento jurídico".[125]

A evolução de Jakobs para a criação do Direito penal do inimigo implicou a inserção de ainda outra função, na pena: ela adquire o poder de concessão do *status* de pessoa ao indivíduo, porque, enquanto apenado, é-lhe *reconhecida* a possibilidade de comunicação dentro da sociedade – se insolvente a comunicação do indivíduo, não seria necessário contradizê-lo. Essa é uma clara inspiração hegeliana[126] que, originariamente formulada para dar o status de pessoa ao indivíduo que de algum modo tem capacidade de compreender e obedecer à norma (que diríamos culpável), é trasladada à diferenciação entre quem merece reprimenda e quem deve ser afastado do convívio social, inocuizado como fonte de risco; a luta contra o perigo[127] toma o lugar da situação de comunicação.

Então não é nada difícil dizer que esse caminho – que aqui esperamos ter delineado com alguma clareza – o qual parte da recomposição do sistema, em inspiração luhmanniana e se mescla com a releitura do conceito de *reconhecimento* como pessoa através da pena, de Hegel, é o que alcança seu ápice (ou o que se espera que seja seu ápice) no direito penal do inimigo. Ele não pode ser nosso tema central aqui, sob pena de representar algo além[128] de desvio de foco, porém nele há que se encontrar a exata combinação entre a ideia de prevenção para o futuro que o autor já expunha quando não alcançava o inimigo senão como esboço, e a exclusão daquele que não alcança o *status* de pessoa. Combinados esses dois elementos, a prevenção de riscos futuros é considerada função de todo o Direito penal, e a inocuização dos perigosos, não-pessoas, torna-se tática elementar. É o centro do Direito penal do inimigo, em linhas muito gerais, que

125. JAKOBS, Günther, ¿Cómo protege el Derecho Penal y que es lo que protege? cit., p. 143.

126. A ideia de que a pena reconhece o indivíduo como ser racional está em Hegel: "Por otra parte, no es únicamente el concepto del delito, su racionalidad en sí y por sí, con o sin el consenso de los individuos, lo que el Estado debe hacer válido, sino la racionalidad formal, el querer del individuo, que está implícito en la acción del delincuente. Como ser racional, el delincuente en *honrado con la pena*, que es mantenida como continente de su derecho particular. Este honor no llega a él si el concepto y la norma de su pena no se toman de su mismo acto y si es considerado el delincuente como un animal dañino al que habría que hacer inofensivo, o a los fines de la intimidación y de la corrección". HEGEL, W. Friedrich, *Filosofía del Derecho*, Buenos Aires: Ed. Claridad, 1968, § 100, p. 109.

127. "Por lo tanto, en lugar de una que de por sí es competente y a la que se contradice a través de la pena aparece el individuo peligroso, contra el cual se procede – en este ámbito: a través de una medida de seguridad, no mediante una pena – de modo físicamente efectivo: lucha contra un peligro en lugar de comunicación". JAKOBS, Günther, Derecho Penal del ciudadano y derecho penal del enemigo, Trad. M. Polaino Orts, in: *El derecho penal ante las sociedades modernas: dos estudios de dogmática penal y política criminal*, Lima: Grijley, 2007, p. 25.

128. Parafraseando a Hegel, expor o Direito penal do inimigo, mesmo para criticá-lo, significa conceder-lhe o status de Direito penal, o que aqui não se pretende. Ainda que nele se encontre o natural culminar da sua perspectiva normativizante, existe algum leve desvio de rota quando pretende a exclusão de "não-pessoas", suprimindo-lhes direitos fundamentais. Tratar-se-ia de uma longa argumentação que aqui não tem lugar. O que entendemos, como se dirá no último capítulo, é que no discurso de Jakobs há uma retórica latente, em que de algum modo se pode encontrar também o direito penal do inimigo.

passa do direito de proteção a um *direito de combate* (*Feindbekämpfunsrecht*), quando identifica o inimigo.

A partir desse relato, bastante resumido, de como se encontra atualmente o corpo dogmático construído pelo autor, há que se colocar duas perguntas, inter-relacionadas, para interpretação, que atingem diretamente nossos objetivos, a fim de desvelar se o ultra-normativismo de Jakobs consegue solver a diatribe do livre arbítrio ou, melhor dito, se alcança dar total coerência à assertiva de ser a liberdade individual um irrelevante teórico para a responsabilização penal.

Primeira questão que se formula é a de, sob o prisma o *Feindstrafrecht*, saber se é correto afirmar que, ao não atingir o *status* de pessoa,[129] o indivíduo é ignorado ou traz em si um elemento *psicologizante*, pela concepção de uma personalidade (não no sentido de pessoa hegeliana) que o pode identificar como tal, dentro de um Direito penal de autor. Entre o reconhecimento daquele que tem capacidade de ser um destinatário de expectativas normativas ou que se convertem em fontes de perigo, deve existir, cremos, um elemento subjetivo que oriente o normativo, e que faz, nas palavras do Professor de Bonn, que dele não se espere o cumprimento do dever, a autoadministração orientada da pessoa, "de modo que desaparece el elemento central de una personalidad que presta orientación; es decir, la presunción de la fidelidad al ordenamiento jurídico".[130] Jakobs responderá sempre que é o indivíduo que perde esse status de pessoa,[131] porém não dirá claramente como se o identifica, o que remete à já famosa pergunta sobre *quem* é o inimigo.

Questão mais relevante, que aqui cabe, é: ao nominar o inimigo, Jakobs teria conseguido, ao menos em teoria, eliminar de qualquer relação psicológica o inimputável? A pergunta não é em vão, porque, caso Jakobs tenha logrado fazê-lo, terá concomitantemente apartado uma das contradições que, sob o ponto de vista do livre arbítrio, há que se lançar a outras perspectivas normativizantes, como a de Roxin: o ato independe do psicológico, mas a culpabilidade é calcada em um mínimo de intelecção da realidade que se atrela a fatores mentais, psíquicos, naturais enfim. Se o inimigo – sem mais pistas de como o identificar – é o indivíduo que não consegue comunicação solvente, é aquele que de quem sequer se espera

129. Jakobs, ao negar ao inimigo o *status* de *pessoa*, por ser incapaz de reconhecer a norma, desatende de algum modo o quanto se determina no § 36 do *Filosofía del Derecho* de Hegel: "Sé persona y respeta a los demás como persona".

130. Jakobs, Günther, ¿Terroristas como personas en Derecho? in: Gómez-Jara-Díez, Carlos, *Derecho Penal del Enemigo: El discurso penal de la exclusión*. Madrid: Edisofer, 2006, p. 82.

131. Polaino Navarrete e Polaino Orts, lembrando que a despersonalização do inimigo é parcial (limitada ao âmbito de sua exclusão), são veementes em esclarecê-lo: "El sujeto se convierte en un enemigo por una voluntad propia de abandono de los principios estructurales del Estado (...). En breves palabras: se es enemigo porque se quiere serlo. Y se deja de serlo, cuando el sujeto se decida a ello". Polaino Navarrete, Miguel; Polaino Orts, Miguel, *Derecho Penal del Enemigo: algunos falsos mitos*, p. 624.

fidelidade ao ordenamento jurídico, ou o que não merece pena porque esta seria o reconhecimento de um status de pessoa de que ele não desfruta, um inimputável seria inimigo, a quem não se deve tratar senão como uma fonte de perigo a ser neutralizada. Bastante tentador pensar assim, porém não parece ser exatamente a proposta jakobsiana: em alguns momentos o autor se refere ao alienado como indivíduo que não é reconhecido como pessoa, *mas que merece tratamento*,[132] com o que não encarna exatamente a definição de inimigo, que até o momento parece mais adaptada à figura do terrorista.[133] Menos mal sob o ponto de vista da preservação do direito do inimputável, porém distante de afastar essa aporia do normativismo: desconsiderar o elemento psicológico porém exigir a capacidade de compreensão para a condição de pessoa imputável, capaz de comunicação.

Mesmo sem solver o problema, destacam-se do normativismo de Jakobs dois posicionamentos bastante expressos, ao que aqui nos atine. Primeira, que a questão do livre arbítrio não tem lugar em direito penal: a culpabilidade, como infidelidade ao direito, está relacionada à liberdade de autoadministrar-se,[134] que guarda cunho normativo, como atrás dissertado, e que portanto é muito diferente dessa liberdade da vontade; *o livre arbítrio seria, então, importante apenas como uma metáfora do sujeito livre*, porém no sentido de que pode exercer a personalidade, livre de erro, enfermidade ou coação: a pessoa é livre porque é o que ela faz. Aí a metáfora. Assim, embora creia especificamente em uma perspectiva determinista, Jakobs expressa que o caminho atual das neurociências não influi na tarefa de responsabilização, porque o "comportamento conforme a norma não é continuamente preferencial aos indivíduos, por isso mesmo as pessoas são responsáveis pela preocupação à motivação da confiança no direito".[135]

Claro que as perspectivas de Jakobs, e as diversas interpretações que o autor de Bonn suscita, não estão aqui suficientemente tratadas. Até mesmo a polêmica de se de fato o penalista tem menor influência de Luhmann que o que se indica, a qual seria ultra-valorizada para aproximar seu escrito de algo apenas sociológico, deixando de lado a essência do sistema psíquico por conta de um corte

132. "Si fuese incompetente, como lo es por ejemplo el enajenado, en lugar de pena habría tratamiento; éste, que es una configuración vital final ajena, precisamente contiene una negación de una personalidad plena. En el hecho de que es tratado como una persona, esto es, de que se le reconoce como un igual 'se honra al delincuente como ser racional', como lo formuló Hegel, aunque esta frase con frecuencia haya sido objeto de burla". JAKOBS, Günther, *Culpabilidad en Derecho Penal...*, cit., p. 45.

133. Cf.: JAKOBS, Günther, ¿Terroristas como personas en Derecho? in: GÓMEZ-JARA-DÍEZ, Carlos, *Derecho Penal del Enemigo: El discurso penal de la exclusión*. Madrid: Edisofer, 2006, especialmente p. 85

134. JAKOBS, Günther, *Culpabilidad en Derecho Penal...*, cit., p. 45.

135. JAKOBS, Günther, *Indivíduo e pessoa: imputação jurídico-penal e os resultados da neurociência*. Trad. Eduardo Saad Diniz, in: POLAINO ORTS, SAAD DINIZ (org.), *Teoria da Pena, bem jurídico penal e imputação*, São Paulo: Liberars, 2012, p. 40.

epistemológico não-jurídico,[136] é algo que aqui temos de abandonar. A mínima compreensão, porém, de o que o próprio autor tem enunciado acerca do Direito penal do inimigo – que nada mais é que a extensão da concepção de suas ideias – não permite escapar à comparação com a inspiração sociológica de Garófalo ou, como dito, da guerra justa, do Direito de Combate que aqui verbalizamos ao seguir Ginés de Sepúlveda.[137] Nesse sentido, a liberdade de querer do indivíduo importa menos que o chamado direito a não ser vítima, e, conquanto haja assertivas diversas, o conteúdo psicologizante do indivíduo fica quase anulado.

4.3 Opiniões contemporâneas sobre o livre arbítrio

A breve análise do estudo de Jakobs nos serve para um repasso das tendências mais influentes dentro do sistema romano-germânico do Direito penal com o qual estamos habituados a lidar, observados desde a perspectiva de nosso tema. Este último subtítulo pretende lançar foco sobre que os penalistas contemporâneos que, donos ou não de um corpo teórico próprio, escrevem sobre as consequências das neurociências na questão da liberdade da vontade, em alguma medida identificando o embate a que nos referimos no início deste trabalho: o conflito entre conclusões ofertadas pelos estudos médicos acerca da liberdade da vontade e a dogmática penal.

A alguns deles o problema traz preocupação evidente, porque é capaz de transformar todo o conceito de reprovação, de modo contundente e quase imediato; outros já relativizam muito as próprias conclusões neurocientíficas, como oportunamente fizemos; para outro grupo, mesmo que os avanços da ciência sejam claros e determinantes, seu grau de influência nas construções da dogmática penal é baixo. Essas considerações merecem aqui resenha porque, ao formatarmos nossa visão acerca do tema, algumas das objeções que aqui se encontram, se não serão respondidas, ao menos virão referenciadas.

4.3.1 Schünemann e a liberdade real

É justo creditar a Bernd Schünemann, entre os penalistas contemporâneos, a pioneira preocupação em reafirmar a liberdade da vontade tanto à luz da filosofia quanto à resistência das aportações das ciências naturais. Não só, o professor de Munique já no ano de 2002, denunciava que, fazia trinta anos, o "conceito social de culpabilidade" conscientemente afastava a questão ontológica do poder atuar

136. Assim se manifestava o professor de Bonn, na década de 1990: "La exposición más clara de la diferenciación entre sistemas sociales y psíquicos, que tiene consecuencias para el sistema jurídico, si bien con una enorme distancia con respecto al Derecho penal se encuentra en la actualidad en la teoría de los sistemas de Luhmann". Jakobs, Günther, *Sociedad, norma...*, cit., p. 20.

137. Vide 2.2.3.4.

de outro modo (*Andershändelkönnen*), em que está implicado o livre arbítrio,[138] para a redução a um "capaz de reagir normativamente", ou seja, poder ser motivado de um modo *normal* pelo ordenamento, o que implicaria voltar recorrer a um inseguro "nível mediano" de motivação. Analisando algumas concepções filosóficas sobre livre arbítrio, demonstra a redução havida pelas teses compatibilistas no Direito, que não seriam outra coisa, em suas precisas palavras, que "un concepto de responsabilidade personal que es independiente de la cuestión de la libertad de *voluntad* y que solamente presupone la libertad de *acción*".[139]

A liberdade de *ação*, entendida como a do homem determinado na formação de sua vontade, mas livre apenas quanto à ausência de coações externas, seria bastante para o Direito Civil,[140] porém insuficiente para o penal. Para Schünemann, aqueles que advogam a tese compatibilista, no direito penal, deram-se conta de que essa simples liberdade de *ação* não serve à reprovação, porém tem de descartar a possibilidade de agir diversamente, que demanda a liberdade de vontade. Então a substituem pela "idoneidade e necessidade da pena para a prevenção de ações socialmente danosas", a reforçar objetivos como impedir a reincidência do autor ou intimidar a coletividade, baseando-se na capacidade do indivíduo em geral para previsão das consequências jurídicas de seu ato. Esses fundamentos, retirados da função da pena, seriam em si mesmo falhos, no entanto, a começar pela tentativa de evitar reincidência: estudos criminológicos comprovam reiteradamente que a pena causa aumento na reincidência, de modo que ela, já de início, não é idônea a seus fins.

Por mais que a pena se possa voltar a consequências futuras, diz o autor, ela somente se legitima quando se possa constatar que o autor pudera evitar a ação, e isso demanda algo como um "conceito atávico de retribuição"[141] que deriva de sua imposição. Assim, parte do equívoco reside no conceito social de culpabilidade,[142] que monta uma ficção sobre o *Andershändelnkönnen*, dispensando sua

138. "La fundamentación de la culpabilidad penal, esto es, la reprochabilidad del hecho por la posibilidad que tiene el autor de comportarse de otro modo, presupone evidentemente la libertad para comportarse de otro modo y, con ello, el libre albedrío, puesto que no tendría sentido formular un reproche jurídico o moral contra un suceso determinado por la ley de causalidad (...)". Schünemann, Bernd, Libertad de voluntad y culpabilidad, in: *Temas actuales y permanentes del derecho penal después del milenio*, Madrid, Tecnos, 2002, p. 24.

139. Schünemann, Bernd, Libertad de voluntad..., p. 28.

140. Dentre outros argumentos, o de que "Si la cuestión del poder-obrar-de-otra-manera altamente personal fuera tematizada en el derecho civil, se perdería la previa posibilidad de cálculo de las consecuencias jurídicas, imprescindible en el contacto social" Schünemann, Bernd, Libertad de voluntad..., p. 29.

141. Schünemann, Bernd, Libertad de voluntad..., p. 34.

142. Em outro trabalho, o autor também ataca o conceito, cujos defensores "omiten conscientemente la cuestión de la capacidad individual de actuar de otro modo y reducen el juicio de culpabilidad a la constatación de que el autor era accesible a la norma, es decir, normalmente motivable por normas". E aponta que os que defendem essa teoria e negam o livre arbítrio ao mesmo tempo em que encontram uma justificação preventivo-geral para a pena caem em uma contradição: "ante un autor que obra estando

comprovação específica. Para o autor, a liberdade da vontade, que no entanto se deve afastar do imperativo categórico kantiano,[143] é ontológica e está arraigada nas estruturas sociais,[144] como parte da realidade, independentemente da sensação individual de alguém como livre. Para Schünemann, a linguagem e o fenômeno da comunicação em si mesma são a maior prova de que o homem é livre, pois o diálogo pressupõe a capacidade de intelecção e determinação dos próprios indivíduos, que apenas excepcionalmente se defendem de algum ataque dizendo que não eram livres para decidir, porque isso implica colocar-se em uma condição de "pobre diabo" social, de pessoa incapaz de lidar com o complexo entorno em que se desenvolve a comunicação.

Schünemann nega o determinismo (que distingue entre psicológico, fisiológico cerebral e sociobiológico), para chegar à conclusão de que "no sólo estamos lejos de una estricta explicación causal de los procesos de formación de la voluntad, sino que tampoco disponemos ni siquiera de concepto teóricos inobjetables para la formulación de las leyes causales pertinentes".[145] E então a liberdade da vontade, no caso da possibilidade de agir de outro modo, é um fato ontológico, real; e dessa liberdade é que se legitima a pena: com caráter preventivo, mas a partir de um mínimo de culpabilidade baseado no poder de agir de outro modo.

Sustentar que a liberdade é ontológica, como faz o autor comentado, não é de fato uma posição cômoda em um Direito penal que se encaminha ao normativismo, ou seja, que tem quase por assentado que, opiniões científicas ou filosóficas à parte, a liberdade natural não interessa às figuras penais. Entretanto, o autor expressamente não se deixa intimidar por que se predique de "naturalismo" sua posição. A partir de sua interpretação sobre postulados filosóficos, somada a uma observação própria da realidade, Schünemann fixa a liberdade da vontade como

determinado, la amenaza no sólo está vacía o carece de seriedad, sino, sencillamente, no tiene ningún sentido". Schünemann, Bernd, La culpabilidad: estado de la cuestión, in: *Sobre la Teoría del Delito: Seminario en la Universitat Pompeu Fabra*, Madrid: Civitas, 2000, p. 106-107.

143. O autor defende a superação parcial do principio kantiano em mais de um escrito. Sustenta que no direito penal não cabe a distinção entre *homo noumenon* e homo *phoenomenon* de Kant, porque o delito não se explica por imperativo categórico e não é autorrefutado (como ocorreria, em seu exemplo, quando "el autor reconoce finalmente la propiedad lesionada, puesto que la quiere tener para sí", p. 161). Para Schünemann a retribuição está superada e deve ser substituída pela prevenção geral negativa. Em suas palavras: "una solución (...) sólo me parece posible de una manera: que se vuela a las rocas duras de la prevención general amenazadora. De esa manera, no sólo va a ser presupuesta la voluntad de libertad y la culpabilidad del autor (...) sino que también, de paso, se pone de cabeza la reducción de la culpabilidad a la prevención anteriormente propagada por Jakobs". Schünemann, Bernd, Aporías de la teoría de la pena en la filosofía, in: *Obras*, vol. 1, Buenos Aires: Rubinzal Culzoni, 2009, p. 164.

144. É incisivo nesta afirmação: "Y, finalmente, me abstengo también de sucumbir a la falacia normativista de declarar a la libertad de la voluntad, modificando la conocida afirmación de Kohlrausch, con una suposición de la realidad necesaria al Estado". Schünemann, Bernd, *Libertad de voluntad...*, p. 36.

145. Schünemann, Bernd, *Libertad de voluntad...*, p. 45.

existente e, daí, fundamental à consideração penal, especialmente, claro, no que tange à culpabilidade.

4.3.2 Hassemer

Winfried Hassemer é um dos que desde logo constrói o paralelo entre a evolução científica atual e os erros do positivismo biológico de Lombroso, sem desrespeitar os atuais estudos do cérebro. Para dissertar sobre o tema, escolhe partir do *worst case*, do pior dos retratos que se pode pintar diante das descobertas científicas contemporâneas (entenda-se: o quadro mais radicalmente determinista), para lembrar que as ciências empíricas "no son las únicas llamadas a hablar sobre la libertad, y mucho menos, a decir la última palabra"[146] sobre o tema da responsabilidade humana.

Para o professor de Frankfurt, a justiça penal tem, no seu cotidiano, de pronunciar-se sobre o grau de liberdade do indivíduo, em especial em relação à culpabilidade, motivo pelo qual ela o *pressupõe*. Essa pressuposição não é de estranhar-se, principalmente porque é ilusório esse já referido predomínio das ciências biológicas: apenas os "biólogos humanos arrogantes" e os "penalistas assustados" advogam o contrário, porque incorrem, define Hassemer, em no *erro categorial* de tirar conclusões para fora de o que seus instrumentos permitem, além de o que lhe é acessível.

Cada ciência terá então sua concepção específica sobre a liberdade, limitada em seu objeto. O problema que se poderia colocar, diz o autor, é o fato de que as demais ciências acusem de *ridícula* a concepção de outra, por acientífica, e será esse, afirma, o caso do Direito: a responsabilidade não apenas é parte estrutural dele, como também constitui um conceito profundamente fundamentado[147] em nossa comunicação normativa cotidiana. Sendo assim, negar que os seres humanos são responsáveis por seus atos "vulnera el fundamento normativo de nuestro trato social, el reconocimiento como personas".[148] No plano dogmático, a liberdade é pressuposto, e a ideia de que o juiz *realmente* pode penetrar na consciência humana a fim de atestar a possibilidade do autor do delito de haver agido de outro modo é enganosa, de modo que a questão da liberdade atestada neurocientificamente importa pouco. Tanto é assim que a lei penal,[149] nesse ponto mais percuciente que a doutrina científica – em momento algum demanda prova de liberdade. Ao contrário, lembra Hassemer, mesmo ao referir-se à provável inimputabilidade exige apenas que *não* seja possível autodeterminar-se, em um simples juízo de *ausência* de perturbações; é apenas no campo da exclusão da

146. Hassemer, Winfried, *Neurociencias y culpabilidad en Derecho Penal*, in: Indret: revista para el análisis del derecho, 2/2011, Barcelona, 2011, p. 6.

147. Idem, p. 8.

148. Idem, p. 9.

149. Remete ao § 20 e ao §21 do StGB.

culpabilidade que o Direito penal vai recorrer as ciências empíricas, e então "el campo de esas categorías está abierto hacia el futuro".[150] A ciência do Direito penal, portanto, não reprova de todo a evolução científica, mas reserva a ela um lugar, uma importância específica.

A posição de Hassemer, se aqui já nos é permitida uma opinião, conquanto seja ponto importante para a limitação dos papéis da neurociência, recai no mesmo ponto crítico que já apontamos: atestar um homem *livre e sem perturbações* pode significar fazer uma prova que a ciência neurológica já declare impossível, pois se ela se encaminha para a afirmação de que o ser humano pensa e age de modo determinado por sua condição cerebral, parece-nos que naturalmente nega a existência de um padrão de normalidade cerebral. A possibilidade, para a neurociência, da conformação de um cérebro "normal" é algo ainda por especular. Já o fato de que corresponde a cada ciência um objeto de compreensão parece-nos algo de extrema relevância, a ser comentado oportunamente.[151]

4.3.3 Demetrio Crespo e sua posição conciliatória

O penalista Demetrio Crespo, que recentemente capitaneou um dos estudos mais relevantes que ora há publicado sobre as neurociências e o Direito penal, opõe-se a Hassemer em relação às ciências e o método de estudo. Para Demetrio, não existe exatamente uma falha teórica quando se propugna a intervenção das neurociências no Direito penal. Admite que possa haver alguma arrogância na apresentação das conclusões neurocientíficas, porém acredita que não haja como afirmar que o debate entre direito penal e conhecimento do cérebro tenha sido inútil, bem ao contrário: as descobertas e os constantes questionamentos, que das ciências se originam, servem para reavivar o debate sobre *a legitimação do castigo*.[152] Por isso, após demonstrar o domínio de todas as tendências sobre investigações neurocientíficas e suas possíveis conclusões, observando que não se as pode tratar de "una corriente unitaria, sino que sus representantes han ido dibujando una cierta imagen del ser humano a partir de unas características comunes que contradicen la idea tradicional de la libertad de la voluntad",[153] e depois de ressalvar que não se encontra mesmo na nas ideias médicas mais avançadas uma tendencia eugênica, porque o objetivo não é tratar como enfermos os criminosos,[154] propõe a interpenetração entre direito e demais ciências, desde que

150. Idem, p. 12.

151. Vide, adiante, 5.5.

152. Demetrio Crespo, Eduardo, Compatibilismo humanista: una propuesta de conciliación entre Neurociencias y Derecho Penal, in: *Neurociencias y Derecho Penal: Nuevas perspectivas en el ámbito de la culpabilidad y tratamiento jurídico penal de la peligrosidad*, Madrid: Edisofer, 2013, p. 38.

153. Demetrio Crespo, Eduardo, *Compatibilismo Humanista...*, cit., p. 22.

154. Transcrevo essa ideia de que, com direi depois, encontro alguma oposição, a partir do estudo do passado. Duas razões, para Demetrio, afastam os avanços científicos da eugenia: "Primero, porque los neurocientíficos que se han ocupado de estos problemas limítrofes no propugnan en absoluto tales ideas.

mediante o *filtro* do respeito à dignidade do ser humano. Esse filtro que impediria, dentre outros, que haja uma "marcha triunfal de un nuevo darwinismo social", ou, como diz retomando a Aniyar de Castro, uma ressurreição e gloriosa ascensão de Lombroso.

Observa Demetrio que, se as neurociências não podem resolver o problema da liberdade, também há que se reconhecer que o próprio Direito deve assumir pretensões mais modestas: fazer possível a convivência mediante a proteção de bens jurídicos aos ataques mais intoleráveis não significa ter de meter-se no metafísico problema da liberdade.[155] Nessa linha de pensamento restritiva, sustenta ser possível justificar a culpabilidade pelo fato, e não a culpabilidade pelo caráter, sem haver de comprovar absolutamente premissas indeterministas. Em suas palavras, "la culpabilidad presupone injusto, y las normas penales ni prohíben ni ordenan un determinado carácter o una manera de conducción de la vida".[156] Daí ser lícito dizer que Demetrio assume algum posicionamento normativista, porém a considerar aberta a discussão às novas tecnologias e descobertas científicas, que podem aos poucos alterar paradigmas jurídicos.

Assim o autor sustenta o que denomina "compatibilismo humanista": compatibilismo porque crê que o direito penal deve ser permeável às novidades de outras áreas científicas, dentre as quais a médica, já que estamos obrigados a constantemente revisar nossos postulados enquanto penalistas, para justificar a punição. Portanto, a saída meramente normativista, que implicaria rejeitar qualquer tipo de influência científica, não é solução efetiva, mas há que se *orientar normativamente* as descobertas da neurociência; todavia, agrega Demetrio que ao compatibilismo um compulsório viés "humanista" porque a missão do direito penal é a busca de um modo mais humano e inteligente de castigar. Diante dessas ressalvas e da manutenção das garantias da dignidade do ser humano[157] pouco haveria que opor à interpenetração do conhecimento neurológico. De fato, lido a partir do posicionamento mais radical de Hassemer, o postulado do professor toledano guarda tons conciliatórios. Por ele, o Direito não pode desde logo colocar-se em uma posição defensiva diante das descobertas científicas, e talvez seja real-

Pero, en segundo lugar, porque tampoco defienden que la sociedad deba dejar de exigir responsabilidad a las personas por los actos cometidos que vulneran los derechos de otros tratándolas con carácter general como enfermos". Demetrio Crespo, Eduardo, *Compatibilismo Humanista...*, cit., p. 30.

155. Demetrio Crespo, Eduardo, *Compatibilismo Humanista...*, cit., p. 32.

156. Demetrio Crespo, Eduardo, *Compatibilismo Humanista...*, cit., p. 34.

157. Demetrio é incisivo, em outro texto, em manter a dignidade da pessoa humana por cima de qualquer descoberta científica. Em suas palavras, 'ningún paradigma científico sobre el ser humano, por muy explicativo y racional que pretenda ser, está por encima de su dignidade como ser humano. Por lo que concierne al nucleo de lo tratado en esta modesta aproximación al problema de la identidad y la responsabilidad penal este punto de partida significa que el Estado sólo puede exigir cuentas de sus actos a personas y que las personas son algo más que sus cerebros, aunque éstos tengan mucho que ver con la explicación y las claves de su comportamiento". Demetrio Crespo, Eduardo, Identidad y responsabilidad penal, in: *AFDUAM*, Madrid, 17, 2013, p. 251.

mente possível estabelecer um sentido de orientação ao acolhimento dos avanços tecnológicos: somente seriam aceitos aqueles que implicassem diminuição do castigo, a exemplo dos que comprovassem inimputabilidade.

A posição de impor que a dignidade humana prevaleça, no Direito penal, sobre qualquer afirmação científica sobre o funcionamento do cérebro e suas consequências no comportamento do indivíduo é de fato, cremos, bastante acertada; mais ainda porque, em nossa opinião – e aí em desacordo com o autor analisado – os estudos médicos do cérebro visam sim à *cura* do indivíduo, o que no limite importaria o *enhancement*, de que tratamos. Se os médicos assumem ainda não lograr esse mapeamento, como mostra o próprio professor espanhol,[158] é tema distinto. Mas a imposição da dignidade humana deve haver, acreditamos, sobre um cunho epistemológico mais claro: qual é o objeto do conhecimento que os neurocientistas adeptos do determinismo deixam de analisar ao imporem conclusões ao direito penal. A isso se tentará responder, com alguma solvência, oportunamente.

4.3.4 Feijóo Sánchez

O professor Feijóo Sánchez, já ao adentrar à análise da parcela de influência das descobertas neurocientíficas no Direito penal contemporâneo, opera divergência relevante em relação a outros penalistas, como Demetrio, atrás referido. Feijóo, enunciando uma ilustração inicial de sua abordagem – a de um homem que à causa de um tumor cerebral passa a cometer crimes sexuais – deixa transparecer sua opinião de que a abordagem neurocientífica à responsabilidade busca *curar* o delinquente para que não cometa novos delitos.[159] Assim, assume que é possível que as investigações médicas fixem vários indícios de que aqueles antes eram entendidos como *delinquentes malvados* sejam posteriormente compreendidos como enfermos, ao que o penalista levanta a questão de saber se fora injusta a condenação daqueles que cometeram atos que, posteriormente, possam ser entendidos como consequência inequívoca de uma enfermidade qualquer. A resposta é negativa, porque, para Feijóo, "el ordenamiento jurídico, como obra humana, sólo puede garantizar a los ciudadanos que su culpabilidad será valorada de acuerdo con los mejores conocimientos disponibles".[160] Fixadas essas premissas, não há fuga possível ao reconhecimento das vantagens dos avanços médicos no Direito penal (porque se evitam injustiças materiais), porém com cautelas; e dois seriam os pontos principais que seu reconhecimento – ou, melhor dito, o questionamento

158. Demetrio Crespo cita especificamente o *Das Manifest* publicado em Gehirn & Geist, n. 6, 2004, p. 31.

159. E adiante é mais veemente, porque "lo que proponen algunos neurocientíficos es *potenciar el* tratamiento y la prevención especial a diferencia del sistema 'proporcionalista' orientado a la prevención general que caracteriza a los sistemas jurídicos de nuestro entorno". Feijóo Sánchez, Bernardo, Derecho Penal y Neurociencias: ¿una relación tormentosa? in: *InDret*, 2/2011, p. 7.

160. Feijóo Sánchez, Bernardo, *Derecho Penal y Neurociencias....*, cit., p. 3.

sobre esse reconhecimento – suscitaria: a justificação da pena e as razões da culpabilidade.

Sobre o fundamento da pena, diz estarmos diante de "mais um capítulo de um folhetim que começou há tempos"[161] e reforça, como outros autores aqui já o fizeram, que a pena, por mais que se deseje que esteja dotada de lastro científico, tem uma função social de estabilidade normativa, que deriva da vida em coletividade e não necessariamente da investigação do ímpeto cerebral. Em suas palavras, para que se modifiquem as formas de punir não basta que os neurocientistas aprimorem o mapeamento das funções do cérebro e, com isso, modifiquem a compreensão da *natureza humana*, senão também que venham a "trasformar nuestro concepto de ciudadano en una democracia deliberativa",[162] pois é disso que, em última instância, trata-se, ao menos parcialmente, a justificativa da punição: o papel do ser humano frente à sociedade. É de se observar, daí, que essa inserção de democracia e Estado na função da pena ali ocorre porque são fruto de uma original concepção de culpabilidae anteriormente formulada por Feijóo Sánchez. Usando dos postulados luhmannianos, o penalista propõe um "acoplamento estrutural" entre ciências empíricas e ciências jurídicas, exatamente porque ambos se separam: mundo natural e mundo institucional são sistemas diversos, e disso brotam as demais consequências, dentre as quais está a perda de sentido jurídico da diatribe determinismo/indeterminismo, porque ela pertence meramente ao funcionamento do mundo natural. Essa perda de sentido significa que a proeminência do problema penal não está em saber se somos determinados ou indeterminados, mas em definir "se o subsistema social Direito encontra-se determinado pelo sistema social Ciência".[163] Se algum neurocientista, então, crê que a comprovação do indeterminismo joga por terra a ideia de culpabilidade, está outorgando a si mesmo poderes maiores que os reais.

E o toque original que traz a culpabilidade em Feijóo Sánchez, já dada por assentadas suas premissas luhmannianas, é centralizá-la não apenas na necessidade de estabilizar as normas, mas na *explicação* do injusto e da imposição da pena. Há culpabilidade[164] quando, na *explicação* do injusto, a responsabilidade individual assume um papel relevante. Assim, a culpabilidade segue sendo normativamente determinada, e daí os dados psicológicos e neurológicos influenciam apenas à

161. Feijóo Sánchez, Bernardo, *Derecho Penal y Neurociencias....*, cit., p. 10.

162. Feijóo Sánchez, Bernardo, *Derecho Penal y Neurociencias...*, cit., p. 14.

163. Feijóo Sánchez, Bernardo, *Derecho Penal y Neurociencias...*, cit., p. 21.

164. Feijóo desenvolve seu conceito de culpabilidade comunicativa a partir de sua crítica ao formalismo jakobsiano, já que para o espanhol esse caráter comunicativo da culpabilidade pressupõe a compreensão de cada modelo de sociedade em que está estabelecida. Em se tratando de uma sociedade democrática, o Estado não pode exigir que os cidadãos "aporten reconocimiento personal a las normas, sino sólo que no aporten con sus acciones menosprecio de las normas a la vida social" (idem, p. 36). Por interessante que seja a questão, não é aqui o caso de aprofundar na concepção, que ultrapassa muito o papel efetivo da contribuição da neurociência para o estabelecimento da reprovação ou a justificativa da pena.

medida que possam aclarar o vínculo que o indivíduo trava com o ordenamento, o modo como reconhece a norma, "es decir, desde el prisma del reconocimiento personal del orden jurídico", o que comunicativamente será utilizado para explicar a imposição da pena. Transpondo então a linguagem para seu plano normativista, em que concorda parcialmente com Jakobs,[165] o papel a ser desempenhado pelas neurociências está no potencial de auto-organização, o que implica reconhecer que é no atestar da capacidade de culpabilidade que as maiores contribuições serão requeridas ou aceitas, em especial, como resultado prático, ampliando os casos de inimputabilidade ou semi-imputabilidade.

Novamente, então, limita-se a colaboração da neurociência ao atestado da capacidade de compreender o fato ilícito ou de determinar-se de acordo com ele. É a reafirmação do caráter binário na imputabilidade, com o que a tecnologia médica muito tem a aportar.

4.3.5 Luzón Peña

O professor Luzón-Peña, demonstrando bem conhecer o estado atual das neurociências, vem expor uma posição mais conservadora, mas nem por isso menos fundamentada. Sustenta, em linhas gerais, que o conceito de culpabilidade – a culpabilidade normativa – é suficiente dar conta da ideia atual de reprovação. Mas vai além ao mostrar que, apesar de poder-se, com alguma dificuldade, reconhecer que estudos biológicos demonstrem a inexistência de liberdade, todo nosso ordenamento jurídico é baseado na concepção do homem livre,[166] e então seria "muito difícil ou até impossível que a organização social e o direito pudessem funcionar sem partir da liberdade de ação dos homens".[167] Daí que há, em resumo, duas correntes que se podem seguir: a dos que, por bases filosóficas, acreditam haver liberdade efetiva, motivo pelo qual existiria então uma liberdade *ontológica*, e outros que a terão como uma *atribuição social*, em que "a liberdade de ação é um critério claramente normativo ou um critério misto empírico-normativo".[168] Nesse último caso, haveria de se aceitar que a liberdade de decisão humana é, no mínimo, uma *autoconvicção social*, baseado, dentre outros argumentos, na crença de que os mecanismos de contenção ou mesmo de educação social não funcionariam "se as pessoas soubessem que não serão consideradas livres e responsáveis pelas infrações que cometam".[169]

165. Feijóo Sánchez, Bernardo, *Derecho Penal y Neurociencias...*, cit., p. 31.

166. "Y la libertad que se reconoce, consagra y protege constitucional y jurídicamente comprende todos los aspectos o facetas de la misma, no sólo la libertad externa o ausencia de coacción o presión exterior sobre el hombre, en sus relaciones con otros y con el poder público, sino ya la propia libertad nterna del ser humano, su libertad para decidir y actuar como quiera". Luzón Peña, Diego Manuel, Libertad, Culpabilidad y Neurociencias, *InDret* 03/2012, p. 39.

167. Luzón Peña, Diego Manuel, Libertad..., cit., p. 25.

168. Luzón Peña, Diego Manuel, Libertad..., cit., p. 27.

169. Luzón Peña, Diego Manuel, Libertad..., cit., p. 23.

A opinião de Luzón vem então em um sentido que não parece inútil rever: a de que o conceito atual de culpabilidade normativa, ou mesmo a *acessibilidade* (*Ansprechbarkeit*) de Roxin, com um ou outro reparo sejam suficientes para o estabelecimento da responsabilidade penal, e o fato de todo o ordenamento jurídico fundar-se no ato de liberdade é um axioma[170] normativo.

4.3.6 Pérez Manzano

A professora madrilena prevê que os avanços neurocientíficos implicarão alterações no Direito penal, tanto no que se refere ao fundamento da responsabilidade quanto à finalidade da pena. Ao observar os experimentos das ciências médicas, a partir mesmo de Libet,[171] dá especial acento a dois aspectos. Primeiro, que a descoberta de que a "relação temporal entre a atividade das áreas cerebrais implicadas – consciente e não consciente – apresenta-se para os cientistas como uma prova empírica contra a existência da liberdade da vontade" e também contra o protótipo do ser humano que domina suas ações, pois "'el consciente' ni inicia el proceso (...) ni lo controla";[172] depois, que aparecem cada vez mais provas científicas de que autores de determinados delitos violentos padecem "alteraciones en el funcionamento de ciertas áreas cerebrales".[173] o que, ao menos na opinião dos pesquisadores das ciências naturais, forçaria reconhecer que estariam minadas as bases de um direito penal retributivo. Frente às descobertas, a proposta surgida da base científica não seria a eliminação das penas, senão a substituição de "retribuição por prevenção" e o "tratamento neurológico como forma de luta contra o delito".[174]

170. Luzón Peña definirá o axioma como "proposición tan clara y evidente que se admite sin necesidad de demostración" (p. 40). E Gómez Tomillo, defendendo identidade dos postulados de reprovação entre Direito Sancionador e Direito Penal, assumirá que "el libre albedrío no es para el derecho sancionador de las personas físicas sino un postulado, cuando no un axioma", GÓMEZ TOMILLO, Manuel, *Derecho Administrativo Sancionador*, Madrid: Thomson Aranzadi, 2010, p. 388-389.

171. Em estudo posterior, a Pérez Manzano construirá uma análise aprofundada do método de Libet, com suas várias críticas, deslegitimando suas conclusões. Dentre tantas outras assertivas que retira do estudo, diz que "creo que los argumentos sobre el funcionamiento causal del cerebro o sobre la incidencia de la actividad cerebral no consciente en la toma de decisiones y ejecución de las acciones no impiden una visión de la persona como ser dotado de ciertos rasgos o propiedades como la conciencia y la voluntad, rasgos que constituyen la base de lo que se entiende socialmente como una persona libre". PÉREZ MANZANO, Mercedes, El tiempo de la conciencia y la libertad de decisión: bases para una reflexión sobre neurociencia y responsabilidad penal, in: *Neurociencias y Derecho Penal: Nuevas perspectivas en el ámbito de la culpabilidad y tratamiento jurídico penal de la peligrosidad*, Madrid: Edisofer, 2013, p. 130.

172. PÉREZ MANZANO, Mercedes, Fundamentos y fines del derecho penal: una revisión a la luz de las aportaciones de la neurociencia, in: *Revista de Derecho Penal*, Buenos Aires, n. 1, 2011, p. 120.

173. PÉREZ MANZANO, Mercedes, *Fundamentos y fines...*, cit., p. 120.

174. Idem, p. 121. Como se vê, Pérez Manzano percebe também no trabalho dos neurocientistas a vontade de "cura" de delinquentes.

Mesmo concedendo ênfase a esses argumentos, a autora discrepa do imediatismo com que os neurocientistas pretendem aplicar suas conclusões diretamente ao Direito penal, pois, mais do que explicar a relação entre indivíduo e pena – o que a neurociência tem feito de modo solvente –, o Direito penal tem de preocupar-se em responder à legitimidade de sua atuação, em especial da prevenção da liberdade. Por isso, a questão principal a se colocar é se a neurociência consegue afetar fundamentações sobre a justificação do Direito penal.[175] Sobre essa questão, defende uma posição intermediária: há que se levar em conta o que a neurociência aporta em inovação, sem que isso obrigue necessariamente a mudanças conceituais penais, quer porque os dados científicos têm de ser valorados à luz do Estado de Direito, quer porque há como assumir um posicionamento compatibilista, que comungue "el determinismo con la noción de responsabilidad penal".[176]

Pérez Manzano nota que a abordagem dos neurocientistas peca por uma *redução metodológica*, porque no fundo se resume à substituição da pena como retribuição para uma perspectiva meramente preventivo-especial. Não apenas teriam se ocupado de um tipo único de culpabilidade – o mais clássico[177] – e, quando muito, de apenas um modelo de prevenção geral: a negativa, vinculada com a intimidação. Assim, analisa, sob a ótica do determinismo, as propostas que vão além da retribuição: a prevenção geral negativa e positiva e a prevenção especial. A prevenção geral negativa seria compatível com o determinismo, tanto que os próprios cientistas de vinculam a ela, mas a prevenção positiva traria maiores dificuldades: manter a estabilidade de expectativas normativas (como na concepção de Jakobs) ou a mera reafirmação do ordenamento exigem, para a autora, um sujeito livre. A prevenção geral positiva[178] somente poderia resistir aos ataques deterministas caso se a considerasse totalmente independente do empirismo, como um mero postulado normativo.

Em relação à prevenção especial, a penalista relembra os postulados da Escola Positiva, que vêm imediatamente à memória quando se cuida do tratamento neurológico do delinquente e defesa social. Lembra, entretanto, que "determinismo y posibilidades de predicción del comportamiento humano individual son cosas distintas" e que até o momento a ciência[179] somente se manifesta com segu-

175. Pérez Manzano, Mercedes, *Fundamentos y fines...*, cit., p. 124.

176. Pérez Manzano, Mercedes, *Fundamentos y fines...*, cit., p. 127.

177. Pelo texto da autora, o modelo mais clássico de culpabilidade seria aquele de Gimbernat, Muñoz Conde e outros, pelo qual "una persona es culpable cuando al realizar el delito es normalmente motivable por las normas, es decir, cuando tiene sus capacidades de ser influido por la pena inalteradas" (p. 129), que revela de fato um vínculo com prevenção geral negativa apenas.

178. A opinião da autora sobre a prevenção geral positiva, entretanto, é clara: "La atribución de una finalidad preventivo-general a la pena no consigue refutar la crítica de instrumentalización del ciudadano en aras de la colectividad que conlleva restringir los derechos de uno para alcanzar un beneficio general". Pérez Manzano, Mercedes, *Fundamentos y fines...*, cit., p. 142.

179. Em outro trabalho, apoiando-se em Popper, Pérez Manzano alerta para que "la verdad de una teoría científica o de cualquier proposición empírica es siempre contingente y relativa, dependiente del

rança sobre um tipo de criminalidade, em geral violenta. Mas a crítica principal não seria apenas de resultados: a realidade de ser ele voltado ao autor e não ao fato – valorado de acordo com o bem jurídico afetado etc. – é seu principal ponto fraco. Daí a professora levantar a questão mais evidente acerca do tema: de que o mais coerente, se aceita a prevenção especial como norte único, seria tratar o delinquente sem ter de esperar pelo fato delituoso.[180] A essa perspectiva, a autora soma outras críticas à admissibilidade, nos dias atuais, do tratamento neurológico ao delinquente, que se podem resumir em dois pontos principais: as lições da História, que demonstram os erros cometidos em nome da cura dos desviados e a própria ausência de provas da eficácia dos procedimentos hoje propostos por neurocientistas. Ainda assim, entretanto, admite que os novos conhecimentos científicos adentrem ao direito penal via tratamento neurológico, desde que com regras de proporcionalidade em relação ao delito e com estrito controle de seus métodos. Afinal, segundo a autor, não existiriam tantas diferenças entre os tratamentos neurológicos e os métodos de ressocialização tradicionais, em que se utilizam técnicas da psicologia, porque, se estas são eficazes, é porque "se ha conseguido modificar las conexiones neuronales",[181] ou seja, já são tão invasivas quanto os tratamentos que se propõem para o futuro.

O que propõe Pérez Manzano parece ser a grande alternativa de compatibilidade: analisado sob o ponto de vista da legitimidade do Direito penal, nenhum fim da pena pode ser tomado exclusivamente. Em uma concepção mista, entretanto, admite-se a prevenção especial como um dos objetivos a alcançar, e neste se pode estar de olhos atentos às terapias neurológicas que se apresentam.

A ideia, entretanto, de que se possa compatibilizar o tratamento neurológico – e nisso desde logo concordamos – com a função da pena não livra o penalista de posicionar-se sobre a existência ou não do ser humano livre, real ou suposto, para a legitimação do Direito penal. Disso trataremos mais adiante.

4.3.7 Mercedes Alonso e a reprovação das emoções

É curioso adentrar ao trabalho específico de Mercedes Alonso Álamo acerca das neurociências, por conta de seu trajeto de estudo. A professora traz um histórico de pesquisa sobre as circunstâncias do delito, mais essencialmente o valor das *emoções* como reprovação penal. Ela lembra que, embora bem se saiba que a inscrição no Código de *emoções reprováveis* sejam expressão do Direito penal do autor, ela – a inscrição – segue ocorrendo. O Estado de Direito exige que "los tipos

estado del conocimiento del momento en el que se formulan las proposiciones y de las experimentaciones y experiencias realizadas, por ello es solo una verdad aproximada". PÉREZ MANZANO, Mercedes, *Dificultad de la prueba de lo psicológico y naturaleza normativa del dolo*, in: Estudios penales en homenaje a Enrique Gimbernat, vol. II, Madrid: Edisofer, 2008, p. 1476.

180. PÉREZ MANZANO, Mercedes, *Fundamentos y fines...*, cit., p. 149.

181. PÉREZ MANZANO, Mercedes, *Fundamentos y fines...*, cit., p. 158.

penales atiendan a lo que el sujeto haga y no a lo que sienta",[182] como garantia de direito penal do fato.[183] Para ela, e nisso concordamos, não é válida a assertiva de que esses sentimentos não sejam os subjetivos em si, mas um sentimento objetivado, apartado do indivíduo, "um sentimento transformado em objeto de conocimiento",[184] mas sim uma real reprovação legislativa pelo elemento anímico. Questionável em termos de legalidade e legitimação, em muitos sentidos, mas ainda assim presentes na legislação, a exemplo do "manifiesto desprecio por la vida de los demás", do art. 381, ou "maliciosamente" do art. 255, ou Cruelmente, do art. 632.2, todos do CP Espanhol. Na legislação brasileira ou em tantas outras, não faltariam exemplos análogos. A estudiosa abre apenas exceção a poucos casos, em que "los elementos de actitud interna pueden presentarse legislativamente vinculados a um acontecimento objetivo, externo, cuyo ámbito vienen a restringir o limitar", quando então "el inconveniente para su aceptación son menores".[185] Tal seria o caso do *ensañamiento* (próximo a nossa *crueldade*[186]), que revelaria circunstâncias objetivas de ocorrência. Mesmo assim, discutíveis.

Com esse prisma, analisa a contraposição do livre arbítrio e das neurociências no campo específico da reprovação das emoções. Sem acreditar que existam hoje dados neurocientíficos conclusivos que sustentem totalmente o determinismo, rechaça também um livre arbítrio absoluto. Se saber se somos responsáveis por nossos atos já é questão complexa, conhecer se somos responsáveis por nossas *emoções* é algo ainda mais delicado. Com mais razão, saber o indivíduo é capaz de não transformar em atos emoções, de modo que estas se mantenham, por assim dizer, impuníveis, no campo de cogitação.

Os estudos de Mercedes Alonso vão no sentido de atentar para a complexidade dos fatores que geram a emoção, não lhe concedendo uma explicação simplesmente neuronal, já que estas são "estados mentais mistos",[187] e então confirmam a liberdade da vontade suficiente para a reprovação. Outra questão, que não cabe neste estudo mas que não deixa de ter sua relação paralela, é compreender o nível de reprovação que se pode conceder ao sentimento específico.

182. Alonso Álamo, Mercedes, Sentimientos y Derecho penal, in: *Bien jurídico penal y Derecho Penal Mínimo de los Derechos Humanos*, Valladolid: Universidad de Valladolid, 2014, p. 269.

183. Vale ressaltar, de nossa parte, haver fortes concepções que demonstram que a primazia do desvalor do resultado (sem que implique desconsideração total ao desvalor da ação) é parte mais relevante da legitimação do direito penal sob o ponto de vista *onto-antropológico*. Esse ideário, que tem grande embasamento no trabalho de Faria Costa, aparece explicado e comparado em D'Ávila, Fabio Roberto; Machado, Tomás Grings, Primeiras Linhas sobre o Fundamento Onto-Antropológico do direito Penal e sua Ressonância em Ambito Normativo, in: *Ciencias Penais – perspectivas e tendências da contemporaneidade*, Curitiba: Juruá, 2011 (vide especialmente p. 151-153).

184. Idem, p. 268.

185. Alonso Álamo, Mercedes, *El Ensañamiento*, Granada: Comares, 2014, p. 91.

186. Sobre o paralelo do *ensañamiento* espanhol com o sistema brasileiro de circunstâncias, vide Alonso Álamo, Mercedes, *El Ensañamiento*, cit., p. 30 e ss.

187. Alonso Álamo, Culpabilidad jurídico penal, motivos y emociones. La existencia enigmática de la libertad de la voluntad, in: *Revista Penal*, Madrid, 38, julio de 2016, p. 37

4.3.8 A análise de Reinhard Merkel

Das obras contemporâneas que trouxe o mais intenso foco ao sistema aqui apontado é o *Willensfreiheit und rechtliche Schuld*, de Reinhard Merkel, por isso ter sido mais de uma vez referido ao longo deste trabalho. Merkel sistematiza as correntes de deterministas e indeterministas já visando a relação de responsabilidade, especialmente a inscrita no § 20 do StGB, a inimputabilidade por perturbação psíquica.

A relação entre determinismo, liberdade e responsabilidade vem analisada a partir da divergência entre posições incompatibilistas e compatibilistas, que o autor prefere dividir em dois ramos: de um lado, aqueles que admitem a liberdade e, de outro, aqueles que a negam, mas ainda assim admitem a responsabilidade, dentre os quais qualifica Hans Kelsen.[188] Longe de ser um texto meramente expositivo, ao fim da dissertação Merkel elucida claramente seu posicionamento. O penalista formula assim uma questão que aqui nos sentimos obrigados a reproduzir, porque relevante: por que esse longo e labiríntico caminho do pensamento acerca do livre arbítrio, se ao final a pergunta principal que resta à dogmática é o princípio da culpabilidade? Tal objetivo final já não era previsto desde o início? Talvez, responde, mas isso não é o decisivo. O decisivo é saber se *a ciência do Direito penal consegue sustentar uma intuição de liberdade de querer*. E, segundo ele, ainda estamos distantes disso.

Ressalta que os penalistas de reconhecer que a suposição de que o autor tenha uma vontade livre no momento da ação, no sentido estrito do "poder agir de modo diverso" não apenas não é comprovável, como não há razão suficiente para nela crer enquanto realidade. E acrescenta que o Direito penal deve atentar para esse caráter empírico da liberdade no momento da ação, em lugar de dar margem a inspirações que permitam que o legislador simplesmente decrete que a ação do homem é livre.

Mas, como muito ainda falta para a ciência do Direito penal equilibrar a vontade de equalizar a justiça à prova da possibilidade psíquica do PAM,[189] com seu inegável *custo normativo*, formula o penalista propostas que podem ser resumidas na necessidade de a ciência do Direito penal ser permeável a novidades e (ou mesmo por conta disso) consciente de seus limites. Primeiro, lembra o professor de Hamburgo, em se reconhecendo que o PAM não é empírico, há que se atentar

188. Merkel, Reinhard, *Willensfreiheit und rechtliche Schuld: eine strafrechtphilosophische Untersuchung*, Baden-Baden: Nomos Verlag, 2008, p. 24.

189. Merkel estabelece a sigla "PAM" para encurtar o "Prinzip der alternativen Möglichkeiten" (p. 17), que só por coincidência se pode traduzir como Poder Agir de outra Maneira, pois em seu texto equiparará ao *Andershandelnkönnen*. Em inglês, pelo trabalho de Frankfurt, o princípio se denomina PAP: (PAP – *Principle of Alternative Possibilities*) Persons are morally responsible for what they have done only if they could have done otherwise. Cf. Kane, Robert, *A Contemporary Introduction to Free Will*, Oxford: Oxford University Press, 2005, p. 80.

aos problemas de ordem prática, dentre os quais o maior é a imputabilidade (§ 20 StGB), que pressupõe a liberdade não comprovada. Se esse *Anderhandelkönnen* pode de algum modo ser encarado como um pressuposto normativo, ele confrontará com o princípio do o *in dubio pro reo*, que, logicamente, deveria conceder a possibilidade de que a falta de prova de liberdade favorecesse o acusado. É um dos conflitos de princípios que a suposição de liberdade não resolve.

Além disso, deve-se ter sempre em conta que a justificação da pena traz, em paralelo ao comportamento do autor, a defesa social e a proteção da norma. Jamais se saberá com segurança, então, se o homem empírico merecerá a pena que recebe como homem como sujeito de direitos (*Rechtperson*). Todas as tentativas de formular critérios de justiça eternos, que façam do próprio autor parâmetro suficiente da sanção se revelaram, para Merkel, arrogantes em dois sentidos: frente ao próprio acusado, porque se mascara a ignorância sobre sua ação livre, e quanto a nós mesmos, que revelamos a supervalorização de nossas próprias capacidades ao nos evocarmos donos de uma justiça sobrenatural.

Tampouco se pode fechar aos olhos, lembra, ao fato de que a imputação para a proteção da norma tem um fundo utilitarista, mas não de todo, mas relembra outra vez Kelsen para justificar que a manutenção da norma não é uma pura instrumentalização do homem. Se é certo que qualquer justificativa utilitarista para a constrição dos direitos humanos não é aceitável, a manutenção da ordem normativa é um tema que seguirá em jogo. A sociedade, em termos liberais, tem de manter sua paz por uma ordem normativa e não pela violência física.[190]

Sendo assim, a ciência do Direito deve *reconhecer* humildemente seus limites, assentando que não tem solução para todos os problemas, mas que pode atingir a legitimação da pena em um mundo concreto, não ideal. Nesse sentido, temos que Merkel assume um relevante *realismo* para o sistema penal diante de problemas filosóficos intrincados, próximo (guardando devidas proporções) não apenas a Kelsen, mas ao assentado por Santo Agostinho:[191] a lei dos homens tem suas peculiaridades que não permitem diretamente a aplicação a ela da eventual dissolução metafísica das aporias.

190. O posicionamento coincide com a percepção de Chaves Camargo sobre o tema, que entendia não haver como justificar a culpabilidade a partir do princípio do poder agir de outro modo, mas "ao mesmo tempo não se pode abandoná-lo, diante de perigo de cair-se num irracionalismo insuperável de desrespeito à dignidade humana, instrumento apto aos regimes totalitários, que impunham a pena unicamente diante da periculosidade do delinquente". CAMARGO, Antonio Luís Chaves, *Culpabilidade e Reprovação Penal*, Tese apresentada à Faculdade de Direito da Universidade de São Paulo para concurso a Professor Titular, 1993, p. 80.

191. Vide, atrás, 2.2.1.

4.4 O Direito penal do futuro

O impulso das descobertas científicas divide então os autores contemporâneos, diante das já tradicionais questões do Direito penal: perspectiva ontológica ou normativista, arbítrio livre ou escravo, pena como retribuição ou projetada ao futuro, direito voltado aos resultados ou atento a um ideal menos volátil de justiça. Mantendo-se candentes todos esses conflitos, resta tentar propor um posicionamento fundamentado acerca do percurso que se tracejou, a reconhecer, sempre, a impossibilidade de fechar o tema impondo-se uma conclusão hermeticamente monista, que seria nada mais que arbitrária diante dos multifacetados argumentos que sempre surgem, progressivamente mais complexos.

CAPÍTULO 5

TOMADA DE POSICIONAMENTO

5.1 Introdução: temas a considerar

É decorrência lógica do procedimento analítico de pesquisa que surjam mais questões a serem respondidas que a inicialmente proposta. O caminho original de investigação conduz a problemas que contém sua própria ambivalência, o que suscita então uma nova pergunta, periférica porém possivelmente determinante, que merece resposta. Decidir o momento de fechar o círculo é, há que se reconhecer, tarefa que depende do arbítrio do investigador; entretanto, por detrás dessa decisão deve pesar não uma vontade desarrazoada, senão a convicção de que existem argumentos suficientes que deem sustentabilidade à conclusão que se formara ao longo da colheita e exposição dos dados. Se desse conjunto temos percepção equivocada,[1] trata-se de um risco que há agora de correr-se. Pela análise construída, está-se certo de que há elementos mais que bastantes para responder ao que de início se questionou.

E a pergunta formulada não era decidir se o homem controla ou não seu querer. Ao revés, demonstrou-se que a questão é das mais difíceis de responder-se, havendo meramente construções menos ou mais aceitáveis acerca do tema, algumas delas mais *convenientes* à segurança social, para atingir a atribuição de responsabilidade. O núcleo central de nossa resposta é saber se o Direito penal consegue ver-se livre da discussão do livre arbítrio, e sob quais fundamentos essa relação de dependência ou independência pode aparecer. Pela busca formulada anteriormente, surge um *percurso*, que tem também sua lógica discursiva, de

1. Como afirmado na Introdução, este último capítulo se permite uma análise mais metalinguística do trabalho, revelando-se com honestidade os limites da investigação.

tomadas de posição que também se devem mostrar. O primeiro deles é reafirmar investigação filosófica como um todo tem lugar para a dogmática penal; depois, posicionar-se acerca do tema da liberdade humana de decisão para, só assim, definir se os grandes temas penais podem viver ao largo dessa discussão.

5.2 O lugar privilegiado da filosofia no Direito penal

Ainda aqueles que advogam que a investigação do livre arbítrio não tem lugar no Direito penal, a exemplo de Carrara,[2] não necessariamente afirmam o descabimento da Filosofia como base da ciência criminal. Porque considerar o homem como objeto sobre o qual recai a norma – no sentido de que, como lembra Kelsen, a lei que não vincula ações humanas é absolutamente inócua – demanda compreender, em um esboço mínimo, o que é o homem e qual seu papel diante da sociedade. Os penalistas que negaram o pensamento filosófico não o fizeram por desprezar o exercício da Filosofia, mas por assumir o convencimento de que as ciências naturais poderiam vir a responder grande parte das perguntas formuladas por ela. Não se cuida, assim, de ser ou não filosófico, mas de não querer assumir a metafísica como elemento regente de decisões políticas na esfera penal, ou menos ainda da sua influência na construção da dogmática.

Seria até desnecessário lembrar que as grandes mudanças na dogmática penal foram antecedidas de movimentos filosóficos que, se não a justificaram diretamente, ao menos a inspiraram conscientemente ou não. O iluminismo incipiente para a Escola Clássica, o naturalismo e o darwinismo[3] para a Escola Positiva, o neokantismo para as teorias neoclássicas, o Ontologismo para Welzel ou as perspectivas neohegelianas para Jakobs, e isso se espera haver suficientemente documentado nos capítulos anteriores. Portanto, já em termos linguísticos se pode definir que da Filosofia surge um dos primeiros elementos operacionais do Direito: o vocabulário técnico. Apenas para ilustração, vocábulos como *pessoa*, *culpa*, *causa*, *poder-agir-de-outro-modo* ou mesmo "*finalismo*" somente se preenchem de sentido na remissão à Filosofia.

Mas esse espaço relevante ocupado pelo pensamento filosófico no Direito penal exige que se especifique o que realmente é esse "conhecimento definido" que significa a Filosofia e o que sejam outras técnicas não-empíricas que, ainda que possam visar à explicação de fenômenos da mente-espírito, buscam outros objetivos, via métodos diversos.

Para esse fim, resgatamos, dentre as tantas que haveria, a distinção de Eugenio Trías, quem, a fim de definir especialmente o que seria a Metafísica e a Teologia, entende necessária uma classificação primeira e talvez mais complexa: a diferenciação entre pensamento científico, filosófico e "mágico". A conceituação

2. Vide 3.2.1.
3. Aqui interpretado como ponto filosófico, vide 2.4.3.1.

deste último, que a princípio causa estranheza por ocupar um texto dedicado ao método, acaba por ser essencial e, aqui neste nosso trabalho, de utilidade. A palavra "magia", adverte-se desde logo, aparece em sentido metafórico; serve-nos como um meio bem preciso, entretanto, de diferenciar o que é metafísica que se pode utilizar na ciência e a que se faz metafísica mal-aplicada, portanto dispensável, aqui, a nosso trabalho.

Explicar rapidamente esse caminho não é perda de tempo.

O filósofo espanhol apresenta, como novidade, o que seria o *pensamento mágico*, e para tanto apoia-se no exaustivo trabalho de Frazer,[4] para delinear suas duas leis básicas: a lei da semelhança a que corresponde a chamada magia homeopática e a lei do contato, chamada magia contaminante. A lei da *semelhança*, que tem por origem a convicção do mágico de que pode produzir os efeitos que deseje apenas imitando um objeto ou um rito – significa uma associação simples de ideias por semelhança; a lei do *contato*, que tem sua origem na certeza do feiticeiro de que o que se faça com um objeto material afetará à pessoa com quem esse objeto esteve em contato, é absorvida e generalizada por Trías como uma associação de ideias por contiguidade.[5] Esse pensamento seria, nas palavras do Filósofo Espanhol, um método baseado nas técnicas mais primitivas de *evitar as afasias do discurso*, na imprecisão da metáfora e da metonímia não de todo intencionais, que então se revelam como um pensamento "silvestre e não disciplinado",[6] porém presente ainda em muitos discursos.

Se o pensamento mágico vem a ser formado por essa técnica primitiva de semelhança e identificação, o método *científico* se vale da identidade e da diferenciação. O discurso do método científico vai em busca da precisão vocabular, enquanto a magia o confunde: o discurso mágico se utiliza de termos flutuantes, imprecisos, que nomeiam uma realidade que ainda não se conhece. Entre ambos, todavia não há só uma relação repelente, mas também uma relação funcional.

4. Há que se considerar que Eugénio Trías aproveita-se da monumental obra de James George Frazer para então adaptá-la à divisão de conhecimento. A obra do autor escocês, que chegou a ser publicada em doze volumes, é de caráter antropológico e observava as religiões a partir da Síria e Grécia primitivas, relacionando-as com os elementos da natureza, até rituais contemporâneos como os rituais de fogo católicos, a exemplo dos fogos da páscoa ou da véspera de Todos os Santos. Trías então aproveita desse estudo a taxonomia, que na obra condensada (apesar de suas 800 páginas) pelo próprio antropólogo aparece quase de início: "If we analyze the principles of thought on which magic is based, they will probably be found to resolve themselves into two: first, that like produces like, or that an effect resembles its cause; and, second, that things which have once been in contact with each other continue to act on each other at a distance after the physical contact has been severed. The former principle may be called the Law of Similarity, the latter the Law of Contact or Contagion". FRAZER, James George, *The Golden Bough: a study in Magic and Religion*, New York: The McMillan Company, 1947, p. 11.

5. TRÍAS, Eugenio, *Metodología del Pensamiento Mágico*, Barcelona: Edhasa, 1970, p. 53.

6. TRÍAS, Eugenio, *Metodología del Pensamiento...*, cit., p. 58.

O pensamento mágico vai adiante do científico,[7] com o papel de explorador, de enunciador de uma realidade que se percebe mas não se conhece o suficiente, e assim magia e ciência guardam relação de funcionalidade e desfuncionalidade ao mesmo tempo. Ambas convivem e se repelem, porque enquanto a ciência fragmenta, o discurso mágico usa de artifícios de linguagem para completar a totalidade, que tem vácuos, interregnos de desconhecido. Esse mesmo desconhecido que ela ilumina à própria ciência.

Nesse interregno é que aparece a função da *Filosofia*. A ela caberia, diante de um método binário ou "de luz-e-sombra", estabelecer dentro do universo discursivo o que é o saber e o que é o não-saber. Então, para Trías, embora cada filosofia tenha uma estrutura própria, é possível encontrar na Filosofia como um todo uma função específica: delimitar o que significa saber e recortá-lo de o que é o não-saber; o primeiro permite aperfeiçoamento e, principalmente, construção cumulativa, e o segundo é um discurso autoritário que revela apenas o preenchimento de um espaço que o saber não conseguiu ocupar. Por isso, o pensamento filosófico é demarcatório para a ciência.

O discurso *metafísico* seria um amálgama entre magia e ciência. Ele mesclaria a pretensão de método científico, como signos precisos e discurso especializado, ao universo como totalidade. Então, ao rejeitar o recorte típico da ciência, a metafísica seria a aplicação do método científico ao terreno da magia: amplo e difuso. Assim, a metafísica tem essa totalitária pretensão de pronunciar-se sobre *tudo,* com um discurso científico como instrumento preciso, e de certa forma o consegue.

Trías regressa então à teoria do método mágico para alcançar o conceito de *teologia*, que para ele depende também de uma técnica de luz e sombra. A teologia atribui a característica de *sagrado* a alguns elementos dessa pretensão totalitária da magia, pinçando da linguagem corrente vocábulos a que atribui sentido especial de "Deus". O pensamento teológico tem, daí, essa tarefa de marcar com o signo de positivo ou negativo o que já está estruturado no pensamento mágico, então preserva dele suas demais características. De nossa parte, temos de acrescentar que, a partir dessa ideia de positivo e negativo, a teologia assume um caráter dogmático que a metafísica e – se aceitamos a classificação de Trías – a magia não aceita. E muito de discurso teológico, assumido ou não, foi analisado no presente trabalho.

A partir dessa classificação elementar, porém precisa, já se pode opinar com maior critério sobre o papel do pensamento penal específico.

7. Vale o recorte: "Se dice con frecuencia que toda ciencia, antes de constituirse, atraviesa un periodo de especulación y verbalismo. La razón es ésta: se advierte un nuevo territorio pero no se sabe qué hacer con él. Y la única forma de apropiárselo consiste en clavar en él los símbolos entrañables (…): palabras disponibles que significan a la vez demasiado y demasiado poco". TRÍAS, Eugenio, *Metodología del Pensamiento…*, cit., p. 77.

5.3 Filosofia, ciência e magia no Direito penal

A classificação de Trías serve aqui de material linguístico útil à delimitação, dentro de nossa proposta, do papel de cada tipo de conhecimento dentro do Direito penal. Se encontraríamos uma longa controvérsia, ora indissolúvel, sobre a redução do Direito a uma ciência – de objeto delimitado e conclusões generalizantes – podemos ao menos entender que existe um parcela muito significativa de *conhecimento* científico no Direito, e ainda uma maior parcela de discurso científico, que não é o mesmo.

Também o pensamento filosófico tem demarcadas suas fronteiras. Se a função da Filosofia é estabelecer uma cisão binária entre saber e não-saber, seu papel – por assim dizer, ao menos coadjuvante – em nossa disciplina assume a relevância de dar a chancela de que cada elemento linguístico que incorpora um conceito necessário à operacionalização do discurso constitui o *saber*, com característica de cumulatividade, evolução e aperfeiçoamento. Nesse sentido, invocar escritos filosóficos como premissa para a elaboração científica ou dogmática jurídica, embora parcialmente guarde o resquício do argumento de autoridade, caracteriza-se antes como a melhor maneira de dar o predicativo de *racional* a um texto jurídico-penal. Não poderia ser diverso, portanto, quando um autor se atreve a adentrar ao o livre arbítrio e à sua relação com pena e responsabilidade.

Assim a questão inicial tem de deslocar-se, em nossa opinião, do papel da Filosofia, que *se* assim enunciado não traz controvérsia, para o papel da *Metafísica* essencialmente, o que demanda a constante distinção entre esta e duas outras áreas que também se devem afastar do pensamento penal: a magia e a teologia.

Muito de o que aqui se expôs, e que portanto se entende relevante para o desvendar de nossa pergunta reitora, advém de um pensamento ainda que parcialmente *teológico*. A busca de demarcar o que seja ou não divino, também em um conceito binário, aparece a partir da Patrística de Santo Agostinho,[8] quem, depois de uma grande digressão *filosófica* sobre o livre arbítrio, delimita as consequências de suas considerações às leis divinas, liberando portanto as leis dos homens a princípios utilitaristas a que seus conceitos não necessariamente atingiriam. O fundo teológico das diatribes entre Lutero e Erasmo,[9] e entre Las Casas e Sepúlveda,[10] que não por coincidência são as que neste trabalho ocuparam maior espaço reflexivo, é tão evidente que, ao contrário de o que possa parecer, traz menos dificuldades para transportar suas considerações a uma *filosofia penal* que propriamente aquelas em que essa distinção entre divino ou maldito aparece mais difusa, como é o caso de filósofos mais racionalistas como Descartes[11]

8. Vide 2.2.1.
9. Vide 2.2.3.1 e 2.2.3.2.
10. Vide 2.2.3.4 e subitens.
11. Vide 2.3.1.

ou Leibniz,[12] que aproximam das ciências matemáticas seu método discursivo, embora recorram ao jogo de luz e sombra do divino/não-divino em matéria de espírito e mente. Dentre os penalistas, essa dificuldade de distinção se faz ainda mais aguda, porque doutrinadores como Ferri[13] ou mesmo Tobias Barreto,[14] na tentativa de negar qualquer pensamento teológico no Direito penal, incorporam a seu discurso premissas marcantes da cultura católica, ainda que para negá-las. No intuito de dele fugir, os autores abrem flanco a um discurso teológico que merece ser filtrado, para nossos objetivos. Trasladar o percurso argumentativo da Teologia para o percurso filosófico pode ser mais simples se o autor assume suas premissas teológicas de modo consciente.

O pensamento mágico também encontra espaço aberto na construção do discurso da responsabilidade, e não em poucos momentos. Embora Trías venha a ressaltar, talvez com ironia, que esse tipo de construção é essencial como desbravadora dos campos a serem trilhados pela Filosofia, fica claro que para nosso objetivo a magia não interessa, senão no sentido de retirá-la de nossa construção teórica, ou de identificá-lo nos textos analisados. Tobias Barreto, por exemplo, observa, com outra terminologia, que o conhecimento aparentemente científico sobre utilidade da pena é simplesmente *pensamento mágico*: por semelhança e contaminação com uma ideia geral de funcionalidade da educação e do temor, estendemos a necessidade de pena aos mais diversos delitos, sem distinção correta, a partir de branda compartimentação de conhecimento e, em especial, ausente comprovação empírica dos efeitos de o que já em sua origem é difuso e generalizante. Mais, pensamento mágico aparecerá também na ideia de liberdade e responsabilidade, como adiante tentaremos explicar.

A questão principal que sobra, portanto, é conhecer o papel da Metafísica[15] em nosso questionamento de natureza penal. Aqui sim entramos diretamente em o que seja a problemática principal de o que expusemos ao primeiro capítulo, no conflito entre a ciência médica e a concepção de responsabilidade penal. A medicina se avoca a si o empirismo racional por desconsiderar a metafísica, e o Direito penal não é seguro, em todo o momento, em incorporá-la ou dela tentar fugir. Mas definir se o Direito penal necessita ou não de um pensamento metafísico não é, cremos, algo difícil de estabelecer: a partir do momento em que se tem como objeto a responsabilidade, transcende-se o objeto primeiro do empirismo palpável – físico, portanto – ao pensamento metafísico, ainda quando a fim de fixar uma responsabilidade normativa em absoluto. De modo, uma vez mais, expresso ou não, o Direito se utiliza do método científico com pretensão de totalidade, porque compreender a relação do homem com a norma, a sociedade e a mente é um afã de

12. Vide 2.3.3.
13. Vide 3.3.2.
14. Vide 3.3.4.2.
15. Adiantamos essa questão em 1.4.

entender o mundo. E ao mesclar esse discurso compartimentado e específico com a pretensão de conhecimento amplo, mesmo que a fim de posteriormente desenhar uma conclusão em objeto específico, usa-se o método metafísico. Nesse sentido, o que diz Larenz, ao afirmar que a "realidade experimentável" não se abarca pelas ciências naturais,[16] importa em reconhecer que a metafísica é, ainda que tangencialmente, parte do pensamento jurídico. Também Kant vem a revelar que as dificuldades que possam existir em uma ciência, ao serem enunciadas de modo claro, facilitam-lhe crescimento *em extensão ou precisão* (*an Umfang, oder an Bestimmheit*[17]). No sentido do Direito, a investigação metafísica pode demandar uma *necessidade de extensão* para que se consiga operar conceitos já por demais precisos. Nesse sentido fica menos complexo responder às primeiras perguntas que nos faz a medicina, especialmente em seu aspecto neurocientífico: o objeto da ciência (em sentido lato) penal, ao trabalhar com a noção de reprovação, responsabilidade e merecimento de pena, dentre outras, impõe lidar com outras áreas que não se resumem à aplicação de técnicas médico-cerebrais. De outro lado, se estas técnicas médicas influenciam a responsabilidade pela ação ou omissão, devem ser *também* objeto de análise penal, para trazer soluções ao mesmo tempo em que suscitam novas questões a serem respondidas. Muitas delas, note-se, no âmbito metafísico. Por esse viés, nossa conclusão diverge parcialmente de Reinhard Merkel:[18] sabe-se que comprovar o *Andershandelnkönnen* é impossível, mas o Direito penal tem de saber enfrentar questões metafísicas de responsabilidade que surgem constantemente a partir das inovações da tecnologia nas ciências naturais.

5.4 Liberdade e ilusão de liberdade

Decidir sobre a liberdade de agir ou de querer não pode constituir tarefa nossa, como frisado desde o início de nosso trabalho, porque significa a pretensão de desvendar um dos maiores temas metafísicos. Por outro lado, seria pouco coerente estudar todas as opiniões filosóficas sem se posicionar minimamente

16. "(...) se debe, sin embargo, plantear la cuestión de si, con los métodos de la Ciencia natural 'exacta', puede abarcarse en efecto la totalidad de la realidad experimentable. Si se contesta negativamente a esta pregunta, se habría con ello probado la justificación y la necesidad de otra clase de ciencias, precisamente de las Ciencias del Espíritu, y, por consiguiente, también de otros métodos distintos a los científicos naturales". LARENZ, Karl, *Metodología de la ciencia del Derecho*, Trad. Rodríguez Molinero, Barcelona: Ariel, 1994, p. 114.

17. Si se trata de ayudar a una ciencia, se deben revelar todas las dificultades e incluso buscar aquellas que a escondidas obstaculizan todavía su camino: porque cada una de estas dificultades reclama un remedio que no puede encontrarse sin proporcionar a dicha ciencia un crecimiento, sea en extensión o en precisión; de este modo, incluso los obstáculos se convierten en medios que fomentan la acriba de la ciencia. Por el contrario, si las dificultades se esconden deliberadamente o si sólo se allanan con paliativos, reventarán tarde o temprano convirtiéndose en males incurables que destruirán la ciencia en un escepticismo total. KANT, Immanuel, *Crítica de la razón práctica...*, cit., p. 123.

18. Vide 4.3.7.

acerca delas. Em especial em face da resposta à pergunta reitora, cujo teor já se vai desenhando ao leitor.

A busca primordial de todos os filósofos metafísicos, no campo da responsabilidade, é saber se a *mente* humana conforma uma causa independente, ou se está guiada pelas mesmas regras que determinam a causalidade natural. No pensamento teológico cristão mais ortodoxo, essas regras seriam o poder de Deus na determinação de cada ocorrer terrestre; no pensamento científico, as leis físico-químicas que regem os mesmos fenômenos: estejam ou não todas elas desvendadas e calculadas, ocorram elas no macrocosmos ou dentro dos bilhões de neurônios que conformam o cérebro. A pergunta remanesce a mesma: *se o espírito tem a capacidade de alterar essa cadeia causal*. O que implica saber se o homem é causa do universo.

Os que defendem ser o pensamento determinado pelas causas físico-químicas – o que implica afirmar que a mente não detém o poder de ser causa independente da vontade ou do comportamento – assumem a tarefa de explicar a *ilusão de liberdade*. É o que fazem, dentre outros deterministas, Spinoza[19] e Roth,[20] além de Pedro Lessa,[21] ou, em sua perspectiva teológica, a argumentação de Lutero, quem, como já tratamos, primeiramente a enunciou, atribuindo-a a um poder diabólico de iludir o ser humano. Como decorrência do postulado do determinismo, a mente tem de construir um engenho para criar a ilusão do livre querer; ou seja, a vontade divina ou as leis físicas não apenas regem a vontade como também determinam a *ilusão subjetiva de querer*, essencial para que o homem se sinta livre. Algum sentido metafísico nessa ilusão de liberdade é algo que entretanto se pode buscar. Mas antes há que se construir uma objeção.

Em primeiro lugar, cremos *muito* impreciso dizer que o homem se sente livre. Ao contrário, muitas vezes a percepção humana é a de haver vivenciado momentos de decisões agudas tomadas de modo absolutamente não refletido. Assim, a assertiva de sensação de liberdade faz parte também do errôneo pensamento mágico: por aproximação e generalização constrói-se o postulado de que o sujeito se sente livre ao agir, mas isso não é de todo real. O indivíduo tanto se pode aperceber senhor de toda sua vontade,[22] ainda quando não o é, como se julgará

19. Vide 2.3.2.

20. Vide 1.2.2.

21. Vide 3.3.4.3.

22. Assim as palavras de Dom Quixote de la Mancha, em sua fala inscrita no Capítulo XXII, ao dialogar com os condenados às galés, dentre os quais está Ginés de Sepúlveda, a quem o penalista Polaino-Orts considera o "primeiro inimigo" (Cf. Polaino Orts, Miguel, *Lições de Direito Penal do Inimigo*, São Paulo: Liberars, 2014, p. 22). Todo o fragmento cervantino traz considerações sobre a razão da pena, enquanto a ação gira essencialmente em torno do delírio quixotesco da ordem que concede aos carcereiros para que libertem todos os condenados, para que "se lo haya cada uno con su pecado", pois "no es bien que los hombres honrados sean verdugos de otros hombres". Nesse contexto de castigo e pena, afirma ao "alcahuete" acusado de feitiçaria: "no hay hechizos en el mundo que puedan mover y forzar la voluntad como algunos simples piensan; que es libre nuestro albedrío, y no hay yerba ni encanto

indiferente[23] a ela ou por ela parcial[24] ou absolutamente[25] controlado. Trata-se de uma sensação subjetiva, que não se pode afirmar como hipótese integralmente confirmada. Questão diversa é a de dizer que o homem consegue *refletir* sobre sua própria existência. Essa é a ideia de *consciência* que parece muito pouco explorada para aqueles que se aventuram no tema, que será exposta logo adiante.

Surge assim uma objeção aguda a construir àqueles que postulam uma *ilusão de liberdade*, premissa lógica do determinismo absoluto. É a razão do estabelecimento dos limites cerebrais para a extensão desse ilusionismo. Se a tese principal é a de que o cérebro segue às leis causais físicas e, por elas, consegue estabelecer à consciência humana uma impressão, constante, de *liberdade*, que nada mais é do que uma corrente de ilusão perfeita e ininterrupta, também há que se questionar se todos os sinais cerebrais – ou seja, não só aqueles que indicam pensamento mas os que indicam *sentidos*, captando assim a *realidade* – podem ser ilusórios. Agora sim, deixamos de nos referir a uma *ilusão de liberdade*, que em nossa opinião não é obrigatória, para uma *ilusão de consciência*, que aparece como simples estender lógico. Essa extensão implicaria aceitar que a realidade como um todo é ilusão,

que le fuerce". Cervantes Saavedra, Miguel de, *El ingenioso Hidalgo Don Quijote de la Mancha*, cap. XXII, aquí: Barcelona: Dalmau Socías, 1987, p. 172.

23. Essa indiferença é classicamente plasmada na obra *O Estrangeiro*, de Camus. A discrepância entre a visão do personagem, que fala em primeira pessoa, e a da sociedade, que o condena por julgar absurdos seus atos, é o mote da obra, a partir mesmo da primeira cena, quando se revela certa indiferença pela morte de sua mãe, que será posteriormente invocada em seu julgamento. O clímax aparece no momento em que o protagonista comete um homicídio, de modo quase autômato, mas compreendendo que viriam consequências: "Todo mi ser se tensó y mi mano se crispó sobre el revólver. El gatillo cedió, toqué el pulido vientre de la culata y fue así, con un ruido ensordecedor y seco, como todo empezó". Camus, Albert, *El extranjero*, Trad. J. A. Valente, Madrid: Alianza, 2011, p. 62.

24. É o caso da análise que faz de seu próprio comportamento o conhecido criminoso Hiroito Joanides, que em sua obra "Boca do Lixo" demonstra extrema capacidade de reflexão sobre o que o levou a uma vida, por assim dizer, marginal. Atribui-se uma vontade livre em relação à personalidade inata, mas coagida diante da realidade social. Destaco um trecho, que sucede à narrativa de que ele, Joanides, desfrutara de boa educação e provinha de família de classe média: "Por assim ser, por força disso tudo é que não posso crer que, como pretendem, de uma qualquer forma acabaria por tornar-me delinquente. Não me tenho na conta de tão imbecil a ponto de, em qualquer tempo, por livre e espontânea vontade, muito naturalmente, sem pressão ou coação alguma, escolher abraçar, todo risonho, uma vida marginalizada (...). Em conclusão, generalizando o problema, a verdade é que não existem indivíduos de personalidade congenitamente voltada para a delinquência, como uma subespécie predestinada ao crime. A criminalidade é um fenômeno, um produto social". Joanides, Hiroito de Moraes, *Boca do Lixo*, São Paulo: Edições Populares, 1978, p. 58-59.

25. É o que interpretamos da já clássica descrição da cena do 'soldado amarelo' em *Vidas Secas*. Encontrando o soldado que dias antes o maltratara, Fabiano tenta criar forças para matá-lo, como faria, em tempos anteriores, sem dificuldade. A conclusão é a de que ele 'está diferente', porque não consegue controlar racionalmente sua própria vontade. Nestes termos: "Devia sujeitar-se àquela tremura, àquela amarelidão? Era um bicho resistente, calejado. Tinha nervo, queria brigar, metera-se em espalhafatos e saíra de crista levantada. Recordou-se de lutas antigas, em danças com fêmea e cachaça. (...) Como a gente muda! era. Estava mudado, outro indivíduo, muito diferente do Fabiano que levantava poeira nas salas de dança. Um Fabiano bom pra aguentar facão no lombo e dormir na cadeia". Ramos, Graciliano, *Vidas Secas*, Rio de Janeiro: Record, 2008, p. 106.

assim como a vida. É o que já nos anos 1600, na ficção, descrevia *Calderón de la Barca*, na dúvida candente de Segismundo,[26] que se convence de estar guiado em um grande sonho, quando na verdade – ao menos em hipótese – vive preso em uma torre. A hipótese parece totalmente inverossímil, mas aqui serve como argumento *ab absurdum* muito difícil de contrapor: se a mente é capaz de uma ilusão constante e integral de liberdade, também teria o poder de montar uma ilusão constante e integral de impressões e sentidos. Ilusão, assim, da própria existência. Em outras palavras, aqueles que apresentam a *liberdade* como ilusão absoluta devem responder por que a *vida* (ou ao menos consciência de vida) não haveria de receber o mesmo predicativo.[27] A vida e a consciência de vida como criações da mente, ideia que adiante teremos de retomar.

Nós, entretanto, partimos de premissa diversa. A ilusão de liberdade não é constante, o que significa que o homem em muitos momentos pode, reconstruindo um ato passado, dar-se conta de que foi involuntário, e mesmo assim sentir remorso. Quando o homem se reprova por ser *ele e não ser outro*, consciente então de que não tivera a oportunidade de agir de outro modo, afasta a ilusão de liberdade. Portanto, o que os deterministas chamam de ilusão da própria liberdade para nós é incomprovável, mas capaz de ser substituído por algo concreto: o homem não se sente sempre senhor de suas vontades, mas sempre é capaz de refletir sobre seus atos. Isso sim o diferencia dos demais animais e se apresenta como elemento diretor de sua consciência.

A noção moral do homem está então relacionada intimamente com sua noção estética e comunicativa. A capacidade de medir e refletir seus atos de acordo com uma norma geral é, grosso modo, a mesma que faz com que o indivíduo aceite ou reprove algo como belo ou feio e, mais, construa para si mesmo ou para outros elementos de interlocução baseados nessa noção. A mais contundente prova da possibilidade de reprovação deveria, cremos, ser a *capacidade de reconhecimento estético*[28] que tem cada indivíduo, gerando assim as condições para que ele venha representar a si mesmo seu próprio ato. É essa capacidade que faz com que o

26. Por exemplo, os fragmentos das falas de Segismundo: "Es verdad; pues reprimamos esta fiera condición, esta furia, esta ambición, por si alguna vez soñamos; y sí haremos, pues estamos en mundo tan singular, que vivir sólo es soñar" (p. 95) ou "y pues sé que toda esta vida es sueño, idos, sombras, que fingís hoy a mis sentidos muertos cuerpo y voz, siendo verdad que ni tenéis voz ni cuerpo". CALDERÓN DE LA BARCA, Vicente, *La vida es sueño,* Buenos Aires: Ed. Huemil, 1979, p. 102.

27. Algo próximo a isso discute Hegel, quando contesta à crítica de que a *arte* não é científica porque vide de *aparência* e *ilusão*. Para o filósofo, "si se califican de ilusiones estas apariencias, se podría decir lo mismo de los fenómenos de la naturaleza y de los actos de la vida humana, los cuales se miran, sin embargo, como constituyendo la verdadera realidad; pero es mas allá de todos estos objetos, percibidos inmediatamente por los sentidos y la conciencia, donde es preciso buscar la verdadera realidad". HEGEL, G. Wilhelm Friedrich, *De lo Bello y sus Formas* (trad. M. Granell), Buenos Aires: Espasa Calpe Argentina, 1946, p. 29.

28. Talvez com essa intuição viesse Tobias Barreto a dizer que: "Ser livre é um producto da arte, tanto mais perfeito quanto mais elevado é o escopo da atividade humana, e em taes condições o homem vem a ser o artista de si mesmo". BARRETO, Tobias, *Questões...*, cit., p. 67.

indivíduo se oriente e reaja em relação à norma (a *Ansprechbarkeit,* de Roxin[29]), e que sua conduta se possa identificar alguma relação de direcionamento de vontade em seu ato, na diferenciação entre dolo e culpa que ocorre mesmo diante de uma concepção mais duramente normativa[30] do Direito penal.

Pretendemos agora um posicionamento mínimo acerca da querela determinismo/indeterminismo. Acreditamos que grande parte da solução está na *perspectiva* com a qual se observa o problema, por meio do conhecimento científico, conhecimento filosófico e metafísico ou conhecimento (assim dito) mágico. Em resumo, parece natural que o cientista – no caso, mais diretamente, o neurocientista – não aceite que as regras que ele assume como premissa, como regentes absolutas do universo (as regras físico-químicas), não coincidam com as que governam o cérebro e o sistema nervoso e, daí, o comportamento humano. Seria de todo incoerente exigir que o neurocientista introduzisse em seu contexto científico, obrigatoriamente estandardizado e fragmentado, elementos filosóficos e metafísicos que não apenas não encontram espaço de entrada em seu discurso, como, caso conseguissem tal penetração, seriam por seus experimentos rotundamente desconfirmados. O que se há de esperar é que seu discurso cada vez mais explique as funções cerebrais, o modo como a vontade aparece e, ainda, como o cérebro processa as reações e as criações da vontade no tempo. Esperar o contrário seria acreditar em uma divisão entre corpo e mente que a própria Igreja Católica – portanto em um discurso teológico – já abandonou ao início[31] do séc. XIV, e que Descartes, ao tentar importar para seu discurso científico, teve de elucidar fisicamente sob uma explicação de *glândula pineal* que jamais se confirmou. Para usarmos termos simplificadamente luhmannianos, a glândula pineal cartesiana era uma válvula de escape entre dois sistemas autopoiéticos que não conversavam: discurso biomédico, o corpo humano, e discurso metafísico, na divisão entre corpo e mente.

Então, podemos apontar que existe um pequeno desvio de perspectiva em buscar o *compatibilismo* entre uma ação fisicamente determinada e uma liberdade de mente, como faz Frankfurt[32] em seus escritos. Dizer, como o respeitável filósofo americano, que há um desejo de ordem superior que determina um de ordem inferior, especialmente à ausência de qualquer prova empírica desse mecanismo, não aponta, cremos, qualquer solução para a diatribe. Ao contrário, demonstra

29. Vide 4.2.1.

30. Assim se expressa, com absoluto rigor, Chaves Camargo, ao explicar as figuras tradicionais do Código Penal Brasileiro sob a ótica do agir comunicativo: "O crime doloso, punido de forma mais rigorosa pelo ordenamento jurídico, revela que o agente, no dissenso presente na comunicação, direcionou sua intenção a um resultado conhecido, contido no tipo penal como reprovado pelo ordenamento jurídico, que contraria um valor vigente naquele momento". CAMARGO, Antonio Luís Chaves, *Imputação Objetiva e Direito Penal Brasileiro*, São Paulo: Cultural Paulista, 2001, p. 166.

31. Vide referência ao Concílio de Vienne de 1311 em 2.2.2, bem como a Q. 75 da *Summa* de Santo Tomás, também ali comentada.

32. Vide 1.3.

que pode haver interpretações diversas para o mesmo fenômeno, pois a concepção de Frankfurt nos parece extremamente próxima à de Schopenhauer, quem desde o início de suas observações já afirmava o depois famoso "podes fazer o que queres, mas não podes querer o que queres", de algum modo retomada por Kelsen, quando, a insinuar seu entendimento determinista, afirma que "a questão não é saber se a nossa ação é causada pela nossa vontade, mas a de saber se a vontade é ou não causalmente determinada".[33] E então, quase exatamente onde Schopenhauer observava um resultado determinista, Frankfurt vê aflorar um contínuo lampejo de liberdade. Igualmente, as "causas primeiras" e "causas segundas" de Santo Tomás de Aquino[34] descrevem divergência quase idêntica, sob o ponto de vista teológico, e ainda assim encontram uma solução indeterminista, tal como os "mundos possíveis" de Leibniz[35] indicam algo parecido, para concluir uma posição confessadamente teológico-compatibilista. Essa posição intermediária concreta vem agradar a muitos estudiosos contemporâneos que se deparam com a neurociência, menos por razão que por comodismo: uma proposta que faça convergir o um cérebro de impulsos físico-químicos com a responsabilidade moral sempre será bem-vinda. O problema é que ela pode ser sem si uma invenção pouco ou nada fundamentada.

5.5 Proposta: compatibilismo epistemológico

Em nossa opinião, a proposta compatibilista não se pode fundar em apenas um par dentre tantas hipóteses *metafísicas* acerca das possibilidades do querer humano, apenas porque elas têm o dom de solucionar uma controvérsia de que depende a essência da reprovação, a qual, por sua vez, configura um dos grandes eixos do Direito penal. A solução para o caso deve ser *filosófica* porque tem de conter a legitimidade do saber, e não um utilitarismo epistemológico imediato, quase-dogmático, que coloque sepulte controvérsias.

A neurociência e a liberdade de querer são compatíveis porque estão em planos distintos de análise, ou seja, pertencem a duas realidades epistemológicas diferentes. Essa nossa tese, que assim enunciada pode parecer de um tom conciliatório rudimentar, é a mais completa frente a todo o analisado nos capítulos anteriores. Para desenvolvê-la, trilhamos o mesmo percurso e partimos da premissa que nos surgiu a partir da observação das interessantes novidades da neurociências, as quais, por sua velocidade e volatilidade, a este momento já nem serão assim tão novas: as conclusões médicas sobre a antecipação cerebral do próprio querer devem ser todas verdadeiras. Mais que isso, o aprofundar dos estudos decerto conseguirá explicar a origem, a causa de todas as decisões futuras, relacionando-as a elementos puramente físicos. Acreditar no contrário

33. Kelsen, Hans, *Teoria pura do Direito*, trad. J. B. Machado, São Paulo: Martins Fontes: 2006, p. 107.

34. Vide, aqui, 2.2.2, especialmente na referência à Q. 116, a. 04 da *Summa*.

35. Vide 2.3.3.

seria ter a infantil inocência de Descartes, e seguir em busca de um sucedâneo para uma *glândula pineal* que flutue ao sabor da liberdade absoluta, em um maquinário perfeitamente biológico como o cérebro. Por isso, não se deve apenas conceder total crédito aos avanços da medicina neuronal, mas aceitar todas as suas consequências: a possibilidade de influência e previsão do comportamento humano, o potencial de alteração da personalidade por intervenções cirúrgicas ou medicamentosas, o prognóstico preciso de comportamentos criminosos, a partir da mais precoce idade. Todos serão desafios com o qual o Direito penal terá de lidar mais corriqueiramente, estando muitos deles já lançados à realidade forense como problemas concretos.

A partir dessa premissa, entretanto, há que se acreditar em um ser humano moralmente responsável. Porque, a partir da ótica *de um conhecimento metafísico*, as regras biológicas são apenas um ponto a observar-se quando se pretende a explicação da responsabilidade individual. Noções como pessoa, consciência, valor moral ou, para tangenciar controvérsias mais contemporâneas, ontologia e percepção são questões que fazem parte do amplo universo da metafísica, sob o filtro racional filosófico. Todos eles formam um discurso que tem de conter seus próprios elementos suasórios, a partir de seu conteúdo material. Essa compartimentação é premissa da própria lógica do conhecimento, cultuada também pelos investigadores da Medicina, da Biologia, da Física e das demais ciências da natureza. Isso nos responde à primeira indagação que anteriormente formulamos:[36] por que é impossível delegar a investigação da responsabilidade às descobertas neurocientíficas? Responde-se: porque a definição de responsabilidade não faz parte do discurso médico, pois ele mesmo a afasta como não-objeto de estudo. O salto entre a realidade neurocientífica e a realidade-discurso da responsabilidade é um salto *mágico*, de mera *contaminação*, que então contradiz o próprio hermetismo de que depende a observação científica biológica. Talvez seja essa a conclusão a que tenha chegado Libet, sem desejar nisso aprofundar-se, quando desconstitui conclusão metafísica seu anterior estudo[37] alcançara; o cientista não necessitaria haver atingido a hipótese do *veto* para desmentir uma não-liberdade humana, o que implica reconhecer que os esforços dos estudiosos para desconfirmar a hipótese tampouco são tão úteis, dentro da perspectiva do conhecimento: mesmo com um cérebro que formule decisões anteriormente à consciência, o indivíduo pode ser livre.

Construir aqui um corpo metafísico suficiente para comprovar o livre arbítrio está longe dos propósitos deste trabalho, mas os capítulos anteriores nos autorizam a traçar diretrizes conclusivas sobre a liberdade de agir, a partir de alguns argumentos mais abrangentes. O primeiro deles, aliás, é o de traço mais geral, relacionado ao sentido da sociedade humana. A aquisição de sentido para toda a existência e para a consciência depende de que o indivíduo seja concausa de suas ações e omissões.

36. Vide, retro, 1.5.

37. Vide 1.2.1.

Para tanto, podemos nos apropriar da antiga metáfora, de que Spinoza faz uso de modo tão sonoro: se a perguntassem à pedra por que ela cai, ela responderia que cai porque é essa sua vontade. Pois bem, o grande segredo da alegoria é o de que a pedra não tem *consciência* de que cai, então é desnecessário que ela consagre uma ilusão de vontade, uma ilusão de querer. O homem, ao contrário, tem consciência de sua vida e a dos demais, e a chave dessa consciência é sua capacidade de *reconhecimento estético* e de *comunicação*. Essas duas potências são prova de que o homem consegue refletir sobre sua existência, reconhecendo, embora com equívocos, o bom e o mau, o belo e o feio, também com o poder de registrar e transpor todas essas impressões e vivências para elementos linguísticos. Esses elementos linguísticos são os que permitem – ao que se saiba, somente ao ser humano – registrar e refletir sobre a condição humana, sobre sua própria vontade e liberdade. Claro que todas essas capacidades podem ser determinadas por condicionantes naturais, a retirar toda a condição de a mente ser um núcleo causal diverso das leis físicas em geral. É possível, mas se assim for, haverá obrigatoriedade de ilusão permanente, não exatamente de liberdade, mas de *consciência*. O homem será então iludido totalmente sobre o modo como *percebe* o mundo e, se assim for, o mundo como um todo vem a carecer de sentido. Seria o homem consciente de si, porém em uma consciência ilusória, percebendo um universo que se move – assim como a toda a humanidade – apesar de qualquer influência dele. Se a consciência for ilusória, não há razão para que não se entenda que a *existência* também o seja, porque criar a constante ilusão de pensamento será tão complexo quanto manter a ilusão de consciência e relativa liberdade. Se assim for, a tese da *ilusão da vida*, que sugere Calderón de la Barca é tão plausível quanto um determinismo ao estilo de Ferri ou Spinoza. A concepção de que qualquer elemento de realidade não mais seja do que a criação da própria mente que se ilude não alcança contraposição caso se queira sustentar que a consciência é ilusória. Então, *ab absurdum*, aqueles que acreditam na ilusão de consciência deveriam afirmar, com Calderón, que a vida é sonho, ou seja, sem mais impedimentos o mundo inteiro é uma ilusão a partir do nada – uma ilusão que não é a mera percepção alterada da Fenomenologia. Isso os obrigaria a enfrentar sem-sentido do mundo, que somente alguns existencialistas tomaram como certo, mas que Sepúlveda a seu tempo já verbalizava: "¿Qué idea puede ser más absurda que decir que Dios y la naturaleza se burlan de todos los mortales en su vano esfuerzo e inútil trabajo de reflexionar?"[38] De qualquer modo, trata-se de uma conclusão metafísica, que está distante do discurso necessariamente preso a objetos visíveis da Física, ou seja, do discurso científico.

E a metafísica abrange também a perspectiva de pronunciar-se sobre a realidade do determinismo absoluto diante do direito penal. Para isso, então, dispensa-se tratar da experiência histórica que indica o que resultou à humanidade dos

38. Ginés de Sepúlveda, Juan, Sobre el destino y el libre albedrío, in: *Obras Completas* XV, Pozoblanco, Ed. del Ayuntamiento de Pozoblanco, 2010, p. 47.

tempos de crença europeia no determinismo darwiniano que ora alguns cientistas inconscientemente retomam, até porque o processo histórico tampouco é objeto de apreciação da neurociência. Cuida-se ainda de seguir a buscar a aquisição de sentido em um mundo guiado por leis físicas: acreditar que um réu imputável agiu por razões absolutamente ambientais importa, como sabemos, a princípio em retirar de sua condenação qualquer tipo de relação moral, e isso para o Direito penal pode não ser tão preocupante: como visto, é possível uma reprovação de mera segurança social ou meticulosamente funcional, voltada portanto apenas às consequências da pena. Se houver um consenso de que o homem não é livre de fato, admitir a pena com prevenção mínima sem causa moral não parece uma dificuldade, pois o maior obstáculo já haveria sido superado: a contradição entre punir sem um desejar do condenado, por genérico que seja, de enfrentamento da norma. A questão nos parece bem mais ampla, porque na verdade o determinismo absoluto deve aceitar não apenas que o *réu* não seja causa de si mesmo, mas que o juiz tampouco o seja. Nessa hipótese, investigar a culpabilidade e o Direito penal também perderiam seu sentido, porque o *juiz* também será determinado, queira ou não, a julgar conforme causas externas a ele. Não apenas o réu, mas o juiz, o legislador e o penalista estariam firmemente determinados, de modo que qualquer consideração acerca da responsabilidade seria uma simples perda de tempo porque, embora pudesse condicionar um aplicador da lei, não seria oriunda de uma mente livre, causa de si própria, então seguiríamos em um universo de relações de causa e efeito que não se podem gerar, senão apenas dela tomar consciência para sofrimentos, arrependimentos ou alegrias, todos possivelmente ilusórios.

De modo que não há como deixar de apontar no ideário determinista algo que não é exatamente uma contradição lógica, mas uma contradição *discursiva*, porque leva em conta o sujeito que emite o pensamento. A grande fissura do determinismo está no *moralismo oculto* daquele que o declara, a partir de uma condição de superioridade evidente: todos são determinados em suas ações e portanto aqueles capazes de condutas perigosas não merecem senão o afastamento da sociedade em nome da segurança cidadã. Mas aquele que *propõe* essa distinção coloca-se como um ser pensante que consegue, a partir de si mesmo, determinar o melhor para a sociedade, ou seja, enxerga a si como ser autônomo diante da relação de causalidade física. Enuncie ou não essa condição, a *superioridade moral* é premissa daquele que nega a existência dela mesma, o que se pode dizer não apenas do determinismo de Lombroso[39] ou de Ferri,[40] mas da negativa mesma da moral em Nietzsche.[41] Como já se comentou oportunamente, a ideia nietzschiana de um fim da moral na Filosofia (então, dispensando-a do saber humano) é extremamente sedutora, porém fracassa quando colocada na prática. Que a moral tenha de ser afastada do Direito penal no quanto possível,

39. Vide 3.3.1.
40. Vide 3.3.2.
41. Vide 2.4.1.

claro, parece-nos inequívoco, mas algo dela resta na reprovação, sob pena de um moralismo oculto, bastante mais pernicioso.

A contradição que enunciamos não escapou, em sua genial capacidade expressiva, à pena de Machado de Assis, que a percebeu logo em seu germe. Quando ainda se importavam as teses lombrosianas, a publicação de *O Alienista* (nome comum para designar os psiquiatras de então), que termina com o próprio psiquiatra detido em seu manicômio, a fim de rever suas conclusões. O personagem Simão Bacamarte é aquele que reconhece que todos têm suas peculiaridades patológicas e que talvez estivesse ele mesmo equivocado ao se colocar em uma posição superior para determinar quem estava ou não fora de condições de convívio social. Machado então, na mágica da ficção, insinua o que antes, no quanto seja de nosso conhecimento, jamais se havia enunciado, mas que neste trabalho tem de vir inscrito com realce: a *aporia* de o penalista determinista entender-se livre para julgar o arbítrio escravo do terceiro. Em outras palavras, um ser humano julga livremente que o arbítrio do ser humano é escravo.

A única alternativa que nos parece coerente é aceita que o homem é livre em sua condição metafísica, ou ao menos moralmente responsável por seus atos. Isso não importa deixar de reconhecer que seus comportamentos tenham uma causa física patente e detectável, *anterior* ao comportamento livre. Em outras palavras, qualquer intervenção artificial que se faça no cérebro humano retirará do indivíduo a responsabilidade de seus atos, o que é, como ainda diremos, um dos grandes riscos do correcionalismo. Do mesmo modo, um comportamento reconhecidamente patológico, a partir da incapacidade efetiva (e não apenas retirada de um padrão mediano) de compreender a realidade e se determinar normalmente tem de ser considerada como impedimento ao exercício dessa liberdade. A perda da capacidade do reconhecimento estético e da comunicação para a reflexão mínima sobre a condição humana retira do indivíduo a possibilidade de responsabilidade, desse mínimo de liberdade suposto pela lógica metafísica.

O *verdadeiro compatibilismo* está em compreender que existem objetos diferentes de estudo entre ciência e metafísica, o que não é apenas uma divisão didática, mas uma realidade epistemológica. A transferência pura dos pressupostos científicos para a metafísica da responsabilidade é uma redução drástica, sujeita a inúmeras falhas tão palpáveis como são eventuais as falhas do método empírico de uma pesquisa química em laboratório. Deixar que a ciência empírica fale em nome da responsabilidade é permitir um pensamento por mero contato e contiguidade, um pensamento mágico. Apenas com um conhecimento metafísico se pode chegar à precisão com que Kant[42] enfrentara o assunto, ao afirmar que a liberdade é um postulado natural porém não necessariamente empírico.

42. Vide 2.3.5.

O desafio que as novidades neurocientíficas trazem ao problema da responsabilidade deve-se, então, a um *descompasso*. De um lado, o avanço da tecnologia e das ciências médicas e, de outro, o atraso na compreensão filosófica-metafísica, que, na melhor das hipóteses, recusa-se a seguir a contemporaneidade. Se o avanço científico for acompanhado por um *regresso metafísico*, em um discurso que, em lugar de buscar explicar, intimide-se com uma descoberta médica, retornaremos ao tempo do darwinismo, o qual, como já dissemos, indiretamente resultou no holocausto da Segunda Guerra Mundial, dentre outras tragédias. E esse Holocausto (apenas a título de ilustração), é um dos grandes mistérios do conhecimento sociológico, que a biologia e a neurociência, em seu discurso hermético, não se preocupam em explicar. A Filosofia e a Metafísica, entretanto, não renunciam a essa elucidação.

O papel do filósofo segue sendo o de identificar o que seja o *saber*, e então apontar que o conhecimento da responsabilidade e da liberdade supera a tecnologia médica, por avançada que seja. O desafio de fazê-lo está em mostrar que ciências naturais e metafísica, como este próprio nome indica, encontram-se em planos distintos, portanto uma não exclui outra. A tendência humana, entretanto, como revela a realidade histórica, é a de que *a crença natural-empírica expulse a metafísica*, e aí reside a maior parte do problema penal que as neurociências suscitam hoje. Mas a essa realidade foram sensíveis, como já dito, Darwin e, contemporaneamente, Maturana:[43] o risco histórico do homem compreendido apenas biologicamente não necessita ser repisado uma vez mais.

5.6 Liberdade e ordenamento jurídico

Um indivíduo livre relativamente, ou seja, livre enquanto existam razões para crer que não há intervenções externas em sua realidade cerebral, tem de ser como tal compreendido pelo ordenamento. Mas o jurista não é, de modo algum, obrigado a considerar o homem de modo idêntico a sua realidade biológica, até porque isso implicaria desprezar um mínimo de generalização imprescindível à igualdade perante a lei. O contexto normativo pode considerar o indivíduo como uma realidade própria, e nesse sentido o conceito de *pessoa* na Filosofia do Direito de Hegel, tão bem apropriado por Jakobs,[44] é o exemplo mais notório, porque não temos dúvida de que esse conceito – que em geral é também um dos núcleos de preocupação filosófica – de *pessoa* desenvolvido pelo filósofo de Stuttgart é aproveitado pelos juristas por sua inequívoca funcionalidade, sua qualidade operativa no Direito. A *pessoa* definida como o núcleo de obrigações, direitos e papéis sociais, por onde transpassa a norma, é indispensável à operacionalização do Direito.

43. Vide 2.4.3.2.
44. Vide 4.2.2.

É também o que faz Kelsen. O jusfilósofo desvela e depois soluciona uma aparente contradição entre liberdade e responsabilidade: enquanto a imputação pressupõe a liberdade, a norma precisa entender que o sujeito não seja livre quando deseja motivá-lo ao comportamento. Mas essa contradição é resolvida, no sistema kelseniano, pela visão a partir da norma, pois se considera o homem imputável *porque* a norma observa condutas humanas. Em outras palavras, para o ordenamento normativo, o indivíduo é uma regra causal de imputação, daí sua máxima, explorada também por Merkel, de que: "Não se imputa algo ao homem porque ele é livre, mas ao contrário, o homem é livre porque se lhe imputa algo".[45] E Kelsen justifica essa abstração normativa a partir do negativo, ou seja: se fôramos observar a realidade em todos seus matizes, qualquer comportamento humano seria compreendido e sempre perdoado, porque *compreender sempre significará perdoar*.[46] Daí que, na dicotomia entre *Sein* e *Sollen*, entre o ser e o dever-ser kelsenianos, é absolutamente prescindível que o sujeito seja de modo fictício considerado livre como indivíduo, mas apenas compreendido a partir da norma como elemento causal diverso da natureza.

Em grande medida, a concepção contemporânea de Jakobs vai nesse mesmo sentido. Contrariando a Roxin e em uníssono com Kelsen, o professor de Bonn entende desnecessário construir a ficção do homem livre, senão de um homem que se exige que se organize de modo a cumprir preceitos que dele a sociedade espera, da maneira como está formatada em uma contínua produção normativa de comunicação. Se essa é ou não a melhor posição para a criminalização, é algo que teremos de observar mais adiante, apenas por questão de percurso.

A ideia de Kelsen, em nossa opinião, é perfeita sob o ponto de vista lógico-formal. Intenta – como é objetivo expresso de seu trabalho – livrar o Direito de tudo aquilo que não lhe seja um objeto único da ciência jurídica, e dentro de seu discurso alcança o proposto. Mas há que se notar que ainda assim o autor alemão não resiste a trazer sua opinião pessoal no sentido de que o homem não é livre, o que – é impossível deixar de dizê-lo – representa fruto de seu tempo: a concepção determinista. Por mais perfeita todavia que seja a estrutura lógica kelseniana, não nos podemos abster à observação de que a pureza do direito, ou seja, o afastar do Direito da política ou de qualquer concepção ideológica também é uma ideologia e um fim político. Daí que o posicionamento de um homem livre por força da norma repousa, em Kelsen, sobre uma confessa concepção de determinismo natu-

45. *Teoria pura do Direito*, cit., p. 109.

46. "Daher das Sprichwort: Alles verstehen heisst alles verzeihen. Das Verhalten eines Menschen verstehen heisst: darauf verzichten, ihn für dieses Verhalten zur Verantwortung zu ziehen, ihn dafür zu tadeln oder zu bestrafen, mit seinem Verhalten eine Unrechtsfolge zu verknüpfen, das heisst zuzurechnen. Aber in sehr vielen Fällen, in denen man die Ursachen seines Verhaltens sehr wohl kennt und es somit versteht, wird keineswegs afur Zurechnung verzichtet, wird dieses Verhalten durchaus nicht verziehen. Das Sprichwort beruht auf dem Irrtum, dass Kausalität Zurechnung ausschliesst". KELSEN, Hans, Reine Rechslehre, Wien: Franz Deuticke Verlag, 1967, p. 101-102.

ralístico. Porém, ao definir o homem como escravo, Kelsen não se livra de nossa principal aporia: o sentido transcendente da existência e, mais, a liberdade de suas próprias considerações. Não se admite que seus esforços lógicos para construir sua *Reine Rechtslehre* sejam fruto de impulsos físicos apenas, de um lado; de outro, a ideia de que o ordenamento somente faz sentido com uma suposição de liberdade normativa do indivíduo (sua colocação como último elemento causal para imputação a partir da norma) poderia ser estendida a toda a sociedade sem maior esforço. A regra de que a sociedade só faria sentido a partir de um homem livre apenas não é enfrentada por uma delimitação epistemológica do próprio autor, que entretanto convive com ela dentro do contexto normativo: imputação sem liberdade presumida, é Kelsen quem afirma, carece de substância.

Mesmo sem vencer a aporia, a Teoria Pura do Direito traz importante definição de liberdade normativa, que até hoje é aproveitada, ainda que de maneira não expressa, pelo Direito penal, a partir mesmo do conceito de imputabilidade: o imputável é livre, o inimputável (mesmo por presunção normativa) é escravo. Quem define é a norma, ou seja, é a partir dela que nasce a liberdade do indivíduo. Em nossa opinião, essa fórmula será aprimorada, para o Direito penal, por Jakobs.

5.7 Liberdade, ação humana e reprovação penal

Reconstruir aqui um percurso de *por que* se reprova a conduta humana seria buscar a senda histórica do conceito de culpabilidade, o que neste trabalho se busca evitar. Estabelecer o livre arbítrio como eixo de progressão permite transitar entre outros conceitos próximos, dentro os quais estão a causalidade, a ação humana e a função da pena, sem ter de manter-se em uma progressão única já tão revisada por autores muito superiores a nós.

A culpabilidade normativa, que o neoclassicismo de Mezger já tão bem operacionalizava, mostra a tentativa de reprovar a partir de uma interpretação geral filtrada pela norma, a partir de um poder exigir a conduta diversa. Esse conceito coincide, invariavelmente, com o problema filosófico do *Andershändelnkönnen*, negado e afirmado por diversos ensaios, e bem compatibilizado na teoria de Frankfurt, como já comentado. Quando Welzel fortalece a normatividade do conceito, dele afastando o vínculo psicológico do dolo, reverte, como se sabe, para o centro da discussão da liberdade um *agir humano* ontológico. No agir está o querer, mas este querer, note-se, tem de ser livre *com mais razão*, porque caso se entenda um querer não livre voltar-se-ia a um desejo que, embora psíquico (dolo), constitui da mesma forma um agir *causalmente* determinada: a ação, mesmo com vínculo psicológico, seguiria sendo *causal*, ainda que voltada a uma *finalidade*, então não-livre. Esse é o motivo pelo qual Welzel levará às últimas consequências o embate com Engisch para fazer valer a liberdade do indivíduo. Toma de empréstimo Welzel então a Ontologia de Hartmann, seguindo-lhe à risca, porque a seu tempo, como aqui apresentado, era a mais completa construção que buscava partir da lógica extrema do kantismo, porém em alguns de seus principais pontos. A concepção de Hartmann, como filósofo, não transcendeu,[47] e cremos que não por coincidência foi esse elemento ontológico o primeiro a desabar diante das críticas do pós-finalismo.

De qualquer modo, no finalismo welzeliano o livre arbítrio era ponto fundamental, e se pode até dizer que funcionava como pressuposto de sua estrutura lógico-subjetiva, em que o legislador não poderia interferir: o homem é livre para dirigir ao resultado sua ação. O fato de que ele não pudesse regredir de todo a uma filosofia indeterminista ao estilo escolástico, tendo em vista a complexidade do pensamento penal de seu tempo tão elaborada pelos neoclássicos, compeliu-o a recorrer à mesma estratificação da Ontologia Crítica, e essa realmente nunca se sustentou para além de Hartmann.

O *pós-finalismo* monta orientações diferentes para o Direito penal, e então desenha-se a já clássica a polarização entre o funcionalismo de Roxin e o ultranormativismo de Jakobs, que aqui se pretende utilizar apenas como orientação. Sobre Roxin já se construíram algumas críticas, neste trabalho, acerca de seu conceito de culpabilidade (*unrechtes Handeln trotz normativer Ansprechbarkeit*), por conta da assertiva de seu caráter misto empírico-normativo. Pois o que existe de empírico é a comprovação de que o responsável pode acessar o conteúdo da norma jurídica e de autocontrolar-se, que é quase a sinonímia da definição legal brasileira de imputabilidade: conhecer e determinar-se. Entretanto, diante da provocação neurocientífica atual, há que ter muita cautela delegar à ciência médica o estabelecimento de um padrão de normalidade. De todas as formas, a "suposição de liberdade" a partir da vontade da lei aproxima muito a ideia de Roxin da kelseniana liberdade a partir da lei, que de algum modo também se revive em Luzón Peña.[48]

Mas o normativismo de Jakobs, levando a seus extremos, alcançará consequências que merecem aqui comentário mais detido. O professor de Bonn despreza a diatribe da liberdade da vontade *para* substituí-la pela comunicação. A dependência da realidade psíquica esfuma-se inclusive na noção de dolo e culpa, porque somente *por meio* da comunicação é que se comprova a conformação da ação humana à vontade normativa. Com a ação criminosa, o agente comunica seu desacordo com a vontade normativa, sua não-vigência para o caso específico, enquanto a pena responde que essa assertiva de não-vigência particular não desestabiliza o sistema como um todo. Quando se consegue observar o ser humano a partir de o que *comunica*, livra-se do conceito de *sujeito*, de *indivíduo*, que é naturalístico, e então se considera o homem como *pessoa*, aí na visão hegeliana, como já aqui comentamos mais longamente. Esse acaba sendo um pressuposto de

47. Para usar a formulação de Trías, não se tratava da Filosofia, pois foi incapaz de revelar um saber cumulativo.

48. Vide 4.3.5.

liberdade, porque o direito não se interessa pelo modo como o indivíduo consegue ser fiel à norma, sendo "assunto seu" o modo como desenvolve sua auto-organização: seu esforço psíquico para não fazer o mal ou seu desastroso modo de vida são escolhas a que o direito não alcança. A pessoa é um garante de um modo de comunicação, que deve respeitar o direito de não lesar a outrem e, de modo semelhante a Kelsen, a partir da norma se faz um alvo de imputação, o último elo de uma relação causal.

Dessa concatenação ultra-normativizante, interessa-nos saber se Jakobs logrou realmente superar a necessidade de recurso à liberdade de querer. E, quanto a isso, nossa opinião é um tanto particular. Porque desconsiderar de todo a relação naturalística do sujeito com o fato (entendendo como naturalística sua condição psíquica), seu conhecimento, seu esforço psíquico pode conduzir a situações de injustiça, com pessoas punidas objetivamente, em virtude de uma – para utilizar seus termos luhmmanianos – comunicação defeituosa não desejada. O suplício da pena começa com uma retribuição que pressupõe uma falha de organização que, se de todo indesejada pelo sujeito, pode resultar, caso se dê um *mínimo* de crédito à retribuição kantiana, em uma pena injusta, com uma condenação de um indivíduo que passa a ser pessoa apenas como alvo de uma reprimenda que o faz integral instrumento do Estado para prevenção. Prevenção instrumentalizada que lhe custa o sofrimento da pena. Abstrair totalmente esse conteúdo natural-humano do sujeito para pressupor alguém que sempre tem a capacidade de comunicar-se e de conhecer o conteúdo do sistema comunicativo em que está inserto não é algo simples. A hipótese de comportamento dissonante absolutamente não querido, como o erro, tem de ser mais profundamente analisada, como também a incapacidade de organizar a vida para cumprir a norma, que Kelsen também já notava, conquanto repudiasse, ao convir que "compreender é perdoar". No entanto, como solução hermética é uma concepção perfeita: dispensa o trabalho de adentrar à motivação psíquica e concede a liberdade ao indivíduo de apenas considerar ação penalmente relevante sua ação comunicativa que desconfirma a norma, sem questionamentos ulteriores. Nesse contexto, a indagação sobre o livre arbítrio falece por si mesmo, de modo coerente.

Em nossa opinião, porém, a construção normativista de Jakobs guarda um *discurso latente*, não pronunciado, de consequências inequivocamente proveitosas (um discurso funcional, portanto). Ao fazer o proselitismo de que ao indivíduo jamais se lhe perguntará pelos motivos de seu modo de vida desconforme, dos antecedentes de sua comunicação dissonante, a lei instiga o indivíduo à auto-organização perfeita. Em um mundo complexo, de organização social capilarizada, corporações poderosas e estado protetor de seus membros – que se vê ainda mais no contexto latino – o desvio do foco argumentativo da conduta naturalista para a comunicação perfeita ou imperfeita, a comunicação ou não da validade da norma e, principalmente, a posição da *pessoa* como *garante* de situações comunicativas estáveis *exige* que os indivíduos se organizem mais perfeitamente. Nesse sentido, sim, o Direito passa a ser aquele regulador do sistema, que não só reforça via a pena que a norma enfrentada continua vigente, mas indica que o ser humano, natural, deve esforçar-se mais para a organização pessoal. O discurso latente que subjaz em seu ultranormativismo é o de que, embora a desconsideração total da realidade natural do sujeito não seja justa em todos os casos, ela compensa por sua utilidade, porque conduz o Direito a ser um elemento potente de organização social, do cumprimento dos deveres de que os cidadãos são, a depender de seu rol de papéis assumidos como pessoa, garantes. Em outras palavras, aplicar-se a teoria normativista implica *educar o sujeito a organizar-se de modo válido*, ainda à custa de alguma condenação moralmente injusta porque despida de qualquer conteúdo psíquico ou cognoscitivo pelo agente. Com isso, Jakobs preserva (ou resgata de) o positivismo de Kelsen o que ele traz de mais funcional: o homem visto como sujeito de imputação por vontade normativa, porém *supera* o discurso positivista ao considerar essa vontade normativa algo atrelado à situação comunicativa atual, e não apenas ao mandamento do ordenamento posto. Se, assim, Jakobs ultrapassa o positivismo, a partir também da vantagem do tempo histórico, por conhecer as consequências daquela concepção pura, também põe em prática, cremos, aquilo a que já no passado remoto alertava Erasmo de Rotterdam: a enunciação de alguns problemas – no caso do holandês, a diatriba do livre arbítrio – é prejudicial porque pode enfraquecer seu discurso pedagógico: o homem que não se creia livre não se motivaria ao bom comportamento diante de Deus (o erasmiano "*Quis malus studebit corrigere vitam suam?*"[49]), da mesma forma, atualmente, que o cidadão que acredite que suas condições de vontade serão levadas em conta pelo Direito penal – na máxima do "compreender é perdoar" kelseniana – não se motiva à organização. Se compensa[50] a injustiça individual em nome de um contundente incentivo à organização é um mérito a que aqui não há como adentrar.

Se, porém, aceitamos esse segundo lado discurso de Jakobs, por consequência reconhecemos que ele demanda um sujeito ao menos relativamente livre, que se possa motivar à auto-organização a partir do entendimento da norma e da sinalização, pela pena, de que um determinado grau de organização lhe

49. Vide 2.2.3.3.

50. Mas em apoio à plausibilidade de nossa crítica, está em situação análoga o uso jurisprudencial brasileiro do *willfull blindness*, a cegueira deliberada. Silveira identifica em sua aplicação uma forma de "superação de dificuldades do que alguém pode ter por buscar determinados graus de punição", à custa da desconsideração da necessidade de conhecimento atual. Não devemos nos posicionar exatamente sobre o tema, porque isso demandaria muitas outras reflexões que aqui não cabem, mas nossa assertiva acerca da necessidade de informação para o devido exercício da liberdade já concede uma pista de por onde se deve caminhar, ainda que muito haja por pensar acerca dos benefícios da motivação à organização devida jakobsiana. Cf. Silveira, Renato de Mello Jorge, Cegueira Deliberada e Lavagem de Dinheiro, in: *Boletim IBCCrim*, 21, n. 246, maio, 2013, p. 04. Situação análoga à *willfull blindness* é a já tradicional questão acerca da "provocação dolosa do próprio erro", que demanda o tratamento do *actio libera in causa* pelo legislador, que não deixa de ser uma ordem de auto-organização. Sobre tal "provocación dolosa del propio error" vide Alonso Álamo, Mercedes, La acción libera in causa, in: *Anuario de derecho penal y ciencias penales*. n. 1, vol. 42, 1989, especialmente p. 80-81.

é exigido. O fato de que essa liberdade, por uma questão de hermetismo e até mesmo estratégia, não se adentre ao discurso científico doutrinário não significa sua inexistência, ou sequer que se lhe rebaixe a papel muito periférico. Trata-se simplesmente de não desejar trasladar o discurso a uma realidade metafísica, que aqui seria realidade mágica: inserta em um sistema discursivo que não a comporta como tal.

Das principais concepções jurídicas da atualidade, no que se refere à ação e à reprovação da ação humanas, todas dependem de um nível de liberdade: para Welzel, a liberdade ontológica, de que deriva a própria ação; para Roxin, a liberdade humana a partir da norma, como *Spielregel*, como regra do jogo; para Jakobs, em um discurso latente que revela um sujeito que se esforçará em conformar-se ao contexto comunicativo e a não desconfirmar a norma porque sabe que ao direito somente interessará sua ação como comunicação dissonante. A *liberdade* então, para nos centrarmos em nossa pergunta reitora, *permeia todo o discurso mais contemporâneo do direito penal*, nessas três vertentes finalista e pós-finalistas.

5.8 Liberdade e função da pena

Está correto Tobias Barreto quando afirma que a pena é pura experiência. É portanto conhecimento generalizante, que o filósofo espanhol denominaria *conhecimento mágico*. Mera intuição de que o apenado expia suas culpas ou que seu sofrimento intimida em geral a sociedade, muito provavelmente nascida de uma experiência histórica de vingança privada. Por isso, é arguto Nietzsche ao indicar para a pena uma função que hoje poucos estudiosos põem em pauta: ela como um pagamento, via o suplício do condenado, de honorários ao Estado pela proteção contra os excessos da vingança que ocorreria sem a intervenção maior.[51] Pode ser esse um dos seus primeiros fundamentos, no ultrapassar da vingança privada.

Porém a tarefa de justificar a pena não pode ser a de conceder um discurso artificial que legitime a experiência pura. E na verdade não é assim, porque se sabe que a racionalização do discurso punitivo tem efeito na pena mesma, a exemplo do próprio *best-seller*[52] de Beccaria, ou da doutrina, que em regra fundamenta em substancial medida a redação da Parte Geral de um Código penal. A pena tem

51. Recorto três funções da pena reveladas por Nietzsche, a última delas que ultimamente renasce com fundamento teórico: "Pena como pago de honorario, estipulado por el poder que protege el infractor contra los excesos de la venganza. Pena como compromiso con el estado natural de la venganza, en la medida en que razas poderosas mantienen todavía ese estado y lo reivindican como privilegio. Pena como declaración de guerra y medida de guerra contra un enemigo de la paz, de la ley, del orden, de la autoridad, al que (...) se le combate con los medios que proporciona precisamente la guerra". NIETZSCHE, Friedrich, *La genealogía de la moral,* Madrid: Alianza Editorial, 2001, p. 104.

52. Beirne noticia, sobre o *Dos Delitos e das Penas,* que "Già nell'anno 1800 esistevano non meno di 23 edizioni italiane, 14 francesi, 11 inglesi (di cui 3 pubblicati negli Stati Uniti)". BEIRNE, P., L'invenzione della criminologia: La "Sciencia Dell'uomo in 'Dei Delitti e delle Pene' di Cesare Beccaria, in: *Dei Delitti e delle Pene* 1/94, p. 11.

de abandonar o discurso de experiência e semelhança e pertencer ao discurso filosófico, ou seja, ao que é realmente o saber e o não-saber. Se assim tratada, vem naturalmente o efeito de alteração da pena para que esteja adequada a seus princípios racionais, como tem ocorrido ao longo da História.

Por isso, todo corpo teórico penal tem de posicionar-se minimamente a partir da função da pena, não de modo necessariamente transcendente, como faz Kant, mas ao menos de modo imanente porém genérico, como fazem os funcionalistas. Em nossa opinião, entretanto, todas as espécies de pena, à exceção de uma pura inocuização do delinquente perigoso, têm como pressuposto a liberdade da vontade. A pena como *retribuição* é, sem dúvida, a que mais exatamente se direciona ao ser humano livre, que deve compreender sua culpa moral e a partir dela aceitar a pena como consequência natural ou, ao menos, devida. Mas também as teorias preventivas da pena dependem de um ser humano capaz de motivar-se, e essa motivação deve conter alguma carga de liberdade moral, do contrário outros meios de pena serão necessariamente preferíveis, por mais eficazes. Explicamos: se a *prevenção geral positiva* (o motivar ao cumprimento da norma por reafirmar seu valor), tão ao gosto de Jakobs e a *prevenção geral negativa* (a intimidação difusa do castigo) não atingirem um sujeito dono de certa liberdade de querer, há de se aceitar que ambas são um mero processo educativo compulsório;[53] pois bem, se assim é, o uso do condenado se faz dispensável, e pode ser substituído por um processo pedagógico difuso, independente da transgressão normativa. Uma educação que, no primeiro caso, impulsionasse a "autonomia participativa da compreensão comunicativa da norma"[54] e, no segundo, a compreensão mesma de que o castigo pode ser aplicado em caso de negativa da norma pelo sujeito. Na prática, porém, nos casos de prevenção geral o caráter educativo só e implementado via a *retribuição* a um indivíduo, o condenado, então ela nasce de um pressuposto mínimo de liberdade: a do indivíduo condenado para haver escolhido o enfrentamento à norma. Do contrário, repete-se, outras formas de educação ou intimidação poderiam ser utilizadas, independentemente da instrumentalização de alguém que negara vigência à norma. Mas talvez o penalista, conquanto o negue, note que, nessa hipótese de inexistência de qualquer tipo de responsabilidade moral, os demais indivíduos não se sentiriam *identificados* suficientemente com o condenado para funcionar como polo passivo da extensão difusa que a prevenção geral pretende. Se o sujeito condenado não escolheu livremente e se o indivíduo que observa a aplicação da pena não se sente capaz de agir diversamente ao

53. Shecaira nota que esse processo educativo da prevenção negativa tem uma contradição em seus próprios termos. Se o terror inibe o cometimento do crime, "cada novo crime não seria a negação cabal da eficácia desta teoria?". SHECAIRA, Sérgio Salomão, Pena e Política Criminal: A experiência Brasileira, in: *Criminologia e os Problemas da Atualidade*, São Paulo: Atlas, 2008, p. 331.

54. Retiramos o fragmento da obra de Chaves Camargo. Cf. CAMARGO, Antonio Luís Chaves, *Sistema de Penas, Dogmática Jurídico Penal e Política Criminal*, São Paulo: Cultural Paulista, 2002, p. 65.

condenado no futuro, a prevenção é meramente ilusória. *Toda prevenção geral tem de supor um indivíduo que se materializa no futuro, e que nele pode* optar *por comportamento diferente.* Está aí, portanto, como essência um mínimo de liberdade.

Ao pressuposto do arbítrio escravo resta apenas as hipóteses de *prevenção especial.* No modo negativo, a partir somente de seu caráter de *coerção direta imediata*,[55] ou seja, do afastamento do condenado do convívio com os semelhantes, ou, de modo mais extremo, no direito de guerra justa contra o infrator, ambos casos em que a própria *vontade*, livre ou não, do condenado, em nada importa. Bem por isso a coerência da escola positiva, em específico da brilhante monografia de Ferri sobre o tema, aqui mais de uma vez mencionada; na prevenção especial positiva, entretanto, a possibilidade de *reeducação* do condenado demanda outros comentários.

5.8.1 Especificamente: o correcionalismo

A mais contundente contribuição das neurociências é, como já apontado, a possibilidade de intervenções *curativas* no cérebro. Os esforços da medicina por compreender o funcionamento de qualquer sistema do corpo humano tem como finalidade a intervenção, no que discordamos do estudioso Demetrio Crespo,[56] que, ao construir um dos maiores estudos contemporâneos sobre dogmática e neurociência, confia na observação estéril do cérebro pela medicina. O *enhancement*,[57] que já é uma realidade, ou as técnicas de direcionamento do comportamento via os cabos ópticos nos aproximam do momento em que se desvende completamente o cérebro, como previu o prêmio Nobel Ramon y Cajal,[58] para intervenção e a cura. Por isso, diante das novidades que aporta a neurociência, o corpo teórico de justificação da pena que mais se fortalece é a *prevenção especial positiva.* O potencial de que se *corrijam* tendências ao crime pela intervenção médica, seja cirúrgica ou medicamentosa, é uma realidade que o Direito penal tem de enfrentar a partir de uma perspectiva filosófica, ou seja, de um *saber* que decida qual a aplicação legítima das novidades tecnológicas. Não se trata, portanto, de uma questão simples.

Antes de medir essa aplicação, há que se posicionar acerca do postulado teórico que coloca como fim único da pena a recuperação do criminoso. É o *correcionalismo* que defenderam Röder,[59] mas mais especialmente Dorado Montero e Jiménez de Asúa. A primeira versão correcionalista – a *Besserungstheorie* do professor de Heidelberg – não conseguiu sustentar a compatibilidade entre

55. Camargo, Antonio Luís Chaves, *Sistema de Penas...*, cit., p. 60.
56. Vide 4.3.3.
57. Vide 1.2.3.
58. Vide 1.3.
59. Vide 3.2.2.

a *Willensfreiheit* e a pena correcional. Seu mérito, para aqueles que a aperfeiçoaram, estaria na primazia que concede à melhora do indivíduo, porém, como já dissertado, o não-crer em que o crime tenha causas apenas naturalísticas impede um efetivo aperfeiçoamento. Daí vir Dorado Montero,[60] com seu relativismo moral, a "basear seu direito protetor dos criminosos na hipótese determinista", como diz Antón Oneca, para crer que a pena, como intervenção *curativa* – que não é o mesmo que intervenção *higiênica* ou *profilática* – tem como medida unicamente a necessidade social transitória de cura. Textualmente, para Dorado a pena dispensa o crime, bastando a vontade (não livre, portanto) direcionada ao mal. Entusiasmado com determinismo análogo reforçado pela psicanálise, décadas depois o mestre Jiménez de Asúa retoma o correcionalismo de Dorado e volta a defender a extinção de qualquer resultado expiatório ou intimidante da pena. Mas ambos os espanhóis, em décadas distintas, reconheciam que em seu tempo a ideia era de impossível concretização: Dorado predicava sua teoria de "correcionalismo del porvernir", enquanto Jiménez dizia que haveria de dar-se crédito à aparente utopia de que, no futuro, fossem os juízes verdadeiros *médicos sociais*, pois "ningún ideal está ajeno a este mundo". Fica, assim, fácil aceitar que aquele *futuro* distante-utópico de então seja talvez um futuro *muito próximo* hoje, quando as técnicas neurocientíficas permitam a intervenção para corrigirem-se comportamentos não radicalmente anômalos: uma pequena tendência ao furto, a mitomania que conduz ao estelionato, o temperamento violento que direciona a lesões corporais ou ao roubo _ todos, frise-se, compatíveis com a visão metafísica de liberdade. Via um mapeamento cerebral apurado, não será nada difícil alcançar esse nível de intervenção curativa, ainda sob o risco de que, ao cabo de uma década, as tecnologias de cura anteriores sejam desmentidas e caiam no ridículo.

A premissa de um correcionalismo, em um porvir não-remoto, tem, então, seu alicerce científico-natural: a comprovação da real capacidade curativa da medicina. Isso pertence ao *discurso científico*, que a Medicina já desenvolve muito bem: estudos das melhores revistas médicas jamais se contentam com a comprovação de um resultado, mas de sua capacidade de generalização. Dela porém decorrem *quatro* problemas baseados que pertencem ao *discurso metafísico*. O (*i*) primeiro deles é o assumir o indivíduo como *apenas* fisicamente determinado. A hipótese de que uma mente minimamente livre pode, ao longo do tempo, resistir a hipóteses de tratamento, mesmo com efeitos orgânicos visíveis (um cérebro que *reconstrua* sua estrutura para voltar a um caráter anterior, tal como se sabe que o órgão se reconstrói em caso de lesões, para reativar capacidades cognitivas perdidas) faria com que a submissão do indivíduo a uma pena curativa fosse um castigo em vão. Para resolvê-lo, há que reacender a vigência da diatribe: a pena correcionalista depende, ao menos, de um posicionamento prévio sobre a vontade

60. Vide 3.7.

livre. E, caso se entenda livre a vontade, reaparece um problema ainda mais grave, que aqui será analisado por último e em separado.[61]

O (*ii*) segundo problema é saber se a sociedade tolera que a pena seja voltada unicamente à recuperação do condenado. Trata-se de uma questão comum à prevenção positiva como um todo, porque a finalidade da pena culturalmente não prescinde da retribuição,[62] e parece difícil que o faça. Mesmo quando Roxin enfrenta a tortuosa interpelação de que, se a pena fora simplesmente preventiva, os criminosos nazistas teriam de ser todos perdoados, porque se encontravam de modo pleno readaptados à sociedade, sua explicação não convence de todo:[63] o fato de que se possa pedir no futuro absolvições de outros assassinos não deveria ser qualquer empecilho, desde que eles estivessem também aptos ao convívio social. Com maior razão, se a pena fosse totalmente correcionalista, nos moldes de Dorado Montero: a condenação de Eichmann, com o perfil tão bem desenhado por Arendt, seria uma ofensa aos princípios penais. Repete-se, nossa metafísica, ao menos como tracejada hoje, talvez com fortes influências de cultura e não de raciocínio puro, não suporta essa realidade, e segue *demandando um mínimo de retribuição*, nos casos de efetiva reprovação normativa.

É fácil alocar a retribuição como simples porta de entrada de teorias preventivas, porém quando se alcançam os exemplos extremos dos momentos em que as medidas preventivas perdem o sentido diante de crimes graves, a lógica puramente preventiva cai por terra, principalmente diante do correcionalismo. Daí a assertiva de Jerónimo Montes, no começo do Séc. XX, de que: "*Si el delincuente se corrige antes de la aplicación de la pena, como ocurre con frecuencia en los delitos instantáneos y en los delincuentes impulsivos, tendremos que proclamar la impunidad absoluta*".[64] Parece-nos consequência lógica.

(*iii*) Terceiro problema tem relação direta com a aporia que enunciamos: uma perspectiva correcionalista deveria trazer consigo uma definição de patamares de normalidade de comportamento, que não estão nos padrões médicos,

61. Vide, adiante, 5.8.2.

62. Isto aparece insinuado em Miguel Reale Júnior, com razão. Um mínimo retributivo da pena sempre há de se preservar, como "merecimento" pelo qual se exerce a prevenção geral. Em suas palavras: "A pena, destarte, é um castigo, que não se justifica, tão-só, por ser um mal que se inflige a outro mal, mas que se justifica como reafirmação de um valor consagrado pela lei (...) E a pena se aplica para impor um castigo a quem merece, pois esta é a única maneira de se fazer valer o valor cuja positividade a lei reconhece". Reale Jr. Miguel, *Instituições de Direito Penal: Parte Geral*. Rio de Janeiro: Forense, 2009, p. 56.

63. "Aber das ist nicht richtig. Denn eine Bestrafung dieser Taten ist aus generalpräventiven Gründen nötig, weil ihre Nichtverfolgung das allgemeine Rechtbewusstsein schwer erschüttern müsste: Wenn solche Morde ungeahndet blieben, könnte sich um der Gleichbehandlung willen jeder andere Täter eines Tötungsdelikts, bei dem keine Wiederholungsgefahr besteht, darauf berufen und ebenfalls Straflosigkeit verlangen". Roxin, Claus, *Strafrecht: Allgemeiner Teil*, Band I, 4ª Auflage, München: C.H. Beck Verlag, 2006, p. 89.

64. Vide 3.7.

senão em patamares *normativos*. A neurociência vai no sentido de identificar do cérebro todas as suas operações, e não apenas grandes disfunções de funcionamento, a exemplo da massa neuronal lesionada. Assim, se a cada comportamento corresponder um tipo de enlace neuronal, serão identificados cérebros sem lesão que, ao ainda assim causarem comportamentos desviados, merecerão intervenção penal curativa, dada a realidade de ser possível alterar sua condição de produtores de comportamentos (social e normativamente) indesejáveis. A inevitável consequência será considerar cada cérebro produtor de comportamentos normativamente indesejáveis como *padrões de desvio*. Isso implicaria reconhecer a maior parte dos indivíduos da sociedade como sujeitos de intervenção médica, o que, uma vez mais, já foi precisamente previsto por Machado de Assis em seu *O Alienista*, quando quatro quintos da cidade de Itaguaí vai internada à Casa Verde. A soma da crença determinista com o abandono total do retribucionismo na pena levaria a essa condição potencial, de modo que será necessário estabelecer sempre a lei penal como filtro normativo e, principalmente, saber se a sociedade deseja a recuperação do condenado apenas, e não necessariamente *algo de* retribuição kantiana. É uma questão de política criminal que o estado atual da neurociência impõe repensar. De nossa parte, esperamos que o percurso já denote que um mínimo de retribuição moral seja necessário à ideia de pena. O menos possível, para não se transformar em vingança, mas como um ponto de partida minimamente realista.

O (*iv*) quarto problema é consequência do anterior, apenas com um câmbio de perspectiva, da sociedade à pessoa: definir se o indivíduo criminoso tem direito a pagar a pena retributiva *em lugar de* ser curado é uma tarefa que se haverá de discutir de modo detido, também pelo discurso metafísico. Uma decorrência da crença na liberdade de querer é garantir que ela seja preservada *como* liberdade.

5.8.2 O direito individual de recusar a cura

Posicionar-se pela liberdade de querer impõe enfrentar uma última questão, em nome da mínima completitude argumentativa. Saber se existe um direito de o Estado interferir na vontade de querer, em nome de um bem maior. É o núcleo da polêmica travada, no âmbito teológico, entre Bartolomé de las Casas e Ginés de Sepúlveda. O firme posicionamento do primeiro, Advogado das Índias, dava conta de que, por mais forte que fosse a necessidade do conhecimento do bem – no caso, dos valores do Catecismo Católico – ele de nada valia se não surgisse *livremente* do indivíduo, através de sua vontade.[65] Ou seja, era consequência de crer, para

65. Marcantonio chega a acrescentar que o indivíduo que age *temendo* a não-salvação ou a punição divina tampouco agiria livremente. Las Casas não chega diretamente a abordar o tema, mas não enfatiza em qualquer momento que se predique o temor sequer pela hipérbole do terror da não-salvação. De qualquer modo, é uma questão restrita ao discurso teológico. Cf. Marcantonio, Jonathan Hernandes, *Direito e Controle Social na Modernidade*, São Paulo: Saraiva, 2013, p. 40-42.

recuperar sua expressão, na "vontade libérrima" que o único caminho para transformar o homem fosse a persuasão que dirija a vontade ao mesmo tempo em que preserva a liberdade de querer. Suprimindo a esta, a convicção ao bem se torna moralmente condenável, um sem-sentido frente à doutrina católica. Vale recuperar suas palavras: "El entendimiento, persuadido con la presentación, explicación y apacible insinuación de las verdades creíbles, recibe la forma inteligible de donde nace, en nosotros los seres inteligentes, la inclinación de la voluntad para aceptar y creer las verdades da fe y la religión" e completa: "pero si el entendimiento no está todavía determinado, entonces la voluntad interviene para moverlo y determinarlo a dar su asentimiento, a realizar el acto de creer, como extensamente se ha demostrado".[66] Transportando seu ideal de sociedade perfeita (América catequizada) para o ideal de sociedade contemporânea (sociedade com baixo nível de criminalidade[67]), uma questão filosófica se antepõe à finalidade buscada. Trata-se do direito individual de seguir em sua própria convicção, ainda que se pague por isso o preço estipulado: no campo teológico lascasiano, a condenação eterna; no campo penal atual, o inevitável sofrimento causado pela pena.

Há que se acreditar, com Las Casas, que a liberdade por escolher o castigo é fundamento do prêmio, ao mesmo tempo em que a coerção à bondade desmerece o fundamento mesmo da conversão ao bom caminho. Nesse sentido, a aplicação da cura por uma atualmente tão possível intervenção neurológica não significaria o desrespeito a uma liberdade constitucional, esta que poderia facilmente ser restrita a partir do cometimento de um fato criminoso. A restrição à liberdade de enfrentar a norma altera o *status* de pessoa, porque retira do indivíduo a possibilidade de exercer, para nos utilizarmos da teoria de Schopenhauer,[68] seu próprio *caráter*, e isso rompe o próprio fundamento da pena: a pessoa livre. Se a mente é um ente metafísico de liberdade determinado apenas por condições externas, dentre as quais a mais forte é a psíquica, a forçosa alteração desta oferta duas possibilidades: ou *altera* a personalidade, ou oferece um intransponível obstáculo físico para que ela seja *exercitada*. É o problema central da obra *Laranja Mecânica*,

66. Completamos "De todo lo dicho se desprende con claridad que para mover a los hombres a creer mediante las operaciones de su entendimiento y de su voluntad, es preciso proponerles las verdades relativas a la fe y a la religión, o da cualesquiera otras virtudes o bienes, por medio de la enseñanza externa impartida de un modo tranquilo, modesto, agradable, detenido y en intervalos sucesivos de tiempo, persuadiendo al entendimiento y halagando o atrayendo suavemente la voluntad, y declarando suficiente y eficazmente la utilidad y el premio que los creyentes han de alcanzar; pues la fe proviene del oír y el oír depende de la predicación de la palabra de Jesucristo". De Las Casas, Fray Bartolomé, *De Unico Vocationis Modo*, cit., p. 90.

67. Ao dizer que a sociedade perfeita é a de menor índice de criminalidade, não nos escapa ser uma definição reducionista. Uma sociedade com limites à operação da punição, bem como com amplo racionalismo a escolher o que se deve punir é desejo comum, como alerta Fernando Fernandes ao definir a política criminal. Cf. Fernandes, Fernando Andrade, *O processo como instrumento de política criminal*, Coimbra: Almedina, 2001, p. 50.

68. Para Schopenhauer, o caráter é imutável e determina todas as reações do homem, conforme explanado em 2.3.7.

levada às telas por Kubrick. O protagonista, via um tratamento psíquico forçoso, é levado a ser um "verdadeiro cristão",[69] pronto a "oferecer a outra face", em uma conversão tão desvalorada, permita-nos a comparação, quanto a dos índios dos tempos de Las Casas, Sepúlveda e Francisco de Vitória. A destruição da personalidade – ou o impedimento físico de seu exercício – é uma consequência que a medicina ora nos apresenta como plausível, e que pode obstaculizar o livre exercício da vontade, ao menos para aqueles que nessa liberdade acreditam. Saber se essa alteração é ou não lícita virá do reconhecimento de um mínimo de valor individual kantiano, ou, ao outro lado, em um direito penal orientado puramente às consequências, funcional e utilitário, que provavelmente não se importará com o tolhimento a uma personalidade livre que sequer é comprovada, em especial frente aos inequívocos benefícios que uma assim chamada *cura delinquencial* traria à sociedade. Um pensamento utilitarista pesaria fortemente a favor da correção compulsória.

Como ponto de partida dessa escolha, uma vez mais, estará a decisão *metafísica* da existência ou não da *Willensfreiheit*, da liberdade de querer: se não se a tem como pano de fundo do indivíduo, a intervenção neurocientífica não representará seu sacrifício, e a alteração cerebral para a cura delinquente será apenas a reversão de uma conformação orgânica que respeitaria todo o histórico natural da pessoa: suas experiências, sua educação e sua conformação genética. Apenas a crença na liberdade de querer entenderia tal intervenção como a *alteração do espírito*, via a reforma de caminhos que a própria mente moldara ao modo de operacionalização dos bilhões de neurônios e que, talvez, possam ser até revertidas em algum tempo. Ou seja, somente a crença na liberdade de querer pode, via seu discurso metafísico, comprovar que a correção neurocientífica do indivíduo que apresente potencial comportamento antinormativo é uma ofensa ao livre exercício da personalidade, que hoje se costuma incluir na tão falada dignidade da pessoa humana. À ausência do discurso metafísico, um futuro de indivíduos medicamente *reformados* ao bom comportamento é de se esperar para breve.

5.9 Conclusão principal

Como conclusão, apresenta-se a resposta à pergunta reitora e, depois, outras assertivas a que se chegou com segurança, quando em busca a responder a questão principal.

69. Recorto trecho significativo da obra, com seu vocabulário particular: "'He will be your true Christian', Dr. Brodsky was creeching out, 'ready to turn the other cheek, ready to be crucified rather than crucify, sick to very heart at the thought even to killing a fly' (...) 'Oh', the prison charlie said, like sighing, 'it works all right, God help the lot of us' [creech: to shout or scream]". Burgess, Anthony, *A Clockwork Orange*, New York: Ballantine Books, 1972, p. 128.

5.9.1 Resposta à pergunta reitora

A principal conclusão é a de que, embora seja questão intrincada, *o futuro do Direito penal depende diretamente do posicionamento metafísico sobre o livre arbítrio*, pois ele é decisivo para a configuração de seus principais institutos: culpabilidade, função do Direito penal e função da pena, no mínimo, ainda para as teorias contemporâneas que assentam dispensar a *diatribe*. Portanto, a controvérsia entre arbítrio escravo e livre arbítrio é parte integrante do Direito penal hoje, em especial diante das conquistas neurocientíficas. Isso é o que se pretende estar aqui comprovado. Assim, considerando-se a pergunta reitora tal qual formulada, se a responde *negativamente*: não é possível o desenvolvimento da dogmática penal distante de um claro posicionamento sobre a liberdade de querer. As teorias que dispensam esse posicionamento são falhas.

5.9.2 Conclusões derivadas

Demais conclusões parciais, comentadas neste presente capítulo ou diretamente derivadas dos capítulos anteriores, podem ser adiante enunciadas. Sua ordem de exposição procura espelhar o percurso argumentativo da obra:

1. Todos os *estudos neurocientíficos* que procurem mapear o cérebro e seu entorno, e que aqui não podem ser sequer de longe reproduzidos em detalhe, serão interpretados como um avanço determinista: ganham terreno para constituir uma *prova negativa*, que progressivamente segue no sentido de desconfirmar a existência de um ente capaz de criar uma nova cadeia causal (a decisão) diversa dos processos físicos observáveis no sistema registrado.

2. Mesmo os escolásticos jamais deixaram de reconhecer a influência das causas corpóreas na decisão, ainda que com matizes distintos. Sob tal perspectiva, não se pode dizer que algum filósofo concebera um *indeterminismo absoluto*. Bartolomé de las Casas, até, alcança condicionar a liberdade a um "amplo conhecimento" da realidade, o que será depois trabalhado com mais detalhes por Spinoza e Locke, dentre outros.

3. A aporia que contrapõe a *presciência de Deus* e a liberdade humana é o modo mais forte de, na abordagem teológica do tema, enunciar o mistério do livre querer, e foi colocada como problema central desde Santo Agostinho. Com razão estão aqueles que dizem que sequer Leibniz o resolveu satisfatoriamente.

4. Juan Ginés de Sepúlveda será o primeiro a enunciar que o pensamento humano, no arbítrio escravo, poderia seguir não a vontade de Deus especificamente, mas as mesmas leis que regem toda a natureza. Se assim fora, dirá o dominicano, produzir uma lei temporal sobre comportamento humano seria o mesmo que proibir, por decreto, que uma pedra venha a cair ao solo. A afirmativa vem, então, em sentido muito próximo à crítica que, séculos depois, fará Welzel, tendo por base a Ontologia Crítica.

5. É sintomático que o debate sobre a *guerra justa* suscitado por Ginés de Sepúlveda tenha sido antecedido por um monumental estudo seu sobre o livre arbítrio. A condição de liberdade é pano de fundo para o conceito de combate, de modo que há de se compreender que, para Sepúlveda, a condição de não-cristão revela inexistência de personalidade, e somente isso lhe autoriza a defender um direito de combate ao infiel: a prévia anulação (ou desconsideração) de sua condição de pessoa.

6. Bartolomé de las Casas merece nova revisão de sua obra, sob a ótica do Direito penal: sua defesa da não-influência do Estado na liberdade de querer e, mais, a necessidade de um agir positivo do Estado para a *informação mínima* que permite o exercício da liberdade tem lugar no debate da sociedade atual.

7. Os escritos de Descartes sobre o livre arbítrio, embora oscilem, têm de ser reconhecidos como ponto de transição ao racionalismo. Ao mesmo tempo em que afirma o livre arbítrio na mente, localiza um ponto causal que influencia decisões (glândula pineal). Sua assertiva sobre uma mente que depois se estende à matéria não é tão relevante em sua concepção, sendo *sobrevalorada* por filósofos e neurocientistas atuais.

8. Hegel dispõe sobre a liberdade do indivíduo não apenas como presunção do Direito que incide no sujeito transformando-o em pessoa. Ao ser projetada para o futuro, em constante desconstrução pelo tempo, a consciência decide livremente.

9. Friedrich Nietzsche foi o único filósofo determinista a sustentar o evidente: porque o homem não é causa independente no universo, não há como responsabilizá-lo por seus atos. Essa assertiva é possível pela corajosa negativa nietzschiana de *toda a moral*, enaltecendo o Übermensch, forte e cruel. Contrario sensu, sem defender o fim de qualquer responsabilidade, é incoerente sustentar o arbítrio escravo. Nesse ponto, a filosofia de Nietzsche deveria servir como termo de comparação a alguns penalistas, a exemplo de Ferri, Garofalo ou mesmo aos atuais que, embora façam o proselitismo de afastar *toda a moral* do Direito penal, convivem com elementos morais de reprovação, os quais, por exemplo, estão inscritos no próprio elemento material de cada tipo penal.

10. A pouca transcendência que obteve a Ontologia Crítica de Nicolai Hartmann explica por que a primeira crítica fundamental ao finalismo welzeliano foi seu anacrônico apego ontológico, que dependia em essência de uma ação livre, voltada à finalidade.

11. Charles Darwin confirmou a hipótese, já aventada por Spinoza, de haver uma constante na natureza que dispensa intervenção divina em cada criação. O biólogo, entretanto, atendo-se a seu objeto de discurso, jamais declarou a mente humana como escrava de regras biológicas. Os biólogos Maturana e Varela, na atualidade, advertem expressamente que sua teoria da autopoiese traz sérios riscos de deturpação se diretamente trasladadas ao discurso sociológico. Mais

ainda, deve-se supor, à metafísica da liberdade; ao contrário, os chilenos assentam também que a produção autopoiética por eles definida não significa que o indivíduo seja previsível.

12. O iluminismo que influencia a Escola Clássica faz com que Carrara afirme veementemente que o Estado não tem o direito de *tornar bom* o indivíduo. O resgate mínimo dessa ideia deve ser feito para o presente, embora sem o radicalismo liberal iluminista.

13. Não deve ser de todo exagerada, para o estudioso do Direito e da Metafísica, a comparação entre as soluções do positivismo antropológico de Cesare Lombroso e a identificação do comportamento criminoso pelas técnicas neurocientíficas atuais. Como afirmou Hentig, Lombroso tinha, em todas suas descobertas, um quê de genialidade. Seu erro existe pela perspectiva póstuma, pois apresentara soluções científicas que, hoje, se notam demasiado simplificadas. As descobertas tecnológicas futuras deverão colocar as atuais em igual condição de simplicidade, erro e – se então interpretadas sem a benevolência das circunstâncias – também ridículo.

14. A defesa que faz Ferri do arbítrio escravo remete à imputabilidade, às condições normais do cérebro para o uso da razão. Isso nos faz notar o duplo viés que a *normalidade cerebral* traz a deterministas e indeterministas no Direito penal: de um lado, a condição normal do cérebro permite, para o indeterminista, o pensamento livre. Essa normalidade corpórea, como visto, significa um *condicionamento* primeiro, portanto uma liberdade não-absoluta; de outro lado, para o determinista como Ferri, o uso da razão depende de uma condição cerebral perfeita. Mas o que é, perguntamos, o *uso da razão*, se o homem não pode por si direcionar seu pensamento? Se a mente é escrava do cérebro, deveria afirmar-se que um cérebro incomum (insano) tem também sua *razão própria*, já que a razão é simplesmente o produto da máquina cerebral, nas condições em que se encontra. Apenas uma visão que mescle devido funcionamento corporal e mente relativamente livre (condicionada à normalidade orgânica) é que põe fim à contradição.

15. Como o homem nunca é absolutamente livre – porque, conforme conclusão 2, sequer os escolásticos assim o defenderam-, a pena aplicada pode surtir *efeitos de prevenção geral* nos indivíduos do corpo social, em contraste com o que afirmam positivistas, a exemplo de Pedro Lessa.

16. O posicionamento correcionalista de alguém da ilustração de Jiménez de Asúa é paradigma neste trabalho. É de se questionar por que, em sua ampla sensibilidade, o penalista sequer postulou o direito do indivíduo a não ser corrigido. As respostas podem estar em seu apego à psicologia mais incipiente, que fixava, com Freud, o determinismo do homem manipulado pelo inconsciente, mas, em especial, cremos, por sua utopia comunista, que o fazia elogiar as "Colonias de Bolchevo", às quais predicava como ressocializadoras. Parece um posiciona-

mento, assim, de *carga ideológica* mais acentuada que o desejável, própria de seu tempo e circunstâncias.

17. O reiterado debate que Welzel trava com Engisch para responder às críticas deste demonstra o quanto a teoria da ação final depende do livre arbítrio. Entretanto, Welzel claramente evita confirmar sua influência da Ontologia Crítica, diante da reprovação de Engisch de que a *finale Handlungslehre* não consegue ir além de Hartmann. A conclusão geral de Engisch sobre a teoria do professor de Bonn é de que o indeterminismo não logra impor-se dentro do próprio corpo teórico welzeliano, e em grande medida, cremos, a assertiva merece crédito. Porque a Ontologia de Hartmann com seus *estratos* não é contundente a comprovar a liberdade de querer e, por mais que alguém se esforce para não o enunciar, ela é o alicerce filosófico welzeliano.

18. A perspectiva metafísica que se desenvolve neste capítulo permite discordar da percuciente crítica de Roxin, pela qual todos aqueles que confiam no ser humano livre concordariam com sua teoria de tratar a liberdade de querer como suposição (*Freiheitsannahme*), já que nenhum deles consegue comprovar empiricamente o livre arbítrio. A exigência da prova empírica representa uma transposição ao discurso científico, e meramente supor a liberdade pode representar obstáculos em compreender penalmente os próprios limites dela.

19. Usamos a concepção de Trías para diferenciar discurso científico, metafísico, filosófico, teológico e, em sua apropriação, o discurso mágico. E o Direito penal como discurso, ainda que queira estabelecer critérios de responsabilidade absolutamente normativos, deve saber constituir um discurso metafísico, até para comunicar-se com as ciências naturais, dando ou não relevância às inovações tecnológicas delas.

20. Aqueles que defendem o determinismo absoluto obrigam-se a explicar a *ilusão de liberdade* constante e ininterrupta. Em nossa opinião, a sensação de liberdade sequer é real, e difere essencialmente de o que é a *consciência*. Tampouco encontramos diferença ontológica entre *ilusão de liberdade* e *ilusão de consciência*, de modo que nada impediria que a mente criasse ao indivíduo a fantasia de todo o mundo real, a *ilusão da vida mesma*, tão constante e ininterruptamente quanto dizem criar esse sentido íntimo de liberdade de agir e de querer. Quem advoga a ilusão de liberdade deve enfrentar a ilusão de consciência e de vida, como percurso lógico.

21. A aquisição de sentido para toda a existência e para a consciência depende de que o indivíduo seja *concausa* de suas ações e omissões. A afirmação deriva não de uma necessidade genérica de adquirir sentido à vida, mas é apenas corolário do absurdo que significa alguém não livre para agir mas livre para ser consciente de sua não-liberdade, ou de si mesmo.

22. A grande fissura do pensamento determinista está no *moralismo oculto* daquele que o declara, a partir de uma silente condição de superioridade: todos

são determinados em suas ações e portanto aqueles capazes de condutas perigosas não merecem senão o afastamento da sociedade em nome da segurança cidadã. Mas aquele que *propõe* essa distinção coloca-se como um ser pensante que consegue, a partir de si mesmo, determinar o melhor para a sociedade, ou seja, se autoproclama autônomo (causa independente) frente à causalidade física que a todos os demais condiciona. Avoca para si uma superioridade moral aquele que nega aos demais a simples *capacidade* moral.

23. Nasce assim uma grande *aporia*: um ser humano julga livremente (racionalmente) que o arbítrio do terceiro é necessariamente escravo, ao mesmo tempo que aponta esse terceiro como ser-semelhante.

24. À capacidade de comunicação, deve-se somar como prova da liberdade humana a capacidade de *reconhecimento* estético. Quem reconhece o belo e o feio, nas representações da natureza ou nas do próprio homem e, ainda, cria novos elementos baseados nesse reconhecimento dá provas de consciência e liberdade, podendo emitir juízos que, se concretizados, são passíveis de reprovação. A perda da capacidade do reconhecimento estético e da comunicação para a reflexão mínima sobre a condição humana retira do indivíduo a possibilidade de responsabilidade, desse mínimo de liberdade suposto pela lógica metafísica.

25. As propostas compatibilistas entre determinismo e retribuição moral não podem existir apenas com a finalidade de um tom conciliatório entre a verdade científica e a necessidade de punir. Em nossa opinião, o compatibilismo entre determinismo total e punição moral deve ser rechaçado. Algo distinto é crer que o determinismo para o qual as ciências apontam não é trasladado diretamente para uma convicção de homem de arbítrio escravo.

26. A convivência entre livre arbítrio e determinismo biológico só pode ser compreendida dada a diferença de *discursos*. O científico é hermético e, por sua natureza, não alcança a metafísica. As descobertas neurocientíficas devem ser analisadas pelo Direito penal e encaradas como verdadeiras, porém a tentativa de transportá-las diretamente ao conceito de responsabilidade incorre em uma afirmação do discurso *mágico*, quer dizer, baseada simplesmente em uma relação de contaminação.

27. O descompasso entre avanço tecnológico médico e estagnação do discurso metafísico é o que deixa tão evidentes os desafios penais na atualidade, no que tange à liberdade. A chamada *hard science* é rápida e persuasiva.

28. O ultra-normativismo de Jakobs, como solução cerrada, é perfeita para desprezar a diatribe: dispensa o trabalho de adentrar à motivação psíquica e concede a liberdade do indivíduo para apenas considerar como penalmente relevante sua ação comunicativa que desconfirme a norma, sem mais questionamentos. Porém, impor o suplício da pena somente por pressupor uma falha de organização pode ser ato injusto, se tal falha for de todo indesejada pelo sujeito. Nossa percepção é de que tal realidade não escapa ao professor de Bonn, conquanto

não a enuncie. Talvez Jakobs, ao contrário de o que aparece à primeira vista em seus escritos, não esteja realmente abstraindo esse conteúdo natural-humano do sujeito para pressupor alguém que sempre tenha a capacidade de comunicar-se e de conhecer o conteúdo do sistema comunicativo em que está inserto. Há que reconhecer na teoria jakobsiana um *discurso latente*, porém muito funcional. Ao fazer o proselitismo de que ao indivíduo jamais se perguntará pelos motivos de seu modo de vida desconforme, dos antecedentes de sua comunicação dissonante, a lei *instiga* o indivíduo à auto-organização perfeita. Em um mundo complexo, o sujeito que saiba que será interpretado apenas como *pessoa-garante* de situações comunicativas estáveis *motiva-se à organização*. Essa é a grande razão, cremos, que está, não verbalizada, em Jakobs. Dizê-lo colocaria fim à perfeição *funcional* de seu sistema, porque o abriria a todos os questionamentos psíquicos que se há de evitar. Assim, cremos, Jakobs pôs em prática o alerta do "*Quis malus studebit corrigere vitam suam?*" erasmiano.

29. Reconhecer esse discurso latente de Jakobs implica aceitar, ao menos, uma relativa liberdade que querer do indivíduo, mesmo no ultra-normativismo proposto. A liberdade, dito de modo muito reduzido, existe ontologicamente mas se ignora normativamente.

30. Quase todas as funções da pena demandam um mínimo de *Willensfreiheit* do indivíduo, para além do evidente caso da pena-retribuição. A *prevenção geral*, negativa ou positiva, necessita um condenado com livre querer, para a identificação com os demais destinatários da mensagem. Em outras palavras, toda prevenção geral tem de supor um indivíduo que se materializa no futuro, e que nele poderá optar por um comportamento diverso.

31. A *prevenção especial negativa*, na sua vertente de afastamento do condenado do convívio social ou na guerra justa contra o infrator, é a única que dispensa a liberdade de querer. Nesse sentido, coerentes eram os positivistas-deterministas ao defenderem a função da pena como instrumento de segurança. Se na política-criminal rejeita-se essa função como a única da pena, um posicionamento sobre o livre-querer volta a ser necessário.

32. A prevenção especial positiva do *correcionalismo*, antes utópico, talvez esteja em vias de viabilizar-se materialmente pela tecnologia neurocientífica, conquanto o futuro, como dito, venha sempre a colocar em xeque o que hoje se entende como máximo tecnológico. Sua aplicação depende, entretanto, de muitas respostas a serem proferidas pelo discurso metafísico. Uma delas é saber se, culturalmente, nossa sociedade algum dia dispensará um *mínimo retributivo* para a pena.

33. A prevenção especial positiva, em tese, joga a necessidade do livre querer do condenado a patamares mínimos, porém necessários. Se, porém, entendemos o sujeito como relativamente livre, a ele não se pode negar o direito de escolher entre ser curado ou pagar uma pena minimamente retributiva. Nesse sentido,

um possível correcionalismo atual teria de regressar à discussão escolástica e atentar-se aos argumentos contundentes de Bartolomé de las Casas sobre o único *vocationes* modo, a única forma de convencer as pessoas ao bem: persuasão que respeite a liberdade individual. Ao condenado que reconhece o esteticamente o mundo e com ele se comunica sempre se deve conceder a oportunidade de pagar uma pena-retribuição, em lugar de aceitar a cura.

BIBLIOGRAFIA

ABANTO VÁZQUEZ, ¿Normativismo radical o normativismo moderado?, *Revista de Derecho Penal*. n. 1, 2006.

ABRIL CASTELLÓ, Vidal, Bartolomé de las Casas y la escuela de salamanca en la historia de los derechos humanos: la apología, in: LAS CASAS, Bartolomé de, *Apología o declaración y defensa universal de los derechos del hombre y de los pueblos*, Salamanca: Ed. Junta de Castilla y León, 2000.

ADEODATO, João Maurício Leitão, *A filosofia do Direito de Nicolai Hartmann*, Dissertação de Mestrado apresentada na Faculdade de Direito da USP, 1981.

ADEODATO, João Maurício, O Positivismo Culturalista da Escola do Recife, *Revista Novos Estudos Jurídicos*, vol. 8, n. 2, maio-ago. 2003.

ADOMEIT, Klaus, El positivismo jurídico en el pensamiento de Hans Kelsen y de Gustav Radbruch, in: *Libro Homenaje a E. Bacigalupo*, Tomo I, Madrid: Marcial Pons, 2004

AGOSTINHO de Hipona, Santo, *Confesiones*, Madrid: Akal, 1986.

______, *Livre Arbítrio*, São Paulo: Paulus, 1995.

ALCÁCER GUIRAO, Rafael, Facticidad y normatividad: notas sobre la relación entre ciencias sociales y derecho penal, in: *Anuario de Derecho Penal y Ciencias Penales*, Tomo LII, 1999.

ALCALÁ ZAMORA, Luís, CABANELLAS, Guillermo: *Diccionario Enciclopédico de Derecho Usual*, Tomo V, Buenos Aires: Eliasta, 1981.

ALEXANDER, Larry, Criminal and moral responsibility and the Libet experiments, *Conscious will and responsibility*, Sinott-Amstrong and Nadell (org.), Oxford: Oxford University Press, 2011.

ALONSO ÁLAMO, Mercedes, La acción libera in causa, *Anuario de derecho penal y ciencias penales*. n. 1, vol. 42, 1989.

ALONSO ÁLAMO, Mercedes, *Sentimientos y Derecho penal*, in: Bien jurídico penal y Derecho Penal Mínimo de los Derechos Humanos, Valladolid: Universidad de Valladolid, 2014.

______, Culpabilidad jurídico penal, motivos y emociones. La existencia enigmática de la libertad de la voluntad, *Revista Penal*, Madrid, vol. 38, jul. 2016.

______, *El Ensañamiento*, Granada: Comares, 2014.

ARANTES, Paulo Eduardo, *Hegel: A ordem do tempo*, São Paulo: Hucitec, 2000.

ARENAL, Concepción, *Estudios Penitenciarios*, Madrid: Lib. de Victoriano Suárez, 1895.

ARENDT, Hannah, *The life of the mind II – Willing,* San Diego: Hartcourt Publishing, 1981.

BAITALLON, Marcel; SAINT-LU, André, *El padre Las Casas en defensa de los indios*, Barcelona: Ariel, 1976.

BARRETO, Tobias, *Fundamento do Direito de Punir*, In: Estudos de Direito (publicação póstuma), Rio de Janeiro: Laeemerte & C. 1892.

______, Menores e Loucos, in: *Obras Completas*, vol. 5, Edição do Estado do Sergipe, 1926.

______, Prolegômenos ao Estudo do Direito Criminal, In: *Estudos de Direito* (publicação póstuma), Rio de Janeiro Laemmerte & C. 1892.

______, Questões vigentes, in: *Obras Completas*, IX, Edição do Estado do Sergipe, 1926.

BARROS, Flávio Monteiro de, *Direito Penal: Parte Geral*, São Paulo: Saraiva, 2011.

BATAILLON, Marcel, *Estudios sobre Bartolomé de las Casas*, Barcelona: Ediciones Península, 1976.

BATISTA, Nilo, Notas Históricas sobre a teoria do delito no Brasil, *Revista da Associação Brasileira de Professores de Ciências Penais*. São Paulo: Revista dos Tribunais, vol. 1, ano 1, p. 113-133, jul.-dez. 2004.

BECHARA, Ana Elisa L. Silva, *Bem Jurídico-Penal,* São Paulo: Quartier Latin, 2014.

BEIRNE, P., L'invenzione della criminologia: La "Sciencia Dell'uomo" in: *Dei Delitti e delle Pene* 1/94, 1994.

BENEDIKT, Moritz, *Anatomical studies upon brains of criminals: a contribution to anthropology, medicine, jurisprudence and psychology,* Trad. E. P. Fowler, New York: W. Wood Ed., 1881.

BERDUGO GÓMEZ DE LA TORRE, Ignacio; HERNÁNDEZ MONTES, Benigno, *Enfrentamiento del P. Cámara con Dorado Montero: un episodio de la restauración salmantina*, Salamanca: Diputación Provincial de Salamanca, 1984.

BEVILAQUA, Clóvis, *Criminologia e Direito*, Bahia: Livraria Magalhães, 1896.

______, *Juristas philosophos,* Bahia: Luiz da Fonseca Magalhães Editor, 1897.

BORGES, Pedro, *Quien era Bartolomé de Las Casas,* Madrid: RIALP, 1990.

BRANDÃO, Cláudio, Tobias Barreto e a Pena Criminal, in: *Revista de Estudos Criminais*, Porto Alegre, ano XI, n. 50, 2013.

BROWN, Stuart, *The A to Z of Leibniz's Philosophy*, Toronto: The Scarecrow Press, 2010.

BUCHEN, Lizzie, Illuminating the brain, in: *Nature*, vol. 456, 6-may-2010.

BURGESS, Anthony, *A Clockwork Orange*, New York: Ballantine Books, 1972.

CAIROLI MARTÍNEZ, Milton, La culpabilidad: ¿realidad o ficción?, in: *Estudos em Homenagem ao Prof. João Marcello de Araújo Júnior*, Rio de Janeiro: Lumen Juris, 2001.

CALDERÓN DE LA BARCA, Vicente, *La vida es sueño,* Buenos Aires: Ed. Huemil, 1979.

CÁMARA, Tomás (Pe.) "*Determinismo, Antropología Criminal y Libertad Humana*" por el Obispo de Salamanca Tomás Cámara, Salamanca: Imprenta de Calatrava, 1897.

CAMARGO, Antonio Luís Chaves, *Culpabilidade e Reprovação Penal*, Tese apresentada à Faculdade de Direito da Universidade de São Paulo para concurso a Professor Titular, 1993.

______, *Imputação Objetiva e Direito Penal Brasileiro*, São Paulo: Cultural Paulista, 2001.

CAMARGO, Antonio Luís Chaves, *Sistema de Penas, Dogmática Jurídico Penal e Política Criminal*, São Paulo: Cultural Paulista, 2002.

CAMPOS, Mariana de Almeida, A concepção cartesiana de liberdade nos "Principios da Filosofia", in: *Caderno de Estudos Espinosanos XXIII*, São Paulo, 2010.

CAMUS, Albert, *El extranjero*, Trad. J. A. Valente, Madrid: Alianza, 2011.

CARDIN, Aldo, verbete "Manicheismo", in: *Enciclopedia Filosofica del Centro di Studi Filosofici di Gallarte*, Venezia: Ed. Istituto Per la Collaborazione Culturale, 1957.

CARRARA, Francesco, *Programa de Derecho Penal* – Vol. I: Del Delito, Pena, Trad. Ortega Torres – Bogotá: Ed. Temis, 1956.

______, *Programa de Derecho Penal* – Vol. II: Fundamentos de la Pena, Trad. Ortega Torres – Bogotá: Ed. Temis, 1957.

CASSANI, Jorge Luís, *Del Epos a la historia Científica. Una visión historiográfica a través del método*, Buenos Aires: Ed. Nova, 1966.

CEREZO MIR, José, El Finalismo, hoy, in: *Obras Completas*, Tomo II, México: Ubijus, 2006.

______, La naturaleza de las cosas y su relevancia jurídica, in: *Obras Completas*, Tomo II, México: Ubijus, 2006.

______, Ontologismo e normativismo na teoria finalista, in: *Ciências Penais: Revista da Associação Brasileira de Professores de Ciências Penais*, n. 00, jan.-jul., 2004.

CERVANTES SAAVEDRA, Miguel de, *El ingenioso Hidalgo Don Quijote de la Mancha*, cap. XXII. Barcelona: Dalmau Socías, 1987.

COMTE, *Catéchisme Positiviste ou Sommaire Exposition de la Religion Universelle*, Paris: Garnier Frères Libraires-Éditeur, s/d.

CUELLO CONTRERAS, Joaquín, Neofinalismo o centenário de Hans Welzel, Trad. G. M. Carvalho, in: *Ciencias Penais: Revista da ABPCP*, n. 2, jan.-jul. 1995.

______, Neofinalismo y normativismo: condenados a entenderse, in: *Revista de Derecho Penal y Criminología de UNED*, n. 16, 2005.

CHANGEUX, J.-P., and S. DEHAENE, *Neuronal Models of Cognitive Functions Associated with the Prefrontal Cortex*, Cognition 33: 63-109, 1996.

CHAUÍ, Marilena, *A nervura do real: Imanência e Liberdade em Espinosa* – Vol I: Imanência, São Paulo: Companhia das Letras, 1999.

______, *Desejo, paixão e ação na Ética de Espinosa,* São Paulo: Companhia das Letras, 2001.

______, Spinoza: da impotência à potência ou da imagem do livre arbítrio à ideia da liberdade, *O mais potente dos afetos: Spinoza e Nietzsche*, André Martins (org.), São Paulo: Martins Fontes, 2009.

DAMASIO, António, *En busca de Spinoza: Neurobiología de la emoción y los sentimientos*, Barcelona: Ed. Crítica, 2010.

______, *O Erro de Descartes: emoção, razão e cérebro humano*, São Paulo: Cia das Letras, 2006.

DARWIN, Charles, *El origen de las Especies*, Madrid: EDAF, 1965.

D'ÁVILA, Fabio Roberto; MACHADO, Tomás Grings, Primeiras Linhas sobre o Fundamento Onto-Antropológico do Direito Penal e sua Ressonância em Ambito Normativo, in: *Ciencias Penais – perspectivas e tendências da contemporaneidade*, Curitiba: Juruá, 2011 (vide especialmente pp. 151-153).

DEISSEROTH, Karl, *Circuit dynamics of adaptive and maladaptive behavior*, Nature, 505, 16 january 2014.

DEL ROSAL, Juan, *Derecho Penal: Lecciones*, Valladolid: Publicaciones de los Seminarios de La Facultad de Derecho, vol. 10, 1953.

DEMETRIO CRESPO, Eduardo, *Compatibilismo Humanista: una propuesta de conciliación entre Neurociencias y Derecho Penal*, in: Neurociencias y Derecho Penal: Nuevas perspectivas en el ámbito de la culpabilidad y tratamiento jurídico penal de la peligrosidad, Madrid: Edisofer, 2013.

______, *Identidad y responsabilidad penal,* in: AFDUAM, Madrid, 17, 2013.

DENNETT, Daniel, *Consciousness Explained*, London: Penguin Books, 1991.

DESCARTES, René, *Discurso del Método*, Madrid: Espasa-Calpe, 1943.

______, *Los principios de la Filosofía*, México: Ed. Universidad Autónoma, 1987.

______, *Meditaciones Metafísicas*, Madrid: Alfaguara, 1977.

______, *Reglas para la dirección del espíritu* (Regulae ad Directionen Ingenii), Trad. M. Navarro, Madrid: Alianza, 1994.

DIAS, Jorge de Figueiredo, *Direito Penal*: Parte Geral, Tomo I, SP: Revista dos Tribunais, 20.

DÍAZ ARAÚJO, Enrique, *Las Casas, visto de costado: Crítica Bibliográfica sobre la Leyenda Negra*, Madrid: Fundación Elias de Tejada y Erasmo Percopo, 1995.

DORADO MONTERO, *El positivismo en la ciencia jurídica y social italiana. Primera parte: el Derecho Penal.* Madrid, Imprenta de la Revista de la Legislación, 1891.

DORADO MONTERO, Pedro, *El derecho protector de los Criminales*, Madrid: Librería General de Victoriano Suárez, 1915.

______, *El derecho y sus sacerdotes*, Madrid: Imprenta de la revista de legislación, 1909.

______, *La Psicología criminal en nuestro derecho legislado*. Madrid: Hijos de Reus Editores, 1910.

DOTTI, René Ariel, *Curso de Direito Penal: Parte Geral*, Rio de Janeiro: Forense, 2001.

ENGISCH, Karl, *Die Lehre von der Willensfreiheit in der strafrechtsphilosophischen Doktrin der Gegenwart: Vortrag*, Berlin: Walter de Gruyter & Co., 1965.

FEIJÓO SÁNCHEZ, Bernardo, *Derecho Penal y Neurociencias: ¿una relación tormentosa?* in: InDret, 2/2011.

FERNANDES, Fernando Andrade, *O processo como instrumento de política criminal*, Coimbra: Almedina, 2001.

FERNÁNDEZ BUEY, Francisco: *La gran perturbación: discurso del indio metropolitano*, Barcelona: Destino, 1995.

FERNÁNDEZ, Gonzalo D., El proceso hacia la reconstrucción democrática de la culpabilidad penal, in: *De las Penas: Libro-Homenaje a Isidoro de Benedetti*, Buenos Aires: De Palma, 1997.

FERRI, Enrico, Giustizia penale e giustizia sociale, in: *La Scuola Positiva*, Milano, anno XXI, Serie III, vol. II, 1911.

______, La negazione del libero arbitrio, in: *La teorica dell'Imputabilità e La Negazione del Libero Arbitrio*, Firenze: Tipografia di G. Barbèra, 1878.

______, *Principios de Direito Criminal*, Trad. Paolo Capitanio, Campinas: Bookseller, 1996.

FLOURENS, P. *Examen de Phrénologie*, Paris: Librairie de L. Hachette, 1851.

FOILÉE, Alfred, *Historia General de la Filosofía: Parte II (Filosofía Cristiana, Edad Media y Renacimiento)*, Santiago de Chile: Editorial Zigzag, 1943.

FRAGOSO, Heleno Cláudio, *Lições de Direito Penal*, Rio de Janeiro: Forense, 1985.

FRANCO, Alberto Silva, As margens penais e a pena relativamente indeterminada, in: *Julgados do TACrim*, Vol. 45, 5.º bim., 1977.

FRANCOTTE, Xavier, *L'Antrhopologie Criminelle,* Paris: J.B. Baillière, 1891.

FRANK, Reinhard, *Sobre la Estructura del Concepto de Culpabilidad*, Trad. Gonzalo D. Fernández, Buenos Aires: IBdeF, 2004.

FRANKFURT, Harry G., Freedom of the will and the concept of a person, in: *The Journal of Philosophy*, Vol. 68, n. 1, 1971.

FRAZER, James George, *The Golden Bough: a study in Magic and Religion*, New York: The McMillan Company, 1947.

FRIED, Ithzak, MUKAMEL, Roy, KREIMAN, Gabriel, Internally generated preactivation of single neurons in human medial frontal cortex predicts volition, in: *Neuron*, 2011, feb. 10; 69 (3).

FRITH, Chris D., Free Will and Top-Down Control in the Brain, in: MURPHY, N., O'Connor, T. and ELLIS, G. (org.), *Downward Causation and the Neurobiology of Free Will*, Berlin: Springer Verlag, 2009.

GALMÉS, Lorenzo, *Bartolomé de las Casas, Defensor de los Derechos Humanos*, Madrid: BAC, 1982.

GALL, Franz Joseph, *Resumen Analítico del sistema del Doctor Gall sobre las facultades del hombre y funciones del cerebro, vulgarmente llamado craneoscopia – traducido y recopilado por una sociedad de naturalistas y literatos de est corte,* Madrid: Librería Extranjera de Denné y Compañía, 1835.

______, *Sur Les fonctions du cerveau et sur celles de chacune de ses parties*, vol. V: Organologie, Paris: J-B Baillière Libreire, 1825.

GARCÍA AMADO, Juan Antonio, A sociedade e o direito na obra de Niklas Luhmann, (trad. F. Riche), in: *Niklas Luhmann: do sistema social à sociología jurídica*, Rio de Janeiro: Lumen Juris, 2004.

GARCÍA MORENTE, Manuel, *Fundamentos de Filosofia,* São Paulo: Mestre Jou, 1967.

GARCÍA NORRO, Juan José e ROVIRA, Rogelio, Estudio Preliminar, in: *Compendio del Ensayo sobre el entendimiento humano*, Madrid: Tecnos, 2009.

GARCÍA PELAYO, Manuel, Juan Ginés de Sepúlveda y los problemas jurídicos de la conquista de América, in: *Tratado sobre las justas causas de la guerra contra los indios*, Ciud. México: Fondo de Cultura Económica, 1941.

GAROFALO, Rafael, *La Criminología: Estudio sobre la naturaleza del crimen y teoría de la penalidad*, trad. P. Borrajo, Madrid: Daniel Jorro Editor, 1912.

GIBSON, Mary, Cesare Lombroso, il determinismo biológico e la delinquenza minorile, in: *Dei delitti e Delle Pene*, anno VIII, 2001.

GIMBERNAT ORDEIG, Enrique, *Concepto y método de la ciencia del derecho penal*, Madrid: Tecnos, 1999.

______, El exílio de Jiménez de Asúa, in: *Estudios de Derecho Penal*, Madrid: Civitas, 1990.

Ginés de Sepúlveda, Juan, Demócrates o Diálogo sobre la dignidad del oficio de las armas, in: *Obras Completas XV*, Pozoblanco: Ed. del Ayuntamiento de Pozoblanco, 2010.

______, Sobre el destino y el libre albedrío, in: *Obras Completas XV*, Pozoblanco: Ed. del Ayuntamiento de Pozoblanco, 2010.

______, *Tratado sobre las justas causas de la guerra contra los indios*, Ciudad México: Fondo de Cultura Económica, 1941.

Gómez Tomillo, Manuel, *Derecho Administrativo Sancionador*, Madrid: Thomson Aranzadi, 2010.

Gössel, Karl Heinz, Acerca del normativismo y del naturalismo en la teoría de la acción, Trad. M. Polaino Orts y J. Caro-John, in: *Revista de Derecho Penal*, Buenos Aires, n. 1, 2007.

______, Réplica al derecho penal del enemigo: sobre individuos y personas del derecho: in: *Revista de Derecho Penal del Instituto de Ciencias Penales*, Buenos Aires, 2013.

______, Acerca del normativismo y del naturalismo en la teoría de la acción, *Revista de Derecho Penal*, Buenos Aires, n. 1, 2007.

Grasset, J., Les objecions de M. Brown Sequard a la Doctrine des Localisations Cérebrales, in: *Des Localisations dans les Maladies Cérébrales*, Paris: Delahaye Editeurs, 1880.

Greco, Luís, Conveniência e respeito: sobre o hipotético e o categórico na fundamentação do Direito penal, *RBCCrim*, 95, 2012.

______, A ilha de Kant, in: Greco, Luís e Martins, Antonio: *Direito Penal como Crítica da Pena, Homenagem a Juarez Tavares 70*, São Paulo: Marcial Pons, 2012.

Hanke, Lewis, *Introdução*, redigida para a primeira edição impressa do *De único vocationis*, que ocorreu em 1942, a partir do texto mais confiável e completo, o manuscrito de Oaxaca. in: Las Casas, Bartolomé, *Del único modo de atraer a todos los pueblos a la verdadera religión*, México: Fondo de Cultura Econômica, 1975.

Hartmann, Nicolai, *Ethics I: Moral Phenomena*, Londres: George Allwen & Unwid, 1958.

______, *Ethics II: Moral Values*, Londres: George Allwen & Unwid, 1963.

______, *Ethics III: Moral Freedom*, Londres: George Allwen & Unwid, 1962.

Hassemer, Winfried, La ciencia jurídico penal en la republica alemana, in: *Revista Peruana de Ciencias Penales*, Lima, ano I, n. 2, jul.-dez. 1993.

______, Neurociencias y culpabilidad en Derecho Penal, in: *Indret: Revista para el Análisis del Derecho*, 2/2011, Barcelona, 2011.

Haynes, John Dylan, Soon, Chun Siong, Brass, Marcel & Heinze, Hans Jochen, *Unconscious determinants of free decision in the human brain*, in: Nature Neuroscience, vol. 11, n. 5, may 2008.

HEDERIA SORIANO, Antonio, *El Krausismo Español*, in: http://www. ensayistas.org / critica/ generales/krausismo /introd.htm.

HEGEL, G. Wilhelm Friedrich, *De lo Bello y sus Formas*, Buenos Aires: Espasa Calpe Argentina, 1946.

______, *Fenomenología del Espíritu*, México: Fondo de Cultura Económica, 2007.

______, *Filosofía del Derecho,* Buenos Aires: Claridad, 1968.

HENTIG, Hans v., *Criminología: causas y condiciones del delito*, Buenos Aires: Atalaya, (Trad. Abad de Santillán), 1948.

HERZBERG, Rolf Dietrich, Ist unser Schuldstrafrecht noch zeitgemäß? in: *Grundlagen und Dogmatik des gesamten Strafrechtssystems: FS für Wolfgang Frisch zum 70 Gbstg*, Berlin, Duncker & Humblot, 2013.

HIRSCH, Hans Joachim, *El desarrollo de la dogmática penal después de Welzel* (Trad. M. Bacigalupo), in: RBCCrim, 43, abr.-jul. 2003.

HONDERICH, Ted, *The consequences of determinism*, vol. 2, Oxford: Clarendon Press, 1990.

HÖSLE, Vittorio, *O sistema de Hegel: o idealismo da subjetividade e o problema da intersubjetividade*, São Paulo: Loyola, 2008.

JÄGER, Christian, Willensfreiheit, Kausalität und Determination: Stirbt das moderne Schuldstrafrecht durch die moderne Gehirnforschung? in: *Goltdammer's Archiv für Strafrecht*, 01-2013.

JAKOBS, Günther, ¿Cómo protege el Derecho Penal y que es lo que protege? in: *Los desafíos del Derecho Penal en el siglo XXI: libro homenaje al profesor Dr. Günther Jakobs*, Lima: Ara Editorial, 2005.

______, ¿Terroristas como personas en Derecho? in: GÓMEZ-JARA-DÍEZ, Carlos, *Derecho Penal del Enemigo: El discurso penal de la exclusión*. Madrid: Edisofer, 2006.

______, Comportamiento evitable y sistema del derecho penal, in: *Estudios de Derecho Penal*, Madrid: Civitas, 1997.

______, *Culpabilidad en Derecho Penal: dos cuestiones fundamentales,* Trad. Cancio Meliá e Marcelo Sancinetti, Bogotá: Universidad Externado de Colombia, 2003.

______, Derecho Penal del ciudadano y derecho penal del enemigo, Trad. M. Polaino Orts, in: *El derecho penal ante las sociedades modernas: dos estudios de dogmática penal y política criminal*, Lima: Grijley, 2007.

______, Indivíduo e pessoa: imputação jurídico-penal e os resultados da neurociência. Trad. Eduardo Saad Diniz, in: POLAINO ORTS, SAAD DINIZ (org.), *Teoria da Pena, bem jurídico Penal e imputação*, São Paulo: Liberars, 2012.

______, La idea de normativización en la dogmática jurídico-penal, in: *Los desafíos del Derecho Penal en el siglo XXI: libro homenaje al profesor Dr. Günther Jakobs*, Lima: Ara Editorial, 2005.

______, Sociedad, norma y persona en una teoría de un derecho penal funcional, trad. Cancio Meliá y Feijóo Sanchez, *Cuadernos de Doctrina y Jurisprudencia penal*, ano V, n. 9-A, 1999.

JESCHECK, Hans Heinrich, Jiménez de Asúa en la Dogmática Española, in: *Revista de la Facultad de Derecho de la Universidad Complutense*: estudios de Derecho Penal en homenaje al profesor Luís Jiménez de Asúa, Madrid, n. 11, jun. 1986.

JIMÉNEZ DE ASÚA, Luís, *Crónica del Crímen,* Buenos Aires: Lexis Nexis, 1994.

______, Luís, *La ley y el delito*, Buenos Aires: Ed. Hermes, 1954.

______, Luís, *Psicoanálisis Criminal*, 4ª ed., Buenos Aires: Losada, 1947.

______, Luís, *Tratado de Derecho Penal*, vol. II., Buenos Aires: Losada, 1982.

JOANIDES, Hiroito de Moraes, *Boca do Lixo*, São Paulo: Edições Populares, 1978.

JONES, Owen D.; BONNIE, Richard J., CASEY, B.J. et alii, Law and neuroscience: recommendatios submitted to the President's Bioethics Comission, in: *Journal of Law and Biosciences*, 0-2014.

KANE, Robert, *A Contemporary Introduction to Free Will*, Oxford: Oxford University Press, 2005.

KANT, Immanuel, *Kritik der praktischen Vernunft*, Stuttgart: Reclam, 1961.

______, *The metaphysics of Morals*, (Trad. Mary Gregor), Cambridge: Cambridge University Press, 1996.

KELSEN, Hans, *Reine Rechslehre*, Wien: Franz Deuticke Verlag, 1967.

______, *Teoria pura do Direito*, trad. J. B. Machado, São Paulo: Martins Fontes: 2006.

KOYRÉ, Alexandre, *Considerações sobre Descartes*, Lisboa: Presença, 1963.

KÜPPER, Georg, Concepciones y vinculaciones finales, in: *Hans Welzel en el pensamiento penal de la modernidad*, Buenos Aires: Rubinzal Culzoni, 2005.

LABROUSSE, Roger, Libre albedrío tomista y servo arbitrio luterano, in: *Actas del Primer Congreso Nacional de Filosofía*, Tomo III, Mendoza (Argentina): mar. -abr. 1949.

LARENZ, Karl, *Metodología de la ciencia del Derecho*, Trad. Rodríguez Molinero, Barcelona: Ariel, 1994.

LAS CASAS, Bartolomé de, *Apología o declaración y defensa universal de los derechos del hombre y de los pueblos,* Salamanca: Ed. Junta de Castilla y León, 2000.

______, *Del único modo de atraer a todos los pueblos a la verdadera religión*, México: Fondo de Cultura Econômica, 1975.

LAURENT, Émile, *Les Habitués des Prisons de Paris*: Étude d'anthropologie e de psychologie criminelles, Lyon: A.Storck, 1890.

LEIBNIZ, *Acerca de la Libertad, el Destino y la Gracia de Dios,* in: ROLDÁN PANADERO, Concha, *Escrito en torno a la libertad, el azar y el destino*, Madri: Tecnos, 1990.

______, *Del libre albedrío*, in: Roldán Panadero, Concha, *Escrito en torno a la libertad, el azar y el destino*, Madri: Tecnos, 1990.

Leibniz, G. W., *Ensayos de Teodicea*, Granada: Comares, 2012.

______, *Mr. Leibniz's fifth paper being an answer to Dr. Clarke's fourth reply* (1716), in: The Leibniz-Clarke Correspondence, H. G. Alexander (org.), Manchester: Manchester University Press, 1965.

Lessa, Pedro, *O determinismo psychico e a Imputabilidade e responsabilidade criminaes*, São Paulo: Typographia Duprat & Comp., 1905.

Libet, Benjamin, Do we have free will?, in: *Journal of Consciousness Studies,* 6, ns. 8-9, 1999.

Libet, Benjamin, Gleason, Curtis, Wright, Elwood, e Pearl, Dennis, Time of conscious intention to act in relation to onset of cerebral activity (readiness-potential): the unconscious initiation of a voluntary act, in: *Brain* (1983), n. 106.

Lima Torrado, Jesús, El problema del libre albedrío en el pensamiento de Dorado Montero, in: *Revista Doctrina Penal*, ano 1, n. 1 a 4, Buenos Aires, 1978.

Liszt, Franz von, *Tratado de Derecho Penal*, Tomo II, Trad. Jiménez de Asúa, Madrid: Editorial Reus, 1928.

______, *Tratado de Derecho Penal*, Tomo II, Trad. Jiménez de Asúa, Madrid: Editorial Reus, 1929.

Locke, John, *An Essay Concerning Human Understanding*, Indianapolis: Hackett Publishing, 1996.

______, *Ensayo sobre el entendimiento humano*, Mexico: Fondo de Cultura Económica, 1999.

Lombroso, Cesare, *l'Homme Criminel,* Paris: Félix Alcan, 1895.

Losada, Ángel, *Bartolomé de Las Casas a la luz de la Moderna Crítica Histórica*, Madrid: Tecnos, 1970.

Luhmann, Niklas, *Das Recht der Gesellschaft*, Suhrkamp, Frankfurt am Main, 1995.

______, El derecho como sistema social, in: *Teoría de Sistemas y derecho penal: fundamentos y posibilidades de aplicación.* Gómez-Jara Díez (org.), Granada, Comares, 2005.

______, *Introducción a la teoría de sistemas* (texto 12, *Comunicación*), Torres Nafarrate (org.), Barcelona: Antropos, 2006.

______, *Organización y Decisión. Autopoiesis, acción y entendimiento comunicativo.* Barcelona: Anthropos, 1997.

Luna, Everardo Cunha, Teoria Finalista da ação, in: *Revista de Informação Legislativa*, 62, jan.-jun. 1979.

Lutero, Martin, *De Servo Arbitrio: La Voluntad Determinada* (Obras Completas vol. 4), Buenos Aires: Paidós, 1976.

LUTERO, Martinho, *Da Liberdade do Cristão*, or. 1520, ed. Bilíngue alemão-português, São Paulo: Unesp, 1998.

______, *Prefácio da Epístola de São Paulo aos Romanos*, or. 1522, ed. Bilíngue alemão-português, São Paulo: Unesp, 1998.

LUZÓN PEÑA, Diego Manuel, *Libertad, Culpabilidad y Neurociencias*, InDret 03/2012.

LYRA, Roberto, *Novas Escolas penaes* – Dissertação apresentada à Congregação da Faculdade de Direito do Rio de Janeiro para Cátedra de Direito Penal, 1936.

MANNA, Adelmo, *L'Imputabilità nel pensiero di Francesco Carrara*, L'Indice Penale, v. 8, n. 2, maio-ago. 2005.

MARCANTONIO, Jonathan Hernandes, *Direito e Controle Social na Modernidade*, São Paulo: Saraiva, 2013.

MARÍAS, Javier, *História da Filosofia*, Porto: Edições Souza e Almeida, 7ª ed. portuguesa, a partir da 13ª ed. espanhola (s/d).

MARTÍNEZ, Francisco José, Necesidad y Libertad en Espinosa, in: *Spinoza en España*, Cuenca: Ed. Univ. Castilla La Mancha, 1993.

MARTÍNEZ, Manuel María, *Fray Bartolomé de las Casas: el gran calumniado*, Madrid: Imprenta La Rafa, 1955.

______, *Fray Bartolomé de las Casas: padre de América*, Madrid: Imprenta La Rafa, 1958.

MATA Y MARTÍN, Ricardo, Delitos y penas en el nuevo mundo, in: *Revista de Estudios Colombinos*, jun. 2010, n. 6.

MATURANA ROMESÍN, Humberto, VARELA GARCÍA, Francisco, *De máquinas y seres vivos – Autopoiesis – La organización de lo vivo*, Santiago de Chile: Editorial Universitaria, 1994.

MAYER, Max Ernst, *Derecho Penal: Parte General* (trad. Politoff Lifschitz), Buenos Aires: IBdeF, 2007.

MÉCHOULAN, Henry, Los Judíos de Ámsterdan y Spinoza, in: *Spinoza en España*, Cuenca: Ed. Univ. Castilla La Mancha, 1993.

MENÉNDEZ PIDAL, Ramón. *El Padre Las Casas. Su doble personalidad.* Madrid: Espasa Calpe (Grandes Biografías), 1963.

MERKEL, Adolf, *Derecho Penal: parte general*, Trad. Dorado Montero, Buenos Aires: IBdeF, 2006.

MERKEL, Reinhard, Novedosas intervenciones del cerebro: mejora de la condición humana mental y límites del derecho penal, *Revista de Derecho Penal*, n. 1, 2011.

______, *Willensfreiheit und rechtliche Schuld: eine strafrechtphilosophische Untersuchung*, Baden-Baden: Nomos Verlag, 2008.

MESA, Roberto, *La Idea Colonial en España*, Valencia: Fernando Torres Editor, 1936.

MEZGER, Edmund, *Criminología*, Trad. J. A. Rodríguez Muñoz, Madrid: Editorial *Revista de Derecho Privado*, 1942.

______, *Strafrecht: ein Lehrbuch*, Munique: Duncker & Humbolt, 1949.

______, *Tratado de Derecho Penal – Tomo II*, Trad. Rodríguez Muñoz, Madrid: Ed. Revista de Derecho Privado, 1949.

______, Über Willensfreiheit, in: Sitzungsberichte der Bayerischen Akademie der Wissenschaft, jahrgang 1944/46, München, Verlag der B.A.W., 1947.

MILL, John Stuart, *La utilidad de la religión* (orig. 1874), Madrid: Alianza Editorial, 2009.

MIR PUIG, Santiago, Los límites del Normativismo en Derecho Penal, in: *Libro Homenaje al Prof. Rodríguez Mourullo*, Navarra: Aranzadi, 2005.

MONTES, P. Jerónimo, *Derecho Penal Español*, vol. I, San Lorenzo del Escorial: Imprenta del Real Monasterio, 1929.

MORENO HERNÁNDEZ, Moisés, Ontologismo o normativismo como base de la dogmática penal y de la política criminal, *Revista Criminalia,* México, vol. 68, n. 3.

MORRISON, William Douglas, *Crime and its causes*, London: Swan Sonnenschein, 1891.

MORSE, Stephen J., Genetics and Criminal responsibility, *Trends in Cognitive Sciences*, 982, Research Paper n. 11-34 pp. 2-3, 2015.

MOSKALENKO, Vitaliy F., WIENER, Philip C., et alii, The discovery of the pyramidal neurons: Vladimir Betz and a new era of neuroscience, *Brain: a Journal of Neurology*, Oxford, 2012, 135.

MOURA, Bruno, O normativismo jurídico penal: consequência ou resistência ao funcionalismo?, *RBCCrim*, vol 90, maio-jun. 2011.

MUÑOZ CONDE, Francisco, Jiménez de Asúa y la Ciencia del Derecho, in: *Revista de la Facultad de Derecho de la Universidad Complutense:* estudios de Derecho Penal en homenaje al profesor Luís Jiménez de Asúa, Madrid, n. 11, jun. 1986.

NIETZSCHE, Friedrich, *Así habló Zaratustra,* Madrid: Esfera de los Libros, 2011.

______, *Epistolario,* Jacobo Muñoz (org.), Madrid: Biblioteca Nueva, 1999.

______, *Ocaso de los ídolos*, Madrid: Mestas, 2008.

______, *Zur Genealogie der Moral*, Leipzig: Alfred Kröner Verlag, 1930.

NOÉ AZEVEDO, *As garantias de liberdade individual em face das novas tendências penais* – Dissertação para inscrição em Livre-Docência na Faculdade de Direito da USP, São Paulo, 1936.

NUCCI, Guilherme de Souza, Análise da personalidade do réu na aplicação da pena, in: *Boletim IBCCrim*, 153, ago. 2005.

ONECA, José Antón, *La teoría de la pena en los correccionalistas españoles* (orig. 1960), in: Obras I, Buenos Aires, Rubinzal Culzoni, 2000.

ORTEGA Y GASSET, José, *Kant*, Madrid: Revista de Occidente, 1936.

Osuna Fernandez-Largo, Antonio, Bartolomé de Las Casas en el V Centenario: Revisión de su figura y de su doctrina moral, *Ciencia Tomista,* Tomo 119, n 389, sep-dic, 1992.

Padovani, Tullio, Francesco Carrara e la Teoria del Reato, *Rivista Italiana di Dirito e Procedura Penale*, Nuova Serie, anno XXXI, Giuffrè, 1998.

Pérez Fernandez, Isacio, *Fray Bartolomé de las Casas: Brevísima Relación de su vida, diseño de su personalidad, síntesis de su doctrina*, Burgos: Caleruega, 1984.

Pérez Manzano, Mercedes, Dificultad de la prueba de lo psicológico y naturaleza normativa del dolo, *Estudios penales en homenaje a Enrique Gimbernat*, vol. II, Madrid: Edisofer, 2008.

______, El tiempo de la conciencia y la libertad de decisión: bases para una reflexión sobre neurociencia y responsabilidad penal, *Neurociencias y Derecho Penal: Nuevas perspectivas en el ámbito de la culpabilidad y tratamiento jurídico penal de la peligrosidad*, Madrid: Edisofer, 2013.

Pérez Manzano, Mercedes, Fundamentos y fines del derecho penal: una revisión a la luz de las aportaciones de la neurociencia, *Revista de Derecho Penal*, Buenos Aires, n. 1, 2011.

Pinheiro, Ulysses, Leibniz: 1678, Anotações sobre o estudo da 'Ética' de Espinosa, *Caderno de Estudos Espinosanos XXIII,* São Paulo, 2010.

Pockett, Susan, and Purdy, Suzanne C., Are voluntary movements initiated preconsciously?: The Relationships between readiness potentials, urges and decision, in: *Conscious will and responsibility*, Sinott-Amstrong an Nadell (org.), Oxford: Oxford University Press, 2011.

Polaino Navarrete, Miguel, Sistema de penas y medidas de seguridad en el pensamiento de Jiménez de Asúa, *Revista de La facultad de Derecho de la Universidad Complutense*, jun. 1986.

Polaino Orts, Miguel, *Lições de Direito Penal do Inimigo*, São Paulo: Liberars, 2014.

Porciúncula, José Carlos, *Lo objetivo y lo subjetivo em el tipo penal: hacia la exteriorización del interno*, Barcelona: Atelier, 2014.

Possas, Mariana Thorstensen, O problema da inovação na teoria da prevenção geral positiva, *RBCCrim*, n. 56, set.-out. 2005.

Priestley, Joseph, A free discussion of the doctrines of materialism and Philosophical Necessity, *Correspondence between Dr. Price and Dr. Priestley*, London: 1778.

Queraltó Moreno, Ramón Jesús, *El pensamiento filosófico-político de Bartolomé de las Casas*: Sevilla: Escuela de Estudios Hispano Americanos, 1976.

Radbruch, Gustav, *Introducción a la filosofía del derecho* (Trad. W. Roces), México: Fondo de Cultura Económica, 1955.

______, *Relativismo y Derecho* (Trad. Villar Borda), Bogotá: Themis, 1992.

Ramon y Cajal, Santiago, Prologo, *Introducción al Estudio de la Psicología Positiva,* de Tomás Maestre, Madrid: Bailly-Bailliere, 1904.

RAMOS, Graciliano, *Vidas Secas*, Rio de Janeiro: Record, 2008.

RAINE, Adrian, LAUFER, William S. et alii, *Increased executive functioning, attention, and cortical thickness in White-Collar Criminal*, Human Brain Mapp, Dec. 2012, 33(12).

RANIERI, Silvio, Dai "nuovo orizzonti" di Enrico Ferri alla transformazione in atto del Diritto penale, in: La Scuola Positiva: *Rivista di Criminologia e Diritto Criminale,* Milano: Dott A. Giuffrè, 1952.

REALE Jr. Miguel, *Instituições de Direito Penal: Parte Geral*. Rio de Janeiro: Forense, 2009.

RECASENS SICHES, Luís, *Panorama del Pensamiento Jurídico en el Siglo XX*, Mexico: Porrúa, 1963.

RIVAS, Ezequiel, *Introducción* à edição bilíngue latim-castellano do *Diatribé*, Buenos Aires: Cuenco de Plata, 2012.

ROCHA, Franco da, *Esboço de Psychiatria Forense*, São Paulo: Laemmert, 1905.

RÖDER, Karl David, *Las Doctrinas Fundamentales Reinantes sobre el Delito y la Pena en sus interiores contradicciones: ensayo crítico preparatorio para la renovación del derecho penal*, Trad. Francisco Giner, Madrid: Librería Victoriano Suárez, 1876.

RODRIGUES, Raimundo Nina, *As collectividades Anormaes*, Rio de Janeiro: Ed. Civilização Brasileira, 1939.

______, *As raças humanas e a responsabilidade penal no Brazil*, Rio de Janeiro: Ed. Guanabara, 1932.

______, *Os africanos no Brasil*, São Paulo: Cia. Editora Nacional, 1934.

RODRÍGUEZ MANSILLA, Darío, Nota a la versión en español, in LUHMANN, Niklas, *Organización y Decisión. Autopoiesis, acción y entendimiento comunicativo*. Barcelona: Anthropos, 1997.

ROLDÁN PANADERO, Concha, *Escrito en torno a la libertad, el azar y el destino*, Madri: Tecnos, 1990.

ROMERO, Sylvio, Por que estou à frente d'esta publicação, In: *Estudos de Direito*, Rio de Janeiro: Laemmerte & C. 1892.

ROSKIES, L. Adina, Why Libet's studies don't pose a threat to free will, in: *Conscious will and responsibility*, Sinott-Armstrong an Nadell (org.), Oxford: Oxford University Press, 2011.

ROTH, Gerhard, The Evolution and Ontogeny of Consciousness, in: *Neural Correlates of Consciousness*, MIT Press, 2000.

ROTTERDAM, Erasmo de, *Discusión sobre el Libre Albedrío*. Prólogo de Ezequiel Rivas. Buenos Aires: El cuenco de plata, 2012.

ROXIN, Claus, *Derecho Penal: Parte General – Tomo I*, Trad. Luzón-Peña e outros, Madrid: Civitas, 2006.

______, Finalismo: um balanço entre seus méritos e deficiências, *RBCCrim*, 65, mar.-abr. 2007.

______, *Normativismo, política criminal e dados empíricos na dogmática do Direito Penal,* Trad. Luís Greco, Estudos de Direito Penal, São Paulo: Renovar, 2006.

______, *Política criminal y sistema del derecho penal*, Trad. Muñoz Conde, Buenos Aires: Hammurabi, 2006.

______, *Strafrecht: Algemeiner Teil*, Band I, 4. Auflage, Munique: C.H. Beck Verlag, 2006.

Rubia, Francisco J., El controvertido tema de la libertad, in: *Revista de Occidente* n. 356, enero 2011.

Rus Rufino, S. Aristotelismo y Antropología en Juan Ginés de Sepúlveda, in: *Ginés de Sepúlveda: Obras Completas XV*, Pozoblanco: Ed. del Ayuntamiento de Pozoblanco, 2010.

Sá, Alvino Augusto de, A reintegração social dos encarcerados: construção de um diálogo em meio às contradições. *Boletim IBCCrim*, São Paulo, vol. 19, n. 223, jun. 2011.

______, Concepção de crime como expressão de uma história de conflitos: implicações na reintegração social dos condenados à pena privativa de liberdade, *Revista da Esmesc*, Santa Catarina, ano 7, vol. II, 2001.

Saad Diniz, Eduardo, *Inimigo e Pessoa no Direito Penal*, São Paulo: Liberars, 2012.

Saldaña García, Quintiliano, Adiciones en Derecho Español, in: Liszt, Franz von, *Tratado de Derecho Penal*, Tomo II, Madrid: Editorial Reus, 1928.

Sánchez García de Paz, Isabel, Alternativas al derecho penal del enemigo desde el derecho penal del ciudadano, in: Cancio Meliá, Manuel. *Derecho penal del enemigo: el discurso penal de la exclusión*, Madrid: Edisofer, 2006.

Santinelli, Cristina, Apuntes sobre la fortuna del Spinozismo en Italia, in: *Spinoza en España,* Cuenca: Ed. Univ. Castilla La Mancha, 1993.

Sanz Morán, Ángel José, Algunas consideraciones sobre la ciencia del derecho penal y su método, in: *Estudios penales en homenaje a Enrique Gimbernat II.* Madrid: Edisofer, 2008.

Sauer, Wilhelm, *Derecho Penal: Parte General*, Trad. Juan del Rosal y José Cerezo, Barcelona: Bosch, 1956.

Schopenhauer, Arthur, *Sobre la libertad de la voluntad*, Madrid: Alianza, 2012.

Schultz, Hans, Lombroso et la politique criminelle, in: *Revue de Science Criminelle et de Droit Pénal Comparé*, Nouvelle Serie, n. 1, jan.-mar., 1977.

Schünemann, Bernd, Aporías de la teoría de la pena en la filosofía, in: *Obras*, Buenos Aires: Rubinzal Culzoni, 2009.

______, *La culpabilidad: estado de la cuestión*, in: Sobre la Teoría del Delito: Seminario en la Universitat Pompeu Fabra, Madrid: Civitas, 2000.

______, Libertad de voluntad y culpabilidad, in: *Temas actuales y permanentes del derecho penal después del milenio*, Madrid: Tecnos, 2002.

______, Nuevas tendencias en el concepto jurídico-penal de culpabilidad, in: *Temas actuales y permanentes del Derecho Penal después del Milenio*, Madrid: Tecnos, 2004.

______, La relación entre ontologismo y normativismo dogmática jurídico penal, in: *Revista de Derecho Penal.* Fundación de Cultura Universitaria, Montevideo, out. 2005.

Shecaira, Sérgio Salomão, Pena e Política Criminal: A experiência Brasileira, in: *Criminologia e os Problemas da Atualidade*, São Paulo: Atlas, 2008.

Silveira, Renato de Mello Jorge, Cegueira Deliberada e Lavagem de Dinheiro, in: *Boletim IBCCrim*, 21, n. 246, maio 2013.

Simmel, Georg, *Schopenhauer und Nietzsche: ein Vortragzyklus*. Leipzig: Duncker & Humbolt, 1907.

Singer, Wolf, Experiencia propia y descripción neurobiológica ajena: dos fuentes de conocimiento cargadas de conflicto, Trad. M. Ángel Cano Paños, in: *Revista Electrónica de Ciencia Penal y Criminología*, 2010, n. 12-r5.

Smith, Kerri, Taking aim at free will, in: *Nature*, Macmillan Publishers, vol. 477, set. 2011.

Solana Pujalte, J., Introducción Crítica a Demócrates, in: *Ginés de Sepúlveda: Obras Completas XV*, Pozoblanco: Ed. del Ayuntamiento de Pozoblanco, 2010.

Soledade, Eutychio, *Do Methodo Scientifico*, Bahia: Imprensa Economica, 1883.

Soler, Sebastian, *Fe en el Derecho*, Buenos Aires: Topográfica Editora Argentina, 1956.

Sparvoli, Wilson Alves, Possíveis e Existentes em Leibniz, in: *Caderno de Estudos Espinosanos XXIII*, São Paulo, 2010.

Spinoza, Benedictus de, *Etica* (edição bilíngüe português-latim), Belo Horizonte: Autêntica, 2007.

______, The Chief Works of Benedict de Spinoza, translated from the Latin, with an Introduction by R.H.M. Elwes, vol. 2 De Intellectus Emendatione – Ethica (Select Letters). Revised edition (London: George Bell and Sons, 1901), Ed. Facsimilar na online Library of Liberty.

Tassistri, Giovanni, La Scuola Positiva e il Socialismo di fine Ottocento, in: *Dei Delliti e Delle Pene*, 2/1992, Milano: Grupo Abele, 1992.

Tavares, Juarez, *Teoria do injusto penal*, Belo Horizonte: Del Rey, 2002.

Tomás de Aquino, Santo, *Suma Teológica*, vários tradutores – Loyola, São Paulo: Ed. Loyola, 2001.

Torío Lopez, Ángel, El concepto individual de culpabilidad, in: *Anuario de Derecho Penal y Ciencias Penales*, Madrid, vol. 38, n. 2, 1985.

______, El sustrato antropológico de las teorías penales, in: *Revista de la Facultad de Derecho de la Universidad Complutense – Estudios en Homenaje a Jiménez de Asúa*, Madrid, jun. 1986.

______, Indicaciones Metódicas sobre el Concepto Material de Culpabilidad, in: *Cuadernos de Política Criminal*, Madrid, n. 3, 1988.

______, *Individualidad biológica y culpabilidad, En El Derecho Ante el Proyecto Genoma Humano,* Fundación BBV, Bilbao, vol. II, 1994.

TORRE, Massimo La, *Sobre derecho y utopía*, Murcia: Res Publica, 1999.

TRÍAS, Eugenio, *Metodología del Pensamiento Mágico*, Barcelona: Edhasa, 1970.

TRUYOL SERRA, Antonio, El Derecho y el Estado en San Agustín, Madrid: Editorial *Revista de Derecho Privado*, 1944.

TUBAU, Xavier, Alfonso de Valdés y la política imperial del canciller Gattinara, in: *Studia Aurea: Revista de Literatura Española y Teoría Literaria del Renacimiento y Siglo de Oro*, n. 4, 2010.

URRUELA MORA, Asier, *Culpabilidad y Herencia Genética*, in: Hans Welzel en el pensamiento penal de la modernidad, Buenos Aires: Rubinzal Culzoni, 2005.

VERPLAETSE, Jan, Moritz Benedikt's, *Localization of Morality in the Occipital Lobes*, in: History of Psychiatry, 15: 305, 2004.

VILLAS BOAS FILHO, Orlando, A sociologia do Direito: o contraste entre a obra de Émile Durkheim e a de Niklas Luhmann, in: *Revista da Faculdade de Direito da Universidade de São Paulo,* vol. 105, 2010.

VILARES, Iris, WESLEY, Michael J., AHN, Woo Young, MORSE, Stephen M. et alii, *Predicting the knowledge-recklessness distinction in the human brain*, PNAS early Edition, 1619385114, feb. 2017.

VITORIA, Francisco de, *Sobre los Indios*, Madrid: Tecnos, 2007 (orig. 1539).

WALTER, Henrik, Neurophilosophy of free will [artigo], in: *The Oxford Handbook of Free Will*, Robert Kane (org.), Oxford Press, 2002.

______, *Neurophilosophy of free will: from Libertarian Illusions to a Concept of Natural Autonomy* [livro], Massachusetts: MIT Press, 2009.

WELZEL, Hans, A dogmática no Direito Penal: conferência pronunciada em 15 de outubro de 1974 na Univer. Nacional de Córdoba, Trad. Yolanda Catão, *Revista de Direito Penal*, n. 13, jan.-jun. 1974.

______, *Das neue Bild des Strafrechtsystems*, Göttingen: Otto Schwartz, 1951.

______, *Derecho Penal Alemán*, trad. J. Bustos Ramírez y S. Yáñez Pérez, Santiago de Chile: Editorial Jurídica de Chile, 2002.

______, *La teoría de la Acción finalista*, trad. Fontán Balestra, Buenos Aires: Depalma, 1951.

______, Reflexiones sobre el libre albedrío, in: *Anuario de derecho penal y ciencias penales*, n. 2, vol. 26, 1973.

WELZEL, *Introducción a la filosofía del derecho,* Trad. Felipe González Vincen, Madri: Aguilar, 1974.

ZAFFARONI, Eugenio Raúl, Criminología y Psiquiatría: El trauma del primer encuentro, *Revista de Derecho Penal:* Fundación de Cultura Universitária. n. 16, 2006.

ZUGALDÍA ESPINAR, José Miguel, El principio de culpabilidad en las reformas penales, in: *Homenaje al Prof. Rodríguez Mourullo*, Navarra: Aranzadi, 2005.

Impressão e acabamento: